LUST AN DER GESCHICHTE:
Die Französische Revolution
1789–1799

SERIE PIPER
Band 933

Zu diesem Buch

Rechtzeitig zum 200. Jahrestag des Beginns der Französischen Revolution erscheint dieses Lesebuch mit Texten aus der Zeit: Beteiligte (wie Marat, Marie Antoinette, Robespierre, Danton, Bonaparte) und Beobachter (wie Rousseau, Burke, Görres), prominente wie unbekannte Zeitzeugen berichten, was sich in den zehn turbulenten Jahren bis zur Machtübernahme Bonapartes ereignet hat, in Paris wie auf dem Land, im Adel wie im Bürgertum. Die meisten Texte wurden eigens für diesen Band übersetzt. Erklärende Einführungen des Herausgebers vermitteln zugleich ein Bild vom Ablauf der Geschehnisse. Der Leser erhält einen ebenso spannenden wie direkten Zugang zu den Ereignissen, mit denen eine neue Epoche der Weltgeschichte begann.

Ulrich Friedrich Müller, geboren 1932, gelernter Buchhändler, lebt als Konferenzdolmetscher, Übersetzer und Autor in Ebenhausen bei München.

LUST AN DER GESCHICHTE:

Die Französische Revolution
1789–1799

Ein Lesebuch

Herausgegeben von Ulrich Friedrich Müller

Piper
München Zürich

ISBN 3-492-10933-0
Originalausgabe
November 1988
© R. Piper GmbH & Co. KG., München 1988
Umschlag: Federico Luci,
unter Verwendung des Gemäldes von J.-A. Tellier:
»Boissy d'Anglas saluant à la tribune de la Convention
la tête du député Féraud« (Musée de Versailles)
Gesamtherstellung: Clausen & Bosse, Leck
Printed in Germany

Inhalt

Die Zeiten der Barbarei sind vorüber, ihr Völker, wo man euch im Namen Gottes anzukündigen wagte, ihr seiet Herden Vieh, die Gott deswegen auf die Erde gesetzt habe, um einem Dutzend Göttersöhnen zum Tragen ihrer Lasten, zu Knechten und Mägden ihrer Bequemlichkeit und endlich zum Abschlachten zu dienen; daß Gott sein unbezweifeltes Eigentumsrecht über euch an diese übertragen habe, und daß sie kraft eines göttlichen Rechtes und als seine Stellvertreter euch für eure Sünden peinigten!

Johann Gottlieb Fichte

Einführung eines Edelmanns am Hof von Versailles

Aus den Memoiren von Chateaubriand

«Das Land macht einen Eindruck wie bei den Wilden; der Ackerbau ist, jedenfalls technisch gesehen, nicht weiter entwikkelt als bei den Huronen. (...) Die Leute sind beinahe so primitiv wie ihr Land, und ihr Dorf Combourg gehört zu den Ortschaften, wie man sie so entsetzlich schmutzig anderswo kaum zu sehen bekommt: Häuser aus schmierigem Lehm, keine Fenster. Es gibt ein Schloß, und es ist bewohnt. Wer mag dieser Herr von Chateaubriand sein, der so starke Nerven hat, daß er inmitten von soviel Dreck und Armut leben mag?»

Die Frage des englischen Amateuragronomen Arthur Young, der da im Sommer 1787 auf Studienreise durch die Bretagne unterwegs ist, läßt sich beantworten: Ein im Überseehandel reich gewordener Adliger hat sich »Schloß und Herrschaft« Combourg gekauft. Seine Bauern sind ihm allenfalls eine folkloristische Staffage. Ob er das will oder nicht, er sieht nur, was in seinen Kreisen geschieht, und deren Mitte ist allemal der königliche Hof. Zwar hat der Absolutismus seit den Tagen des Sonnenkönigs an Kraft verloren, doch auch unter Ludwig XVI. stehen aller Glanz, alle Pracht, alle Ehre dem König zu, der sie nach Gutdünken an eine privilegierte Schicht weitergibt.

Der neunzehnjährige Sohn des bretonischen Schloßherrn, Francois-René de Chateaubriand, verbringt den Sommer 1787 nicht in Combourg, sondern ist nach Paris und zur »Vorstellung« nach Versailles gereist. Inzwischen ein berühmter Schriftsteller geworden, berichtet er in seinen Memoiren:

Am anderen Morgen begab ich mich allein zum Schloß. Man hat nichts gesehen, wenn man den Prunk von Versailles, selbst nach der Entlassung des alten Hofstaates des Königs, nicht gesehen hat: der Geist Ludwigs XIV. war immer noch gegenwärtig.

Alles ging gut, solange ich nur die Säle der Garden zu durchschreiten hatte: der militärische Glanz hat mir immer gefallen und mich nie übermäßig beeindruckt. Aber als ich in das »Ochsenauge« eintrat und mich mitten unter den Höflingen sah, begann meine Not. Man sah sich nach mir um; ich hörte, wie man fragte, wer ich sei. Man muß sich an das einstige Prestige des Königtums erinnern, um sich die Bedeutung vorzustellen, die damals eine solche Einführung hatte. Die Zukunft des »Debütanten« lag noch im Dunklen, man ersparte ihm die verächtlich herablassende Behandlung, die zusammen mit äußerster Höflichkeit zu den unnachahmlichen Manieren eines Grandseigneurs gehörte. Wer wußte, ob dieser Debütant nicht zu den Favoriten des Herren gehören würde? Man achtete in ihm die Vertrauensstellung, mit der er beehrt werden könnte. (...)

Als das Lever des Königs angekündigt wurde, zogen sich die nicht eingeführten Personen zurück. Einen Augenblick lang verspürte ich so etwas wie Eitelkeit: Ich war nicht stolz darauf, zu bleiben, aber es hätte mich gedemütigt, hinausgehen zu müssen. Das Schlafzimmer des Königs wurde geöffnet; ich sah den König, wie es der Brauch vorschrieb, seine Toilette beenden, das heißt seinen Hut aus der Hand des Ersten Edelmannes vom Dienst nehmen. Der König trat heraus, um zur Messe zu gehen; ich verneigte mich, und der Marschall von Duras nannte meinen Namen: »Sire, der Chevalier von Chateaubriand.« Der König blickte mich an, erwiderte meinen Gruß, zögerte und schien stehenbleiben zu wollen, um mich anzusprechen. Ich hätte mit sicherer Selbstbeherrschung geantwortet: meine Schüchternheit war verflogen. Mit dem Anführer der Armee, dem Oberhaupt des Staates zu sprechen, schien mir ganz einfach, ohne daß ich mir über meine Gefühle wirklich klar wurde. Der König, noch verwirrter als ich, fand kein Wort für mich und ging vorbei. Oh Eitelkeit des Menschenschicksals! Dieser Herrscher, den ich zum ersten Male sah, dieser so mächtige Monarch war Ludwig XVI. sechs Jahre vor dem Schafott! (...)

14

Der Herzog von Coigny ließ mich wissen, daß ich mit dem König im Walde von Saint-Germain jagen dürfe. Ich machte mich am frühen Morgen auf, und zwar in der Kleidung eines Debütanten: grauer Rock, rote Weste und Kniehose, Bündchenmanschetten, Stulpenstiefel, das Jagdmesser an der Seite, den kleinen »französischen Hut« mit goldener Borte auf dem Kopf. Wir waren vier Debütanten im Schloß von Versailles, ich, die zwei Herren von Saint-Marsault und der Graf von Hautefeuille. Der Herzog von Coigny gab uns unsere Anweisungen, weil der König zornig werde, wenn jemand zwischen ihn und das Wild gerate. (...) Der Treffpunkt war im Wald von Saint-Germain bei Val, einem von der Krone dem Marschall von Beauvau überlassenen Besitz. Nach dem Brauch wurden die Pferde für die erste Jagd, an der nur die eingeführten Herren teilnahmen, vom Stall des Königs gestellt. (...)

Wir kamen zum Treffpunkt, wo viele Reitpferde, die unter den Bäumen am Halfter geführt wurden, schon große Unruhe zeigten. Die im Walde mit den Garden wartenden Karossen, die Gruppen von Männern und Frauen, die von den Pikörs nur mit Mühe gebändigten Meuten, das Gebell der Hunde, das Wiehern der Pferde und der Schall der Hörner bildeten eine sehr bewegte Szene. Die Jagden unserer Könige erinnerten zugleich an die alten und die neuen Sitten der Monarchie, an den rauhen Zeitvertreib von Clodomir, Chilperich und Dagobert und an die Galanterie von Franz I., Heinrich IV. und Ludwig XIV.

Ich war so voll von allem, was ich gelesen hatte, daß ich überall Gräfinnen Chateaubriand, Herzoginnen von Etampes und Damen wie Gabrielle d'Estrées, die La Valière oder die Montespan sah. Meine Phantasie ließ mich diese Jagd historisch nehmen, so daß ich mich wohlfühlte; außerdem waren wir in einem Walde, also in einer mir vertrauten Umgebung.

Beim Verlassen der Karossen wies ich den Reitknechten mein Billet vor. Man hatte mir eine Stute mit dem Namen »Die Glückliche« zugedacht, ein leichtes Tier, aber ohne Gebiß, tückisch und voller dummer Streiche, das ständig die Ohren spitzte. Nachdem der König in den Sattel gehoben worden war, ritt er an; die Jagd folgte ihm auf verschiedenen Wegen. Ich blieb zurück und schlug mich mit der »Glücklichen« herum, die ihren neuen Herrn nicht in den Sattel kommen lassen wollte. Als es mir endlich gelang, mich auf ihren Rücken zu schwingen, war die Jagd schon weit entfernt. (...)

Aber ich war noch nicht am Ende meiner Prüfungen. Ungefähr nach einer halben Stunde ritt ich in einer langen Schneise durch einen menschenleeren Teil des Waldes; am Ende der Schneise wehte ein Wimpel. (...) Plötzlich ertönt ein Schuß, die »Glückliche« bricht aus, stürzt mit gesenktem Kopf durch das Dickicht und trägt mich gerade an die Stelle, wo das Reh erlegt worden ist; der König erscheint.

Erst da, also viel zu spät, erinnerte ich mich der Ratschläge des Herzogs von Coigny. Die verwünschte »Glückliche« war an allem schuld. Ich springe aus dem Sattel, dränge meine Stute mit einer Hand zurück und ziehe mit der anderen Hand meinen Hut bis zum Boden. Der König schaut und sieht nur einen Debütanten, der vor ihm das Wild erreicht hat. Er will sprechen, und anstatt zornig zu werden, sagt er herablassend und lachend zu mir: »Das Tier hat nicht lange durchgehalten.« Das ist das einzige Wort, das ich je aus dem Munde von Ludwig XVI. gehört habe. Jetzt kam man von allen Seiten herzugelaufen. Man war höchst erstaunt, mich mit dem König »plaudern« zu sehen. Der Debütant Chateaubriand erregte Aufsehen durch seine beiden »Abenteuer«, aber, wie es ihm seitdem immer ergangen ist, er wußte weder aus dem Pech noch aus dem Glück Nutzen zu ziehen.

Der König hetzte noch drei weitere Rehe. Da die Debütanten nur die Jagd auf das erste Reh mitmachen durften, erwartete ich in Val zusammen mit meinen Gefährten die Rückkehr der Jagd.

Der König traf in Val ein; er war guter Dinge und erzählte von den Zwischenfällen auf der Jagd. Man nahm wieder die Straße nach Versailles. Eine neue Enttäuschung für meinen Bruder: anstatt mich umzuziehen, um bei der Ankunft, dem Augenblick des Triumphes und der Gunst, zugegen sein zu können, warf ich mich auf den Sitz meines Wagens und kehrte nach Paris zurück, voll Freude, von meinen Ehren und Leiden erlöst zu sein. Ich erklärte meinem Bruder, ich sei entschlossen, heim in die Bretagne zu gehen. (...)

Das war mein erster Eindruck von Stadt und Hof. Die Gesellschaft erschien mir noch hassenswerter, als ich sie mir vorgestellt hatte; aber wenn sie mich erschreckte, so entmutigte sie mich doch nicht; ich ahnte dumpf, daß ich dem, was ich erblickt hatte, überlegen war. Der Hof erweckte in mir eine unüberwindliche Abscheu.

Bauernleben im Ancien régime

Erinnerungen der Gräfin von La Bouère

Versailles und Paris, überhaupt eine große Stadt, bekommen die meisten Menschen dieser Zeit niemals zu sehen. Von den 25 Millionen Franzosen leben 20 Millionen auf dem Dorf. Der einfache Mann vom Lande, wenn er nicht auf ein paar Jahre zum Militär gegangen ist, kennt nur seine Heimat, den Marktort, vielleicht noch eine Wallfahrtsstätte. Der ewig unsichere Ausgang des täglichen Kampfes um die primitivsten Lebensbedürfnisse, das Bangen um den »Anschluß« an die neue Ernte, die Angst vor Unfall oder Krankheit, die Sorge um das Seelenheil lähmen seine geistige Kraft; nur die großen Bauern können lesen und schreiben, reden Französisch statt Sprache oder Dialekt der Gegend.

Es gehört zu den Aufgaben der Herrin, in die Behausungen der Landleute zu gehen, um Zuspruch und Almosen zu spenden. Auch die junge Gräfin von La Bouère tut das auf ihrem Besitz südlich der Loire, wo die Landschaft der Vendée beginnt. Ihr Bericht über das Leben in der Armut ist um Sachlichkeit bemüht, obwohl sie zur eigenen Beruhigung die Existenz der Bauern idyllisch sehen möchte.

Fast alle unsere Pächter übernahmen jeweils vom Vater auf den Sohn den Pachthof; auch den Grundbesitzern lag ja daran, über die Generationen Familien zu behalten, die ihnen seit unvordenklichen Zeiten verbunden waren. Deshalb brauchten die Familienväter sich auch wegen ihrer alten Tage keine Gedanken zu machen, weil sie so gut wie sicher sein konnten, sie dort, wo ihre Wiege gestanden hatte, im Kreise ihrer zahlreichen Kinder zu verbringen. Solange sie kräftig genug waren, taten sie die Bauernarbeit; wurden sie gebrechlich, machten sie sich noch nützlich, indem sie sich um das Haus kümmerten und während der harten Erntewochen die Kinder beaufsichtigten. (...)

Ein Pächterhaus besteht aus zwei Wohnräumen. Von außen betritt man den größeren, und häufig befindet sich die Tür zum anderen gleich gegenüber dem Hauseingang. Die Feuerstelle im Hauptraum dient der ganzen Familie, um sich im Winter zu wärmen und um das Essen zuzubereiten. In beiden Zimmern stehen jeweils zwei oder drei Betten; hinzu kommen mehrere Schränke und Truhen für Vorräte und Wäsche sowie der Backtrog für den Brotteig. Fast immer geht es eng zu, weil die vielen Möbelstücke zuviel Platz einnehmen. (...)

Im ersten Raum, der Feuerstelle am nächsten, steht das Ehrenbett; es ist für die Ältesten der Familie bestimmt, denn in der Vendée wird das Alter respektiert und in Ansehen gehalten. Ein weiteres Bett ist für den Hofnachfolger und seine Frau bestimmt; sie tun die schwere Arbeit, wenn der Großvater dazu nicht mehr in der Lage ist. Das dritte Bett dient den Töchtern oder Mägden. Die anderen Männer schlafen in dem hinteren Zimmer. Alle Betten sind rings mit Vorhängen aus grünem oder grauem Köperstoff abgeschlossen. Sie bestehen aus einem sehr hohen Strohsack, darauf ein Federbett als Auflage und eine Kopfrolle.

Die Decke besteht zumeist aus zwei einfachen Stoffbahnen und einer Füllung von Wolle oder häufig auch nur Flachswerg. Diese Decke ist gesteppt und kann sehr unbequem sein, wenn man nicht daran gewöhnt ist, denn sie ist so hart und steif, daß sie sich dem Körper nicht recht anschmiegt. Die Laken sind in Länge und Breite so knapp bemessen, daß sie sich nicht um die Matratze einschlagen lassen. (...)

Zur Beleuchtung zünden die Leute in unserer Gegend im Winter eine »Harzkerze« an, die von den Frauen hergestellt wird: Man nimmt einen Strang aus grobem Werg als Docht und taucht ihn in das abgekühlte Baumharz; dann gibt man der Kerze Form, indem man sie auf einem Brett mit den Fingern rollt. Man befestigt sie in einer Eisendrahtspirale, die als Leuchter dient, oder in einem gespaltenen Holzstab, dessen anderes Ende in der Mauer steckt. Das liefert ein trübes Licht, und es entwickelt sich viel Rauch; deshalb läßt man die Kerze im Kaminabzug brennen, und das genügt den Frauen zusammen mit dem Schein des Feuers an den Winterabenden für die Handarbeit.

Das Brot der Landbevölkerung ist sehr schlecht: Es besteht aus Roggen, nur ganz selten mit etwas Weizen untermischt, weil der Boden in etlichen Gegenden für dieses Getreide zu schlecht ist, und manchmal kommt etwas Gerstenmehl in den Teig. Deshalb essen die Leute das Brot auch nur selten trocken. Sie haben dreimal am Tag mit Pökelfleisch oder einem Stich Butter zubereitete Suppe dazu. Nach der Suppe gibt es Milch, im Sommer als Dickmilch, im Winter aufgekocht, aber stets entrahmt; es folgen frisches Gemüse oder Trockenbohnen, und abgeschlossen wird die Mahlzeit stets mit Butter oder etwas Pökelfleisch auf Brot.

Wenn die Männer zum Essen vom Feld kommen, tauchen sie ihre Hände zunächst in den *Lavereau*, einen Wasserbehälter, der in einem Holzgestell neben der Haustür hängt, und trocknen sie an einem »Wassertuch« statt »Handtuch« genannten Wäschestück. Jeder spricht sein Tischgebet und bekreuzigt sich dabei; auch der große fünfzehn- bis zwanzigpfündige Brotlaib wird nicht geteilt, um anschließend Stücke davon abschneiden zu können, ohne daß vorher mit dem Messer ein Kreuz darüber geschlagen worden ist.

Die Männer nehmen um den mit einem Tuch bedeckten Tisch auf Bänken Platz. Das ist der einzige Augenblick, an dem sie sich setzen und ausruhen, außer im Sommer zum Mittagschlaf. Die Frauen dagegen, von denen man annimmt, daß sie gesessen haben, nehmen ihre Mahlzeiten im Stehen ein.

Suppe und Milchspeise werden aus einer gemeinsamen

Schüssel gegessen, wobei jeder den Löffel vor sich eintaucht; die Magd, die während der Mahlzeit aufgewartet hat, nimmt den Rest der dicken Suppe aus der Schüssel. Die Pächter essen im Winter dreimal, im Sommer viermal. Sie trinken daheim keinen Wein, außer gelegentlich zur Erntezeit, obwohl sie ihm sehr zugetan sind; sie halten sich dafür schadlos, wenn sie auf die Kirchweih oder auf den Markt gehen.

Wie alle Leute auf dem Lande tragen die Pächter Westen, Jacken und Kniehosen aus Serge, bei dem die Kette aus Leinen und der Schuß aus einem Gemisch von blauer und weißer Wolle besteht. Das Garn zu diesem Walkstoff wird ausschließlich von ihren Frauen gesponnen und dann von den ortsansässigen Webern verarbeitet, von denen es sehr viele gibt, und die Leinen- und Wollstoffe, aber auch Taschentücher herstellen. Am Sonntag tragen die Männer längere Gehröcke, selten Strümpfe, sondern stattdessen bis an die Knie reichende Gamaschen aus Leinen im Sommer und zum Anzug passendem Wollstoff im Winter.

Die Bauern tragen nur an Festtagen und nur im Sommer Lederschuhe; ihre gewöhnliche Fußbekleidung sind Holzpantoffeln. Ihre schwarzen Filzhüte liegen eng am Kopf an und haben eine runde, sehr breite Krempe, so daß sie gegen Sonne und Regen gleichermaßen schützen; die Haare hängen anderthalb Zoll über den Kragen. (...)

Die Tracht der Frauen ist von Kirchspiel zu Kirchspiel ganz verschieden. In der Gegend von Jallais zum Beispiel tragen sie andere Mieder als in der Gegend von Chalonnes, wo sie aus festem, dickem Stoff mit Fischbeinstäbchen gemacht sind und eine Art Brustpanzer bilden. (...)

Die Tracht ist sehr hübsch: An dem mit einem dunklen Stoff bezogenen Mieder sind am Schultereinsatz weite weiße Ärmel mit schwarzen Bändern befestigt. Der Rock besteht aus breit gestreiftem Stoff, hier dunkelblau und weiß, dort rot und blau oder rot und schwarz. Manchmal werden allzu grelle Farben durch einen schmalen Streifen voneinander getrennt.

Dieser Stoff, »Flanell« genannt, zu dem die Wolle von den Trägerinnen selbst gesponnen wird, hat eine Leinenkette, die so vollständig von der Wolle bedeckt ist, daß man sie nicht sieht; die Streifen verlaufen senkrecht. Die Schürzen bestehen aus dem gleichen Stoff mit dem gleichen, nur feineren Muster. Da die Frauen ihre Tracht anfertigen lassen, bestellen sie die Streifen nach ihrem Geschmack.

Ihre Unterröcke sind nicht kurz, aber auch nicht besonders lang. Die Frauen legen Wert auf schöne Fußbekleidung, auch wenn sie stets Holzschuhe tragen: Der Spann ist gut sichtbar, und wenn die Strümpfe dunkel sind, haben die Söckchen eine ganz andere Farbe, die den Fuß zur Geltung bringt. Sie tragen einen Kopfputz aus weißem, *Demi-Fil* genannten feinen Leinen, der auf einer festen, gefütterten Haube angebracht ist; der umgeschlagene Rand liegt flach auf der Stirn oder ist ganz fein plissiert und endet in langen Bändern, die sich über der Haube kreuzen. Dieser hohe Kopfputz steht den alten Frauen gut, und den jungen noch viel besser.

Drakonische Strafen im alten Steuersystem

Eindrücke des englischen Agronomen Young

Im Agrarland Frankreich tragen die Bauern den größten Teil der Abgabenlast. Die ersten Stände des Reiches, Klerus und Adel, selbst fast ganz von Steuern befreit, machen den Kirchenzehnten und ihre Herrenrechte geltend. Auch wer Grund und Boden zu eigen besitzt, hat dem Grundherrn zwar keine Pacht, aber den cens *in Geld, den* champart *in Naturalien abzuliefern, Hand- und Spanndienste zu leisten, einen Anerkennungsbetrag bei Erbfall oder Verkauf zu zahlen. Gegen Gebühr muß er Backofen und Mühle benutzen, die teuer verpachtet sind vom Grundherrn, der manchmal gar kein Adliger ist, sondern ein reich gewordener Städter, der Land und Rechte erworben hat. Die geistliche Obrigkeit läßt einen Teil der Getreide- und Weinernte, den »Zehnten«, einsammeln, und als Dritter im Bunde erhebt der König eine Art Einkommensteuer von allen Mitgliedern des Dritten Standes, die* taille; *sie ist in baren »Livres« zu leisten, die schon jetzt umgangssprachlich und bald auch amtlich »Franken« genannt werden.*

Ebenso wie die Höhe der Steuern empört ihre Willkürlichkeit die Betroffenen. In jeder Herrschaft bestimmen andere Dokumente oder Überlieferungen die Abgaben; in jeder Diözese gelten andere Sätze für den Zehnten; bei den Steuereinnehmern, die ihr Amt ja gegen eine Pachtzahlung auf eigene Rechnung ausüben, ist der eine schärfer, der andere lässiger. Das nach außen so geschlossen wirkende Königreich ist bei den Belastungen der Untertanen durchaus nicht »zentralistisch«.

Besonders verhaßt ist die Salzsteuer. Von Provinz zu Provinz muß man eine verschieden große Mindestmenge von dem mehr oder weniger teuren Steuersalz kaufen. Natürlich verlockt das zum Schmuggel. Der Engländer Arthur Young ist beeindruckt von den drakonischen Leibes- und Geldstrafen, die dieses absurde System aufrechterhalten sollen.

Die für Steuervergehen angedrohten Sanktionen reichen schon aus, um zu erschauern über solche der Tat völlig unangemessene Strafen, und zugleich, um eine Vorstellung von der alten Regierung in Frankreich zu bekommen.

1. Bewaffnete Salzschmuggler, die sich zu fünft oder mehr zusammentun, werden in der Provence *zu einer Geldstrafe* von 500 Livres und *neun Jahren Galeere* verurteilt, im übrigen Königreich *zum Tode*.

2. Bewaffnete Salzschmuggler, die sich zu weniger als fünf zusammentun, *zu einer Geldstrafe* von 300 Livres und *drei Jahren Galeere*; im Wiederholungsfalle *zum Tode*.

3. Unbewaffnete Salzschmuggler, die Pferde, Wagen oder Schiffe als Transportmittel verwenden, *zu einer Geldstrafe* von 300 Livres, ersatzweise *drei Jahre Galeere*. Im Wiederholungsfalle 400 Livres und *neun Jahre Galeere*. – In der Dauphiné im Wiederholungsfalle *lebenslängliche Galeerenstrafe*. In der Provence *fünf Jahre Galeere*.

4. Unbewaffnete Schmuggler, die das Salz selber tragen, *zu einer Geldstrafe* von 200 Livres, und wenn sie diese nicht entrichten, werden sie geprügelt und mit dem Brandeisen gezeichnet. Im Wiederholungsfalle *zu einer Geldstrafe* von 300 Livres und *sechs Jahren Galeere*.

5. Verheiratete und ledige Frauen *zu einer Geldstrafe* von 100 Livres, im Wiederholungsfalle von 300 Livres, bei der dritten Verurteilung *zu Prügelstrafe und lebenslänglicher Verbannung*. Die Ehemänner haften für Geld- und Leibesstrafen ihrer Frauen.

6. Für Salzschmuggel werden Kinder ebenso bestraft wie Frauen. *Väter und Mütter haften für ihre Kinder; bei Nichtentrichtung von Geldstrafen wird die Prügelstrafe an ihnen vollzogen.*

7. Personen von Adel, die sich des Salzschmuggels schuldig machen, *verlieren ihren Stand, und ihre Häuser werden dem Erdboden gleichgemacht*.

8. Alle Salz schmuggelnden Angestellten (gemeint sind offenbar die Beschäftigten in den Manufakturen oder bei den Einnehmereien) werden *zum Tode* verurteilt. Auch wenn sie Beihilfe zum Salzdiebstahl auf dem Transport leisten, *zum Strang*.

9. Soldaten, die bewaffnet Salzschmuggel betreiben, werden *zum Strang* und, wenn sie unbewaffnet sind, *zu lebenslänglicher Galeerenstrafe* verurteilt.

10. Wer geschmuggeltes Salz zum Zwecke des Weiterverkaufs erwirbt, wird zu den gleichen Strafen wie die Schmuggler verurteilt.

11. Die Salzsteuerbeamten *haben das Recht, zu zweit oder allein in Gegenwart von zwei Zeugen zum Zwecke der Durchsuchung alle Häuser zu betreten, und zwar auch solche, die Personen aus den privilegierten Ständen gehören.*

12. Alle königsteuerpflichtigen Familien und Personen sind in den Provinzen mit »großer Salzsteuer« in Registern erfaßt. Ihr Verbrauch »für Topf und Tisch« (also für den täglichen Verzehr, ohne das Pökelsalz fürs Fleisch usw.) wird mit 7 Pfund je Kopf und Jahr angesetzt, und diese Menge müssen sie kaufen, ob sie wollen oder nicht, bei Androhung von Fall zu Fall verschiedener Geldstrafen. (...)

Muß man unter solchen Umständen wirklich das Volk für seine Ausschreitungen verantwortlich machen? Oder nicht vielmehr seine Unterdrücker, die es so lange im Zustand der Sklaverei gehalten haben? Wer sich dazu entschließt, von Sklaven, und zwar mißhandelten Sklaven, bedient zu werden, der muß sich darüber im Klaren sein, daß er seinen Besitz und sein Leben in eine ganz andere Lage bringt als andere, die sich lieber der Dienste freier, gut behandelter Menschen versichern, und wer sich das Stöhnen seiner Opfer zur Tafelmusik wählt, darf sich nicht beklagen, wenn beim Aufstand seine Töchter entführt werden und seinen Söhnen die Kehle durchgeschnitten wird.

Die Bauern stellen sich arm

Aus Rousseaus Reisetagebuch

Die Stadtbewohner stöhnen wie alle steuerpflichtigen Franzosen unter der taille, *unter den dazu erhobenen Ergänzungsabgaben* capitation *und* vingtième, *den Zöllen an den Grenzen der Provinzen und des Königreiches sowie der Getränkesteuer; außerdem wird für die Kosten der Gemeindeverwaltung der* octroi, *der Stadtzoll erhoben. Doch bei ihnen sind die Abgaben weitgehend davon abhängig, wie hoch ihre Einkünfte und ihr Vermögen sind, wieviel sie verbrauchen und wie intensiv ihr Geschäftsverkehr ist. Auf dem Lande dagegen, wo viele als Selbstversorger leben und wenig kaufen und verkaufen, wird geschätzt. Die Beurteilung nach den »äußeren Zeichen des Wohlstands«, bis heute in romanischen Ländern eine gängige Methode der Steuerveranlagung, trägt dazu bei, daß die Städte mit der Zeit immer ansehnlicher wirken, die Dörfer und Höfe immer kläglicher. So ist es für die Zeitgenossen, die in diesem Jahrhundert den Reiz der Statistik entdecken, sehr schwierig, die Lage der Landbevölkerung richtig einzuschätzen.*

Wie fragwürdig das sogar für einen Wanderer ist, beweist ein Erlebnis des noch ganz unberühmten Jean-Jaques Rousseau, der auf der Suche nach seiner Gönnerin in Burgund unterwegs ist (aus den »Bekenntnissen«):

Ich war so in meinen Traumvorstellungen befangen, daß ich mich mehrmals richtig verirrte, und ich wäre auch sehr bekümmert gewesen, hätte ich geraderen Wegs reisen müssen; denn weil ich ahnte, daß ich in Lyon wieder auf den Boden der Tatsachen zurückgeholt werden würde, wäre ich am liebsten niemals angekommen.

Eines schönen Tages hatte ich absichtlich einen Umweg gemacht, um eine Gegend näher zu betrachten, die mir wunderschön vorgekommen war. Es gefiel mir dort so gut und ich machte so viele Abstecher, daß ich mich am Ende vollständig verirrt hatte. Nach stundenlangem erfolglosen Umherlaufen war ich müde und verschmachtete vor Hunger und Durst; ich trat bei einem Landmann ein, dessen Haus keinen schönen Anblick bot, aber das einzige weit und breit zu erblickende war. Ich dachte, es sei hier wie in Genf oder in der Schweiz, wo alle leidlich wohlhabenden Bewohner in der Lage sind, Gastfreundschaft zu erweisen. Ich bat ihn, mir gegen Bezahlung zu essen zu geben. Er bot mir Magermilch und grobes Gerstenbrot an und sagte dazu, das sei alles, was er habe. Ich trank die Milch mit Genuß und aß das Brot mit allen Verunreinigungen, aber das war nicht besonders stärkend für einen gänzlich erschöpften Menschen. Der Bauer, der mir zugesehen hatte, war inzwischen überzeugt, mit meiner Geschichte habe es ebenso seine Richtigkeit wie mit meinem Appetit. Nachdem er mir noch rasch erklärt hatte, er sähe jetzt, daß ich ein braver ehrlicher Jüngling und nicht gekommen sei, ihn zu verraten, öffnete er eine Falltür neben seiner Küche, stieg hinunter und kam gleich darauf wieder mit einem schönen durchgebackenen Weißbrot, einem sehr verlockenden, wenn auch schon angeschnittenen Schinken und einer Flasche Wein, deren Anblick mein Herz mehr erfreute als alles andere. Dazu bekam ich noch ein ziemlich dickes Omelett, so daß ich eine Mahlzeit genoß, wie sie ein Wanderer sonst nicht erlebt.

Als es ans Zahlen ging, plagten ihn seine Bedenken und Ängste wieder. Er wollte mein Geld durchaus nicht haben, sondern wies es schrecklich aufgeregt zurück, und das Lustige war, daß ich mir nicht vorstellen konnte, wovor er Angst hatte. Schließlich sprach er zitternd die furchtbaren Wörter *Commis* und

Rats-de-Cave aus, »Steuerfahnder« und »Kellerschnüffler«. Er erklärte mir, daß er seinen Wein wegen der Getränkesteuer verberge, daß er sein Brot wegen der Königsteuer verstecke, und daß er verloren wäre, wenn man annehmen könnte, daß er nicht dem Hungertod nahe sei. Alles, was er mir über diese Dinge, von denen ich nicht die geringste Ahnung hatte, berichtete, hinterließ bei mir einen Eindruck, der nie verblassen wird. Dies war der Keim zu dem unauslöschlichen Haß, der seither in meinem Herzen gegen die Schikanen, die das unglückliche Volk erdulden muß, und gegen seine Unterdrückung gewachsen ist. Dieser Mann war durchaus wohlhabend, aber er wagte das Brot nicht zu essen, das er im Schweiße seines Angesichts erworben hatte, und konnte seinen Ruin nur abwenden, indem er das gleiche Elend zur Schau stellte, das um ihn herum herrschte. Ich verließ sein Haus zugleich voller Entrüstung und Mitleid. Ich beklagte das Los dieser schönen Landstriche, über welche die Natur ihre Gaben nur ausgeschüttet hat, um sie zur Beute barbarischer Steuereinnehmer werden zu lassen.

Anliegen des Dritten Standes

Beschwerdehefte einer Landgemeinde und der Zünfte einer Kleinstadt

Der drohende Staatsbankrott macht einschneidende Reformen erforderlich, denen die Untertanen zustimmen sollen. Am 24. Januar 1789 läßt der König die »Generalstände« nach Versailles einberufen, wobei der Dritte Stand so viele Vertreter haben soll wie Klerus und Adel zusammen. Jeder Franzose wählt Abgeordnete zu seinem Stand. Die Güte Seiner Majestät wird aller Orten gepriesen.

Wofür sich die Abgeordneten einzusetzen haben, steht in den »Beschwerdeheften«, die je Vogtei von den Mitgliedern jedes Standes beschlossen werden. Beim Dritten Stand werden viele Einzelhefte zusammengefaßt. So hat jeder erwachsene männliche Franzose im Frühjahr Gelegenheit, bei der Abfassung »seines« Heftes dabei zu sein und zu sagen, aber auch zu hören, womit er eigentlich unzufrieden ist. Im Gesetzestext steht, es sollen »Mißbräuche angezeigt und Reformen vorgeschlagen« werden – ein gefährliches Angebot.

Die Hefte geben einen unvergleichlichen Einblick in die Alltagssorgen der Menschen. Allerdings hat man sich öfters auch an rasch gedruckte Muster gehalten, die der belesene Versammlungsleiter mitbrachte. Für beides finden sich Beispiele in den folgenden Heften eines Dorfes in der Normandie und der Zünfte einer bretonischen Kleinstadt. Daß beispielsweise der Dritte Stand »die Nation« sei, stammt natürlich aus Schriften wie dem Bestseller des Abbé Sieyès mit den einprägsamen Katechismusfragen: »Was ist der Dritte Stand? Alles. Was ist er bis jetzt gewesen? Nichts. Was verlangt er? Etwas zu werden.« Die Gegner der Gewerbefreiheit ließen sich ebenfalls von wohlformulierten Vorlagen leiten. Dagegen klingen viele Forderungen der Dorfversammlung, als seien sie nach einigem Nachdenken von den Bauern vorgebracht worden.

Beschwerden der Gemeinschaft aller versammelten Einwohner des Kirchspiels Lignères-la-Doucelle.

Seit langem schon leiden die Einwohner unter der übergroßen Last der allzu vielen verschiedenen Steuern, die sie zahlen müssen. Ihr Kirchspiel ist groß und ausgedehnt, doch der Boden undankbar, viele Flächen sind unbestellt, und die Gründe sind fast durchweg in kleine Schläge unterteilt. Es gibt nicht einen großen Hof, und auf den kleinen Anwesen sitzen entweder arme Leute oder Menschen, denen es so schlecht geht, daß sie zwei Tage die Woche kein Brot haben. Sie kaufen Brot oder Brotgetreide während drei Viertel des Jahres. Es gibt kein Gewerbe und keinen Handel in dieser Gemeinde, die seit jeher klagt, aber niemals Gehör gefunden hat. Der Schmerzensruf ist bis zum Ministerium gedrungen, nachdem er ohne Erfolg die Ohren der hiesigen Intendanten belästigt hat. Die Einwohner waren stets so unglücklich zu erleben, daß ihre gerechten Anliegen keine Wirkung hatten; möge die glückliche Zeit der Gleichheit für sie wieder erscheinen.

Die genannten Einwohner verlangen, daß es im Königreich nur noch zwei Steuern geben soll, die eine auf Grund und Boden, die andere auf das Gewerbe. (...)

Daß das Salz zur gewöhnlichen Handelsware wird.

Daß alle Herren, Adlige und andere Privilegierte, die ihre Güter für sich bewirtschaften oder sie in irgendeiner Form durch Bevollmächtigte bewirtschaften lassen, auf diese Güter ebenso Steuer zahlen wie der Bürgerliche.

Daß die Herrenrechte für ablösbar erklärt werden, und zwar auf zwanzig oder, wenn man will, auf dreißig Jahre, soweit die Verträge über den Erwerb nicht bereits anderweitige Einschränkungen enthalten.

Daß der Mühlenzwang nicht mehr geübt wird, sondern jeder frei ist, sein Korn mahlen zu lassen, wo es ihm gefällt.

Daß aller verpachtete Herrenbesitz, auch wenn er sich im Eigentum von Bürgerlichen befindet, von der Zahlung der Freilehensabgabe an den König und der Rechteablösung an die Grundherren befreit wird, und daß aller dieser Besitz abgabenfrei wird.

Daß die dem Grundherrn geschuldeten Frondienste abgeschafft werden, und ebenso die Erklärungen und feierlichen Unterwerfungen, sobald die Herrenrechte abgelöst worden sind.

Daß alle grundherrlichen Gerichtsbarkeiten aufgelöst werden oder zumindest aus mehreren ein Sprengel gebildet wird, zu dem jeder Grundherr einen Beamten innerhalb einer bestimmten Frist zu ernennen hat; andernfalls soll der König dies tun.

Daß die Söhne adelsmäßig lebender Bürgerlicher zum Militärdienst in gleicher Weise zugelassen werden wie der Adel.

Daß der König niemandem für sich und seine Nachkommen Adelstitel verleiht, sondern nur dem, der es selbst verdient hat.

Daß kein Adel mit einem Amt oder sonstwie verliehen wird, außer für Waffentaten oder dem Staat geleistete Dienste.

Daß jeder Grundherr oder dessen Witwe oder Tochter, soweit sie mehr als einen Lakai in ihrem Dienste stehen haben, dem König für jeden weiteren Lakaien einen Betrag von sechzig Franken pro Jahr entrichten.

Daß auf alle Seidenstoffe, Bänder, Musselin und aus dem Ausland eingeführte Waren eine dreimal höhere Steuer zu zahlen ist als heute; daß Frauen, die Hüte tragen, für jeden solchen vierundzwanzig Franken an den König als weibliche Kopfsteuer entrichten.

Daß die Inhaber geistlicher Pfründen für ihr weltliches Einkommen die gleichen Steuern auf Grund und Boden zahlen wie die anderen Einwohner auf ihre Güter.

Daß kein Geistlicher mehr als eine Pfründe haben darf; daß diejenigen, die Einkünfte aus mehreren beziehen, sich in einer ihnen zu eröffnenden Frist für eine zu entscheiden haben.

Daß Abteien mit einem nicht dem Orden angehörenden Abt an den König zurückfallen, damit Seine Majestät und nicht solche Äbte die Einkünfte bezieht.

Daß in Städten, wo mehrere geistliche Häuser desselben Ordens bestehen, diese auf eines reduziert werden und die Güter und Einkünfte der aufgehobenen der Krone zufallen.

Daß Ordenshäuser, in denen sich nicht für gewöhnlich zwölf Bewohner aufhalten, aufgehoben werden.

Daß den Pfarrern, Prioren und anderen Pfründeninhabern kein Zehnter zustehen soll vom Buchweizen, weil dieses schwarze Korn nur zur Vorbereitung des Ackers auf die Aussaat von Roggen verwendet wird.

Daß ihnen ferner kein Zehnter entrichtet werden soll auf Hanf, Wolle und Lämmer, und daß sie auf dem Lande Bestattungen und Eheschließungen kostenlos vorzunehmen haben. (...)

Daß die Grundherren keinerlei Gewohnheits- oder Mautrechte mehr haben sollen, ebensowenig wie Maßrechte in den Getreidehallen, Wochenmärkten und Viehmärkten; sie unterhalten ja nicht einmal die Bretter und die Stege über ihre Bäche und Flüsse, so daß schon mehrere Personen dort zu Tode gekommen sind.

Daß für alles Korn im Königreich ein fester Preis festgelegt wird oder vielmehr die Ausfuhr in andere Länder nur gestattet sein soll, wenn der Preis zu niedrig wird.

Daß Branntweine von einer Provinz in die andere ausgeführt werden dürfen.

Daß außerhalb der Gemeinde ansässige Personen, die Gründe bewirtschaften, ihre Steuern am Ort dieser Gründe zu entrichten haben.

Beschwerdeheft der Perückenmacher-, Schreiner-, Hufschmiede-, Schlosser-, Nagelschmiede-, Sattler-, Wagenschmiede-, Fleischer-, Schweinemetzger-, Schneider-, Schuhmacher- und Webermeister der Stadt Quimper sowie der Bäcker, Gastwirte, Gärtner, Maurer, Dachdecker und Tagelöhner dieser Stadt.

Nachdem wir uns auf Einberufung durch die Beamten der Stadt versammelt haben, um unser Beschwerdeheft anzulegen, flehen wir Ew. Majestät an, dieses entgegenzunehmen, und bitten Ew. Majestät, in Dero väterlichen Sorge um die Linderung des Loses des Volkes in Stadt und Land fortzufahren, und haben beschlossen:

1. Daß die Person des Königs als geheiligt angesehen werde und das Erbrecht auf die Krone unveräußerlich bei seinem Hause liege.

2. Zu verlangen, daß eine auf Grundgesetzen beruhende Verfassung geschaffen werde; daß nur die ordentlich einberufene

Versammlung der Nation das Recht haben soll, diese Gesetze nach dem Gefallen des Königs zu erneuern oder zu ändern.

3. Daß gewährt werde, daß die Generalstände alle sechs Jahre oder in anderen Zeitabständen, die dem Wohl der Monarchie dienlich erscheinen, regelmäßig einberufen werden.

4. Daß bei den Generalständen nach Köpfen abgestimmt werde und daß, falls die anderen zwei Stände in diesem Punkt die geringsten Schwierigkeiten machen sollten, die Abgeordneten des Dritten Standes, der die Nation ist, sich unter Protest zurückziehen sollen.

5. Daß die Minister, die der König bestimmt hat, um S. Majestät bei den einzelnen Regierungsgeschäften zur Seite zu stehen, für Gesetzesverstöße und Vergeudung von Finanzmitteln haftbar gemacht werden sollen und zu jeder Sitzungsperiode der Generalstände oder beim Verlassen des Ministeriums der Nation Rechenschaft abzulegen haben.

6. Daß der Dritte Stand nicht mehr der Auslosung zum Soldatendienst unterliege, die nützliche und oft unentbehrliche Söhne ihren Familien entreißt; daß stattdessen Freiwillige auf Kosten der Nation angeworben werden.

7. Daß die Steuern ohne Unterschied von den Bürgern aller Stände erhoben werden und der Dritte Stand nicht allein Herdgeld, Freilehensabgabe und Getränkesteuern zu entrichten hat.

8. Daß der Dritte Stand bei unseren Provinzständen ebenso viele Abgeordnete habe wie die zwei anderen Stände zusammen und nach Köpfen abgestimmt werde.

9. Daß unsere Abgeordneten weder Adlige noch Geadelte oder Prälaten sein noch zu den Beamten oder Beauftragten der Adligen und Prälaten gehören dürfen.

10. Daß das Präsidentenamt des Dritten Standes unserer Provinz durch Wahl der Abgeordnetenmehrheit des Standes besetzt werde.

11. Daß Angehörige des Dritten Standes, die Anstand, Talent und Tugenden gezeigt haben, Zugang zu den militärischen und zivilen Stellungen erlangen, deren sie sich würdig erwiesen haben. (...)

20. Daß ein Gesetz erlassen werde, das im Interesse von

Handel und Wandel das Ausleihen von Geld gegen Zinsen gestattet, und daß um der Beruhigung der Gewissen willen die kirchlichen und staatlichen Gesetze in dieser Hinsicht übereinstimmen.

21. Daß die Anrufung Roms nicht mehr erforderlich sein soll und jeder Bischof in seiner Diözese jeden Dispens erteilen kann.

22. Daß es im ganzen Königreich gleiche Maße und Gewichte geben soll und künftig alle Gesetze von den Provinzständen geprüft werden sollen.

23. Im übrigen machen wir uns die Beschwerden des Dritten Standes auf der letzten Provinzständeversammlung zu eigen und bitten Ew. Majestät, uns wie bisher mindestens ein Bataillon in Quimper in Garnison zu lassen. (...)

Anhang: *Denkschrift im Namen der Zünfte der Stadt Quimper, einschließlich der Handwerke, bei denen es keine Meister gibt, die solche aber zu haben wünschen.*

Die Stadtverwaltung von Nîmes hat soeben in ihren Beschwerden eine Forderung erhoben, die alle betrüben muß, die im Königreich ein Handwerk betreiben. Sie verlangt die Abschaffung aller Meisterrechte. Es ist höchst erstaunlich, daß eine aufgeklärte Munizipalität unter ihre Beschwerden eine für eine ganze sehr zahlreiche und sehr nützliche Klasse von Bürgern so nachteilige und verderbliche Forderung aufgenommen hat. Welch ein Schaden, welch ein Umsturz würde im ganzen Königreich entstehen, wenn man dieser Forderung nachkommen wollte!

Kaiser Alexander Severus ist der weise Schöpfer aller Handwerkergemeinschaften gewesen; er teilte die Wein- und die Samenhändler, die Schuhmacher und alle, die ein Gewerbe ausübten, in Korps oder Bruderschaften ein. Er wollte, daß jeder seiner Untertanen eigenen Besitz habe, und da er nicht jeden fünfzehn oder zwanzig Morgen Land geben konnte, fand er im Gewerbe eine gute Ergänzung für eine solche Zuteilung. Dieser Fürst hatte einfach richtig bemerkt, daß man jeder Klasse eine Art Eigenbesitz geben mußte, um denen, die keinen hatten, eine Erwerbsmöglichkeit zu bieten. Warum will man heute gegen ein Eigentum Einwände erheben, das so ehrwürdig, altbewährt und von einem guten Fürsten so weise eingerichtet worden ist?

Ist eine Meisterstelle nicht für einen Plebejer das, was sein Amt für einen Richter, einen Notar, einen Anwalt ist? Ist dieses Meisterrecht nicht sein einziges und wirkliches Vermögen? Vergreift man sich daran, wie sollte er dann sein Leben fristen, er und seine Familie? Man muß also im Gegenteil das Meisterrecht bei einem Handwerker als so heilig ansehen wie seine Scholle für den Ackerbauer, ein Adelspatent für eine herrschaftliche Familie. Wollte man die Abschaffung der Meisterstellen verlangen, so wäre das der Anfang zur Ausplünderung der Bürger jeden Gewerbes. Nein, durch die Forderung nach Wegfall der Meistertitel würde man das Los des Volkes nicht erleichtern. Im Gegenteil, durch die Bestätigung ihrer Privilegien und durch die anschließende Bestimmung der Anzahl von Meisterstellen in jeder Stadt könnte man in Frankreich das Los von drei Millionen Menschen erleichtern, die der Gesellschaft so nützlich und unentbehrlich sind.

Muß man ausgerechnet zu einer Zeit, da das Volk schon genug unter den Nöten des Staates leidet, sein Elend noch verschlimmern durch solche Forderungen, die nur zu seinem Ruin führen können? Nicht ohne Grund sind die Zünfte in Nîmes über die ungerechte Forderung ihrer Obrigkeit entrüstet. Ihre Klagen sind in jeder Hinsicht berechtigt. Die Zünfte der Stadt Quimper können ihnen deshalb nur Beifall zollen und in ihre Klagen einstimmen, indem sie von der Güte und Weisheit der Regierung nicht allein die Aufrechterhaltung der Meisterrechte verlangen, sondern darüber hinaus die Festlegung einer Höchstzahl von Tuchhändlern, Spezereienhändlern, Schankwirten, Maurern und darüber hinaus, daß alle anderen Bürger, die einen Anspruch darauf haben, in allen Städten des Königreichs, wo für sie wie in Quimper keine Meisterstellen vorgesehen sind, eigenen Klassen zugeteilt werden.

Alter Standesdünkel und neuer Kaufmannsstolz

Beobachtungen eines Geistlichen in Rouen

Der »Dritte Stand« – das sind 98 % der Bevölkerung, also wirklich »die Nation«, das den Staat ausmachende Volk. Dies ist im Grunde sein einziger gemeinsamer Nenner. Denn wenn es einmal eine Zeit der Gleichheit gegeben haben sollte, da die Menschen einen Gesellschaftsvertrag schlossen – sie ist längst vorbei. Den Tagelöhner trennen vom Manufakturbesitzer oder Großbauern nicht nur die Besitzverhältnisse, sondern ein höchst verschieden entwickeltes (Selbst-)Bewußtsein. Alle sind sie allerdings der Überzeugung, daß es so nicht weitergeht.

Was jetzt ungerecht, unwürdig, unproduktiv ist, und wie man die politische Ordnung freier, menschlicher, erfolgversprechender einrichten könnte, das sagen die jungen Juristen und Theologen, die häufig aus bescheidenen Verhältnissen kommen und angewiesen sind auf ihre »Talente«, nicht zufällig ein Modewort der Zeit. Die Welt der käuflichen Ämter, der dem Adel vorbehaltenen Offiziersstellen, der Pfründen ohne seelsorgerliche Pflichten, des mühsamen Fortkommens als Hauslehrer bei hochmütigen reichen Leuten muß verändert werden.

Vor allem sie, die Begabtesten ihres Standes, ziehen Anfang Mai als Abgeordnete nach Versailles. Bei der prächtigen Eröffnungsprozession haben sie in schlichtem Schwarz weit vom König zu gehen, in der Kirche sind nur für Klerus und Adel Sitzplätze reserviert, und der Prediger legt dem Monarchen »die Ehrerbietung der Geistlichkeit, die Hochachtung des Adels und die flehentliche Ergebenheit des Dritten Standes« zu Füßen. Solche Demütigungen machen halsstarrig und entschlossen.

Wie Herablassung und Ehrgeiz einander überall, auch innerhalb des Dritten Standes, im Wege stehen, beschreibt Abbé Baston, ein philosophierender Geistlicher.

Ich habe in Rouen Bekanntschaften und Freundschaften in allen Klassen der Gesellschaft geschlossen: bei der Richterschaft, bei den Kaufleuten und beim Adel. So konnte ich in aller Gelassenheit die »bessere Welt« von damals betrachten, jedenfalls soweit sie sich dem Blick eines aufmerksamen Beobachters einer Provinzstadt darbietet, die im blühendsten Land Europas nur von einer oder zwei in den Schatten gestellt wurde. Ganz und gar unparteiisch betrachtet, schien mir jeder dieser Stände viele außerordentlich schätzenswerte Vertreter aufzuweisen. Gerechtigkeit und Billigkeit waren in den Sälen des Justizpalastes zu Hause, und wenn sich gelegentlich der eine oder andere Irrtum dazugesellte, so deshalb, weil ihre Orakel nun einmal durch den Mund von Menschen verkündet werden mußten.

Der Handel ist seinem Wesen nach vielen Versuchungen ausgesetzt, und ich zweifle nicht, daß dort viel gesündigt wird. Doch man darf nur ja nicht meinen, daß die peinlichste Redlichkeit dort nicht auch ihren Platz hätte. In Rouen rechneten sehr viele Häuser sich dies zur Ehre an und wurden vielleicht um so reicher, weil sie darauf so großen Wert legten. Uneigennützigkeit war die einzige Tugend, die der Kaufmannsstand nicht kannte, ich möchte beinahe sagen, nicht kennen durfte, denn viel verdienen ist das höchste, um nicht zu sagen alleinige Ziel seiner Tätigkeit. Nimmt man ihm die Hoffnung, es zu erreichen, so verlangsamt sich nicht nur sein Gang, es erlischt überhaupt jeder Eifer aus Mangel an Nahrung. Verlangt jemand Ausnahmen von mir? Ich will mich nicht sträuben; ich kenne aber höchstens drei, die ich nennen könnte.

Die Handelsherren blickten sehr eifersüchtig auf die anderen Stände, die sie damals noch als über sich stehend empfanden. Ihr Reichtum machte sie stolz und auf gleiches Ansehen erpicht. Weil sie nicht bedachten oder, besser gesagt, nicht voraussahen, daß man diese privilegierten Klassen eines baldigen Tages zerstören würde und daß sie erheblichen Anteil an diesem Werk haben würden, einem auch für sie selbst gefährlichen Beispiel, versäumten sie zunächst einmal keine Gelegenheit, dort Aufnahme zu finden. Man traf sie ständig und mit gezücktem Geldbeutel, wo immer es Ämter oder Titel zu erwerben gab, und während der alte Adel seinen Degen am Haken ließ, wenn nicht Krieg oder ein feierlicher Anlaß ihn zwang, ihn zu tragen, legten die Kontoradligen Wert darauf, ihren überall mitzunehmen, und so schlossen sie denn ihre Soda- oder Indigogeschäfte ab, indem sie sich lässig auf den Knauf ihrer friedlichen Schwerter stützten. Mancher titulierte sich selbst als »Edler« auf jeder seiner Rechnungen. Nicht daß sie das, was sie da so teuer kauften, im Grunde besonders hoch anschlugen; sie wollten nur nichts über sich und zu der gut gefüllten Kasse den ideellen Hintergrund des Pergaments haben.

Ein Beweis, daß viele dieser Adligen im Herzen Bürgerliche geblieben waren, war ihr Verhalten, als diese Ränge, denen anzugehören sie sich so bemüht hatten, in ihre schwerste Krise gerieten: Etliche zogen sich bereitwillig in ihr Schneckenhaus zurück und bemühten sich, in den Volksgesellschaften zu beweisen, daß sie niemals adlig gewesen waren, obwohl sie hundertmal mit dem Degen an der Seite an der Börse erschienen waren. Es gab allerdings auch andere, und ihnen zu Ehren will ich das erwähnen, die mutig zu ihrem Schritt in den Adel standen und Gut und sogar Blut mit einer Festigkeit hingaben, die, ich will nicht sagen einer besseren Sache, aber doch eines besseren Schicksals würdig gewesen wäre.

Bei den Großkaufleuten traf man noch sehr verbreitet auf die verächtliche Herablassung, die sie den höher gestellten Ständen zuschrieben und bitter zum Vorwurf machten. Wenige nur hatten ein so unverdorbenes moralisches Empfinden, daß sie sich klarmachten: Wenn sie mit den Konditionen, die nach den Auffassungen der Zeit über ihnen standen, gleichziehen wollten, durften sie sich doch nicht allzu weit von denen entfernen, die nach den gleichen Auffassungen unter ihnen standen. Ihr Reichtum brachte sie in Berührung mit Adel und Richterschaft, Gewinnstreben und Gewerbe aber führten sie mit dem Kleinfabrikanten, dem Arbeiter, dem Einzelhändler zusammen. Sie standen oder hätten stehen sollen auf der geometrischen Mitte zwischen den Extremen der Gesellschaft. Ich erinnere mich an einen Spaziergang auf dem Lande mit einigen dieser Männer, von denen jeder nicht nur ein Krösus war, sondern es mit Glück, Begabung und Kaufmannstugenden zu höchstem

Ansehen in seinen Kreisen gebracht hatte. Wir plauderten angeregt über den Hochmut des Adels und die Unnahbarkeit des Richterstandes. Über beide führten sie bitter Klage; ich hielt dagegen, sie sähen das durchs Vergrößerungsglas ihrer verletzten Eigenliebe. Ein Mann aus dem Dorfe kommt vorbei und grüßt uns tief. Ich erwidere seinen Gruß und ziehe meinen Hut; von meinen Kaufleuten bekam er nur ein angedeutetes Kopfnicken mit der Miene, die da sagt: »Du unbedeutender Mensch, wir halten die Hand über dich.« Ich ließ mir die Gelegenheit nicht entgehen. »Meine Herren«, sagte ich, »ich kenne keinen Adligen und keinen Rat am Parlamentsgerichtshof, der den Gruß dieses wackeren Bauern nicht erwidert hätte.« Einer von ihnen, von Natur sehr blaß, errötete auf meine Bemerkung hin; bei den anderen war das Gesicht zu rund, rot und prall – die leichte Verfärbung von der Verlegenheit ließ sich darauf nicht ablesen.

Die Julitage 1789 in Paris

Briefe des englischen Arztes Dr. Rigby

Die Thronrede des Königs und die Ansprachen seiner Minister enttäuschen viele der erwartungsvoll gekommenen Abgeordneten des Dritten Standes: Alles soll beim alten bleiben, aber eine gewaltige Neuverschuldigung sollen sie genehmigen, und nur über bestimmte Fragen könnte man vielleicht nach Köpfen abstimmen, was ihnen und ihren Sympathisanten die Mehrheit gäbe. Sie proklamieren sich als »Nationalversammlung«, und nach und nach schließt sich die Hälfte der Vertreter des Klerus an. In einem Ausweichquartier, einer Tennishalle, wird von allen der »Ballspielhausschwur« geleistet: Wir werden nicht auseinandergehen, bevor wir dem Land eine Verfassung gegeben haben. Als der König am 23. Juni 1789 die getrennte Beratung nach Ständen verlangt, tritt der zum Dritten Stand haltende Graf Mirabeau dem Hofzeremonienmeister entgegen: »Sagen Sie Ihrem Herrn, daß wir hier sind durch die Macht des Volkes, und daß man uns nur durch die Macht der Bajonette von hier vertreiben wird!«

Ludwig XVI. scheint zunächst einzulenken, aber dann gibt er doch der harten Partei am Hofe nach, die als Clique der Königin und der Brüder des Königs, der Grafen von Artois und der Provence, verrufen ist. Er entläßt den populären Finanzminister Necker und will seine Regimenter aufbieten. In Paris wächst die Erregung, zumal in der Gerüchteküche des Palais-Royal. Dort hat der Herzog von Orleans, ein entfernter Verwandter des Königs, der mit den neuen Ideen sympathisiert, Läden, Cafés, Theater, Glückspielzirkel eingerichtet.

Wie die Pariser auf den Sturz der Symbolfigur Necker und den Aufmarsch der Armee mit der Vernichtung eines Symbols ihrer Knechtschaft, der dräuenden Gefängnisfestung Bastille, reagieren, wie eine ganze Stadt sich über Nacht in einem Willen findet – davon erzählt der englische Arzt Dr. Rigby seiner Frau und seinen Töchtern.

Meine lieben Teuren! Die allgemeinen Verhältnisse, die jüngst zu der Revolution in Frankreich geführt haben, und die Prinzipien, die das Volk antrieben, sie durchzusetzen, sind Euch wahrscheinlich einigermaßen bekannt; aber viele Ereignisse, die diesem außerordentlichen Wandel in der Regierung unmittelbar vorhergingen, müssen Euch völlig unbekannt sein, und selbst die, über die Ihr in den englischen Blättern Berichte gelesen haben könnt, sind, wie ich anzunehmen Grund habe, sehr unvollkommen geschildert worden. Um bis zu einem gewissen Grade diesem Mangel abzuhelfen und in Erfüllung eines Versprechens, das ich Euch in einem meiner früheren Briefe gegeben habe, will ich Euch eine rasche Skizze von dem geben, was ich in der nun schon denkwürdigen Periode zwischen dem 10. und 19. vorigen Monats teilweise selbst erlebt und teilweise durch Berichte in Paris erfahren habe.

Anfang Juli kamen wir in Paris an. Schon eine Zeitlang vorher hatten sich in ganz Frankreich Symptome der Erregung im öffentlichen Geist gezeigt; eine allgemeine Unzufriedenheit, die das Volk immer lauter und lauter zum Ausdruck brachte, war hervorgetreten; eine Neigung auch, das Äußerste zu wagen, um die Last der Steuern und die Unterdrückungen der Regierung abzuschütteln, war von der großen Masse der Gesellschaft zu oft und unzweideutig bekundet worden, als daß sie der Hof von Frankreich mißverstehen konnte. Aufruhrbewegungen in verschiedenen Provinzen waren bereits die Folge dieser Verfassung des öffentlichen Geistes gewesen, und da Paris der Brennpunkt ist, in dem die Strahlen, die von jedem Fleck dieses ausgedehnten Landes ausgehen, sich treffen, und da Versailles die Residenz des Königs und der unmittelbare Sitz der Regierung ist, so waren besonders diese beiden Orte der Schauplatz solcher Volksbewegungen.

Eine der beträchtlichsten von ihnen fand vierzehn Tage vor unserer Ankunft in Versailles statt. Necker war von der verkehrten Politik des Hofes entlassen worden, welcher sich fälschlich und übelberaten in der größten Gefahr sah, wenn er einen Minister behielt, der in dem Rufe stand, ein Freund der Sache des Volkes zu sein. Als dieses Ereignis in Paris bekannt wurde, zog eine große Volksschar nach Versailles und umringte den Palast mit der lauten Forderung, ihren Lieblingsminister wieder zu berufen. Der Graf von Artois, der in dem Palast war, antwortete auf die Art, die seinem Begriffsvermögen am meisten entsprach; er befahl den Garden, auf das Volk zu feuern. Die Garden jedoch weigerten sich; das Volk drängte vorwärts, und Ludwig XVI. trat mit der Königin und dem Dauphin ans Fenster oder auf den Balkon, wo er nicht nur versprach, Necker solle wieder in sein Amt eingesetzt werden, sondern feierlich sein Königswort verpfändete, die Beratungen der Nationalversammlung sollten nicht gestört werden, und er werde ohne Bewilligung dieser Körperschaft keine Steuern auferlegen. Das Volk war von dieser Erklärung zufriedengestellt und kehrte nach Paris zurück; laut verkündete es die Güte des Königs und das wichtige Zugeständnis, das seinen Forderungen entsprach. Im nämlichen Licht wurde dieser Vorgang in den meisten Teilen Frankreichs angesehen. Er war der Grund zu allgemeiner Genugtuung und Freude und wurde an manchen Orten durch öffentliche Lustbarkeiten als großes politisches Ereignis gefeiert. Am Abend vor unserem Einlaufen in Calais waren die Häuser dieser Stadt aus diesem Anlaß illuminiert, und der gute Herbergswirt gratulierte uns, daß wir Paris völlig frei von Aufruhr finden würden.

Aber unser guter Wirt, ebenso wie seine Brüder im Volk, setzten etwas zu großes Vertrauen in königliche Versprechungen. Sie hätten im Auge behalten sollen, daß die Umstände, unter denen sie gemacht wurden, nichts vom Charakter eines freiwilligen Angebots an sich hatten. Necker wurde zwar zurückberufen, aber auf unserem Weg nach Paris wurde es uns klar genug, daß das Versprechen des Königs nicht voll eingelöst werden sollte, und wir fanden auch Personen, die freimütig genug waren zu gestehen, es solle und werde nicht gehalten werden. Denn in einer Unterhaltung mit einem englischen Priester der katholischen Kirche wiederholten wir die Glückwünsche über die Ruhe von Paris und die Zugeständnisse des Königs, wie sie uns in Calais mitgeteilt worden waren; seine Antwort war, er wisse nichts von den Versprechungen des Königs, aber er wisse, was die Absichten des Hofes wären. Er wußte, daß

42

viele Regimenter, mit Artillerie wohl versorgt, nach Paris eilten, und er zweifelte nicht daran, daß das Volk bald zur Vernunft gebracht und von der Lust geheilt wäre, sich in Dinge zu mischen, die es nichts angingen. In Lille, Cambrai und Chantilly fuhren wir an mehreren Regimentern vorbei, die nach Paris marschierten, und bei unserer Ankunft erfuhren wir, daß sie aus allen Himmelsrichtungen seit mehreren Tagen herangezogen worden waren, daß militärische Vorbereitungen in und um Paris getroffen wurden, und daß ein sehr großes Lager im Herzen der Stadt gebildet wurde. Diese unzweideutigen Zeichen, daß der König die Absicht hatte, sein Wort nicht zu halten, brachten bereits nicht nur Erregung in Paris hervor, sondern veranlaßten eine kühne Adresse der Nationalversammlung an den König. Die Abgeordneten fragten, warum in Paris und Versailles Truppen zusammengezogen würden, sie fürchteten, die Freiheit der Debatte in der Nationalversammlung würde durch die Nähe einer bewaffneten Macht aufgehoben, und sie gaben der Überzeugung Ausdruck, daß eine der Ursachen der Unzufriedenheit des Volkes von Paris, nämlich die Brotknappheit, durch den Zuzug so vieler Tausender von Soldaten nach Paris nicht verringert würde.

Auf diese Adresse wurde eine ausweichende und vorsichtige Antwort gegeben; der Grund, den der König für die Truppenansammlung um Paris angab, war lediglich, Volksaufstände zu unterdrücken und den Frieden der Stadt zu bewahren. (...)

Früh am Samstag morgen [11. Juli] fuhren wir nach Versailles und gingen in die Versammlung – ein glorreicher Anblick! Jeder wurde ohne Schwierigkeit zugelassen. Wir kamen gerade recht, um zu hören, wie La Fayette den Antrag auf eine Erklärung der Rechte stellte, der wahrscheinlich als eines der hervorragendsten Ereignisse in dieser Revolution betrachtet werden wird. Seine Rede war kurz, aber lebhaft und ausdrucksvoll. Lally-Tollendal unterstützte den Antrag. Keiner von ihnen hielt lange Reden, aber sie wurden von dem größeren Teil der Versammlung und von der Menge der Zuhörer, die um sie herum waren, mit begeisterter Zustimmung begrüßt. Ein Pfarrer in dem abgenutzten Gewand eines bescheidenen Geistlichen, aber mit einer ausdrucksvollen und edlen Haltung, stand neben uns und schien gespannt auf jede patriotische Äußerung zu warten, wobei er seine Zustimmung in Bewegungen und Gebärden immer wiederholte. Einer von unserer Gesellschaft hatte Briefe an Mirabeau, Target und einige andere von den volktümlichen Gestalten in der Versammlung; wir warteten ihnen am Nachmittag auf. Target war der einzige, der zu Hause war. Er unterhielt sich sehr freimütig über den Zustand Frankreichs. Er sagte, die Krise komme schnell heran; der Hof sei zum äußersten getrieben. Aber er wisse, sie hätten beschlossen, die Kontrolle durch die Versammlung loszuwerden, einen entscheidenden Streich gegen den wachsenden Widerstand des Volks zu führen und sich von den öffentlichen Schulden zu befreien. »Wir«, sagte er, »Mirabeau, La Fayette, ich und andere stehen alle auf der Verbannungsliste; aber wir sind des Volkes sicher und nicht ohne begründete Hoffnung, daß sich die Armee für uns erklären wird. Wir wissen, welche Dummheit am Hof die Herrschaft führt, und daß es in der Verwaltung an Kraft fehlt. Wir haben also«, so sagte dieses Mitglied der Versammlung, »die Zuversicht, daß der Kampf für das Volk günstig ausgehen wird, und obwohl wir als Individuen mit Notwendigkeit mannigfaltigen Gefahren ausgesetzt sein müssen, hegen wir doch als Körperschaft eine Ruhe und eine Zuversicht, an die unsere Feinde nicht glauben wollen, eine unendlich größere jedenfalls, als sie selbst besitzen.«

Zu dieser Zeit unterbrach die Versammlung ihre Sitzungen am Sonntag, und unsere Beschäftigung an dem Teil des Tages, den wir in Versailles verbrachten, war nur wenig politisch. (...) Nach der Kirche sollten wir die große Bildersammlung im Schloß besichtigen, aber die so erlangte Nachricht und die Tatsache, daß Soldaten eilends nach Paris marschierten, veranlaßten uns, früh dahin zurückzukehren. Es war ein Glück, daß wir sofort aufbrachen, denn vor Eintritt der Dunkelheit war die Verbindung zwischen den beiden Städten abgebrochen, und auf unserem Wege kamen wir an zwei Regimentern Infanterie vorbei, die schwitzend im schnellen Tritt marschierten. Bei unserer Ankunft fanden wir nur dieselbe Art Aufregung, die wir vorher miterlebt hatten. Wir waren in aller Ruhe bei Herrn Dallas zum Diner und gingen mit ihm ins Théâtre-Français. Wir hatten kaum unsere Plätze eingenommen, als einer der Darsteller mit ernstem Gesicht der Zuhörerschaft mitteilte, es würde keine Vorstellung stattfinden, und sie ersuchte, an der Kasse das Geld zurück zu empfangen. »Warum? Warum?« rief es sofort von allen Seiten des Hauses. »Eine Deputation des Volkes«, erwiderte der Schauspieler, »ist jetzt eben hier gewesen und hat erklärt, es würden heute nacht in Paris keine Theatervorstellungen stattfinden.« Wir verließen demnach sofort das Haus und erfuhren bald, daß Necker wiederum aus der Regierung entlassen worden sei, daß er heimlich am Tag vorher nach Genf gefahren sei, und daß eine Regierung aus verwegeneren Personen gebildet worden sei, die entschlossen seien, alles aufs Spiel zu setzen, um die unbeschränkte Gewalt des Hofes zu behaupten, und der intelligente Mann, der uns diese Nachrichten gab, fügte hinzu: »Wir wissen alle, was nun kommen soll; morgen soll der Staatsbankrott erklärt werden, und für die Unterwerfung des Volkes soll die Bajonettspitze sorgen.« (...)

Um bei der ersten Gärung, die diese Lage hervorrufen mußte, dabei zu sein, eilten wir in das Palais-Royal. (...) Dort wurden Geduld und Mäßigung gerade für die Rettung des Volkes als notwendig empfohlen. Für eine Weile wurde dieser ausgezeichnete Rat beachtet, und nach einer Art Diskussion wurde beschlossen, eine Deputation der Wahlmänner von Paris an die Nationalversammlung zu senden, um über den beunruhigenden Zustand der Stadt zu berichten und ihre Anweisungen hinsichtlich der zu ergreifenden Maßnahmen zu empfangen. Aber die Diskussion war bald zu Ende, denn kaum war der obige Entschluß gefaßt, als die ganze Masse von neuem aufgerührt wurde durch das Auftreten eines Mannes in einem grünen Rock, dessen Haltung und ganzes Benehmen von äußerster Bestürzung sprach. »Zu den Waffen, Bürger«, rief er, »die Dragoner haben auf das Volk in den Tuileriengärten gefeuert, und ich bin selbst verwundet worden«, wobei er auf sein Bein zeigte. Das wirkte wie ein elektrischer Schlag. Vergebens suchten die Redner noch, den Ausbruch der Wut zu hemmen, vergebens bestürmte Camille Desmoulins, ich glaube, er war es, das Volk, ruhig zu bleiben. »Der Mann«, so sagte er,

»könnte ausgeschickt sein, um euch zu einem Akt der Unbesonnenheit zu provozieren.« Aber die Tatsache wurde bald unzweideutig durch weiteres Zeugnis bewiesen, denn andere Personen stürzten mit dem nämlichen Bericht auf den Platz, und das Pferd eines Dragoners wurde herangeführt, dessen Reiter entweder getötet oder verwundet worden war. Von diesem Augenblick an konnte nichts die Wut des Volkes im Zaume halten; sie ergossen sich in die Straßen mit dem Ruf: Zu den Waffen! Zu den Waffen! Jedes Haus, das so aussah, als ob es irgendwelche liefern könnte, wurde sofort betreten, die Läden der Büchsenmacher wurden geplündert, und in sehr kurzer Zeit füllten sich die Hauptstraßen mit lärmenden Menschen aus dem niederen Volk, die mannigfach mit Flinten, Schwertern, Piken, Bratspießen und jeglichem zu Angriff und Verteidigung geeigneten Werkzeug bewaffnet waren. Um halb neun Uhr eilten viele so bewaffnet und auch Fackeln tragend ins Palais-Royal. Das Schauspiel wurde zu drohend, als daß es für Personen in unserer Lage ratsam gewesen wäre, auf den Straßen zu bleiben. Wir kehrten ins Hotel zurück und gingen zu Bett [in der Nacht des 12. Juli], standen aber bald wieder auf. Die Straßen waren voll von Mob und Soldaten, mit allgemeinen Symptomen des Alarms: Schreien – Schimpfen – Läuten großer Glocken – Fackelglanz – entfernter Feuerschein. (...)

Ungefähr um elf Uhr am Montag [13. Juli] gingen wir zum Postamt und fanden alles in Verwirrung; einer der Angestellten befand sich in einem wilden Aufruhr der Verzweiflung und schrie und biß sich in die Hände. Wir suchten auch Sir John Lambert, unseren Bankier, auf, konnten aber kein Geld bekommen, da die *Caisse d'Escompte* [Staatliche Wechselbank] es ablehnte, irgendwelche Geschäfte vorzunehmen. Der Pöbel zog immer noch in großen Trupps durch die Straßen. (...)

Paris war vielleicht nie zuvor in solch einer echten Gefahr wie an diesem Tag, mit solchen Scharen gereizter Pöbelhaufen in seinen Mauern, solch einer furchtbaren Armee draußen, und in Versailles ein erbitterter und enttäuschter Hof, der bereit war, in dem Augenblick loszuschlagen, wo sich eine Gelegenheit bot, den Angriff zu erneuern. Symptome allgemeiner Furcht zeigten sich, mit all den Umständen, wie sie in einer volkreichen und in seiner Bevölkerung so mannigfach gemischten Stadt zu erwarten sind. Scharen von Fremden und selbst von den Einwohnern verließen eilends Paris, und wir hätten dasselbe getan, aber da wir auf dem Postamt nicht früh genug Pferde bestellten, wurde uns mitgeteilt, jetzt eben sei von den Gemeindebehörden ein Befehl eingetroffen, der es jedem verbot, die Stadt zu verlassen. Das ganze Geschäftsleben kam sofort zum Stillstand, und alle Läden schlossen. Diese und ähnliche Umstände deuteten genügend auf den Grad der Beunruhigung hin, die durch alle Klassen der Bevölkerung ging. Es gab indessen andere Umstände, die, obwohl sie ebenfalls die Wirkung der allgemeinen Befürchtung waren, gesunden Verstand und Fassung verrieten. Die Gemeindebehörden versammelten sich im *Hôtel de Ville* [Rathaus], und die Bewohner der verschiedenen Bezirke wurden in den Kirchen zusammenberufen, um über die geeigneten Maßregeln zu beraten, die angesichts einer so besonderen Gefahr und Dringlichkeit zu ergreifen wären. Es wurde beschlossen, daß eine gewisse Zahl der achtbaren Bewohner gemustert werden und sofort Waffen ergreifen sollte; daß die Behörden permanent im Rathaus tagen sollten, und daß ebenfalls permanente Ausschüsse in jedem Bezirk von Paris gebildet werden sollten, um den Behörden Nachrichten zukommen zu lassen und Anweisungen von ihnen zu erhalten. Dieser wichtige und sehr notwendige Beschluß wurde mit wundervoller Schnelligkeit und beispielloser Umsicht durchgeführt. Es war notwendig, nicht nur eine Auslese von Personen zu treffen, auf die man sich verlassen konnte, sondern auch diejenigen zu entwaffnen, von denen wenig Schutz zu erwarten war, und die unordentlich und schädlich werden konnten. (…)

Der folgende Morgen [14. Juli] zeigte deutlich genug die guten Wirkungen dieses Verfahrens. Mit Hilfe von öffentlichen Ausrufern und durch gedruckte Zettel *(placards)*, die in verschiedenen Teilen der Stadt angeschlagen wurden, unterrichteten die Behörden die Einwohner von den wichtigen Maßnahmen, die getroffen worden waren; es wurde mitgeteilt, daß ein sehr reichlicher Vorrat von Lebensmitteln in der Stadt sei, daß die große Kornhalle mit Mehl und Weizen wohlversorgt sei, daß eine genügende Menge Waffen und Munition beschafft sei, und daß die Zahl der Personen, die zu den Waffen gegriffen hätten, für die Verteidigung der Stadt völlig genüge. Es wurde daher empfohlen, die Bürger sollten ihren gewohnten Beschäftigungen nachgehen, und die Läden sollten geöffnet werden; das Landvolk und die Gärtner unmittelbar vor der Stadt wurden ermutigt, ohne Furcht vor Belästigung ihre Erzeugnisse in die Stadt zu bringen. In den Straßen war nicht länger ein roher und drohender Pöbel zu sehen; er hatte den Bürgersoldaten Platz gemacht, die mit jeder Stunde besser organisiert und gerüstet waren, nicht nur zur Verteidigung der Stadt, sondern sogar auch, um an ein Unternehmen von ganz bedeutender Größe zu gehen. (...) So groß war die augenscheinliche Sicherheit auf den Straßen, daß ich am frühen Nachmittag mich dazu bringen ließ, mit einem Teil meiner Gefährten die berühmten Gärten des Herzogs von Orléans, Monceaux genannt, zu besuchen, und dieser Umstand führte uns in einen Teil der Stadt, der von der Bastille sehr weit entfernt ist. Auf unserem Weg dahin begegneten wir tatsächlich einem Regiment Soldaten, das sich der Sache des Volks angeschlossen hatte, in einem Zustand großer Aufregung, der durch den törichten Bericht hervorgerufen war, es sei der Versuch gemacht worden, das ganze Regiment durch Vergiftung des Brotes umzubringen. Bei unserer Rückkehr zwei Stunden später (gegen fünf Uhr) fanden wir dasselbe Regiment wieder in großer Bewegung – die Trommeln schlugen Alarm, die Mannschaft trat zusammen und setzte sich eilig in Marsch. Als wir einige von den Soldaten und ebenso aus der sie umgebenden Volksmenge befragten, erfuhren wir, es sei ein Angriff auf die Bastille gemacht worden, und sie seien im Begriff, den wackeren Bürgern beizustehen. Wir fühlten den Wunsch, uns dem Schauplatz der Handlung so weit zu nähern, als es sich mit unserer persönlichen Sicherheit vertrug. Es war nur ein kleiner Umweg, am Hotel vorbeizugehen, und wir taten es, weil einer aus unserer Gesellschaft dort geblieben war. Wir hatten ihn eben gefunden und waren im Begriff zu gehen, als ein ungewohntes Geräusch in der Rue St. Honoré und eine Bewegung rings um uns herum etwas Neues ankündigte. Unser Bedienter, der auf der Straße gewesen war, kam sehr schnell und eifrig zu uns und rief uns zu, wir sollten herunterkommen. Wir folgten ihm auf die Straße, und mit großen Menschenhaufen allerhand Volks, die durch dieselben Umstände aufgescheucht worden waren, rannten wir bis zum Ende der Rue St. Honoré. Hier gewahrten wir bald eine ungeheure Menschenmenge, die sich dem Palais-Royal zu bewegte. Wir hörten Rufe außerordentlicher Art, die aber deutlich genug ein freudiges Ereignis verkündeten, und als der Zug näher kam, sahen wir eine Fahne, einige große Schlüssel und ein Stück Papier, das auf einen Stock über die Menge gehoben war, und auf dem zu lesen stand: *Die Bastille ist genommen, und die Tore sind offen.*

Die auf solche Weise verbreitete Kunde von diesem außerordentlichen Ereignis brachte einen in der Tat unbeschreiblichen Eindruck auf die Menge hervor. Auf einen Schlag brach der tollste Jubel los; jede erdenkliche Art, in der sich die entzücktesten Freudengefühle äußern können, waren allenthalben zu sehen und zu hören. Rufe und Schreie, Springen und Umarmen, Lachen und Weinen, jeder Ton und jede Geste, nicht ausgeschlossen Äußerungen, die nervösen und hysterischen Zuständen nahekamen, offenbarten in der bunt durcheinander gemischten Menge ein so augenblickliches und einstimmiges Aufwallen äußerster Freude, wie es, sollte ich meinen, nie zuvor von Menschenkindern erlebt worden ist. Wir wurden als Engländer erkannt; wir wurden umarmt als freie Männer, »denn die Franzosen«, sagten sie, »sind jetzt ebensogut frei als ihr; künftig sind wir keine Feinde mehr, wir sind Brüder, und nie mehr soll ein Krieg uns trennen«. Wir wurden von der allgemeinen Begeisterung angesteckt, wir stimmten in die frohen Freiheitsrufe ein; wir tauschten mit den befreiten Franzosen sehr herzliche Händedrücke aus. (...)

Es war nun Mittwoch [15. Juli], und wir erfuhren bald, daß in der Nacht aus verschiedenen Stadtteilen die Nachricht eingelaufen war, daß der König, entweder weil ihn seine Höflinge im Stiche gelassen hatten, oder weil er sich überzeugt hatte, daß es unter diesen Umständen so das klügste war, den Kampf aufgegeben und den Befehl gegeben hatte, die Truppen, die um Paris herum lagen, zurückzuziehen. Zu früher Morgenstunde wurde diese Nachricht durch die Ankunft einiger Mitglieder der Nationalversammlung bestätigt, die berichteten, der König sei spät am Abend, nicht lange, nachdem die Kunde vom Fall der Bastille im Schloß eingetroffen war, fast ohne alles Gefolge zu Fuß durch die Straßen von Versailles gegangen und habe sich in die Versammlung begeben; er habe sich unter ihren Schutz gestellt, sie um ihren Rat gebeten und versprochen, sich unbedingt nach ihren Entscheidungen zu richten. (...)

Es war berichtet worden, der König solle am Donnerstag [16. Juli] nach Paris kommen, und große Menschenmengen füllten die Straßen, durch die man den Zug erwartete; aber er kam erst am Freitag [den 17. Juli]. Wir waren sehr begierig, das Schauspiel zu sehen, wie der Monarch so, ich möchte fast sagen, als Gefangener herangeführt wurde. Das Schauspiel war sehr interessant, wiewohl nicht infolge von künstlichen Arrangements, wie sie gewöhnlich königliche Aufzüge auszeichnen. Der Eindruck, der beim Zuschauer erweckt wurde, war nicht die Wirkung gleichgültigen Gepränges von kostbaren Gewändern oder glitzernden Zieraten – das Auftreten des Königs war schlicht, um nicht zu sagen bescheiden; der Mensch verbarg sich nicht länger im blendenden Glanz des Herrschers. Für einen philosophischen Geist mußte es sehr interessant sein, darüber nachzudenken, daß eine der volkreichsten und gebildetsten Nationen in der Welt sich bemühte, die bürgerliche Gesellschaft in Ordnung zu bringen, den Geltungsbereich der intellektuellen Fähigkeiten des Menschen zu erweitern und die Grundsätze der politischen Gemeinschaft und Regierung zu reformieren. Wir hatten das Glück, einen Standort zu erlangen, von dem aus wir den Zug vortrefflich sehen konnten. (...) Es hätte sich nicht machen lassen, dem Zug zu folgen, denn die Straßen waren so mit bewaffneten Bürgern besetzt, daß niemand durchkam außer denen, die zum Zug gehörten. Der König begab sich zum Rathaus und wurde vom Magistrat mit großem Respekt empfangen: die Ansprache an ihn hielt Herr Bailly, der, glaube ich, zum Bürgermeister gewählt worden war. Der König versuchte zu antworten oder vielmehr eine Ansprache ans Volk zu halten, aber er war verlegen, und entweder Bailly oder jemand anders, der in seiner Nähe stand, sagte etwas für ihn, worauf er als äußeres und sichtbares Zeichen seiner Zustimmung die Volkskokarde anlegte. Dies rief stürmischen Beifall hervor, und er kehrte zurück, umbraust von den Zurufen: Es lebe der König! Der übrige Tag wurde in festlicher und triumphierender Fröhlichkeit verbracht. Im Palais-Royal speisten große Menschenmengen unter freiem Himmel, und patriotische Toaste nach englischer Art wurden ausgebracht. Am Abend fanden Illuminationen statt, und am Rathaus war eine allegorische Darstellung der Ereignisse, die stattgefunden hatten, angebracht, die für den König schmeichelhaft war, der in einer Transparent-Inschrift mit den Titeln »Vater seines Volks« und »Wiederhersteller französischer Freiheit« beehrt wurde.

Die »große Furcht« auf dem Lande

Rapport eines Gendarmeriekommandanten

Bei der Eroberung der Bastille ist Blut geflossen. Die Belagerer haben Verluste gehabt und nach der Übergabe etliche Verteidiger mitsamt dem Kommandanten der Festung umgebracht, dazu im Siegesrausch das Stadtoberhaupt. Paris hat den ersten von vielen Aufstandstagen erlebt, bei denen die Besitzenden und Friedfertigen daheim oder in sicherer Entfernung bleiben, während eine erst erbitterte, dann begeisterte Menge sich auslebt, Lynchjustiz übt, Köpfe auf Spießen durch die Straßen trägt und Zugeständnisse erzwingt, die auf die Dauer ganz anderen zugutekommen. Neckers Tochter Germaine schreibt: »Alles, was Macht und Besitz den Armen an Leiden zufügen können, die Lumpen, die sie trugen, ihre von der Arbeit schwarzen Hände, die vor der Zeit gealterten Frauen, die abgestumpften, vernachlässigten Kinder, alles war dazu angetan, Mitleid zu erwecken. Doch ihre schrecklichen Flüche, ihr plötzliches Gebrüll, ihre drohenden Gebärden, ihre Mordwerkzeuge boten ein gräßliches Schauspiel, das einem ein für allemal die schuldige Achtung vor dem ganzen Menschengeschlecht austreiben konnte.«

Überall im Reich organisiert sich der Dritte Stand, bildet stolz in Uniform auftretende Bürgerwehren, die »Nationalgarden«, wählt neue Behörden. Es kommt zu Aufständen der Bauern, die Schlösser und Klöster stürmen und die Archive der Grundherren verbrennen.

Zugleich aber trauen die Landbewohner der Sache nicht. Vielleicht geht mit der alten Ordnung alle Ordnung zugrunde? Jeder, auch der Ärmste, hat ja etwas zu verlieren, seine Feldfrüchte, sein leicht anzuzündendes Haus. So entsteht eine Panikwelle, die »große Furcht«. Gendarmeriekommandant Duguey berichtet aus dem Städtchen Clermont nördlich von Paris an Herrn von Blossac, den königlichen Intendanten in Soissons.

Mein Herr,

Ich habe die Ehre, Ihnen von ganz außergewöhnlichen Unruhen zu berichten, die wir gestern hier gehabt haben und die sich unglücklicherweise ziemlich weit ausgebreitet haben müssen, wenn man bedenkt, welche Wirkungen sie hier hervorgebracht haben.

Am Sonntagabend haben Wilderer einen ziemlich heftigen Streit mit Flurhütern auf dem Gebiet des 4 Meilen von hier entfernten Estrées-Saint-Denis gehabt. Die Bewohner dieses Kirchspiels, die wie alle Leute auf dem Lande stets meinen, man könne kommen und ihr Korn abschneiden, haben die Auseinandersetzungen zwischen Wilderern und Flurhütern aus der Ferne beobachtet und geglaubt, das seien böse Menschen, die gekommen seien, ihre Äcker zu verwüsten. Sie haben Sturm geläutet und alle Einwohner versammelt. Die Nachbargemeinden taten das gleiche, so daß ich gestern um sieben Uhr früh einen ersten Boten empfing, der mir meldete, eine Bande von 200 Mann befände sich derzeit auf dem Gebiet von Sacy-le-Grand und sei dabei, das Korn abzuschneiden.

Ich habe sogleich der hiesigen Abteilung des Regiments Royal Bourgogne sowie der berittenen Brigade der Gendarmerie Befehl gegeben, die Pferde zu satteln. Als ich selbst gerade aufsitzen wollte, kamen weitere Boten von verschiedenen Seiten, aus Neuville und Estrées-Saint-Denis, um mir zu sagen, bei ihnen werde alles verwüstet. Ich hätte sie beinahe ins Gefängnis werfen lassen, weil nicht einer von ihnen aus eigener Anschauung von der Tat wußte, sondern immer nur vom Hörensagen. Während ich durch die Stadt ritt, erlebte ich, welche Wirkung die Angst haben kann, wenn sie sich einmal der Gemüter bemächtigt hat. Man sah nichts als heulend mit ihren Kindern flüchtende und alles Hab und Gut schleppende Weiber; andere verschlossen eben ihre Türen und Fensterläden und schickten sich an, es ihnen gleichzutun. Ich hatte mich an die Spitze des Detachement gesetzt und stieß nun auf die gesamte Bürgerwehr unter Waffen, mit Gewehren, Äxten, Dreschflegeln und allem, was sie hatten finden können. Alle Damen und Frauen weinten und wimmerten, und in diesem

Augenblick wurde mir gemeldet, 4000 dieser Landstreicher seien von Nointel her schon beinahe hier in Clermont angelangt. Ich mochte noch so laut darauf hinweisen, daß dies ganz unmöglich sei, niemand wollte mir glauben. Ich bin sofort mit meiner Einheit, die mit mir aus siebzehn Reitern bestand, denen sich ungefähr 10 Bürger zu Pferde angeschlossen hatten, zur Stadt hinaus; die Bürgerwehr blieb in der Stadt versammelt. Als ich 2 oder 3 Gewehrschüsse von Clermont entfernt war, kam mir der Jägermeister des Herrn Herzogs von Bourbon entgegen, der uns eiligst mitteilen wollte, es sei nichts, er habe Pikörs nach verschiedenen Richtungen ausgesandt, und von abgeschnittenem Getreide sei keine Rede. Anlaß zu dem Gerücht sei der Streit der Wilderer mit den Flurhütern gewesen, und dann das Aufgebot der Nachbargemeinden; die Menschenmengen habe man von weitem in den Feldern gesehen.

Ich bin möglichst rasch in die Stadt zurückgekehrt, um die Gemüter zu beruhigen, was mir keine Mühe bereitete. Doch noch während sich jeder der Freude hingab, erfolgte ein neuer Alarm durch die Nachricht, es seien Banden aus Richtung Paris und aus Richtung Beauvais zu sehen. Diesmal glaubten alle, sie seien verloren. Man stellte sich von neuem auf, so gut es ging, den Feind zu erwarten. Ich erfuhr schon bald, daß es sich um die Nachbargemeinden auf drei Meilen im Umkreis handelte, die uns mit Mistgabeln, Äxten usw. zu Hilfe eilten. Ich kann Ihnen, mein Herr, keine Vorstellung von dem Schauspiel und dem Tumult geben, die daraus entstanden. Die Bürger von Clermont haben sofort gesammelt, um einen Teil der Landleute für die verlorene Zeit und ihre gute Absicht gegenüber der Stadt zu entschädigen. 200, 300 Mann dieser Entsatztruppen sind, nachdem sie sich kräftig gestärkt hatten, gleich zum Jagen in den Wald von Neuville gezogen, wo man schon seit einigen Tagen zu jagen begonnen hat. Sie haben dort soviel Hochwild erlegt, daß jetzt in den Dörfern öffentlich davon feilgeboten wird.

Auch die Stadt Beauvais hatte uns eine Abteilung von 200 Mann Bürgerwehr mit ihren Kanonen zu Hilfe gesandt. Sie sind, begleitet von Gardesoldaten, bis zu dem Dorf Bresles gelangt, wo sie dann hörten, es handele sich um einen blinden

Alarm. Daraufhin haben sie sich damit begnügt, zwei Abgesandte zu schicken, um uns von ihrer guten Absicht in Kenntnis
zu setzen.

Ich vergaß Ihnen mitzuteilen, mein Herr, daß ich bei der
Rückkehr mit meinem Detachement in die Stadt einem von
Herrn Legrand, Posthalter in Saint-Just, nach Paris abgesandten Boten begegnete, der dort melden sollte, in der Gegend
von Beauvais sei alles verwüstet. Ich empfand dieses Verhalten
als sehr voreilig, ließ den Mann aufs Rathaus führen und veran-
laßte die Herren Stadtbeamten, unverzüglich zu schreiben, damit durch solche Nachrichten nicht Erregung in die Hauptstadt
getragen werde.

Die Abschaffung der Privilegien am 4. August 1789

Augenzeugenbericht des Marquis von Ferrières

Die »Verfassunggebende Nationalversammlung«, der inzwischen auch die Vertreter von Klerus und Adel angehören, beschäftigt sich zu dieser Zeit noch nicht damit, dem Volkswillen die Richtung zu weisen, sondern versucht ihm nachträglich gesetzliche Form zu geben. In der Nachtsitzung vom 4. August 1789 beantragen adelige und geistliche Abgeordnete in einer Aufwallung von Enthusiasmus die Abschaffung ihrer Privilegien. Die unablösbaren Feudalrechte und der Zehnte, die Zünfte, die Vorrechte der Geburt, die Käuflichkeit der Ämter – die ganze morsche Sozialstruktur Frankreichs wird in einer Nacht zertrümmert.

Die Menge des Volkes jubelt und glaubt die Gleichheit erreicht; der Dritte Stand sieht freie Bahn für die Tüchtigen. Besonnenere Köpfe wie Mirabeau meinen, daß »bei einer eingehenden Diskussion zwar nicht weniger zerstört worden wäre, daß aber durch die tiefe Versöhnung der Geister hätte gewonnen werden können, was durch dieses rasche Opfer verlorengegangen ist.« Für die Betroffenen nämlich bedeutet dieser Tag nicht nur eine Einbuße an Einfluß und Reichtum, sondern vor allem eine Versündigung an der gottgewollten Ordnung der Dinge, begangen von einem Haufen rasender Umstürzler, die glauben, zu sein wie Gott und zu wissen, was gut und böse ist. Die ersten hochadligen Familien verlassen Frankreich, darunter der Graf von Artois, der Marschall von Broglie, der eben noch die Truppen in und um Versailles und Paris befehligt hat, und die durch die Gnade der Königin mächtig gewordenen Poblignacs.

Der Marquis von Ferrières hat die historische Sitzung erlebt:

Herr Le Guen de Kerangal, ein landbesitzender Ackerbauer und Abgeordneter der Bretagne, stieg in seiner heimatlichen Tracht auf die Rednertribüne und las mühsam eine lange, rasch für diesen Augenblick vorbereitete Rede:

»Meine Herrn! Sie hätten die Brandschatzung der Schlösser verhindert, wenn Sie rechtzeitig erklärt hätten, daß die furchtbaren Waffen, die sie enthielten, und die das Volk seit Jahrhunderten bedrückten, durch den von Ihnen befohlenen Zwangsankauf vernichtet werden würden. Das Volk will Gerechtigkeit erlangen, und da es der Unterdrückung müde ist, beeilt es sich, diese Dokumente zu zerstören, die Denkmäler der barbarischen Epochen unserer Väter! Seien wir gerecht, meine Herren, betrachten wir diese Dokumente, die nicht nur dem Schamgefühl, sondern selbst der schlichten Menschlichkeit ins Gesicht schlagen! Diese Dokumente, von denen die Gattung Mensch erniedrigt wird, weil sie wenigen Menschen das Recht geben, ihre Mitmenschen vor den Karren zu spannen wie Zugtiere! Betrachten wir diese Dokumente, durch die Menschen dazu gezwungen werden, ganze Nächte hindurch auf die Tümpel zu schlagen, um die Frösche daran zu hindern, die Ruhe weniger wollüstiger Herren zu stören! Wer von uns würde nicht einen Scheiterhaufen aus diesen infamen Pergamenten errichten, wer würde nicht die Fackel herzutragen, um diese Dokumente auf dem Altar des Gemeinwohls zum Opfer zu bringen? Sie werden, meine Herren, erst dann Ruhe in das aufgewühlte Frankreich bringen, wenn Sie dem Volke das Versprechen geben, daß Sie alle Feudalrechte ohne Ausnahme in Geld umrechnen und nach Belieben ablösbar machen werden, und daß die Gesetze, die Sie verkünden werden, das bedrückende Regiment der Vergangenheit bis auf die letzten Spuren austilgen werden.« (...)

Lapoule, ein Abgeordneter aus der Freigrafschaft Burgund, sprach von einer vorgeblichen Verpflichtung der Leibeigenen, die Hunde ihrer Herren zu füttern. Er wagte sogar zu sagen, daß es in einigen Gegenden ein Recht gäbe, das es dem Herrn erlaubt, bei der Rückkehr von der Jagd zwei seiner Leibeigenen den Bauch aufschneiden zu lassen, um sich zu erfrischen, indem er seine Füße in ihre blutigen Eingeweide stelle!

Der Adel protestierte mit Entrüstung gegen diese groben Lügen; er verlangte von Le Guen de Kerangal und von Lapoule, das Vorhandensein und vor allem den Gebrauch so lächerlicher und grausiger Rechte zu beweisen, aber seine Stimmen wurden von vielen Zurufen überdeckt.

Der Herzog von Châtelet, von wildem Schrecken gepackt, benutzt diese günstige Gelegenheit, um sich den Interessen des Volkes verbunden zu zeigen. Er bringt sein Bedauern zum Ausdruck, daß seine Vorredner ihm den Vorschlag der Abschaffung aller Feudalrechte vorweggenommen hätten; er versichert der Versammlung, er habe seinen Verwaltern schriftlich befohlen, mit der Eintreibung einiger dieser Rechte aufzuhören und seinen Vasallen die Möglichkeit zur käuflichen Ablösung der übrigen zu geben; aber, fügt der Herzog hinzu, wenn meine guten Absichten nicht angenommen werden, so stelle ich den Antrag, daß die Versammlung alle Fronleistungen in natura abschaffen und stattdessen eine Zahlung in Geld zu einem bescheidenen Satz einführen möge.

Der Bischof von Chartres stellt dann die Abschaffung des Jagdvorrechts als eine Tat der Gerechtigkeit dar; der Abgeordnete Virieu verdammt die ganze Rasse der Tauben, indem er die Zerstörung aller kleinen und großen herrschaftlichen Taubenschläge fordert; der Advokat Babey verlangt die Abschaffung der Gerichtsbarkeit der Feudalherren; ein Adliger fordert die kostenlose Ausübung der Gerichtsbarkeit, ein weiterer das Verbot der Käuflichkeit aller Beamtenstellungen, ein dritter den Wegfall aller Innungen und Zünfte; zwei Priester mit dürftigen Einkünften verlangen die Ausführung der kirchlichen Gesetze gegen Einkünfte aus mehreren Pfründen; ein Pfarrer will, daß man alle Steuern auf die Sätze senken soll, auf denen sie unter dem Kardinal von Fleury standen; der Bischof von Nîmes wünscht, daß alle Handwerker und Tagelöhner ohne Grundbesitz von allen Steuern befreit werden. (...)

Alle diese Anträge werden mit lauter Zustimmung angenommen und sogleich verkündet. Es ist unnötig, heißt es, ihnen eine Form zu geben; es genügt, das Prinzip festzulegen: spätere, genauere Gesetze sollen das gerechtfertigte Eigentum schützen. Man unterbricht durch Gemurmel diejenigen, die irgendwelche Bemerkungen über die Voreiligkeit und Leichtfertigkeit zu machen versuchen, mit denen hier über das Schicksal und das Vermögen so vieler Einzelner aus allen Ständen entschieden wird. (...)

Die Abgeordneten stehen durcheinander mittten im Saal und gestikulieren und reden alle zugleich. Die Vertreter des Dritten Standes bemühen sich nach Kräften, durch eine gespielte Begeisterung und wilden Beifall für jedes neue Zugeständnis die rauschhafte Stimmung aufrechtzuerhalten; die Versammlung bietet den Anblick eines Haufens von Betrunkenen, die man in ein Lager von wertvollen Möbeln gelassen hat, und die nun nach Herzenslust alles zerschlagen und zertrümmern, was sie finden. Der Abgeordnete Lally-Tollendal, der diesen Ausschreitungen still zugesehen hat, läßt dem Präsidenten, Le Chapelier, einen Zettel zukommen, auf den er geschrieben hat: »Keiner im Saal ist mehr Herr seiner selbst, heben Sie die Sitzung auf.«

Plötzlich schreit eine Menge von Stimmen, daß jetzt, da die Privatpersonen ihre Vorrechte und Privilegien aufgegeben haben, auch die Provinzen und Städte alle Privilegien und Vorrechte aufgeben müßten, die den größten Teil des Reiches schwer belasten und eine schreiende Ungerechtigkeit bei der Verteilung der Steuern mit sich bringen.

Nach einem Augenblick des Durcheinanders verkündet der Marquis von Blacons im Namen der Provinz der Dauphiné einen feierlichen Verzicht; die übrigen Provinzen folgen dem Beispiel der Dauphiné, die Städte ahmen die Provinzen nach. Gebieterische Aufforderungen drängen die noch schwankenden Abgeordneten, diesem Beispiel zu folgen; ein Gefühl des Hasses, ein blinder Wunsch nach Rache und nicht etwa die Liebe zur guten Sache scheinen die Gemüter zu bewegen; jede Partei will ihren Gegner schädigen und ihm Schläge beibringen, ohne sich um die zu kümmern, die sie selbst einstecken muß, indem sie sich bloßstellt; alle Interessen, alle Leidenschaften stoßen und kämpfen gegeneinander. Nach wenigen

Stunden bietet sich die ehrwürdige Verfassung des französi-schen Reiches, die mit Getöse unter den Schlägen einer uner-müdlichen Gruppe von Wildgewordenen zusammenbricht, dem erstaunten Blick nur noch als ein unförmiger Haufen von Ruinen und Trümmern dar.

Die Errungenschaften der Revolution sichern!

Artikel aus dem »Journal de la Ville«

Nicht nur in der dramatischen Nacht des 4. August 1789 hat die Versammlung wichtige Bestandteile der zukünftigen Verfassung vorweggenommen: Die Hauptstadt hat eine neue von unten gebildet Stadtverwaltung aus Vertretern der sechzig Wahldistrikte bekommen; eine Kreditaufnahme im Vorgriff auf die geplante Steuerreform ist genehmigt worden; das Militär hat einen neuen Fahneneid auf »Nation, König und Gesetz« geschworen; mit dem Monarchen haben die Abgeordneten ein feierliches Tedeum gehalten und ihm den Titel »Wiederhersteller der französischen Freiheit« verliehen; Religions- und Pressefreiheit sind verkündet worden. Schon am 26. August ist als Präambel zur Konstitution die Erklärung der Menschen- und Bürgerrechte angenommen worden, 17 sehr ungleichgewichtige Artikel, die aber das Herz eines jeden mit den Lehren der Aufklärung aufgewachsenen Weltbürgers höher schlagen lassen müssen: Die Menschen werden frei und gleich an Rechten geboren ... Der Ursprung aller Souveränität liegt beim Volke ... Die Freiheit besteht darin, alles tun zu können, was einen andern nicht schadet ... Das Gesetz soll für alle gleich sein ... Niemand darf wegen seiner Ansichten behelligt werden, sofern er die öffentliche Ordnung nicht stört ...

Jetzt ist doch wohl Innehalten, Konsolidieren, ruhiges Umgewöhnen am Platze, denken die Wohlmeinenden. Sie verstehen nicht, warum junge Advokaten wie dieser Desmoulins, der schon am 12. Juli zu den Waffen gerufen hat, mit den Hitzköpfen vom Palais-Royal die Pariser zu neuen Aufständen bewegen wollen und tatsächlich meinen, die Versammlung dürfe dem König nicht einmal das Vetorecht geben, ja, die Abgeordneten sollten zusammen mit dem König nach Paris umziehen!

Für den aus allen Gewohnheiten gerissenen Durchschnittsfranzosen spricht der Leitartikler des stets um Verständnis und Ausgleich bemühten »Journal de la Ville«:

Inmitten der Ereignisse aller Art, die so rasch aufeinander folgen, der Meinungen, die da veröffentlicht werden, der Diskussionen, die sie wiederum auslösen, der Parteiungen, zu denen sie führen, finden die wenigsten Menschen Zeit zum Nachdenken. Jeden Tag zwanzig mehr oder weniger vertrauenswürdige Berichte aus den Sitzungen der Nationalversammlung; alle Augenblicke blinde Aufregung oder echter Aufruhr vor dem Rathaus; die an Konfusion grenzende Fülle der Bekanntmachungen, Bestimmungen, Verbote, Erlasse von sechzig an der Macht teilhabenden Gewalten; auf Plätzen, Straßenkreuzungen, Promenaden verstreute brandrednerische Gruppen; zwölfhundert Zeitungsverkäufer, die jeden Tag, zu jeder Stunde, in jedem Augenblick mit lautem Geschrei Irrtum, Heuchelei, Verleumdung und einige wenige Wahrheiten verbreiten; die Briefe aus der Provinz, in denen die Schrecken der Zerstörung und die vorübergehenden Beschwernisse durch das Räuberunwesen übertrieben werden; das ganze Regierungsgeschäft vom Volkswillen in eine Versammlung getragen, die es als eine ihrer Grundregeln ansieht, daß Regieren nicht ihres Amtes ist; die drängenden Notwendigkeiten, die zu ungeordneten Einzelmaßnahmen zwingen; die Schaffung einer neuen Gewalt, die vielleicht noch wichtiger ist als die Arbeit an der Verfassung; das ängstliche und schmerzliche Ausschauhalten nach den Prinzen, die sich im Ausland in tiefes Dunkel hüllen; die große Anzahl geflohener Männer von Rang, die den Verdacht des Volkes berechtigt erscheinen läßt; die Allgegenwart der Uniform, die plötzlich an die Stelle des barbarischen Vorurteils getreten ist, nach dem soldatische Kleidung vom Hofe und aus der Stadt verbannt zu sein hatte; das Schweigen der Literatur und die Gleichgültigkeit gegenüber der Kunst; die unbestreitbare, auffallende Ahnungslosigkeit in allen Fragen der Wirtschaft; der Triumph der Unvernunft in den Gesprächen, sobald man sich von wenigen Binsenweisheiten entfernt, die aus den dicken Büchern in die Broschüren, aus den Broschüren in die Zeitungen, aus den Zeitungen in die Flugschriften, aus den Flugschriften in die Cafés, aus den Cafés in die Markthallen, aus den Markthallen auf den Rathausplatz gelangt sind – das ist Paris, das ist der

Krisenzustand, durch den wir hindurch müssen, um zur Wohltat der Freiheit zu gelangen. *(11. August 1789)*

Man ist noch so erstaunt von allem, was man erlebt hat und täglich liest, daß man sich kaum vorstellen kann, die neue Ordnung der Dinge werde von Dauer sein. Wie viele Menschen sind doch, wenn sie ihr Innerstes befragen, durchaus nicht wirklich überzeugt, dies *könne* oder *dürfe* wahr sein? Man sagt sich: Wir haben die Freiheit. Und dabei wagen wir doch kaum unsere Zweifel laut zu äußern. Es ist alles geschehen für das Volk, und diesem Volk fehlt es an Arbeit, an Geld, an Heiterkeit; die herstellenden Gewerbe beschäftigen nur die Hälfte der Arme, die sie früher für ihren Betrieb benötigten. Unablässig reden alle von der Verfassung. Wird sie unser Los wirklich nachhaltiger verändern, als es die Nacht des 4. August und die Erklärung der Menschenrechte getan haben? Den Vertretern der öffentlichen Einrichtungen fehlt es an Energie, weil es der exekutiven Gewalt an Autorität fehlt, der legislativen Gewalt am Zusammenhalt, der richterlichen Gewalt an Ansehen, der städtischen Gewalt an sicherer Grundlegung, den Kapitaleignern an Vertrauen, den Provinzen an Ruhe, den Adligen an ihren Rechten, den Künstlern an Aufträgen, dem Volk am Notwendigsten. So sprechen etliche ängstliche, kopfhängerische Menschen, die es nicht über sich gewinnen, auf ihre alten Vorstellungen zu verzichten.

Andere meinen, Frankreich erobert und die zwei ersten Stände hingerichtet zu haben, so daß sie eines Tages im Namen des Königs herrschen werden; wenn es nach ihnen ginge, könnte man auch auf ihn gut und gerne verzichten. Selbst die Nationalversammlung wird ihnen schon lästig, und als Bürger einer Stadt, der sie so gerne befehlen würden, lieben sie die Stürme der Diskussionen, die Ehrenplätze, die der Macht dargebrachten Feste und Huldigungen.

Einige werden mit Kummer Zeugen des Niedergangs der Literatur und fürchten die Künste gänzlich aufgegeben zu sehen. Sie trauern einer Stadt nach, in der jeder Geschmack sein Recht fand, in die alle Freuden die Menschen aus der ganzen Welt zogen, wo jeder Tag neue Schauspiele bot. In ihrer nachsichtigen Beurteilung wogen diese Wohltaten der Gesellschaft die Last der öffentlichen Abgaben und die Mißbräuche einer oft sträflich handelnden Staatsgewalt auf.

Um zu gesünderen Ansichten zu gelangen, müßte man sich Belehrung holen. Aber an wen soll man sich denn in diesem Getümmel wenden? Die Weisen ziehen sich in tiefe Einsamkeit zurück und vermengen ihre Stimmen nicht mit denen so vieler angeblich patriotisch gesonnener Besserwisser, die da meinen, man könnte mit Mutterwitz regieren, mit großen Worten überzeugen, mit Beschimpfungen zum Umdenken bringen, mit Zerstörung Wohlstand schaffen. Versuchen wir für einen Augenblick die flüchtige Aufmerksamkeit unserer Leser zu fesseln.

Eine Revolution war notwendig. Sie konnte nur mit den Mitteln der Gewalt ausgeführt werden, die dem politischen Apparat einen furchtbaren Stoß zugefügt haben. Wir sind noch ganz erschlagen davon, es ist uns zunächst noch ganz schwindelig – das ist der Grund für den quälenden Zustand, in dem wir uns befinden. Wir brauchen nur Ruhe. Ist sie einmal wieder eingekehrt, können wir die Wohltaten dieses halben Jahres zählen. Ist es denn nichts, daß wir den entsetzlichen Bankrott nicht mehr zu fürchten brauchen, der an einem Tag hunderttausend Opfer gekostet hätte, und daß wir sehen dürfen, wie vierundzwanzig Millionen Menschen für die Einkünfte eines einzigen gebürgt haben? Ist es denn nichts, befreit zu sein von diesem schrecklichen Regime, das eure Schritte hemmte, eure Geheimnisse ausspähte, an einem Haar das Schwert über euren Köpfen hielt, den Armen in den Staub drückte, die Freuden der Reichen vergiftete, mit dem Laster Handel trieb und in allen Herzen finsteres Mißtrauen nährte?

Ist es denn nichts, nicht mehr unter dem Joch des Feudalsystems zu ächzen, die Ernte für die eigene Familie heranreifen und nicht von schädlichen Tieren vertilgt zu sehen, die um des kurzen Vergnügens für den tyrannischen Herrn willen dem betroffenen Landmann ein kummervolles Jahr bereiteten? Ist es denn nichts, daß aus dem grimmigen Soldaten ein Vaterlandsverteidiger geworden ist, ein Beschützer von Familie und Eigentum, und daß seine mutige Kraft fest an die Nation gebunden worden ist, zugleich aber die Nation an die Sicherheit des Einzelnen?

Wie wird es erst sein, wenn die Gleichheit der Lastenverteilung die Bürde für jedermann leichter gemacht haben wird! Wenn ein menschlicherer Gesetzgeber das Verbrechen strafen wird ohne die Gefahr, die Unschuld zu erwürgen, wenn Frankreich befreit sein wird von der lästigen Horde der Steuereintreiber, die ja von ihrem undankbaren Amt selbst am meisten verdorben werden, wenn die Geißel der Salzsteuer abgeschafft sein wird, wenn das heilige Gesetz befehlen wird und nicht mehr die Laune eines Ministers!

Doch die Menschen wollen rasche und bequeme Genüsse und bedenken im allgemeinen nicht, daß die Dauerhaftigkeit eines Baus davon abhängt, wie solide man zurichtet, befestigt und abstützt. Dabei muß man rechnen, daß für die Verfassung zwar lange Debatten erforderlich sein werden, daß diese aber eine kluge, ständige Anwendung der Aufklärung erlauben werden, daß so viele verschiedene Gegenstände nacheinander Diskussionen hervorrufen werden, aber jede zugleich auch ein Beitrag zum allgemeinen Vertrauen sein wird: Zum ersten Male erlebt die Welt, wie ein aufgeklärtes Volk die Gedankenarbeit eines ganzen Jahrhunderts in ein Gesetzbuch zwingt und in seinen Beratungen fünfzig Jahre Philosophie, Untersuchungen über das Allgemeinwohl, die Freiheit und alles, was die Interessen des Menschen in der Gesellschaft betrifft, zusammenfaßt. Die Geschichte wird sie eines Tages ans Licht bringen, die denkwürdigen Beispiele der Vaterlandsliebe, der Mäßigung, der Beredsamkeit in dieser Versammlung, die unwidersprochen die glänzendste Epoche der französischen Monarchie bildet, deren volle Wirkung aber erst spürbar werden wird, wenn die Leidenschaften erst einmal angesichts der großen Vorteile, welche die ganze Nation daraus ziehen kann, schweigen. *(9. September 1789)*

Die Oktoberereignisse 1789

Notizen von Gouverneur Morris

*Den Handwerkern und Händlern in Paris fehlt es an Aufträgen,
weil die Kundschaft ihr Geld ängstlich zusammenhält; etliche
vornehme Familien sind emigriert oder aufs Land gezogen und
haben ihre Bedienten entlassen. Viele erwerbslos Gewordene
können sich das tägliche Brot nicht leisten, das auch teurer geworden ist, weil die neue Ernte noch nicht ausgedroschen ist und
die Flüsse nicht genügend Wasser führen für die Mühlen und den
Transport. Besonders betroffen sind natürlich die Frauen, die
Mütter und die Händlerinnen, die das Elend mitansehen. Schon
raunt man sich wütend zu, der Hof wolle die unbotmäßigen Pariser aushungern. Der König weigert sich, den Gesetzen der Nationalversammlung seine Zustimmung (»Sanktion«) zu geben.
Und er fühlt sich auch bedroht. Er läßt das Flandrische Regiment kommen. Will er die Nationalversammlung auflösen? Jeder spürt es: Diese Gegensätze lassen sich nicht ruhig ausglei-
chen.*

*Nur an einem Symbol können sie sich dramatisch scheiden.
Die Kokarde, das alte Hutzeichen der Militärs, traditionell in
Königsweiß, ist bei den Bürgern der Pariser Nationalgarde auf
Vorschlag ihres Kommandeurs La Fayette mit den Stadtfarben
Blau und Rot eingefaßt, und eine solche Kokarde hat sich der
König bei seinem Versöhnungsbesuch am 17. Juli angesteckt.
Jetzt reißen sich bei einem Bankett, zu dem sich auch das
Königspaar einfindet, die bezechten Offiziere des Flandrischen
Regiments die Trikoloren-Kokarde ab und zertreten sie unter ih-
ren Stiefeln – welch ein Bild für die Verschwörung gegen die Na-
tion!*

*Der amerikanische Finanzier Morris, eben noch Mitarbeiter
an der US-Verfassung und demnächst Botschafter seines Landes
in Paris, wohnt in der Nähe der* Place Louis XV, *die bald* Place
de la Révolution *und später versöhnlich* Place de la Concorde
heißen wird. Sein Tagebuch enthält nicht nur private Notizen:

Sonntag, 4. Oktober

Große Aufregung in Paris. Die alberne Geschichte mit den Kokarden in Versailles und die echte Not wegen der Brotknappheit haben acht- bis zehntausend erbärmliche Kreaturen zusammengebracht, die nun zum Rathaus marschieren. Wie das enden wird, ahne ich nicht, aber eines ist sicher: Wenn sie es nicht schaffen, Lebensmittel für das Volk bereitzustellen, werden sie ständig Ärger bekommen. (...)

Montag, 5. Oktober

Die Stadt ist in vollem Aufruhr. (...) Ich gehe in Richtung Chaillot, um zu sehen, was sich tut, aber am Pont Royal werde ich aufgehalten. Ich gehe in den Tuileriengarten. Ein Haufen Weiber ist mit ein paar Kanonen nach Versailles abgezogen. Ein seltsames Unternehmen. Ich gehe zu Mr. Short hinauf, er will gerade zum Essen. Wir gehen zusammen zum Platz Ludwigs des Fünfzehnten hinüber. Der heutige Tumult ist die Fortsetzung der Vorgänge von gestern abend, ein wildes, unsinniges Vorhaben. (...) Madame Lavoisier sitzt in der Stadt fest, weil alle Kutschen angehalten und die Damen gezwungen worden sind, sich dem Weibermob anzuschließen. Während wir noch bei Tische sitzen, hören wir, daß die Nationalgarde und das Nationalregiment nach Versailles unterwegs sind. (...)

Beim Souper meint Monsieur Capellis, das Flandrische Regiment, die Nationalgarde von Versailles und die Leibgardisten würden den Parisern einen heißen Empfang bereiten. La Fayette ist gezwungen mitmarschiert, bewacht von seinen eigenen Truppen, die ihm mißtrauen und ihn bedrohen. Eine schreckliche Lage, gezwungen zu sein zu etwas, was man verabscheut, oder einen schmählichen Tod mit der Gewißheit zu erleiden, daß das Opfer des eigenen Lebens das Unheil nicht abwenden wird. (...) Viele Gespräche über das, was jetzt wohl in Versailles geschieht. Wir stimmen darin überein, daß unsere Pariser geschlagen werden, und betrachten es als einen Glücksfall, daß sie fort sind. Ich wage die Behauptung, daß von diesem Tage an die französische Armee wieder ihrem Souverän gehorchen wird, wobei ich nach wie vor davon ausgehe, daß das Flandrische Regiment, wie alle meinen, heute abend seine Pflicht tut. Ein Herr erzählt uns eine Anekdote, die zeigt, wie gut dieses Volk auf den Genuß der Freiheit vorbereitet ist. Er kam an einer Gruppe Menschen vorbei, die einem Redner lauschten. Der kurze Sinn der Ansprache war: »Messieurs, es fehlt uns an Brot, und ich will Ihnen sagen, warum. Erst vor drei Tagen hat der König das ›aufschiebende Veto‹ bekommen, und schon betätigen sich die Aristokraten als Schieber und verkaufen das Korn ins Ausland.« Dieser logische und tiefschürfende Diskurs fand bei den Zuhörern warme Zustimmung: »Ja, natürlich, er hat recht. Nur daran liegt es!« Köstlich! Das sind also die Athener der Neuzeit! Allein gelehrt, allein weise, allein gebildet, und der Rest der Menschheit besteht aus Barbaren. (...)

Dienstag, 6. Oktober

Am Vormittag Korrespondenz. Paris ein einziger Tumult. Die Köpfe von zwei Leibgardisten werden in die Stadt gebracht; die königliche Familie, die sich in der Gewalt des »Nationalregiments«, den übergelaufenen *Gardes françaises*, befindet, soll im Laufe des Nachmittags eintreffen. (...) Beim Souper gibt uns Capellis einen Bericht von den Geschehnissen. Viele für die königlichen Hoheiten beleidigende Vorfälle. Die Königin gezwungen, in Hemd und Unterrock, die Strümpfe in der Hand, in den Gemächern des Königs Zuflucht zu suchen vor den sie verfolgenden Fischweibern. In Paris vor dem Rathaus dann ließ Bürgermeister Bailly beim Verlesen der Rede des Königs irgendwo die Wörter »voll Vertrauen« aus. Die Königin berichtigte ihn, was ein Geschrei »Es lebe die Königin!« auslöste. Sie sollen in den Räumlichkeiten wohnen, die im Tuilerienschloß für ihre junge Liebe einst hergerichtet wurden. Das wird jetzt nur bittere Erinnerungen in ihnen wachrufen. Oh, Herrschertugend! Du bist eben doch von Wert in dieser Welt. Welch ein unglücklicher Fürst! Ein Opfer seiner Schwäche und in den Händen von Kreaturen, bei denen man nicht einmal auf Mitleid rechnen darf. Welch eine schreckliche Lehre für die Menschheit, daß ein absoluter Herrscher nicht ungestraft nachsichtig sein darf. Das Unglück dieses Landes hat begonnen, aber wann es zu Ende sein wird, ist schwer vorauszusagen. Auch die Nationalversammlung soll nach Paris verlegt werden, und man nimmt an, daß die Bewohner aus dem Louvre ausquartiert werden. (...)

Mittwoch, 7. Oktober

Madame de Flahaut erzählt mir, wie es in Versailles zugegangen ist. Der König hat verboten, Widerstand zu leisten. Indem die Königin wieder in ihre eigenen Gemächer zurückkehrte, äußerte sie gegenüber ihrem Gefolge, da der König entschlossen sei, nach Paris zu gehen, müsse sie ihn begleiten, aber sie werde es nicht mehr verlassen. Die arme Frau. Das ist eine traurige Voraussage einer nur allzu wahrscheinlichen Zukunft. Der König hat gestern abend sehr kräftig zu Abend gegessen. Wer könnte behaupten, es fehle ihm an Seelenstärke? (...)

Viel törichtes Geschwätz über die öffentlichen Angelegenheiten. Die meisten Menschen merken allmählich, daß die Dinge sich nicht so entwickeln, wie sie sollten. Immerhin gibt es noch ziemlich viele Wildentschlossene, die höchst befriedigt sind. Wenn ich nicht sehr irre, wird die Nationalversammlung bald die Wirkungen ihres neuen Sitzungsorts zu spüren bekommen. Von Freiheit der Debatten kann keine Rede sein in einem für Ordnung und Anstand so vorbildlichen Ort wie der Stadt Paris. Ich riet [dem befreundeten Offizier] O'Connell, man solle alle Soldaten, die das wünschen, entlassen und im Winter, wenn sie hungern und frieren, neu rekrutieren, weil die Not sie dann gehorchen gelehrt hat. Ich denke, er wird die Idee als seine eigene in Umlauf bringen, weil er eine gehörige Dosis von dem hat, das viele Namen trägt und bei einem Soldaten Streben nach Ruhm heißt. Heute hat es einen bemerkenswerten Vorfall gegeben. Der Stadtdistrikt St. Roch hat die Depeschen an die königlichen Minister öffnen und dem Gesindel vorlesen lassen, damit geprüft werde, ob auch nichts gegen das Volk darin steht. (...)

Heute morgen ist ein Bäcker vom Pöbel gehängt worden, und ganz Paris ist in Waffen. Dem armen Bäcker wurde nach dem neuen Brauch der Kopf abgeschnitten, den man dann im Triumph durch die Straßen getragen hat. Dabei hatte der Mann die ganze Nacht gearbeitet, um für heute morgen möglichst viel Brot zu haben. Wie es heißt, soll seine Frau vor Entsetzen gestorben sein, als man ihr den Kopf ihres Gatten auf einer Stange vorhielt. Es ist ganz sicher nicht der gewöhnliche Gang der göttlichen Vorsehung, solche Greuel ungestraft zu lassen. Paris ist vielleicht der schlimmste Ort auf Erden. Blutschande, Mord, Bestialität, Betrug, Raub, Unterdrückung, Unaufrichtigkeit, Grausamkeit – und doch ist dies die Stadt, die auf dem Weg zur heiligen Sache der Freiheit vorangegangen ist. Kaum ist der Druck der Despotie beseitigt, schon entwickelt jede böse Neigung ihre ganz eigene Kraft. Weiß der Himmel, wie der Konflikt enden wird. Schlecht, fürchte ich, in der Knechtschaft nämlich.

Gesetz vom 21. Oktober 1789
über den Ausnahmezustand

Der König, der »Souverän« nach alten Begriffen, ist in Paris. Die Verfassunggebende Versammlung, Vertretung des Volkes, des »Souverän« nach neuen Begriffen, hat ihm folgen müssen. Im Manège ist sie untergebracht, der Reithalle des Tuilerienschlosses, das damals vom Ende des langen Seine-Flügels des Louvre quer abging. Die meisten Abgeordneten sind durchaus nicht glücklich, mit dem König Gefangene der Hauptstadt und ihrer zu allem fähigen Volksmassen zu sein. Gewiß, »Krebsschäden heilt man nicht mit Rosenwasser«, wie ein fortschrittliches deutsches Blatt schreibt. Doch die Unabhängigkeit der Beschlüsse muß leiden, wenn die Deputierten ängstlich darauf schielen müssen, ob die Pariser nicht mit Gewalttaten reagieren. Bei der Rückkehr aus Versailles mit dem Königspaar und dem Dauphin haben die Demonstranten gerufen: »Wir bringen den Bäcker, die Bäckersfrau und den Bäckerjungen!« Wer weiß, zu was sie sich in ihrer Not noch aufhetzen lassen. Das gräßliche Ende des unschuldigen Bäckers François, den weder Polizei noch Gemeindevertreter retten konnten, wird Anlaß zu einem Akt der Notwehr gegen die, die der Versammlung im Juli und vor zwei Wochen gegen die Macht des Königs geholfen haben. Noch am Tag des Mordes ergeht auf Ersuchen der Pariser Stadtverwaltung ein Gesetz über den Ausnahmezustand.

Mehrere Distrikte, darunter der im Kleineleuteviertel am Hospital zur Trinité, protestieren sofort gegen diese Möglichkeit, den »spontanen« Druck der Straße auf die Vertretung des ganzen Landes abzuwenden. »Kommissare« der Distriktversammlung werden ausgesandt, zunächst ohne Erfolg. Das verhaßte Gesetz dient in der Folge mehrfach zur blutigen Unterdrückung, und die rote Fahne wird bald zum Symbol für die Erhebung der Unterdrückten selbst.

In Erwägung, daß die Freiheit die Reiche befestigt, die Zügellosigkeit aber sie zerstört, daß die Freiheit durchaus nicht das Recht ist, alles zu tun, sondern nur in Gehorsam gegenüber dem Gesetz bestehen kann; daß dieser Gehorsam in ruhigen Zeiten von der gewöhnlichen Staatsautorität hinlänglich gesichert wird, in möglichen schwierigen Zeiten jedoch die Völker, von häufig verbrecherischen Beweggründen getrieben, zu Werkzeugen von ihnen selbst unbekannt bleibenden Intrigen werden; daß solche Krisenzeiten vorübergehend außerordentliche Maßnahmen erforderlich machen, um Ruhe und Ordnung aufrechtzuerhalten und die Rechte aller zu wahren,

hat die Nationalversammlung das folgende Gesetz über den Ausnahmezustand beschlossen:

§ 1 – Sind Ruhe und Ordnung gefährdet, so haben die Gemeindebeamten der betreffenden Örtlichkeit die Pflicht, auf Grund ihrer von der Gemeinde erhaltenen Vollmachten zu erklären, daß unverzüglich militärische Gewalt zur Wiederherstellung der öffentlichen Ordnung einzusetzen ist; sie sind dafür persönlich verantwortlich.

§ 2 – Diese Erklärung erfolgt, indem eine rote Fahne am Hauptfenster des Rathauses ausgehängt und durch alle Straßen und Plätze getragen wird; zugleich fordern die Gemeindebeamten bei den Führern der Nationalgarden, Linientruppen und Gendarmerieeinheiten Unterstützung an.

§ 3 – Mit dem Fahnenzeigen bekommen alle bewaffneten und unbewaffneten Volksaufläufe verbrecherischen Charakter und sind gewaltsam aufzulösen.

§ 4 – Von den Gemeindebeamten angeforderte Nationalgarden, Linientruppen und Gendarmerieeinheiten sind verpflichtet, unverzüglich aufzubrechen, und zwar unter der Führung ihrer Offiziere, unter Vorantragen einer roten Fahne und von mindestens einem Gemeindebeamten begleitet.

§ 5 – Einer der Gemeindebeamten befragt die zusammengelaufenen Personen nach dem Grund ihrer Versammlung und nach dem Übelstand, dessen Abstellung sie verlangen; sie sind berechtigt, sechs Personen aus ihren Reihen zu bestimmen, um ihr Anliegen vorzutragen und ihre Petition zu unterbreiten; sie haben sodann auf der Stelle auseinanderzugehen und sich friedlich zu entfernen.

§ 6 – Entfernen sich die zusammengelaufenen Personen zu diesem Zeitpunkt nicht, werden sie von dem oder einem der Gemeindebeamten mit lauter Stimme dreimal aufgefordert, sich ruhig in ihre Wohnungen zurückzuziehen. Die erste Aufforderung hat zu lauten: »Hiermit wird bekanntgegeben, daß Ausnahmezustand herrscht und alle Aufläufe als verbrecherisch gelten. Es wird von der Schußwaffe Gebrauch gemacht; alle guten Bürger mögen sich zurückziehen.« Bei der zweiten und dritten Aufforderung genügt es, die Worte zu wiederholen: »Es wird von der Schußwaffe Gebrauch gemacht; alle guten Bürger mögen sich zurückziehen.« Der Gemeindebeamte verkündet bei jeder Aufforderung, daß es sich um die erste, zweite oder letzte handelt.

§ 7 – Verübt der Volksauflauf vor oder während der Verkündung der Aufforderungen Gewalttaten oder entfernen sich die Personen nach erfolgten Aufforderungen nicht friedlich, wird unverzüglich gegen die Aufrührer Waffengewalt angewendet, ohne daß jemand für die gegebenenfalls daraus entstehenden Folgen eine Verantwortung trägt.

§ 8 – Entfernt sich das zusammengelaufene Volk ohne Gewalttat vor oder unmittelbar nach der letzten Aufforderung friedlich, so können nur die Rädelsführer und Anstifter des Aufruhrs, soweit sie bekannt sind, standrechtlich verfolgt und verurteilt werden, und zwar: zu drei Jahren Gefängnis, wenn der Volksauflauf unbewaffnet war, und zum Tode, wenn der Volksauflauf bewaffnet war. Die übrigen Personen werden nicht verfolgt.

§ 9 – Verübt das zusammengelaufene Volk Gewalttaten und zieht es sich nach der dritten Aufforderung nicht zurück, so werden solche Personen, die dem Eingreifen der bewaffneten Macht entrinnen und später ergriffen werden können, mit einem Jahr Gefängnis bestraft, wenn sie unbewaffnet waren, und mit dem Tode, wenn sie überführt sind, Gewalttaten begangen zu haben. Bei Anwendbarkeit dieses Artikels werden auch Rädelsführer und Anstifter des Aufruhrs zum Tode verurteilt.

§ 10 – Alle Führer, Offiziere und Soldaten der Nationalgarden, Truppen und Gendarmerieeinheiten, die Volksaufläufe, Aufstände und Aufruhr erregen oder schüren, werden als Rebellen gegen Nation, König und Gesetz mit dem Tode bestraft; wer den Dienst nach Anforderung durch die Gemeindebeamten verweigert, wird degradiert und mit drei Jahren Gefängnis bestraft.

§ 11 – Die Gemeindebeamten fertigen ein Protokoll mit dem Bericht über die Vorgänge an.

§ 12 – Ist die Ruhe wiederhergestellt, so erlassen die Gemeindebeamten eine Verordnung, durch welche der Ausnahmezustand beendet wird; die rote Fahne wird eingezogen und acht Tage lang durch eine weiße Fahne ersetzt.

BESCHLUSS DER VERSAMMLUNG DES STADTDISTRIKTS TRINITÉ VOM 23. OKTOBER 1789.

Nachdem die Versammlung einstimmig die Verlesung des Gesetzes über den Ausnahmezustand beantragt hat und die Verlesung des Gesetzes erfolgt ist, machen mehrere Mitglieder eine Menge von Bemerkungen, die darauf hinauslaufen, daß dieses Gesetz gefährlich ist, seine Strenge übertrieben, sein Zustandekommen unbegründet, und daß seine Verkündung zur Verzweiflung treibt in einem Augenblick, da das seit Tagen vom Lebensmittelmangel gequälte Volk Unterstützung braucht, nicht die Drohung (...) mit einem Gesetz, das Bürger zwingt, sich gegen ihre Mitbürger zu bewaffnen; daß die bisher erfolgten Bewegungen nur durch die mangelnde Versorgung der Hauptstadt hervorgerufen worden sind, und daß das Volk, von größter Achtung vor Gesetz, König und Privateigentum sowie von Verehrung für die Nationalversammlung durchdrungen, niemals, nicht einmal zu den schrecklichsten Zeiten seiner Verzweiflung, auch nur gegen sie gemurrt hat.

Die Versammlung bekundet zu dem Zeitpunkt der Verkündung dieses Gesetzes angesichts der Gefahren, die mit seiner Anwendung verbunden wären, und voller Vertrauen in die Güte des Monarchen und die patriotische Einsicht der Nationalversammlung ihren lebhaften Wunsch, daß dieses Gesetz unverzüglich zurückgenommen werde. (...)

Die Versammlung beschließt daher, daß dieser ihr Beschluß unverzüglich durch eigens ernannte Kommissare den neunundfünfzig anderen Distrikten der Hauptstadt mitgeteilt werde, auf daß diese ihre Beschwerden den ihren hinzufügen und unmittelbar der Nationalversammlung und dem König unterbreiten.

Kampf dem neuen Gesetz!

Marat in »L'Ami du Peuple«

Der Kampf gegen das »Kriegsrechtsgesetz«, wie sie es nennen, läßt ein Bündnis entstehen zwischen Abgeordneten wie Robespierre oder Danton und radikalen Pamphletisten wie Marat. Diese rasch wachsende Gruppe will zum Durchsetzen »patriotischer« Politik den Volkszorn nutzen, nicht dämpfen; nur der »Vierte Stand« kann ihrer Meinung nach den furchtsamen Arrivierten des Dritten Standes auf die Sprünge helfen und zugleich eine fulminante Machtbasis für Demagogen darstellen.

Marat hat schon vorgeschlagen, die Denunziation zur Bürgerpflicht zu machen. Griffige Feindbilder entstehen: die factions *als gegen das Gemeinwohl agierende Cliquen, bestehend aus* aristocrates, *Menschen aller Stände, die Geld oder Einfluß haben, im Gegensatz zum* peuple, *den arbeitsamen, stets rechtlich denkenden Leuten. Noch darf man verächtlich nach unten differenzierend von der* populace, *vom Pöbel sprechen, der des Ehrennamens* peuple *nicht würdig ist und nur als schreckenverbreitendes Werkzeug aus den* Faubourgs, *den längst eingemeindeten Vorstädten herbeigeholt wird.*

Es herrscht jetzt völlige Pressefreiheit, und in so aufgeregten Zeiten wollen die Leute nicht nur durch Maueranschläge, Kanzelabkündigungen, Briefe und Gerüchte informiert werden. Die meisten der vielen Zeitungen sind allerdings nichts als zu lang geratene Meinungsartikel eines Mannes. Für den Preis eines guten Essens zu zweit bekommt man Papier, Satz und Druck von 1000 achtseitigen Exemplaren; da ist die Verlockung groß, seine Ideen zu verbreiten und seinen Ehrgeiz zu befriedigen.

Jean-Paul Marat, der erfolglose, von Voltaire verhöhnte Aufklärungsschriftsteller, erhebt sich rasch über die Hunderte von Zeitungsmachern. In seinem eben gegründeten Ami du Peuple, *dem »Volksfreund«, reagiert er Anfang November 1789 auf das neue Gesetz:*

Welche Höllenfurie hat denn ihren Pesthauch über die Vertreter der Stadtverwaltung geblasen? Ihr Unsinnigen! Glaubt ihr denn, das Aufziehen eines roten Lappens könnte euch vor der Entrüstung der Öffentlichkeit bewahren? Glaubt ihr, ein paar ergebene Trabanten könnten euch gegen den Zorn eurer Mitbürger verteidigen? Das Volk ist nicht, die Armee nicht mehr käuflich. Sie hat im Solde des Fürsten gestanden und sich trotzdem der Nation angeschlossen; auch im Solde der Stadtverwaltung stehend wird sie zum Volk übergehen. So will es die Vernunft, und so hat es die Aufklärung gelehrt. Noch fallen eure Machenschaften nur dem geschulten Blick des Philosophen auf, doch bald werden sie die Menge beeindrucken. Sie spürt schon die Härte eures Jochs, sie klagt euch schon für ihr Unglück an, und wenn sie einmal entdeckt, daß ihr euch schuldig macht, so wird sie sich ihrer Verzweiflung überlassen, und es ist ein für allemal um euch geschehen. Bedenkt, wie es den Dezemvirn ergangen ist; ihre Regierung war von kurzer Dauer, die eure wird von noch kürzerer sein: ihr habt ihr verbrecherisches Verhalten übernommen, und ich sage euch das gleiche Schicksal voraus. *(10. November 1789)*

Die ängstlichen Bürger, die Männer, die ihre Ruhe haben wollen, die Glücksbegünstigten des Jahrhunderts, die Blutegel am Lebenssaft des Staates und all die Schurken, die von Mißbräuchen im Gemeinwesen leben, fürchten nichts mehr als Volksaufstände – die könnten ihrem Wohlergehen schaden, indem sie eine neue Ordnung der Dinge herbeiführen. Deshalb protestieren sie ständig gegen energische Druckschriften, eine heftige Ausdrucksweise, kurz, gegen alles, was dazu angetan ist, dem Volk sein elendes Los nachdrücklich zu verdeutlichen und es an seine Rechte zu erinnern.

Das ist die Moral der Männer, die in Macht und Würden sind. Inmitten der Amtsmißbräuche und der Schrecken der Tyrannei sprechen sie nur davon, das Volk ruhig zu halten, und sind nur bemüht, es daran zu hindern, seinem gerechten Zorn freien Lauf zu lassen. Sie haben gewichtige Gründe dafür und außerdem einen Vorwand, der sehr gut geeignet war, engstirnige Gemüter zu beeindrucken, der aber wohlunterrichtete

Männer nicht beeindrucken kann: Ich spreche von den tragischen Szenen, die fast immer mit Aufständen einhergehen.

Wie groß auch der Schrecken sein mag, der ihre Seele erfüllt und den sie in die Seele der anderen tragen wollen, werden die folgenden Erwägungen doch dazu beitragen, billig denkende Geister zu beruhigen.

Zunächst: Das Volk erhebt sich erst, wenn es von der Tyrannei zur Verzweiflung getrieben wird. Wieviel Drangsal erduldet es doch, bevor es sich rächt! Und seine Rache ist im Grundsatz stets gerecht, auch wenn sie in der Wirkung nicht immer aufgeklärt ist; die Unterdrückung dagegen, die es erleidet, hat ihren Ursprung allein in den verbrecherischen Leidenschaften seiner Tyrannen.

Außerdem: Ist denn überhaupt ein Vergleich möglich zwischen einer kleinen Anzahl von Opfern, die das Volk bei einem Aufstand der Gerechtigkeit weiht, und der unzähligen Menge von Untertanen, die ein Despot zum Elend verurteilt oder seinem Zorn, seiner Gier, seinem Ruhm, seinen Launen darbringt? Was sind einige wenige Blutstropfen, die der Pöbel heute in der Revolution vergießt, um seine Freiheit wiederzuerlangen, verglichen mit den Strömen, die ein Tiberius, ein Nero, ein Caligula, ein Caracalla, ein Commodus haben fließen lassen, mit den Strömen, die ein Karl IX. in seiner mystischen Raserei verschwendet hat, mit den Strömen, die der schuldhaften Ehrsucht eines Ludwig XIV. geflossen sind? Was sind einige wenige an einem Tag vom Pöbel geplünderte Häuser, verglichen mit der Vergeudung, an der die ganze Nation fünfzehn Jahrhunderte lang unter den drei Rassen unserer Könige zu leiden hatte? Was sind einige wenige ruinierte Einzelne, verglichen mit einer Milliarde Menschen, die von den Schiebern, den Vampiren, den Verschleuderern öffentlicher Mittel um das Ihre gebracht worden sind!

Lassen wir alle Vorurteile fahren und bedenken wir:

Die Philosophie hat die derzeitige Revolution vorbereitet, begonnen, begünstigt. Das ist unbestreitbar. Doch Geschriebenes reicht nicht aus, Taten sind vonnöten. Und wem verdanken wir die Freiheit, wenn nicht den Volksaufständen?

Ein auf den Champs-Elysées entstandener Volksaufstand

hat die Erhebung des ganzen Volkes geweckt, und die wiederum hat die Bastille zu Fall gebracht, hat die Nationalversammlung gerettet, hat die Verschwörung auffliegen lassen, hat die Plünderung von Paris verhindert, hat bewirkt, daß die Stadt nicht in Asche gelegt worden ist und ihre Bewohner nicht in ihrem Blute erstickt sind.

Ein auf dem Neuen Markt, in den Hallen entstandener Volksaufstand hat die zweite Verschwörung scheitern lassen, hat die Flucht der Königsfamilie vereitelt und die Bürgerkriege vermieden, die nur allzu sicher daraus entstanden wären.

Diese Aufstände haben die Aristokratenclique in den Generalständen niedergerungen, an der die Waffen der Philosophie und die Autorität des Monarchen gescheitert waren. Sie haben sie durch den Schrecken an ihre Pflicht erinnert, haben sie dazu veranlaßt, sich der patriotischen Partei anzuschließen und mit ihr zusammen den Staat zu retten. Man verfolge die Arbeiten der Nationalversammlung, und man wird feststellen, daß sie überhaupt erst nach einem Volksaufstand tätig geworden ist, daß sie jeweils erst nach einem Volksaufstand gute Gesetze verkündet hat, und daß in Zeiten der Ruhe und Sicherheit die hassenswerte Clique niemals verfehlte, ihr Haupt zu erheben und der Verfassung Hindernisse in den Weg zu legen oder unheilvolle Dekrete durchzubringen.

Wir verdanken also alles den Aufständen: den Sturz unserer Tyrannen und den ihrer Günstlinge, Kreaturen und Trabanten ebenso wie die Erniedrigung der Großen und die Erhöhung der Kleinen, die Wiedergewinnung der Freiheit ebenso wie die guten Gesetze, die diese Freiheit erhalten und unsere Ruhe und unser Glück befestigen werden.

Das Gesetz über den Ausnahmezustand, das Volksaufläufe verbietet, kann demnach nur von einem Feind des Gemeinwohls vorgeschlagen, allein von Vaterlandsverrätern durchgesetzt, allein von Helfershelfern der Tyrannei verabschiedet worden sein. Diese Bezeichnungen müssen sie hinnehmen, wenn sie nicht lieber als Dummköpfe dastehen wollen.

Die Feinde, die mich verfolgen, mögen mir eine solche Lehre zum Verbrechen anrechnen, doch ich predige sie aus Pflichtbewußtsein, auf das unabweisbare Geheiß meines Gewissens, und ich will damit nicht hinterm Berge halten, und wenn ich meinen Kopf aufs Schafott tragen muß.

Diese empfindsamen Seelen! Sie sehen nur das Unglück weniger Individuen, die einem rasch vorübergehenden Aufstand zum Opfer fallen, sie empfinden nur Mitgefühl mit dem verdienten Ende weniger Schurken. Ich dagegen sehe allein die Schicksalsschläge, die Nöte, die Leiden einer großen Nation, die jahrhundertelang ihren Tyrannen ausgeliefert war, die in Ketten geschlagen, ausgeplündert, gequält, in den Staub getreten und abgeschlachtet worden ist. Wer hat denn mehr Recht, Menschlichkeit, Vaterlandsliebe – sie oder ich? Sie bemühen sich, das Volk einzuschläfern, ich bemühe mich, es aufzuwekken. Sie geben ihm Opium, ich gieße Säure in seine Wunden und werde das solange tun, bis es ganz in seine Rechte eingesetzt, bis es frei und glücklich ist. *(11. November 1789)*

Gegen das Zensuswahlrecht

Eine Satire von Loustallot

Damit die künftige Volksvertretung nicht von Hitzköpfen und Phantasten bedrängt wird, und um den Bürgern, die etwas zu verlieren haben, die alleinige Führung des Landes vorzubehalten, wird schon Ende Oktober 1789 das Wahlgesetz als »Zensusrecht« ausgestaltet: Wählbar zur Gesetzgebenden Versammlung soll nur sein, wer Grundbesitz hat und eine Silbermark direkte Steuern zahlt; das sind nicht einmal 50 000 über fünfundzwanzigjährige männliche französische Staatsbürger. Auch um von der Urwähler-(Primär-)Versammlung in die eigentlich entscheidende Wahlmänner-(Sekundär-)Versammlung oder in die Räte der Gemeinden und der anstelle der alten Provinzen vorgesehenen Departements gewählt werden zu können, muß man eine bestimmte Steuerleistung nachweisen.

Von dieser Entscheidung läßt sich die Versammlung um keinen Preis abbringen. Dabei ist der Sturmlauf gegen ihr Gesetz durchaus nicht auf Paris beschränkt. Beispiele für wackere Männer, die wegen ihrer zu geringen Steuerleistung ausgeschlossen wären, haben ja alle im Lande vor Augen, für jeden Redner und Journalisten liegen griffige Formulierungen herrlich nahe, und sei es nur, daß die rechtlosen »Passivbürger«, wie sie das Gesetz nennt, ja gerade die höchst aktiven gewesen sind und für die häufig passiv zusehenden »Aktivbürger« die Kastanien aus dem Feuer geholt haben.

Les Révolutions de Paris gehört zu den kürzlich gegründeten Blättern, hat seine Spalten aber verschiedenen Publizisten und Politikern geöffnet und mit dieser Formel sehr großen Erfolg gehabt. Hier schreibt sich der junge Anwalt Loustallot seine Wut von der Seele:

Es erscheint widersprüchlich, daß man zu den Primärversammlungen erst mit 25 Jahren wählen und gewählt werden darf,
aber schon mit 21 Jahren als Staatsbürger eingetragen werden
kann. Diese einmal zuerkannte Eigenschaft umfaßt doch die
Ausübung aller Bürgerrechte, und wenn die Eintragung als
Staatsbürger kein Recht gewährt, also eine bloße Zeremonie
ist, so werden die großen Wirkungen, die man sich davon versprechen darf, gänzlich verfehlt. Welches andere Recht kann
man denn gewähren als das, bei den Primärversammlungen
wählen und gewählt werden zu dürfen – jedenfalls nicht das
Recht, Waffen zu tragen, weil ein Bürger ohnehin mit 18 Jahren Militärdienst leisten kann und es sinnvoll ist, ihn einzuberufen, sobald er dazu fähig ist.

Diese Widersprüche sind betrüblich für Menschen, die sich
mit Eifer um alles annehmen, was Auswirkungen auf Sitten
und Freiheit hat; mit Freuden haben sie gesehen, wie Bankrot-
teuren und zahlungsunfähigen Schuldnern die bürgerlichen
Ehrenrechte abgesprochen wurden. Doch wenn sie gehofft hatten, daß dieses Dekret Handel und Wandel neu beleben und
unter uns wieder guten Glauben stiften würde, sind ihre Hoffnungen bald zerstoben, als sie feststellten, daß man Grundbesitz haben und eine Silbermark Steuer zahlen muß, um Abgeordneter in der Nationalversammlung sein zu können!

So ist denn die Aristokratie der Reichen befestigt durch ein
nationales Dekret, nein, ich habe mich versprochen, durch ein
Dekret der Vertreter der Nation. Doch auch wenn die Nation
selbst diese unselige Entscheidung getroffen hätte, so hätte ich
den Mut aufgebracht, ihr mit allem Respekt, den ein Bürger
auch einer irrenden Nation schuldet, zu sagen, daß das Dekret
über die Steuerleistung von einer Silbermark, die einer erbrin-
gen muß, um Abgeordneter in der Nationalversammlung sein
zu können, die größte Gefährdung der Sitten ist, die man finden kann.

Wenn es fortan für die Franzosen ein ehrenvolles Bestreben,
ein Ziel gibt, auf das sie ihre Fähigkeiten und Tugenden ausrichten sollten, so ganz gewiß, es zum Mitglied der Nationalversammlung zu bringen; jedenfalls ist das meine Vorstellung von
diesem herausgehobenen Amt, das ich ohne Zögern der Mit-

gliedschaft in allen Ritterorden vorziehen würde. Und was geschieht? Man nimmt zwei Dritteln der Nation die Möglichkeit, die Nation in einem Amt zu vertreten, so daß diese zwei Drittel geradezu eingeladen werden, sich selbst dem Vaterlande vorzuziehen, das öffentliche Wirken zu verachten und zu verlachen.

Da die Aufgaben der Staatsbürger in den Primär- und Sekundärversammlungen nur Stufen sein können, über die man es zum Vertreter der Nation bringt, und da diese Funktionen, so ehrenvoll sie sind, für alle, die nicht eine Silbermark Steuern leisten, ihres größten Reizes entbehren, ist von Anbeginn der Verfassung an kein Band da, das stark genug wäre, alle individuellen Willensanstrengungen auf ein und dasselbe Ziel auszurichten. Es wird also kein öffentlicher Geist entstehen, und die Vaterlandsliebe wird schon in der Wiege absterben.

Vielleicht wird man über meine Voraussage lachen, und trotzdem mache ich sie hier: Vor Ablauf von zehn Jahren wird dieser Gesetzartikel uns unter das Joch der Despotie zurückgeführt haben oder eine Revolution verursachen, die eine gleichmäßige Aufteilung von Grund und Boden zum Ziel hat.

Der einzige, unverrückbare Anspruch auf Wählbarkeit ist und bleibt, was immer man tun mag, das Vertrauen derer, die sich vertreten lassen sollen. (...)

Wie! Der Verfasser des »Gesellschaftsvertrages« wäre, obwohl seit zwanzig Jahren in Frankreich wohnhaft, nicht *wählbar* gewesen?

Wie! Der kostbare Teil der Staatsbürger, der gerade seinen dürftigen Lebensumständen die Entfaltung seiner Gaben, die Liebe zum Studium und zu tiefschürfenden Forschungen verdankt, soll nicht wählbar sein? Ich mache mich schon darauf gefaßt, bei unseren zukünftigen Wählerversammlungen diesen seltsamen Dialog zu vernehmen: »Meine Herren, ich schlage Ihnen Herrn X als Abgeordneten zur Nationalversammlung vor. Sie kennen ihn, man braucht nur seinen Namen zu nennen, um alle Stimmen auf ihn zu vereinigen.« – »Er zahlt nicht eine Silbermark Steuern.« – »Richtig. Ihm genügt ein bescheidenes Einkommen, das ihm seine Vorfahren hinterlassen oder das er sich selbst erworben hat, und er beschäftigt sich seit längerem nur noch damit, sich zu bilden, und zwar mit dem Erfolg, daß er als der beste Publizist Europas angesehen wird.« – »Tut nichts, er zahlt nicht eine Mark Steuern.« – »Außerdem hat er mit Klugheit und mit Fleiß die verschiedensten öffentlichen Ämter ausgefüllt, die man ihm anvertraute.« – »Um so besser, aber er zahlt nun einmal nicht eine Silbermark.« – »Wollen Sie doch bedenken, daß er, wieder zum einfachen Bürger geworden, nicht etwa mit seinen Leistungen geprahlt hat, sondern daß es keine Tugend gibt, für die er nicht das Beispiel gäbe.« – »Das ist schön und gut, aber er zahlt nicht eine Silbermark.« – »Sie wissen sicherlich, daß fremde Fürsten sich bemüht haben, ihn in ihre Staaten zu holen, indem sie ihm Würden und Vermögen anboten, daß aber seine Vaterlandsliebe stärker war als diese Vergünstigungen.« – »Wunderbar! Aber er zahlt nicht eine Silbermark.« – »Sie sind sich darüber im klaren, daß der König ihn ins Ministerium berufen könnte, und bei seiner Fähigkeit zur Führung der Geschäfte könnte er angesichts seiner Enttäuschung über die Begründung, mit der man ihn von der Nationalversammlung ausschließt, für uns sehr gefährlich werden.« – »Aber er zahlt nicht eine Silbermark.« – »Die Regierung kennt seinen Wert um so besser, als man bei den letzten Maßnahmen, die er für Sie, meine Herren, durchgesetzt hat, vergeblich bemüht gewesen ist, ihn zu bestechen oder zu beeinflussen, obwohl er sich durchaus dazu hätte hergeben können, ohne seinem Ansehen zu schaden! Nun gut, also teile ich Ihnen mit, daß etliche reiche, aufrechte Bürger es so sehr bedauern, ihn wegen seiner bescheidenen Steuerleistung *unwählbar* zu sehen, daß sie ihm angeboten haben, er solle sich mit einer Silbermark veranlagen lassen, und sie würden ihm eine Leibrente über den fehlenden Betrag aussetzen. Das hat er abgelehnt, weil ihm noch vor dem Anschein eines Täuschungsmanövers graut.« – »Demnach zahlt er doch nicht eine Silbermark?« – »Aber meine Herren, wer von Ihnen würde es wagen, sich ihm vorzuziehen?« – »Wir alle, wir zahlen ja eine Silbermark.« – »Sie wissen, daß man mit einer Silbermark Steuern veranlagt werden und dabei ein Trottel und ein unredlicher Mensch sein kann.« – »Wir zahlen eine Silbermark.« – »Daß Reichtum den Menschen durchaus nicht gegen Bestechung gefeit macht, sondern oft nur noch gieriger.« – »Wir zahlen eine Silbermark.« –

»Daß es die übrigen Glieder der Nation erbittern muß, wenn sie zusehen, wie nur die Reichen in die Nationalversammlung einziehen und Gesetze erlassen, die den Kapital- und Großgrundbesitzern Vorteile zu Lasten der kleinen Bauern und Gewerbetreibenden bringen.« – »Wir zahlen eine Silbermark.« – »Daß es ungerecht ist, die hohen Ehren und Ämter denen vorzubehalten, die schon alle Vorteile eines großen Vermögens genießen.« – »Wir zahlen eine Silbermark.« – »Und daß diejenigen, die eine Silbermark zahlen, sich ums Vaterland nicht mehr verdient machen als andere, die auf einen zwanzigmal geringeren Besitz nur ein Zwanzigstel dieser Mark zahlen.« – »Wir zahlen eine Silbermark.« – »Daß in einem Land, wo von Gesetzes wegen diejenigen, die eine Silbermark zahlen, für bessere Staatsbürger gelten als diejenigen, die sie nicht zahlen, man nicht auf Tugend, edlen Wettstreit oder Vaterlandsliebe hoffen darf, also auch nicht auf vertrauensvolle Vertretene und vertrauenswürdige Vertreter.« – »Wir zahlen eine Silbermark.« – »Ja, daß alle aufrechten Männer sich veranlaßt sehen müssen, die Versammlungen zu verlassen, in denen die eine Silbermark Steuerleistung alles andere ersetzt, so daß ich das Beispiel geben und mich zurückziehen muß.« – »Ja, tun Sie das, Sie sind wirklich überflüssig hier, weil Sie nicht eine Silbermark zahlen. Wir werden einen der Männer wählen, die mit dieser hohen Steuer die wahren Stützen des Staates sind, Bürger im eigentlichen Sinne und nun sogar durch exklusives Privileg.«

Obwohl dieses Gesetz so gut wie nur Nachteile und dafür nicht eine nützliche Bestimmung hat, wird es in den kommenden Legislaturperioden schwerlich revidiert werden, weil da nur *Silbermarkabgeordnete* tagen; die werden nicht bereit sein, ihre eigene Aristokratie abzuschaffen. Es wäre schon viel, wenn die Mark nicht von Sitzungsfolge zu Sitzungsfolge wachsen und eine vollkommene Oligarchie an die Stelle der Feudalaristokratie an die Macht bringen würde.

Verstaatlichung der Kirchengüter

Antrag von Bischof Talleyrand in der Verfassunggebenden Nationalversammlung

Wie kann man die Staatsschuld verzinsen, woher soll man das Geld für die Beamtengehälter, für Sold und Rüstung von Heer und Flotte nehmen? Niemand entrichtet mehr Steuern – sollen doch erst einmal die Ex-Privilegierten zahlen! Denen allerdings leistet auch keiner mehr die Abgaben. Und Gold und Silber kann man nicht durch Beschlüsse schaffen. Oder vielleicht doch?

Seit langem ist der reiche Grundbesitz der Kirche vielen ein Dorn im Auge. Gewiß, Unterrichtswesen, Krankenpflege und Armenfürsorge werden aus seinen Erträgen bestritten, zumal jetzt, da der Zehnte wegfallen soll. Aber selbst wenn man diese Aufgaben jetzt dem Staat überträgt und abrechnet, bleibt ein ungeheures Kapital, das ja eigentlich der Gemeinschaft der Franzosen, der Nation, gehört, die es über die Jahrhunderte aufgebracht hat. Ganz einfach: Man verkauft diese Güter oder gibt erst einmal verzinsliche Schuldscheine darauf aus. Über zwei Milliarden, das entspricht dem Münzgeldumlauf oder dem Staatshaushalt für drei Jahre!

Nur: Wer soll den Antrag stellen? Die Pfarrer, die sich mit ihren schlecht, oft mit weniger als tausend Livres bezahlten Kollegen aus der Seelsorge solidarisch fühlen könnten, sind schon in Versailles zum Dritten Stand übergegangen. Wird sich ein Prälat dazu hergeben? Der 35jährige Talleyrand, Bischof von Autun, der damit eine jahrzehntelange diplomatische Karriere höchst subtiler Wendungen durch alle Regimes beginnt, sieht seine Chance. Zum Entsetzen seines Onkels, des Erzbischofs von Reims, der ebenso wie er Delegierter des Klerus ist, schlägt er die Enteignung der Kirchengüter vor.

Der Sitzungsbericht vom 10. Oktober 1789 gibt seine gefährlich vereinfachende Rechnung wieder. Nach drei Wochen heftiger Debatten entspricht der lapidare Beschluß ganz dem Antrag Talleyrands.

Der Bischof von Autun gibt einen Überblick über die gegenwärtigen Bedürfnisse des Staates und über die, welche die für seine Erneuerung erforderlichen Veränderungen noch entstehen lassen werden. Er stellt die vorhandenen oder vorgeschlagenen Geldquellen dar, und da er sie als unzureichend erkennt, zum gegenwärtigen Zeitpunkt die Ordnung der Finanzen und den Glanz des Königreiches wiederherzustellen, bemüht er sich, andere zu erschließen.

»Eine gewaltig große Geldquelle gibt es, die mit der Achtung vor dem Privateigentum vereinbar ist, und zwar in der Gestalt der geistlichen Güter. Eine umfassende Maßnahme auf diesem Gebiet ist unumgänglich, und sei es nur, um den Kirchenzehnten zu ersetzen, der den Staatseinnahmen zugeschlagen worden ist; es geht nicht darum, dem Stand der Geistlichkeit eine weitere Last aufzuerlegen; eine politische Last ist ja kein Opfer.

Der Klerus ist kein Eigentümer wie andere. Die Nation, die ein sehr weitreichendes Recht auf alle Körperschaften genießt, übt auch sehr handfeste Rechte gegenüber dem Klerus aus. Sie kann Zusammenschlüsse dieses Standes, die für die Gesellschaft unnütz erscheinen könnten, auflösen, und deren Besitz würde notwendig von Rechts wegen der Nation zufallen; sie kann ferner aufgabenlose Pfründen abschaffen. Sie kann demnach zum jetzigen Zeitpunkt solcher Güter, soweit sie vakant sind oder werden, einziehen. Da gibt es keine Schwierigkeit. Doch darf sie die Einkünfte der jetzt lebenden Pfründeninhaber schmälern und sich einen Teil aneignen? Ich weiß, was höchst plausibel für eine negative Antwort auf diese Frage vorgebracht wird, ich weiß, was Autoren dazu schreiben, deren Fähigkeiten ich schätze und deren Grundsätzen ich immer wieder gerne folge. Deshalb habe ich lange über meine Meinung nachgedacht, habe ihr lange mißtraut, aber ich konnte mich nicht dazu verstehen, sie für ungerechtfertigt zu halten.

So heilig das gesetzliche Eigentum an einer Sache sein mag – das Gesetz kann nur erhalten, was die Gründer gewährt haben. Wir wissen alle, daß nur ein Teil dieser Güter, der für die Versorgung der Pfründeninhaber erforderliche nämlich, diesen auch zusteht; alles übrige ist Eigentum der Kirchenbaufonds und der Armen. Sorgt die Nation für die Versorgung der Pfründeninhaber, so ist deren Besitz unangetastet; übernimmt sie die übrigen Verpflichtungen und schöpft aus diesem reichen Quell nicht einfach, um dem Staat aus einer Notlage zu helfen, so ist die Intention der Begründer erfüllt, die Gerechtigkeit ist nicht verletzt.

Die Nation kann sich demnach erstens die Güter der aufzulösenden Körperschaften aneignen, wenn sie die Versorgung der Menschen, aus denen sie sich zusammensetzen, übernimmt. Sie kann zweitens aufgabenlose Pfründen einziehen. Sie kann drittens in einem bestimmten Maße die derzeitigen Einkünfte der Pfründeninhaber herabsetzen, indem sie die Aufgaben übernimmt, die vom Ursprung her damit verbunden sind.

Die Nation gelangt damit in den Besitz aller Güter des Klerus sowie des Zehnten, auf den dieser Stand verzichtet hat. Sie sichert der Geistlichkeit zwei Drittel der Einnahmen aus diesen Gütern zu. Der Ertrag dieser Güter beträgt mindestens 70 Millionen, der des Zehnten 80, macht zusammen 150 Millionen. Davon zwei Drittel sind 100 Millionen, die sich durch Überschneidungen der Einkünfte, vakante Stellen usw. letzten Endes auf 85 oder 80 Millionen reduzieren könnten. Diese 100 Millionen werden dem Stand der Geistlichkeit als eigenes Privileg zugestanden; jeder Amtsinhaber wird vierteljährlich im voraus an seinem Wohnsitz bezahlt, und die Nation übernimmt alle Schulden des Standes.

Es gibt in Frankreich 80000 Geistliche, deren Versorgung sicherzustellen ist, davon 40000 Pfarrer, die sich um die Menschen zu sehr verdient gemacht haben und der Gesellschaft zu nützlich sind, als daß die Nation nicht bereitwillig für sie sorgen und ihr Los verbessern sollte. Sie müssen in der Regel mindestens 1200 Livres bei freier Wohnung erhalten. Einige müssen mehr bekommen.

Durchführung des Plans, Vorteile
Der Zehnte gehört schon der Nation. Er ist zwar abgeschafft worden, muß aber noch eine Zeitlang abgeliefert werden, und zwar zugunsten der Nation mit der Möglichkeit der Umwandlung in Geld. Derzeit beträgt er 80 Millionen. Fügt man 20 Mil-

lionen hinzu, die mit dem Tod der Pfründeninhaber immer weniger in Anspruch genommen werden dürften, kommt man auf die für den Unterhalt der Geistlichkeit erforderlichen 100 Millionen.

Der Grundbesitz der Geistlichkeit bringt jährlich Einkünfte von 70 Millionen und mehr, was einem Kapital von 2 Milliarden entspricht (plus 100 Millionen anzulegen), das die Gläubiger des Staates an Zahlungsstatt übernehmen könnten, und aus dessen Verkauf man die vom König geschuldeten Dauerrenten auf 20 Jahre zu je 5 % und die Leibrenten auf 10 Jahre zu 10 % tilgen würde.

Der Fehlbetrag in den Staatsfinanzen würde durch die gegenwärtig von Herrn Necker vorgenommenen Einsparungen gedeckt, aber die Umstände lassen einen weiteren, noch größeren entstehen: Er setzt sich aus den 20 Millionen zusammen, die mit den 80 Millionen des Zehnten die für die Geistlichkeit erforderlichen 100 Millionen ausmachen, aus 19 Millionen Zinsen für die abgeschafften gekauften Richterämter und 25 Millionen für die Senkung des Salzpreises.

Verwendet man 500 Millionen aus dem Verkauf von Grund und Boden für die Tilgung der 50 Millionen besonders drückenden jährlich geschuldeten Renten, so wird dieser Fehlbetrag auf 14 Millionen reduziert; werden weitere 500 Millionen für die Erstattung des Wertes der gekauften Richterämter aufgewendet, so bleibt ein echter Gewinn von 11 Millionen.

Damit wäre eine Milliarde ausgegeben; es bleiben 1100 Millionen.

Nach weiteren Tilgungen und Ämterablösungen ergibt sich ein Überschuß von 71 Millionen, mit dessen Hilfe die Reste der Salzsteuer beseitigt werden könnten. Die Zinsen auf die Schulden des Klerus wären bezahlt, und 35 600 000 Franken als ein erster Rückzahlungsfonds ständen zur Verfügung.

Zusammenfassung
Die Geistlichkeit wird ausreichend versorgt. 50 Millionen Leibrenten und 60 Millionen Dauerrenten werden getilgt. Das Defizit wird gedeckt. Die verbleibende Salzsteuer beseitigt. Die Käuflichkeit der Ämter abgeschafft. Eine Rückzahlungskasse

wird geschaffen, aus der zunächst die Zehntenleistung für die Kleinbauern gemildert werden kann und zu einem späteren Zeitpunkt der Zehnte überhaupt aufgehoben, ohne daß er durch eine andere Steuer zu ersetzen wäre.

Die zusätzliche Menge an in Verkehr gebrachtem Grund und Boden würde eine große Anzahl von neuen Grundbesitzern auf dem Lande halten. Die Bauern müßten nicht mehr fürchten, plötzlich von Haus und Hof getrieben zu werden, wie das beim Eigentumsübergang an den Pfründen geschehen konnte, und die Landwirtschaft würde in dieser Sicherheit Ermutigung finden.

11 Millionen für die Kosten der Gerichtsbarkeit würden durch das Ableben von aufgabenlosen Pfründeninhabern nach und nach aus den für die Geistlichkeit bestimmten 100 Millionen entnommen werden können oder wären durch eine bessere Bewirtschaftung des betreffenden Landbesitzes zu erzielen.

Anschließend schlägt der Bischof von Autun eine Reihe von Bestimmungen vor, die das für die Ausführung dieses Plans erforderliche Dekret bilden. Die Verlesung des Entwurfs wird mit sehr starkem Beifall bedacht und seine Drucklegung angeordnet.

DEKRET VOM 2. NOVEMBER

Die Nationalversammlung beschließt.

1. daß alle Kirchengüter der Nation gegen die Verpflichtung zur Verfügung stehen, in angemessener Weise die Kosten des Kultus, die Versorgung seiner Diener und die Unterstützung der Armen zu übernehmen;

2. daß bei den Bestimmungen über die Versorgung der Diener des Kultus keine Pfarrerstelle mit weniger als 1200 Livres jährlich dotiert werden darf, Wohnung und dazugehöriger Garten nicht gerechnet.

Frühe Jakobiner

Klubbesuch des Engländers Young Anfang 1790

Welch ein Jahr war dieses 1789! Die größten Veränderungen sind geschafft, und auch das Geld wird hereinkommen: Man hat beschlossen, 5 %ige Schuldscheine über insgesamt 400 Millionen auszugeben, assigné, *»bezogen« auf die Kirchengüter und die gleich dazu genommenen Domänen der Krone. Gestückelt hat man in 1000-Livres-Urkunden, so daß der Einwand, daraus könnte so etwas wie Geld werden, sicherlich nicht begründet ist. Der Protest ist schwach. Wie viele seiner Amtsbrüder erklärt ein Dorfpfarrer im Anjou seiner Gemeinde rundheraus: »Auch wenn man uns den weltlichen Besitz nimmt, wichtig ist doch vor allem, daß man unser geistliches Amt respektiert.«*

Die Abgeordneten, die über Weihnachten heimfahren konnten, berichten allerdings, wie weit die Provinzen hinter der Hauptstadt zurückgeblieben sind; vielerorts gebietet der Grundherr wie eh und je, in den Gefängnissen wird noch gefoltert, Delinquenten werden gebrandmarkt. Den neuen Geist zu verbreiten, bilden sich in allen Städten Korrespondenzgesellschaften der in Paris gegründeten Klubs, insbesondere des nach seinem Tagungsort, einem Kloster gleich bei den Tuilerien, »Jakobinerklub« genannten. Einmütige Überzeugungsarbeit und uniforme Meinungsbildung der Mitglieder sind die Ziele, denn es ist nach Auffassung der Zeit undenkbar, daß es für ein Problem kontrovers mehrere gleichermaßen »vernunftgemäße« Lösungen geben könnte. Robespierre ruft vor den Jakobinern dem britischen Parlament zu: »Bei euch gibt es eine Opposition. Bei euch opponieren Patrioten, demnach triumphieren die Despoten. Eine Minderheit opponiert, demnach ist die Mehrheit korrupt.«

Der Engländer Arthur Young macht Anfang Januar 1790 in Paris seine Beobachtungen:

In der Nationalversammlung. Graf Mirabeau ist wirklich ein großer Redner – scharf, lebendig, schwungvoll und ungestüm. (...) Die Hauptwortführer in der Versammlung sind Target, Le Chapelier, Mirabeau, Barnave, der weitgereiste Volney, und zu ihnen gehörte bis zum Angriff auf die Kirchengüter auch der Abbé Sieyès; der ist mit dieser Vorgehensweise derart unzufrieden gewesen, daß er längst nicht mehr so eifrig ist wie früher. Die wilden Demokraten, denen man nachsagt, sie sähen keine politische Notwendigkeit, auch nur dem Namen nach einen König zu behalten, nennt man die *Enragés*. Sie treffen sich im Jakobinerkloster im sogenannten Klub der Revolution, der jeden Abend in eben dem Saal zusammentritt, wo unter Heinrich III. die berühmte Heilige Liga gegründet wurde, und sie sind so zahlreich, daß dort alle Angelegenheiten entschieden werden, bevor die Nationalversammlung darüber berät. Ich habe heute morgen verschiedene Persönlichkeiten besucht, lauter überzeugte Demokraten, und sie auf diesen Sachverhalt hingewiesen, der mir stark nach einer Pariser Junta riecht, die das Land regiert, was auf die Dauer unpopulär und bedrohlich sein könnte. Man erwiderte mir, daß die von Paris übernommene Vorherrschaft im Augenblick zum Wohle der ganzen Nation unbedingt notwendig sei, denn wenn nichts ohne die vorherige Zustimmung aller geschehen könnte, würden alle großen Gelegenheiten ungenutzt vorübergehen und die Nationalversammlung ständig der Gefahr einer Gegenrevolution ausgesetzt sein. Sie räumten allerdings ein, daß dies die Versammlung auch in schweren Verdacht bringe, zumal in Versailles, wo im Augenblick mehrere auf die Person des Königs gerichtete Verschwörungen im Gange seien; es gebe auch häufig Aufstände unter dem Vorwand des hohen Brotpreises. Solche Aufstände sind sicherlich sehr gefährlich, weil es im Umkreis von Paris undenkbar ist, daß die aristokratische Partei der ehemaligen Regierung sich nicht bemühen sollte, sie für sich zu nutzen und auf ein ganz anderes Ziel zu richten als das, welches sie ursprünglich vielleicht hatten. In all diesen Gesprächen fiel mir auf, wie allgemein man überzeugt war von Verschwörungen der reaktionären Partei zur Befreiung des Königs. Offenbar hat man sich bereits damit abgefunden, daß die Revolution nicht wirklich vollendet werden kann, ohne daß solche Versuche gemacht werden, und es ist erstaunlich zu beobachten, daß nach allgemeiner Auffassung ein solcher Versuch, sobald er auch nur die geringste Aussicht auf Erfolg haben könnte, ohne Zweifel mit dem Tod des Königs enden würde. Nicht nur hinsichtlich der Liebe zur Person des Monarchen, sondern der ganzen Güte und Menschlichkeit, für die man die Franzosen so sehr bewunderte, hat sich der Nationalcharakter derart geändert, daß diese Möglichkeit ohne eine Äußerung von Abscheu oder Bedauern erwogen wird. Mit einem Wort, der fromme Eifer für die Sache der Freiheit ist schon zu einer Art Raserei geworden, die jede andere Leidenschaft absorbiert und alles aus dem Blickfeld verdrängt, was sie nicht bestätigt.

In erlesener Gesellschaft beim Herzog von La Rochefoucauld gespeist; Damen und Herren gleichermaßen politikbesessen. Doch ich muß eine andere höchst naheliegende Wirkung dieser Revolution festhalten: Der übergroße Einfluß des schönen Geschlechts ist schwächer oder vielmehr ganz zunichte geworden. Früher redeten die Damen überall mit, um alles zu regieren; ich meine das Ende dieses Zustands deutlich zu erkennen. Die Männer in diesem Lande waren Marionetten, die von ihren Frauen geführt wurden; jetzt geben diese in Fragen von nationalem Interesse nicht mehr den Ton an, sondern müssen ihn sich angeben lassen und damit zufrieden sein, sich in der politischen Sphäre irgendeines bekannten Wortführers zu bewegen, das heißt, sie kehren an den von der Natur für sie bestimmten Platz zurück; sie werden liebenswerter, und die Nation wird besser regiert werden. (...)

Herr Blin, Abgeordneter von Nantes, erwähnte die Tätigkeit des bei den Jakobinern tagenden Klubs der Revolution und sagte: »Wir haben euch einen guten Präsidenten gestellt.« Dann fragte er den Grafen Marguerite, warum er nicht zu ihnen gestoßen sei. Der Graf erwiderte: »Ich muß sagen, daß ich froh bin, niemals einer besonderen politischen Gesellschaft angehört zu haben; ich bin der Überzeugung, daß mein Amt ein öffentliches ist und sich ohne weiteres ohne besondere Vereinigungen ausfüllen läßt.« Herr Blin antwortete nichts darauf.

Am Abend nahmen mich die Herren Decrétot und Blin in

den Klub der Revolution bei den Jakobinern mit. (...) Es waren ungefähr hundert Abgeordnete anwesend, der Sitzungspräsident im Sessel. Man stellte mich ihm als den Verfasser der »Politischen Arithmetik« vor; er erhob sich, wiederholte meinen Namen laut für die Versammlung und fragte, ob jemand Einwände habe. – »Keine Einwände.« – Das war die ganze Zeremonie, und zwar nicht für die bloße Einführung, sondern für die Aufnahme, denn man sagte mir, es stehe mir, obwohl ich Ausländer sei, fortan frei, jederzeit an den Sitzungen teilzunehmen. Zehn, zwölf weitere Aufnahmen wurden vorgenommen. In diesem Klub werden regelmäßig die Angelegenheiten, die der Nationalversammlung vorliegen, diskutiert: Es werden die Anträge verlesen, die man dort einzubringen wünscht, und sie werden verworfen oder abgeändert und gebilligt. Ist man sich völlig darüber einig geworden, so sind alle Mitglieder gehalten, sie zu unterstützen. Dort wird jeweils auch die Vorgehensweise abgesprochen; man legt fest, wer in den Ausschüssen mitarbeiten soll, ja, man bestimmt auch die Präsidenten der Versammlung, und ich kann hinzufügen, daß die Mitglieder des Klubs in der Nationalversammlung so sehr in der Mehrheit sind, daß jemand, der von ihm gewählt worden ist, so gut wie sicher sein darf, auch in der Versammlung durchzukommen.

Frankreich ist revolutionskrank

Edmund Burke im britischen Unterhaus

Die Zustände in den anderen Ländern sind so beschaffen, daß Dichter, Philosophen, Juristen zwar von der Übernahme mancher Neuerungen und vor allem der verkündeten Grundsätze träumen, daß sie aber eine Revolution à la française in den Rahmen ihres weniger entwickelten Staatswesens gar nicht hineindenken können. Nicht umsonst hat man ja Frankreich als die zentral gelenkte Großmacht schlechthin empfunden, seine Kultur als überlegen hingenommen. Gewiß, die Fürsten sind beunruhigt, weil das Schicksal der zu ihnen geflohenen Emigranten und des Königs ihnen zu denken gibt, aber die Ansteckungsgefahr erscheint ihnen doch gering, zumindest solange dieses Frankreich so mit sich beschäftigt ist, daß es nicht missioniert.

England, das seine »glorreiche Revolution« schon vor hundert Jahren mit der »Declaration of Rights« abgeschlossen hat, sieht am ehesten Grund zu Befürchtungen. Es ist das Land des Exils für viele Verfolgte, nach den Maßstäben der Zeit geradezu anarchistisch denkende Männer vom Festland, und da es zu seinen Überzeugungen gehört, daß seine Institutionen grundsätzlich reformfähig seien, stoßen die neuen Ideen nicht gleich auf schroffen Widerstand.

So ist es wohl kein Zufall, daß die wirksamste Reaktion aus London kommt. Der erfahrene Politiker Edmund Burke veröffentlicht im Herbst 1790 seine »Betrachtungen über die französische Revolution«, die sogleich in allen Sprachen zum Brevier der »Konservativen« (das Wort entsteht jetzt) werden. Handeln nach einer Ideologie statt durch schonende Verbesserung ist für ihn das Abzulehnende schlechthin. Schon am 9. Februar 1790 macht er in einer Unterhausdebatte kein Hehl aus seinen Ansichten. Das Sitzungsprotokoll ist in den folgenden Auszügen in die Ich-Form gebracht:

In der jährlichen Heeresvorlage wird die für das Jahr vorgesehene Stärke der Armee als das Mittel für die Aufrechterhaltung des Gleichgewichts der Kräfte in Europa bezeichnet. Die einzusetzenden Beträge sind also höher oder niedriger, je nach dem wirklichen Gleichgewichtszustand. (...)

Bei Betrachtung ganz Europas kann ich nicht feststellen, daß wir politisch in irgendeiner Weise bedroht wären von irgendeinem Staat oder Reich des Kontinents, oder daß irgendwelche fremden Mächte außer unseren eigenen Verbündeten ein nennenswertes Übergewicht in der Waagschale erlangen könnten.

Frankreich ist bislang der erste Gegenstand unserer Aufmerksamkeit bei diesem Gleichgewicht der Kräfte gewesen. Die Berücksichtigung oder Nichtberücksichtigung Frankreichs verändert jede Art von Erwägung im Hinblick auf dieses Gleichgewicht.

Gegenwärtig ist Frankreich politisch gesehen als aus dem europäischen Staatensystem ausgestrichen zu betrachten. Ob es jemals darin wieder als eine führende Macht auftreten wird, ist nicht leicht zu sagen; im Augenblick jedenfalls betrachte ich Frankreich als politisch nicht existent, und es würde ganz sicherlich viel Zeit brauchen, um zu seiner einstigen aktiven Rolle zurückzufinden. (...)

Seit das Haus sich im Sommer [1789] vertagt hat, ist in Frankreich viel geschehen. Die Franzosen haben sich als die fähigsten Ruinierer erwiesen, die es in der Welt je gegeben hat. In dieser kurzen Zeitspanne haben sie alles bis auf den Grund zerstört: ihre Monarchie, ihre Kirche, ihren Adel, ihr Recht, ihr Steuersystem, ihr Heer, ihre Marine, ihren Handel, ihre Künste und ihr Gewerbe. Für uns, ihre Rivalen, haben sie mehr getan, als zwanzig Siege wie bei Ramillies oder Höchstädt uns hätten bringen können. Wären wir rücksichtslose Eroberer und Frankreich läge uns hingestreckt zu Füßen, wir müßten uns schämen, wenn wir ihm durch unsere Bevollmächtigten ein für die Franzosen so hartes und als Nation so zerstörerisches Gesetz aufzwingen wollten wie das, mit dem sie sich selbst geschlagen haben.

Durch seine bloße Nachbarschaft ist Frankreich stets Gegenstand unserer wachsamen Beobachtung gewesen und muß dies auch bis zu einem gewissen Grade bleiben, und zwar im Hinblick auf seine echte Macht, aber auch auf seinen Einfluß und sein Vorbild. Zur ersteren habe ich mich bereits geäußert, zu seinem Einfluß möchte ich einige Worte sagen, denn das Vorbild hat unsere Freundschaft und unsere Beziehungen zu diesem Volk schon einmal gefährlicher gemacht als seine schlimmste Feindschaft es hätte tun können, und es wäre möglich, daß dies wieder geschieht.

Im letzten Jahrhundert hat Ludwig XIV. eine stärkere und besser gedrillte Militärmacht geschaffen, als es sie in Europa je gegeben hatte, und zwar gleichzeitig mit einer uneingeschränkten Willkürherrschaft. Diese Despotie war zwar stolz gewandet in Manieren, Artigkeit, Glanz und Pracht, ja, drapiert in die eindrucksvollen Gewänder von Wissenschaft, Literatur und Kunst, doch sie war in der Regierungsweise nichts als eine schön bemalte und vergoldete Tyrannei. Die gleiche despotische Art schlich sich bei allen Höfen Europas ein, der gleiche Geist unangemessener Prunkentfaltung – die gleiche Vorliebe für stehende, die Leistungsfähigkeit des Volkes überfordernde Heere. Besonders verliebten sich unsere damaligen Herrscher, König Karl und König Jakob, in die Regierungsform ihres Nachbarn, die dem Stolz der Könige so schmeichelte. Gleiche Empfindungen ließen Verbindungen entstehen, die für Interessen und Freiheiten unseres Landes gleichermaßen bedrohlich waren. Nur gut, daß die Ansteckung sich nicht über den Thron hinaus ausbreitete. Die Bewunderung für eine blühende und erfolgreiche Herrschaft, deren Maßnahmen von niemandem beeinflußt wurden und die ihre Absichten deshalb scheinbar rascher und wirkungsvoller verwirklichte, erfaßte zwar weite Kreise des Volkes, doch die wahrhaften Patrioten der damaligen Zeit kämpften dagegen an. Sie waren auf nichts ängstlicher bedacht als darauf, jede Verbindung mit Frankreich abzubrechen und für ein völliges Fernbleiben von seinem Rat und Vorbild zu sorgen, was denn auch dank der Feindseligkeit zwischen den Befürwortern seiner Religionsform und den Verfechtern der unsrigen bis zu einem gewissen Grade gelang.

Zum jetzigen Zeitpunkt ist ein ganz anderes Übel in Frankreich zu beobachten; ein Übel jedenfalls ist nach wie vor da. Die Krankheit hat sich gewandelt, doch die Nachbarschaft der zwei Länder bleibt notwendig unverändert, und mit den natürlichen Denkgewohnheiten der Menschen ist es so bestellt, daß die gegenwärtigen Beschwerden Frankreichs mit sehr viel größerer Wahrscheinlichkeit ansteckend sind als die früheren: Es ist nicht so einfach, beim Volk Begeisterung für die Knechtschaft zu wecken, doch alle entgegengesetzten Mißstände schmeicheln unserer spontanen Neigung. Im Falle der Despotie ist es das *foedum crimen servitutis* [das schändliche Verbrechen der Sklaverei], im anderen die *falsa species libertatis* [die trügerische Gestalt der Freiheit], die, wie der Historiker sagt, *pronis auribus accipitur* [mit geneigten Ohren aufgenommen wird].

Im vergangenen Jahrhundert waren wir in Gefahr, vom Beispiel Frankreichs in das Netz einer unbarmherzigen Willkürherrschaft verwickelt zu werden. Von diesem Beispiel brauchen wir nicht länger zu sprechen. Es existiert nicht mehr. Die jetzige Gefahr kommt von dem Beispiel eines Volkes, dessen Charakter keinen Mittelweg kennt, und besteht hinsichtlich der Regierung des Landes in der Anarchie; die Gefahr besteht darin, daß man über die Bewunderung erfolgreicher Anmaßung und Gewalt in die Nachahmung der Exzesse einer unvernünftigen, prinzipienlosen, Menschen ächtenden, Eigentum beschlagnahmenden, plündernden, grausamen, blutrünstigen und tyrannischen Demokratie geraten kann. Auf dem Felde der Religion ist das Beispiel der Franzosen nicht länger wegen ihrer Intoleranz als vielmehr wegen ihres Atheismus gefährlich, einer schlimmen, widernatürlichen Verderbtheit, die der Menschheit alle Würde und allen Trost nimmt. (...)

Ich bin kein Gegner von Reformen. So gut wie alle Vorhaben, an denen ich starken Anteil genommen habe, und zwar vom ersten Tage, da ich diesem Hause angehört habe, bis zu dieser Stunde, sind Reformvorhaben gewesen, und wenn ich nicht damit beschäftigt war, zu verbessern, war ich damit beschäftigt, Mißbräuchen zu steuern. Die Sammlung der Gesetze des Landes enthält manche Spur dieser meiner Einstellung. Meiner Meinung nach verhindert alles, was ohne Notwendigkeit den Bau des Staates zerschlägt, nicht nur jede echte Reform, sondern fügt neue Übel hinzu, die dann vielleicht vergebens nach einer weiteren Reform schreien.

Ich meine, die französische Nation hat sehr unklug gehandelt. Was die Franzosen besonders hoch schätzen, gereicht ihnen gerade besonders zum Nachteil. Sie sind stolz darauf, eine Revolution zustande gebracht zu haben (und so mancher in England hat es für angebracht gehalten, diesen Stolz zu teilen), als wären Revolutionen schon an sich etwas Gutes. All die Greuel und Verbrechen der Anarchie, die ihre Revolution entstehen ließen, die ihren Fortgang begleiten und durchaus auch ihre Festigung ermöglichen könnten, gelten den Anhängern von Revolutionen für nichts. Die Franzosen haben es um den Preis der Zerstörung ihres Landes zu einer schlechten Verfassung gebracht, obwohl sie eine durchaus gute besaßen. Sie besaßen sie an dem Tage, da die Generalstände nach Ständen getrennt sich versammelten. Ihre Aufgabe, wären sie entweder tugendhaft oder klug gewesen oder hätten sie ihrem eigenen Dafürhalten folgen dürfen, bestand darin, die Generalstände zu befestigen und unabhängig zu machen, so wie sie waren, nur dem Monarchen auf dem Thron unterworfen. Und dann war es ihre Pflicht, die Beschwerden des Landes abzustellen.

Anstatt die Beschwerden abzustellen und den Bau des Staates zu verbessern, wozu sie von ihrem Monarchen einberufen und vom Lande entsandt worden waren, ließen sie sich dazu bringen, einen ganz anderen Weg einzuschlagen. Zunächst zerstörten sie alle Gewichte und Gegengewichte, die den Staat fest im Lot und auf sicherem Kurs halten und eine sichere Korrektur für alle Übertreibungen bieten, die in einem der Stände die Oberhand gewinnen könnten. Diese Gegengewichte gab es in ihrer altehrwürdigen Verfassung ebenso wie in der unseres Landes und jedes Landes in Europa. Sie zerstörten sie in ihrem Übereifer, und dann schmolzen sie das ganze in eine unzusammenhängende lockere Masse um.

Nachdem sie das vollbracht hatten, legten sie sogleich mit schrecklicher Heimtücke unter Bruch allen Treu und Glaubens die Axt an die Wurzel allen Eigentums und damit aller Wohlfahrt des Landes durch die erklärten Grundsätze und das weithin sichtbare Beispiel der Beschlagnahme der Kirchengüter. Sie schufen und verkündeten so etwas wie ein leicht verdauliches Konzentrat der Anarchie, die sogenannten Menschenrechte, mit einer so pedantischen Verdrehung der simpelsten Grundwahrheiten, daß es für Schuljungen eine Blamage gewesen wäre. Doch diese Erklärung der Rechte war nicht einfach belanglos pedantisch, sondern gefährlich; denn in ihrem Namen und auf sie gestützt zerstörten die Franzosen systematisch den Einfluß jeder Autorität auf die religiösen oder staatsbürgerlichen Überzeugungen der Menschen. Durch diese tolle Erklärung stürzten sie den Staat und brachten sich in ein Elend, wie es kein Land außer durch einen langen Krieg jemals erlitten hat und das vielleicht letzten Endes zu einem solchen Krieg oder sogar vielen führen mag.

Es ging ihnen nicht um Despotie oder Freiheit. Sie brachten Frieden und Macht ihres Landes nicht auf dem Altar der Freiheit zum Opfer. Freiheit und eine bessere Absicherung der Freiheit, als sie sich geschaffen haben, hätten sie ohne jedes Opfer bekommen können. Sie haben sich die ganzen Schwierigkeiten, unter denen sie leiden, nicht eingebrockt, um dafür eine Verfassung wie die britische zu bekommen; sie haben sich selbst Hals über Kopf in diese Schwierigkeiten gestürzt, um nur ja nicht bei einer solchen Verfassung oder irgend etwas, das ihr ähnelt, stehenzubleiben.

Sollte es ihnen gelingen, ihr Vorhaben ganz zu vollenden, und es sieht durchaus danach aus, nämlich eine Demokratie oder einen Haufen von Demokratien in einem Lande einzuführen, das so beschaffen ist wie Frankreich, so werden sie eine sehr schlechte Regierungsform bekommen – eine sehr schlechte Form der Tyrannei nämlich. (...)

Die Umstände unserer Revolution (wie man sie nennt) und der Revolution in Frankreich sind im Grunde das genaue Gegenteil voneinander in so ziemlich jeder Hinsicht und ebenso im ganzen Geist des Unterfangens. Bei uns handelte es sich um einen König, der uneingeschränkt herrschen wollte – in Frankreich handelt es sich um einen uneingeschränkt herrschenden König, der, aus welchen Gründen auch immer, seiner Autorität gesetzliche Formen geben wollte. Dem einen galt es Widerstand zu leisten, den andern galt es zu beraten und zu lenken, aber weder in dem einen noch im andern Falle bestand die Notwendigkeit, die Verfassung des Staates umzustürzen, damit nicht die ganze Ordnung im Lande zerstört werde, da es doch nur darum ging, zu verändern und in gesetzliche Formen zu bringen. Bei uns haben wir uns des Mannes entledigt und die konstitutiven Bestandteile des Staates behalten. Bei ihnen haben sie sich der konstitutiven Bestandteile des Staates entledigt und den Mann behalten. Was wir getan haben, war in Wahrheit und Realität von der Verfassung her gesehen nicht eine durchgeführte, sondern eine vermiedene Revolution. (…)

Wurde aber, weil keine Revolution der Verfassung durchgeführt wurde, wenig erreicht? Nein! Alles wurde erreicht, weil wir mit dem Reparieren, nicht mit dem Ruinieren anfingen. Entsprechend gedieh der Staat. Anstatt wie tot in einer Art Trance dazuliegen oder wie andere einem epileptischen Anfall ausgeliefert, ein Schauspiel für Mitleid oder Hohn der Welt, in wilden, lächerlichen, verkrampften Zuckungen, auf nichts anderes bedacht als den Kopf gegen das Straßenpflaster zu schlagen, hat Großbritannien sich noch über das Maß seines vorigen Ich erhoben. Damals begann eine Zeit größerer Wohlfahrt im Lande, und so geht es bis heute nicht nur ungestört, sondern immer schneller im raschen Schritt der Zeit weiter. Alle Kräfte des Landes sind geweckt worden. England hat niemals einen festeren Stand und einen stärkeren Arm gegen alle seine Feinde und Rivalen gehabt als heute. (…) Die Staaten Europas ruhen glücklich im Schatten einer großen, freien Monarchie, die es verstanden hat, groß zu sein, ohne den Frieden im Lande oder den inneren oder äußeren Frieden bei einem einzigen ihrer Nachbarn zu gefährden. (…)

Ich sage nichts gegen die französische Nationalversammlung, die bei der Betrachtung dieser Gegenstände von geringer Bedeutung ist. Ich bin überzeugt, daß die wirkliche Macht ganz bei der Republik der Stadt Paris liegt; alle französischen Republiken sind von deren Autorität gelenkt worden oder sind ihrem Vorbild gefolgt. Die Pariser Republik hat eine Armee, die ihr gehorcht; nicht so die Nationalversammlung.

Freiheit auch für die Sklaven?

Brissot vor der »Gesellschaft der Freunde der Schwarzen« und Chronik der Auseinandersetzungen im Frühjahr 1790

Für die Rechte der Menschen in der Welt ist die Nationalversammlung nur verbal zuständig, unmittelbar verantwortlich dagegen ist sie für das Maß an Freiheit der Sklaven und der frei geborenen Mulatten in den Kolonien auf den »Zuckerinseln«, vor allem Martinique und Saint-Domingue (dem späteren Haiti). Seit Jahren haben die »Freunde der Schwarzen« gegen die Sklaverei agitiert, und im Herzen ist wohl jeder ihrer guten Sache gewogen. Aber handfeste Interessen sprechen dagegen, die herrschende weiße Schicht zu schwächen oder auch nur vor den Kopf zu stoßen: Verliert sie die Macht, so ist es mit den lohnenden Exporten und billigen Importen vorbei. Fühlen sich die Kolonialfranzosen verraten, könnten sie den Kolonialstatus über Bord werfen oder sich wie die USA für unabhängig erklären.

Schon beim Zusammentreten der Generalstände hat Brissot, einer der glänzendsten Redner dieser Zeit, gegen die massive Vertretung der »Sklavenhalter« gewettert; es wird behauptet, das »Geld der Inseln« habe dazu beigetragen, daß er nicht zum Abgeordneten gewählt worden ist.

Frankreich erlebt nämlich mit seinem ersten Parlament auch gleich die erste mächtige »Pressure group«, die für das Fortbestehen des indirekten »Dreiecksverkehrs« (Tauschware nach Westafrika – Negersklaven nach Westindien – Kolonialprodukte nach Europa) und der absoluten Gewalt vor Ort zu erheblichem finanziellen Einsatz bereit ist. Das Dekret vom 8. März 1790 gewährt den Weißen, in hehre Worte gekleidet, alle Rechte, und zwar nach Redeschlachten, bei denen wie schon in Versailles bei den Debatten über das Veto des Königs das Sitzen rechts vom Präsidenten zum konservativen Bekenntnis wird, während sich die »Patrioten« nach links orientieren. Die Chronik der anonymen »Zwei Freunde der Freiheit« berichtet kritisch davon.

Die Pflanzer in unseren Kolonien verlangen 21 Abgeordnete bei den Generalständen. Sie haben diese Anzahl nicht allein nach der weißen, sondern auch der schwarzen Bevölkerung errechnet.

Wieso wollen dieselben Männer, die Afrikaner kaufen und wie Lasttiere behandeln, sie plötzlich auf die Stufe nicht nur von Menschen, sondern von freien Menschen heben? Sie wagen es heute, Schwarze mit Franzosen gleichzustellen, obwohl wir doch immer wieder erleben mußten, daß sie die Schwarzen in ihren Schriften und Reden weit unter dem Menschengeschlecht ansiedelten! Ja, wenn diese neue Sprache wirklich dazu bestimmt wäre, einen Fehler wiedergutzumachen, die Taten der vergangenen Jahrhunderte zu büßen, wenn die Pflanzer die Schwarzen nur vertreten wollten, um endlich vor dem Angesicht des Universums einzuräumen, daß sie Menschen sind wie wir, daß sie die gleichen Rechte haben wie wir, die man ihnen zurückzugeben hat, wobei diese Rückgabe selbstverständlich mit dem Eigentumsrecht der Pflanzer und der notwendigen Vorsicht angesichts der körperlichen und moralischen Schwäche der Schwarzen, die durch eine drei Jahrhunderte während Tyrannei noch verschlimmert worden ist, vereinbar sein muß – ja, wenn dies die Absicht der Pflanzer wäre, so müßte man ihre Anträge gewiß billigen und die Berechnungsgrundlage für ihre Vertretung akzeptieren. Es gäbe dann sicherlich keinen fühlenden und aufgeklärten Franzosen, der nicht ausrufen würde: Laßt uns unsere Rechte mit den Schwarzen teilen, sie sind Menschen, sie sind unsere Brüder.

Doch hüten wir uns vor der Falle, die man da aufstellt: Nicht um den Schwarzen ihre Freiheit wiederzugeben, nicht um ein für allemal den schrecklichen Sklavenhandel abzuschaffen, verlangen die Pflanzer eine starke Vertretung; nein, sie wollen weitermachen, sie wollen von der Nation das derzeitige System absegnen lassen, mit einigen wenigen Abmilderungen vielleicht, doch auch diese Abmilderungen sind eine Falle. Gerechtigkeit und Billigkeit kennen nicht zweierlei Maß, und es kann keine gerechten und billigen Bestimmungen geben über die Art, wie man erst Menschen und diesen dann die Freiheit und die Früchte ihrer Arbeit zu rauben hat.

Doch so ist es nun einmal um die menschliche Natur bestellt, daß sie die ausgetretenen Pfade liebt, so groß ist die Trägheit angesichts unerfreulicher Nachprüfungen, daß man mit dem Vorschlag solcher Abmilderungen die wohlmeinende Versammlung der Nation betrügen könnte, hätten die Schwarzen dort nicht unerschütterliche Fürsprecher, die es übernommen haben, darzulegen, wie trügerisch, unbillig, ja, grausam auch diese Vorschläge noch sind.

Sie sehen jetzt, welche heimtückische Absicht hinter der von den Pflanzern geforderten Vertretung steckt. Sie heben die Schwarzen für einen Augenblick auf die Stufe von Menschen, um das Recht zu bekommen, sie zu vertreten, und sie wünschen sie nur zu vertreten, um sie auf alle Zeit unter die Stufe der Menschen zu drücken. Um den Schwarzen zu schaden, schmücken sie sie mit dem Menschennamen.

Hier mag mich manch einer unterbrechen und fragen: Aber wer erlaubt dir denn, über die Absichten der Pflanzer zu urteilen? Ihre Veröffentlichungen. Schlagen Sie sie auf, und Sie werden überall lesen, daß die Sklaverei in unseren Kolonien beibehalten werden muß, ihre Abschaffung unmöglich ist; daß ein Mensch ohne Gewissensbeschwernis andere Menschen kaufen darf, wenn er sonst keine Möglichkeit hat, sein Land zu bestellen, seine Schulden zu bezahlen, seine Einkünfte zu verbessern – eine Rechtfertigung, die auch Europas Räuber und Mörder für sich in Anspruch nehmen könnten, denn sie werden auch sagen, sie hätten sonst keine Möglichkeit, ihre Einkünfte zu verbessern. Sie brauchen die Bücher der Kolonisten nur zu überfliegen und lesen dort ferner, daß die Abschaffung der Sklaverei nicht im eigentlichen Sinne gerecht wäre, daß Gerechtigkeit und Menschlichkeit durchaus nicht den Verzicht auf den Sklavenhandel fordern, daß es gerecht ist, wenn ein Schwarzer, der in Notwehr seinen Herrn auch nur ganz leicht geschlagen hat, mit dem Tode bestraft wird, daß von barbarischen Zuständen keine Rede sein kann und die Verteidiger der

Schwarzen lauter Narren sind. Ich übertreibe durchaus nicht, ich zitiere wörtlich aus den Schriften der Kolonisten, und wie könnte man sie beleidigen, indem man sie nach diesen Schriften beurteilt? Dürfen wir uns auch nur einen Augenblick lang Illusionen hingeben über ihre Hintergedanken bei der Bemühung um Zugang zu den Generalständen und über die Lehren, die sie dort verbreiten werden?

Die Pflanzer wollen zu den Generalständen zugelassen werden? Wenn sie ihre gewandelten Überzeugungen beweisen wollen, sollen sie das Glaubensbekenntnis jedes freien Franzosen ablegen.

Sollen sie doch öffentlich erklären, daß alle Menschen frei und gleich an Rechten geboren werden, daß die Schwarzen die Brüder der Weißen sind und dieselben Rechte haben, die ihnen keine Macht auf Erden absprechen kann, daß kein Vertrag die Freiheit eines Menschen veräußern, von einem Menschen auf einen andern übertragen kann. Sollen sie doch die Rechtswidrigkeit von Sklavenhandel und Sklavenhaltung zugeben, die Notwendigkeit, beide abzuschaffen, sich eidlich verpflichten, dieser Abschaffung nichts in den Weg zu legen, und ihre Bereitschaft erklären, alle Maßnahmen zu unterstützen, welche die Nation ergreifen wird, um sie einerseits nicht um ihr Eigentum zu bringen und andererseits den Schwarzen nach und nach ihre Rechte zurückzugeben – dann will ich an die Aufrichtigkeit ihrer Absichten glauben, dann wollen wir ihre Aufnahme beantragen und ihre Erfahrung nützen, um mit aller nur denkbaren Vorsicht dieses große Vorhaben ins Werk zu setzen.

Die Frage ist nur, ob man glauben darf, daß es viele Pflanzer gibt, die ein solches Bekenntnis, eine solche Verpflichtung zu unterschreiben bereit wären?

Kommen sie jedoch nicht in solcher Gesinnung zu den Generalständen, sondern tragen im Gegenteil die empörenden Vorstellungen von Ungleichheit und Knechtschaft hinein, an die sie sich so gefährlich und unbelehrbar gewöhnt haben, wie sollte da die französische Nation nicht ihre Zulassung zu einer Versammlung fürchten, die dazu berufen ist, die Grundrechte aller Franzosen und damit aller Menschen zu verkünden und uns eine freie Verfassung zu schaffen? Wie könnten denn die

Pflanzer, ohne inkonsequent zu sein, anerkennen, daß alle Menschen frei und gleich geboren sind, wenn sie zugleich auf Grund eines Geldgeschäfts andere Menschen in ihren Ketten halten?

Als Franzosen haben die Kolonisten ohne Zweifel das Recht, nicht ohne ihre Zustimmung besteuert zu werden; sie haben demnach Anspruch darauf, entweder Abgeordnete zur allgemeinen Versammlung zu entsenden oder, wenn man diese nicht zuläßt, eine frei gewählte Kolonialversammlung bilden zu dürfen, welche die Steuern genehmigt oder ablehnt. (…) Man wird beide Lösungen zu prüfen haben, wenn es im Verfassungsvertrag für Frankreich um die Rechte der Pflanzer geht.

Aus der »Histoire de la Révolution de 1789« der »Deux Amis de la Liberté«

Ereignisse von großer Tragweite erregten die Stadt Bordeaux und die großen Handelsplätze des Königreichs. Die Zuckerinseln befürchteten, daß die Nationalversammlung nach der Verkündung der Menschenrechte und der Abschaffung der Gutsuntertänigkeit in Frankreich nun auch zwei besonders grausame Verstöße gegen die Menschlichkeit, Negersklavenhandel und Negersklavenhaltung, beseitigen würde. Die Vereinigten Staaten hatten das große Beispiel schon gegeben, England schien bereit, sich anzuschließen. (…)

Die französischen Kaufleute hatten über zweihundert Millionen Forderungen an die Handelshäuser in den Kolonien, und dort drohte der Bankrott, wenn das vorgebliche Eigentumsrecht an den *lebenden Pflügen*, den einzigen landwirtschaftlichen Geräten auf den Inseln, nicht ungeschmälert erhalten blieb. Außerordentliche Abgesandte strömten aus den großen Handelshäfen des Königreichs nach Paris, um bei der Versammlung, die der Nation die Freiheit gegeben hatte, dafür zu sorgen, daß sie die Sklaverei der leidgeprüften Afrikaner durch Dekret sanktionierte, ebenso wie die Fortsetzung des Handels mit diesen unglücklichen Menschen, die, auf verbrecherische

Weise aus ihrer Heimat entführt, mit klatschenden Peitschenhieben zu den schwersten Arbeiten angehalten werden. Man ließ sie vor und erlaubte ihnen die Teilnahme an der Sitzung; sie nahmen auf der rechten Seite Platz. Das war die erste Abordnung, die diese Seite vorzog. Wenige Tage später ließ sich die gesetzgebende Körperschaft über die Lage in den Kolonien Bericht erstatten, weil Tag für Tag alarmierende Nachrichten von dort eintrafen. Es war nur noch die Rede von Negeraufständen, von Aufwieglern aus den Reihen der Gesellschaft der Freunde der Schwarzen, von Schiffen voller Gewehre, um sie gegen ihre Herren zu bewaffnen, von Hetzschriften, um sie zu solchen Aufständen aufzustacheln, und sogar von einer Landung der Engländer. Alle diese Hirngespinste verflogen, wenn man nur etwas näher hinsah. Gewiß, unsere Kolonien waren in einer sehr kritischen Lage, doch die Gefahr lag in der Aufsässigkeit der weißen Bewohner.

Auf Martinique hatten die königlichen Verwalter die Kolonialversammlung vorzeitig einberufen müssen, ohne die Befehle des Königs abzuwarten. Es wurden dort verschiedene Bestimmungen über die innere Verwaltung der Insel angenommen, Gemeindevertretungen in den kleinen und größeren Orten eingesetzt, die Häfen für vier Monate für ausländische Schiffe geöffnet und die Steuern vorläufig ausgesetzt. (...)

Saint-Domingue bot ein noch beunruhigenderes Bild. (...) Am 27. September 1789 gab der Marineminister dem Gouverneur, Herrn von Peynier, sowie dem Intendanten, Herrn von Marbois, Anweisung, die Bewohner zum Zwecke der Abgeordnetenwahl einzuberufen und eine Versammlung zu bilden, die der gesetzgebenden Körperschaft und dem König Auskunft über Zustand und Interessen der Kolonie geben sollte. (...)

Dank der Umsicht und Zurückhaltung des Herrn von Peynier ging die große Veränderung ohne heftige Erschütterungen ab. Die Truppen hielten sich nicht nur an ihre Pflicht, sondern griffen überhaupt nicht ein, und die Verwaltung sorgte dafür, daß unter den weißen Bürgern kein Blut vergossen wurde.

Nicht so bei den Mulatten. So nennt man die Menschen aller Schattierungen zwischen Schwarz und Weiß, die den größten Teil der freien Bevölkerung der Insel bilden. Sie sind Kinder oder Enkel von Europäern, haben häufig reiche Besitzungen, sind vollwertige Mitbürger, können aber keine Bürgerrechte geltend machen. Der Stolz der Weißen zieht zwischen sich und diesen verfemten Mischlingen eine ganz und gar unüberwindliche Trennungslinie, welche die ganze Generationenfolge in Schande hält, solange noch eine Spur afrikanischen Blutes erkennbar ist.

In der Anfangszeit der Revolution, die alle Vorurteile beseitigte, gaben sie sich der Hoffnung hin, das barbarische Vorurteil, das ihnen durch ihre Geburt das Brandmal der Ehrlosigkeit aufdrückte, würde verschwinden. Sie meinten, Schritte bei den Weißen unternehmen und auf die ursprünglichen Rechte der Menschen hinweisen zu dürfen; immerhin waren es ja ihre Eltern und Brüder. (...) Am 19. November 1789 übergaben die Mulatten der Gemeindeversammlung von Petit-Goave eine Denkschrift, in der sie sich auf die Menschenrechte beriefen und die Abschaffung der unbilligen Ehrlosigkeit verlangten, in der sie gehalten wurden. Der Stolz der Weißen braust auf angesichts einer solchen Unverschämtheit, die Abgesandten werden ergriffen und man droht ihnen mit dem Strang, wenn sie den Verfasser dieser aufrührerischen Schrift nicht nennen; es war Herr Ferrand de la Baudière, der Anwalt der Krone. Man läßt ihn holen und verhört ihn; er bekräftigt mit Nachdruck, daß er ein Verteidiger dieser guten Sache sei. Ohne alle Formalitäten läßt man ihm von der Hand des Henkers den Kopf abschlagen; die ganze Verhandlung dauerte eine Stunde. (...)

Alle Patrioten in Frankreich erschauerten angesichts solcher Greuel, doch das Geschrei der Kolonisten und die Befürchtungen der Kaufleute übertönten die Stimme der Menschlichkeit. Unsere Zuckerinseln, so hörte man es von allen Seiten, sind die Einnahmequelle unserer Manufakturen und unserer Handelsflotte und die Stütze unserer Handelsbilanzüberschüsse. Was soll aus den sechs Millionen Menschen werden, die von den Kolonien leben? Was soll aus den französischen Bewohnern unserer Inseln werden, wenn wir sie der Rache der Schwarzen überlassen? Man hätte meinen können, die Versammlung wolle schlankweg die Befreiung der Schwarzen beschließen, und dabei waren die Freunde der Schwarzen weit davon entfernt, eine Maßnahme zu beantragen, die sich so verderblich gerade für die auswirken konnte, denen sie nützen sollte; sie wußten, daß die Freiheit eine zu gefährliche Waffe ist in den Händen von Menschen, die durch die Knechtschaft verdorben sind. (...)

Doch das geschlossene Auftreten aller Kaufleute des Königreiches beeindruckte die Volksvertreter, und der Kolonialausschuß ließ sich von der Vorstellung, die Kolonien und der Handel mit ihnen könnte verlorengehen, erschrecken. Jedermann erwartete seinen Bericht mit ungeduldiger Besorgnis. (...)

Am 8. März 1790 erstattete Herr Barnave im Namen des Kolonialausschusses diesen berühmten Bericht, den die Nationalversammlung und beinahe ganz Frankreich an diesem Tage als ein Wunderwerk politischer Klugheit ansahen. Kaum hatte er seinen Entwurf für das Dekret vorgetragen, wurde dieses von der Versammlung fast einstimmig trotz der äußerst lebhaften Einwände der Herren Mirabeau und Cazalès, die ans Rednerpult geeilt waren, um dagegen zu sprechen, mit dem folgenden Wortlaut angenommen:

»Die Nationalversammlung, im Verlaufe ihrer Beratungen über die Eingaben und Petitionen der Handelsstädte und Manufakturen, über die in letzter Zeit eingetroffenen und ihr vom Marineminister übermittelten Nachrichten aus Saint-Domingue und Martinique sowie über die Anträge der Abgeordneten aus den Kolonien,

erklärt hiermit, daß sie die Kolonien zwar als Teil des französischen Reiches ansieht und dieselben an den Früchten der glücklichen Erneuerung teilnehmen zu lassen wünscht, die darin vor sich gegangen ist, daß sie jedoch zu keiner Zeit willens war, sie in die Verfassung einzubeziehen, die sie für das Königreich erlassen hat, und sie Gesetzen zu unterwerfen, die mit ihren besonderen örtlichen Erfordernissen unvereinbar sein könnten.

Demgemäß verfügt sie wie folgt:

1. Jeder Kolonie steht es frei, ihre Wünsche vorzutragen hinsichtlich der Verfassung, Gesetzgebung und Verwaltung, die zu ihrer Wohlfahrt und zum Glück ihrer Bewohner angezeigt sind, wobei sie verpflichtet bleibt, sich nach den allgemeinen Grund-

sätzen zu richten, die zwischen Kolonien und Mutterland gelten und der Wahrung der beiderseitigen Interessen dienen.

2. In Kolonien, wo frei von den Bürgern gewählte und von diesen anerkannte Kolonialversammlungen bestehen, haben diese Versammlungen das Recht, die Wünsche ihrer Kolonie vorzutragen. Wo keine solche Versammlung besteht, wird sie unverzüglich eingerichtet, um die gleichen Aufgaben zu übernehmen.

3. Der König wird ergebenst gebeten, jeder Kolonie eine Anweisung der Nationalversammlung zugehen zu lassen über 1. das Verfahren zur Schaffung von Kolonialversammlungen in Kolonien, wo solche nicht bestehen, und 2. die allgemeinen Grundsätze, an die sich die Kolonialversammlungen bei den von ihnen vorzulegenden Verfassungsentwürfen zu halten haben.

4. Die von diesen Kolonialversammlungen erarbeiteten Entwürfe werden bei der Nationalversammlung eingebracht, um von dieser geprüft und verfügt zu werden, und sodann dem König zur Annahme und Billigung unterbreitet.

5. Die Dekrete der Nationalversammlung über die Einrichtung von Gemeindebehörden und Verwaltungsgremien werden diesen Kolonialversammlungen zugeleitet, damit sie nach Maßgabe der örtlichen Erfordernisse diese teilweise übernehmen können, vorbehaltlich der abschließenden Entscheidung von Nationalversammlung und König über etwaige Änderungen sowie der vorläufigen Zustimmung der Regierung zur Durchführung der von den Verwaltungsgremien zu treffenden Entscheidungen.

6. Diese Kolonialversammlungen äußern ferner ihre Änderungswünsche hinsichtlich der Vorbehaltsrechte für den Handel zwischen Kolonien und Mutterland, damit die Nationalversammlung über solche Anträge nach Anhörung der Vertreter des französischen Überseehandels entsprechend entscheiden kann.

Darüber hinaus erklärt die Nationalversammlung, daß sie in keinem Zweige des direkten oder indirekten Handelsverkehrs Frankreichs mit seinen Kolonien irgendeine Neuerung einzuführen beabsichtigt. Sie stellt die Kolonisten und ihren Besitz unter den besonderen Schutz der Nation und erklärt jeden zum Verbrecher an der Nation, der an der Erregung von Aufständen gegen sie mitwirkt. Sie sieht mit Wohlgefallen die Absichten, von denen sich die Bürger dieser Kolonien leiten lassen; daher erklärt sie, daß kein Grund zu irgendwelchen Vorwürfen gegen diese vorliegt, und erwartet von ihrer Vaterlandsliebe die Aufrechterhaltung von Ruhe und Ordnung sowie eine unverbrüchliche Treue zu Nation, Gesetz und König.«

Die Galerien, Tribünen und alle Vorräume des Saales waren voll von Kolonisten und einer Menge Menschen, die von ihren Schriften verführt worden oder von den falschen Schreckensmeldungen verängstigt waren, die sie so geschickt verbreitet hatten. Keines der schönsten Gesetze, mit denen die Versammlung ihrem Mut alle Ehre gemacht und gleichsam das Menschengeschlecht geadelt hatte, wurde mit solcher Begeisterung aufgenommen wie dieses Dekret, das sie in einem Augenblick der Schwäche passieren ließ und in dem sie der Grundsatzfrage mit Spitzfindigkeiten auswich, die der Majestät der Nation unwürdig waren. (...)

Die Anweisungen, die später den Kolonien zugingen, verschlimmerten die Sache nur noch: vom gleichen Kleinmut diktiert wie das Dekret, drückten sie sich ebenso vieldeutig aus. Die Nationalversammlung hatte nicht die Schamlosigkeit, die Rechtlosigkeit der Mulatten ausdrücklich zu verkünden, doch sie hatte auch nicht den Mut, zu erklären, daß sie als freie Menschen in den Genuß der Bürgerrechte gelangen müßten. Sie ließ sich von den schönen Worten der Kolonisten und ihrer Parteigänger täuschen, sie überließ der Rücksicht und dem Patriotismus der weißen Tyrannen unserer Inseln den größten Teil ihrer Bevölkerung und damit gerade die Männer, die mit den stärksten Gefühlen am Mutterland hängen und den Kolonien besonders nützlich sind: in Kriegszeiten durch ihre Tapferkeit, in Friedenszeiten durch Arbeit und Fleiß. (...)

Das Publikum in jenen Tagen sah das nicht so; es fehlte nicht viel, und man hätte auf die Versicherungen der Pflanzer hin der untersten Klasse des Volkes in Frankreich ein Glück gewünscht, von dem sie so laut verkündeten, daß sie es ihren Sklaven verschafften!

Streit um die Ehrenbank in der Kirche

Bemühungen der Stadtverwaltung von Vence

Die Versammlung will den König nicht absetzen, also muß sie ihm auch die Berufung der Regierung überlassen. Innen-, Außen-, Kriegs-, Marineminister sind Grafen, das Justizressort hat ein Erzbischof inne, nur der einstige Volksheld Necker ist ein Bürgerlicher. Etwas Besseres als hinhaltenden Widerstand gegen Neuerungen kann man von ihnen nicht erwarten. So müssen die Abgeordneten auch die Exekutive übernehmen.

Dabei ist ihr Pensum schon eindrucksvoll genug. Ein wichtiger Punkt sind die Steuern. Es soll nach den Haupteinkommensarten nur noch Grundsteuer, Kapitalertragsteuer und Gewerbesteuer geben. Dafür müssen Kataster und Veranlagungsämter geschaffen werden. Der Wirrwarr der Behörden wird durch eine straffe Ordnung ersetzt: Jeder Ort wird seine gewählte Gemeindeverwaltung aus »Aktivbürgern« bekommen, ihr übergeordnet sind die Distrikte mit Generalrat und Direktorium, das ganze wiederholt sich auf der Ebene der 83 Departements. Nach der gleichen Pyramide wird die Rechtspflege gestaltet; die gefürchteten lettres de cachet, *die »Siegelbriefe« als Haftbefehle ohne Einspruchsmöglichkeit, werden abgeschafft.*

Da der königliche Intendant nicht mehr da ist und der Grundherr nichts mehr zu sagen hat, wird im Lande jede Entscheidung vertagt, oder man wendet sich gleich an die Nationalversammlung, die sich um tausend Eingaben und Anfragen kümmern muß. Das provenzalische Städtchen Vence zum Beispiel hat seit einem halben Jahrtausend zwei coseigneurs, *gleichberechtigte Herren, die Familie Villeneuve und den jeweiligen Bischof. Mit beiden liegt die »patriotische« Gemeindeverwaltung seit 1790 im Streit, unter anderem um die Ehrenbank in der Kirche. Der Marquis zeigt die kalte Schulter, woraufhin die Stadt den Verfassungsausschuß der Nationalversammlung anruft.*

Paris, den 29. Mai 1790

Dies ist nicht der Augenblick, mein Herr, um gegen das Verhalten der Stadt zu protestieren, der ich von jeher nur Interesse und Anteilnahme erwiesen habe. Ihre übertriebenen Forderungen würden einfach unglaubwürdig erscheinen. Ich beschränke mich demnach darauf, mit dem Wortlaut eben des Dekrets zu antworten, auf das Sie sich berufen, und zwar gestützt auf eine weitere Konsultation, die ich selbst vorgenommen habe, indem ich Ihr Verlangen dem Verfassungsausschuß der Nationalversammlung vorgelegt habe. Das Dekret über die Vorrechte der gemeindlichen Wahlbeamten bestimmt in Artikel 2: »Das Vorrecht, welches den Gemeindebeamten gegenüber den anderen Körperschaften zusteht, gewährt ihnen keinerlei Ehrenrecht in den Kirchen.« Es steht demnach fest, daß ich zwar in meiner Eigenschaft als Stadtherr keinen Anspruch mehr auf meine Bänke habe, daß Sie mir aber in diesem Anspruch nicht nachgefolgt sind. Hinzu kommt, daß meine Bänke mir als mein Eigentum weiterhin gehören, und daß das Dekret Sie davon ausschließt. Das ist der deutliche Sinn des Dekrets, auf das allein ich mich stützen möchte, und er wird vom Ausschuß, dem ich Ihre Forderung unterbreitet habe, zusätzlich bestätigt. Im übrigen werde ich dulden, was ich nicht verhindern kann, doch sollte etwas im Widerspruch zu diesem Dekret Stehendes vorfallen, so wäre es als Gewaltanwendung zu betrachten, und ich würde nicht verfehlen, es der Nationalversammlung anzuzeigen und meine Sache ihrer Gerechtigkeit anheimzustellen.

SCHREIBEN DES GEMEINDERATS VON VENCE AN DEN
PRÄSIDENTEN DER NATIONALVERSAMMLUNG

Vence, den 12. Juni 1790

Verehrter Herr, wir kommen, um Sie ergebenst zu bitten, den Blicken der erhabenen Versammlung unsere gerechten Einwände gegen einen Anspruch des Herrn von Villeneuve, des vormaligen Stadtherrn von Vence, unterbreiten zu wollen, der von dem durch den König gebilligten Dekret der Versammlung ins Unrecht gesetzt wird.

Herr von Villeneuve besaß seit fast einem Jahrhundert Bänke in der Bischofs- und Pfarrkirche von Vence, die er in seiner Eigenschaft als Gerichtsherr dort aufstellen ließ. Herr von Crillon, Bischof und mitberechtigter Stadtherr von Vence, hatte einst die Vorfahren des Herrn von Villeneuve auf Entfernung der Bänke verklagt. Seine Ernennung zum Erzbischof von Vienne beendigte den Prozeß, und die Vorfahren von Herrn von Villeneuve blieben ungestört im Besitz der Bänke, obwohl diese nach ihrer Machart für Publikum und Gottesdienst sehr störend sind. Der einzige Anspruch oder die einzige Begründung, welche die Herren von Villeneuve vorbrachten, um im Besitz der Bänke zu bleiben, war, daß die Herren mit hoher Gerichtsbarkeit in der Provence sämtlich das Recht auf eine besondere Bank in der Pfarrkirche haben, daß sie demnach in dieser Eigenschaft das Recht auf zwei in der unseren hätten.

Wir haben wie ganz Frankreich geglaubt, daß mit der entschädigungslosen Aufhebung der hohen Gerichtsbarkeit auch der Anspruch auf besondere Kirchenbänke für die Herren der hohen Gerichtsbarkeit durch die Dekrete der Nationalversammlung weggefallen ist, insbesondere durch das Dekret, in dem es heißt, »daß alle Ehrenauszeichnungen, Vorrangstellungen und Machtbefugnisse, die aus dem Feudalsystem herrühren, abgeschafft sind«.

Die meisten Herren im Königreich haben ihre Bänke aus den Pfarrkirchen entfernen lassen, und die Stadtverwaltungen haben ihre dort aufstellen lassen; die königlichen Gerichte, selbst die Obersten Gerichtshöfe haben den Stadtverwaltungen die von ihnen innegehabten überlassen. Wir könnten Ihnen, verehrter Herr, den Parlamentsgerichtshof von Aix und das Gericht von Grasse nennen, von dessen Sprengel wir rings eingeschlossen sind.

Wir haben gemeint, uns an Herrn von Villeneuve als den vormaligen Herrn der hohen Gerichtsbarkeit von Vence wenden zu sollen, um ihn zu bitten, seine Bänke entfernen zu lassen, die den einzigen Platz einnehmen, wo zehn Beamte sitzen können. Anstatt auf diese freundliche Aufforderung befriedigend zu antworten, hat er uns erklärt, er wolle im Besitz derselben verbleiben. Doch damit wäre er privilegiert, denn sie sind unvergleichlich besser als die übrigen und versperren den Blick auf den Altarraum und beengen den Zugang. Er hat uns sogar andeutungsweise von einer Entscheidung des Verfassungsausschusses gesprochen, die für ihn günstig sei. Wir glauben nicht an die Möglichkeit einer solchen Entscheidung, einerseits, weil der Verfassungsausschuß uns gewiß nicht verurteilt hätte, ohne uns anzuhören, andererseits, weil er sicherlich eine Entscheidung im Widerspruch zu den Dekreten der Nationalversammlung weder treffen konnte noch wollte.

Sie sind zweifellos mit uns der Meinung, verehrter Herr, daß, wenn die vormaligen Herren der hohen Gerichtsbarkeit in unseren Gotteshäusern sichtbare Zeichen ihrer Auszeichnung und ihres Vorrangs gegenüber den Gemeindeverwaltungen als den Vertretern der legislativen und erhabenen Autorität der Nation behalten würden, der Keim und das Bild der Rechte der hohen Gerichtsbarkeit, welche die Nationalversammlung gerade abgeschafft hat, fortbestehen würden, und daß diese angeblichen Rechte neu entstehen könnten, was den Erfolg der Revolution und die Freiheit der Franzosen in Frage stellen würde.

Wir wagen demnach zu hoffen, verehrter Herr, daß Sie unser Schreiben gütigst der erhabenen Nationalversammlung vorlegen wollen. Wir harren Ihrer Entscheidung in achtungsvollem Schweigen und haben alle Mühe darauf verwandt, die Gärung im Volke zu dämpfen, das sich schon selbst sein Recht schaffen wollte; nur unter Berufung auf die erhabene Nationalversammlung und auf die schuldige Achtung vor ihren Entscheidungen ist es uns gelungen, es zu beruhigen.

Notwendigkeit einer konstitutionellen Monarchie

Gutachten von Mirabeau

1790 ist sehr bald von vielen Franzosen als das »glückliche Jahr« empfunden worden. Am 14. Juli hat bei der Fête de la Fédération, *dem Bundesfest auf dem Marsfeld, der populäre La Fayette am Altar des Vaterlandes im Namen des Volkes Treue zu Nation, Gesetz und König gelobt, nach ihm hat Ludwig XVI. geschworen, daß er die Verfassung halten werde. Der König hat von seinem Recht auf das »aufschiebende« Veto gegen neue Gesetze kaum Gebrauch gemacht, auch nicht gegen die Neuordnung der Kirche, die einer alten romfeindlichen Strömung, dem »Gallikanismus«, entgegenkommt: Pfarrer und Bischöfe werden gewählt und vom Staat besoldet, ihre Investitur dem Heiligen Stuhl nur mitgeteilt. Die Geistlichen haben den Verfassungseid abzulegen. Die Auseinandersetzung zwischen verfassungstreuen und eidweigernden Priestern, vor allem aber die blutige Verfolgung der letzteren, wird größere Schwierigkeiten bringen als alle anderen Veränderungen, doch zunächst protestiert nicht einmal der Papst, weil er hofft, mit den Revolutionären über Avignon und Umgebung, die ihm gehören, zu einer Einigung zu gelangen.*

Natürlich geht die Erneuerung für manche einen zu ruhigen Gang. Marat sieht Ludwig XVI. schon ins Ausland fliehen und La Fayette in seinem Solde mit der Nationalgarde gegen die Pariser marschieren; er meint, es müßten zehntausend Köpfe rollen. Doch die meisten Franzosen denken wie Mirabeau, der alles tut, um den Weg in eine konstitutionelle Monarchie zu bahnen. Er will das Königspaar nicht zum bloßen Tolerieren, sondern zur Mitwirkung veranlassen. Er nimmt Geld vom Hof, indem er sich – auch dies eine Neuerung mit Zukunft – für Gutachten über Gebühr bezahlen läßt, was er nicht einmal leugnet: »Ich verkaufe mich, aber ich bin nicht käuflich.« Geradezu prophetisch sind einige Passagen in seinem 47. Gutachten:

Die königliche Autorität wiederherstellen ist ein zu komplizierter Gedanke, als daß man sich gut genug über die Einzelheiten und die Folgen verständigen könnte, wenn man sich darauf beschränken würde, dieses einfache Ergebnis auszusprechen. Einen Angriff auf die Revolution machen hieße übers Ziel hinausschießen; denn die Bewegung, die ein großes Volk dazu bringt, sich bessere Gesetze zu geben, verdient eher unterstützt als aufgehalten zu werden, selbst wenn man heute ohne Hirnverbranntheit wollen könnte, daß die französische Nation wieder in ihre frühere Lage zurückkehrte, auf all ihre Hoffnungen verzichtete und um die Frucht all ihrer Mühen käme: brächte man auf einen Schlag eine ganze Generation zum Verschwinden, nähme man fünfundzwanzig Millionen Menschen das Gedächtnis, so wäre dieser Erfolg noch immer unmöglich. Die Revolution respektieren und trotzdem auf die Verfassung in ihrer Ganzheit einen Angriff machen und die Franzosen auf den Punkt zurückführen wollen, von dem sie am 27. April 1789 ausgingen, wäre ebenfalls ein trügerischer Entwurf, den keine Macht mit einer Nation verwirklichen könnte, die von Natur aus ungeduldig ist, die sich vor allem eine Verfassung geben will, sie erlangt zu haben glaubt und ihre Hoffnung nicht ungestraft betrogen sähe. Man muß also zugleich die Revolution in ihrem Geist und die Verfassung in mehreren ihrer Grundbestimmungen akzeptieren; es ist kein Einvernehmen möglich, weder mit dem Volk noch mit seinen Führern, noch auch nur mit der Schicht der Unzufriedenen, die einigen Einfluß haben können, wenn man sich diesen ersten Bedingungen nicht fügt. (...)

Was die angerichteten Zerstörungen angeht, so sind sie fast alle der Nation und dem Monarchen in gleicher Weise nützlich, und in dieser Hinsicht ist die Revolution, deren Werk diese Zerstörungen sind, von der Verfassung wohl zu unterscheiden. Ich verstehe unter Zerstörungen die Abschaffung aller Privilegien, aller Sonderrechte pekuniärer Art, des Feudalismus und mehrerer unheilvoller Steuerarten. Ich verstehe darunter weiter die Zerstörung der Körperschaften, der Provinzialstände, der Parlamente, des Klerus und der Lehnsherrschaften als politischer Körperschaften im Staat. Ich rechne ferner unter die Zahl der großen Vorteile, die beizubehalten sind, die Einheit in der Steuerveranlagung, die Grundsätze einer volksnahen Verwaltung, die Freiheit, aber nicht Straflosigkeit der Presse, die Freiheit der Glaubensüberzeugung, die Verantwortlichkeit aller Organe der ausübenden Gewalt, die Zulassung aller Bürger zu allen Ämtern, ein weniger willkürliches Verfahren zur Erlangung der Gnaden und Geldunterstützungen und eine stärkere Überwachung in der Verwaltung des öffentlichen Vermögens. Mit einem Wort, ich nehme die Wohltaten der Revolution und die wichtigen Grundlagen der Verfassung gleichermaßen in mein System auf. (...)

Ich betrachte in der Tat alle Wirkungen der Revolution und alles, was man von der Verfassung beibehalten soll, als derart unwiderrufliche Errungenschaften, daß keine Umwälzung, wenn nicht etwa das Reich zerstückelt wird, sie mehr vernichten könnte. Ich nehme nicht einmal eine bewaffnete Gegenrevolution aus; wäre das Königreich wieder erobert, so müßte sich der Sieger immer noch mit der öffentlichen Meinung ins Benehmen setzen, müßte sich des Wohlwollens des Volkes versichern, müßte an der Abschaffung der Mißbräuche festhalten, müßte das Volk zur Erarbeitung der Gesetze zulassen, müßte es seine Verwaltungsbeamten wählen lassen: das heißt, daß man selbst nach einem Bürgerkrieg immer noch auf den Plan zurückkommen müßte, der sich ohne Erschütterung durchführen läßt. (...)

Genug jetzt zur Skizzierung eines Plans, der, da er den Erfahrungen eines jeden Tages unterworfen sein wird, mit Notwendigkeit gerade durch die Anstrengungen, die man zu seiner Ausführung machen wird, verbessert werden muß. Ich beschließe ihn mit einer Erwägung, die gleichermaßen beruhigend und grausam ist. Man darf alles hoffen, wenn dieser Plan befolgt wird; und wenn er es nicht wird, wenn diese letzte Rettungsplanke uns entgleitet, gibt es kein Unglück, von den individuellen Ermordungen bis zur Plünderung, vom Sturz des Throns bis zur Zertrümmerung des Reichs, auf das man sich nicht gefaßt machen müßte. Welche Rettung kann es außerhalb dieses Plans noch geben? Nimmt die Wildheit des Volkes nicht stufenweise zu? Schürt man nicht mehr und mehr jeglichen Haß gegen die königliche Familie? Spricht man nicht offen von einem allgemeinen Blutbad gegen die Adligen und den Klerus? Wird man nicht wegen einer bloßen Meinungsverschiedenheit geächtet? Macht man dem Volk nicht Hoffnungen auf die Teilung des Grundbesitzes? Sind nicht alle Großstädte des Reichs in einer heillosen Verwirrung? Übernehmen nicht die Nationalgarden bei allen Rachezügen des Volks die Führung? Zittern nicht alle Verwaltungsbeamten um ihre eigene Sicherheit, ohne das geringste Mittel zu haben, für die der anderen zu sorgen? Können schließlich in der Nationalversammlung Taumel und Fanatismus noch eine höhere Stufe erreichen? Unglückliche Nation! Dahin haben dich ein paar Menschen, die die Intrige an die Stelle des Talents und die Agitationen an die Stelle der schöpferischen Gedanken gesetzt haben, gebracht! Guter, aber schwacher König! Unglückselige Königin! Da steht ihr nun vor dem schauderhaften Abgrund, zu dem euch das Schwanken zwischen einem zu blinden Vertrauen und einem zu übertriebenen Mißtrauen geführt hat. Ein Versuch bleibt noch den einen wie den anderen, aber es ist der letzte. Gleichviel ob man ihn verwirft oder ob man scheitert, ein Leichentuch wird auf dieses Land fallen. Welches Geschick erwartet es künftig? Wohin wird dieses Fahrzeug verschlagen werden, das vom Blitz getroffen ist und vom Sturm gepeitscht wird? Ich weiß es nicht; aber wenn ich selbst dem Schiffbruch dieser Nation entrinne, werde ich in meiner Zufluchtsstätte immer stolz sagen dürfen: »Ich habe mich dem Untergang ausgesetzt, um sie alle zu retten; sie wollten es nicht!«

Das Le-Chapelier-Gesetz beschneidet die Koalitionsfreiheit

Aus dem Sitzungsprotokoll der Nationalversammlung vom 14. Juni 1791

Noch im selben Jahr hat man für 800 Millionen »Assignaten« ausgegeben, in 3%ige 200-Livres-Schuldscheine gestückelt, und sich damit der Geldeigenschaft gefährlich genähert. Die ersten Warnungen sind von dem in Finanzfragen unerfahrenen Advokatenparlament nicht ernst genommen worden.

Mehr als solche gesamtwirtschaftlichen Probleme beunruhigt die vielen Handwerker, wie sie mit der Gewerbefreiheit fertig werden sollen. Die Abgeordneten sind trotz aller Beschwörungen den marktwirtschaftlichen Vorstellungen des Jahrhunderts gefolgt: Alle corps *(der gehobenen Berufe), alle* communautés, métiers, corporations *sind nicht nur aufgelöst worden, solche Berufszusammenschlüsse und Zünfte sind geradezu verboten, um den Tüchtigen und den Neuerern Raum zu geben.*

Logische Folgerung und schwacher Trost für die kleinen Gewerbetreibenden: »Körperschaften« sind dann auch die Arbeiterzusammenschlüsse, und wenn sie Lohnforderungen durchsetzen wollen, so muß auch das verboten sein. »Arbeiter« im eigentlichen Sinne, also mehr oder weniger ungelernte Proletarier, gibt es noch nicht viele, auch wenn sie ein auffallendes Element bei den revolutionären Unruhen darstellen. Doch lohnabhängige ouvriers *sind auch die Handwerksgesellen, und gerade bei der Teuerung vor der Ernte 1791 versammeln sie sich häufig, manchmal sogar vor dem Rathaus auf der* Place de Grève, *von wo seit jeher Arbeitsniederlegungen ausgegangen sind.*

Von »Gewerkschaften« oder »Streik« kann noch keine Rede sein, aber die Abgeordneten wollen ihre Theorie, eine aufsteigende kleinbürgerliche Schicht will ihre Interessen verteidigen. So kommt das Le-Chapelier-Gesetz zustande, das fast hundert Jahre lang viel Blut und Tränen kosten wird.

Le Chapelier: Meine Herren! (...) Ich spreche im Namen des Verfassungsausschusses, um Ihnen über einen Verstoß gegen die Verfassungsgrundsätze zu berichten, die alle Berufszusammenschlüsse abgeschafft haben. Aus diesem Verstoß entstehen große Gefahren für die öffentliche Ordnung.

Mehrere Personen haben sich bemüht, die aufgelösten Berufszusammenschlüsse wieder entstehen zu lassen, indem sie Versammlungen gleichen Handwerks oder Berufs gebildet haben, in denen Vorsitzende, Schriftführer, Rechtsbevollmächtigte und andere Amtsträger gewählt worden sind. Ziel dieser sich im Königreich ausbreitenden Versammlungen, die schon miteinander in Schriftverkehr getreten sind (...), ist es, die Handwerksunternehmer, also die vormaligen Meister, zur Erhöhung des Preises für den Arbeitstag zu zwingen, die Arbeiter und die Privatpersonen, die diese in ihren Werkstätten beschäftigen, daran zu hindern, miteinander freiwillige Vereinbarungen zu treffen, ja, sie dazu zu veranlassen, auf Listen die Verpflichtung zu unterschreiben, sich dem Satz für den Arbeitstag zu unterwerfen, der in diesen Versammlungen festgelegt wird, sowie auch den sonstigen Bestimmungen, die sie sich zu treffen erdreisten. Es wird sogar Gewalt angewendet, um diese Bestimmungen durchzusetzen; man zwingt die Handwerksarbeiter, ihren Geschäftsbetrieb zu verlassen, auch wenn sie mit dem bezogenen Lohn zufrieden sind. Man will die Werkstätten veröden lassen; es haben auch schon mehrere Werkstätten revoltiert, und es sind verschiedene Ausschreitungen begangen worden.

Die ersten Arbeiter, die sich versammelt haben, haben von der Pariser Stadtverwaltung die Erlaubnis dazu bekommen. Hier hat die Stadtverwaltung offenbar einen Fehler begangen. Gewiß, es muß allen Bürgern erlaubt sein, sich zu versammeln; es darf jedoch den Bürgern bestimmter Berufe nicht erlaubt sein, sich für ihre angeblichen gemeinsamen Interessen zu versammeln. Es gibt keine Berufszusammenschlüsse mehr im Staate, es gibt nur noch das Privatinteresse des einzelnen und das Interesse der Allgemeinheit. Niemand darf den Bürgern ein dazwischen liegendes Interesse einreden, niemand darf sie durch einen Zunftgeist vom Gemeinwohl fernhalten.

Die betreffenden Versammlungen haben, um die Erlaubnis der Stadtverwaltung zu bekommen, mit vorgeschobenen Gründen argumentiert. Sie haben erklärt, diese Versammlungen seien dazu bestimmt, die kranken oder erwerbslosen Arbeiter des gleichen Berufes zu unterstützen, und solche Unterstützungskassen erschienen nützlich. Man darf sich von dieser Behauptung jedoch nicht täuschen lassen; es ist Sache der Nation und der in ihrem Namen tätigen öffentlichen Beamten, denen Arbeit zu beschaffen, die sie zu ihrem Unterhalt benötigen, und den Kranken Hilfe zu leisten. Selbst soweit solche privaten Unterstützungseinrichtungen nicht schon wegen schlechter Geschäftsführung gefährlich sind, neigen sie jedenfalls dazu, die Berufszusammenschlüsse wieder entstehen zu lassen: Es bedarf nur häufiger Treffen von Personen desselben Berufes, der Wahl von Rechtsbevollmächtigten und anderen Amtsträgern, der Abfassung von Bestimmungen, des Ausschlusses derer, die sich nicht an diese Bestimmungen halten, schon werden Privilegien, Meisterrechte usw. wieder belebt.

Unser Ausschuß ist zu der Überzeugung gelangt, daß einer weiteren Ausbreitung dieser Verstöße unverzüglich vorgebeugt werden muß. Diese unseligen Gesellschaften sind in Paris die Nachfolgeversammlungen von einst dort bestehenden *Pflichtengesellschaften*. Wer den »Pflichten«, den Bestimmungen dieser Gesellschaften nicht nachkam, wurde in jeder erdenklichen Weise schikaniert. Wir haben allen Grund zu der Annahme, daß die Gründung dieser Gesellschaften den Arbeitern weniger eingeredet worden ist, damit sie durch ihren Zusammenschluß den Lohn für den Arbeitstag hinauftreiben könnten, als vielmehr in der geheimen Absicht, Unruhen zu schüren.

Man muß also dem Grundsatz Geltung verschaffen, daß die Festlegung des Tageslohns für jeden Arbeiter Sache freier Vereinbarung zwischen Einzelpersonen ist; der Arbeiter hat sodann gegenüber dem, der ihn beschäftigt, die getroffene Vereinbarung einzuhalten. Dabei kommt es nicht darauf an, wie hoch der Lohn für den Arbeitstag vernünftigerweise zu sein hätte; man könnte allenfalls einräumen, daß er allgemein etwas höher sein sollte, als er gegenwärtig ist. (*Murren im Saal.*) Doch, was ich da sage, ist nur allzu wahr, denn in einer freien Nation müssen die Löhne hoch genug sein, daß ihr Empfänger von der absoluten Abhängigkeit frei ist, die mit der Unmöglichkeit der Befriedigung seiner notwendigsten Bedürfnisse einhergeht und fast ein Sklavenschicksal bedeutet. Deshalb werden die englischen Arbeiter ja auch besser bezahlt als die französischen.

Also, ich sagte, ohne im Text einen genauen Satz je Arbeitstag zu nennen, der in frei zwischen Einzelpersonen abzuschließenden Vereinbarungen bestimmt werden muß, hat der Verfassungsausschuß es für unerläßlich gehalten, Ihnen den folgenden Entwurf für ein Dekret vorzulegen, mit dem sowohl die Koalitionen von Arbeitern zur Erhöhung des Preises für den Arbeitstag verhindert werden sollen, als auch die Zusammenschlüsse von Unternehmern, um ihn zu drücken. (...)

»1. Die Abschaffung aller zunftartigen Zusammenschlüsse von Bürgern gleichen Standes oder Berufes ist eine der wesentlichen Grundlagen der französischen Verfassung; folglich ist es verboten, sie der Sache nach unter irgendeinem Vorwand und in irgendeiner Form wiederherzustellen.

2. Bürger gleichen Standes oder Berufs (Unternehmer, Ladenbesitzer, Arbeiter oder Handwerker) dürfen, wenn sie zusammenkommen, weder Vorsitzende noch Schriftführer noch Rechtsbevollmächtigte wählen, ferner keine Listen führen, Beschlüsse fassen und Bestimmungen über ihre angeblichen gemeinsamen Interessen erlassen.

3. Es ist allen Verwaltungs- und Gemeindeorganen untersagt, Eingaben oder Petitionen unter der Bezeichnung eines Standes oder Berufes entgegenzunehmen oder in irgendeiner Weise zu beantworten, und sie werden nachdrücklich angewiesen, auf solche Art zustande gekommene Beschlüsse für nichtig zu erklären und sorgfältig darüber zu wachen, daß sie nicht weiter behandelt oder gar befolgt werden.

4. Fassen Bürger gleichen Gewerbes oder Handwerks entgegen den Grundsätzen der Freiheit und der Verfassung Beschlüsse oder treffen sie untereinander Vereinbarungen, die darauf gerichtet sind, den Beitrag ihrer Gewerbetätigkeit oder ihrer Arbeitsleistung nach Absprache zu verweigern oder nur zu einem bestimmten Preis zu leisten, so werden solche Be-

schlüsse und Vereinbarungen, ob eidlich bekräftigt oder nicht, für verfassungswidrig, als Verstoß gegen die Freiheit und die Erklärung der Menschenrechte und für null und nichtig erklärt. Die Verwaltungs- und Gemeindeorgane sind verpflichtet, diese Erklärung vorzunehmen. Die Urheber, Anführer und Anstifter, die solche Beschlüsse und Vereinbarungen veranlaßt, abgefaßt oder dabei den Vorsitz geführt haben, werden auf Antrag des Gemeindeprokurators vor das Polizeigericht geladen, zu je 500 Livres Geldstrafe verurteilt und für ein Jahr von der Ausübung aller ihrer Aktivbürgerrechte und vom Zutritt zu den Urwählerversammlungen ausgeschlossen.

5. Allen Verwaltungs- und Gemeindeorganen, deren Mitglieder dafür in eigener Person haften, ist es untersagt, Unternehmer, Handwerksarbeiter und Gesellen, die solche Beschlüsse und Vereinbarungen bewirken oder unterschreiben, bei öffentlichen Arbeiten in ihrem Erwerbszweig zu beschäftigen oder ihre Beschäftigung zu gestatten oder zu dulden, es sei denn, sie wären aus eigenem Antrieb auf der Kanzlei des Polizeigerichts erschienen, um sie zu widerrufen oder zu bestreiten.

6. Enthalten solche Beschlüsse und Vereinbarungen, Maueranschläge oder Rundschreiben Drohungen gegen Unternehmer, Handwerker, Arbeiter oder Tagelöhner, die von auswärts zur Arbeitssuche an den Ort kommen oder sich mit einem geringeren Lohn zufriedengeben, so wird jeder Urheber, Anstifter und Unterzeichner solcher Handlungen oder Schriftstücke mit einer Geldstrafe von 1000 Franken und drei Monaten Gefängnis bestraft.

7. Wer unter Ausnutzung der von den Verfassungsgesetzen für Arbeit und Gewerbe gewährten Freiheit gegen Handwerksarbeiter Drohung oder Gewalt anwendet, wird strafrechtlich verfolgt und mit der Strenge des Gesetzes wegen Störung der öffentlichen Ordnung verurteilt.

8. Alle von Handwerkern, Handwerksarbeitern, Gesellen und Tagelöhnern gebildeten oder hervorgerufenen Zusammenrottungen gegen die Berufs- und Gewerbefreiheit, die für jedermann und für alle frei vereinbarten Bedingungen gilt, oder gegen das Vorgehen der Polizei oder die Vollstreckung der Urteile in diesem Zusammenhang sowie gegen Versteige-

rung und öffentlichen Verkauf von Unternehmen, werden als aufrührerische Zusammenrottungen behandelt und als solche von den vorschriftsmäßig dazu aufgeforderten Organen der öffentlichen Gewalt aufgelöst und die Urheber, Anstifter und Anführer solcher Zusammenrottungen mit der Strenge des Gesetzes bestraft, ebenso jeder, der Tätlichkeiten begangen oder Gewalt gebraucht hat.«

Zuruf von rechts: Und was ist mit den Klubs?

Lippenbekenntnis des Königs

Erklärung an die ausländischen Mächte

Die Verfassung ist Ende April 1791 so gut wie fertig; sie soll ja nur eine logische Zusammenstellung und Bekräftigung der einzelnen Dekrete sein, mit denen die Nationalversammlung in nunmehr zwei Jahren neues Recht gesetzt hat.

Dem König bleibt in dieser Situation die Wahl zwischen zwei Möglichkeiten. Die eine wäre das entschlossene Bekenntnis zu den meisten Neuerungen, ein mäßigender Einspruch bei solchen Vorhaben, die ihm für das Reich schädlich oder verfrüht erscheinen, eine Betonung seiner Würde, die nicht an diese oder jene Prärogative gebunden ist. Das ist die Linie, wie sie der eben verstorbene Mirabeau empfohlen hat, die aber auch viele Abgeordnete wünschen, denen vor dem Abenteuer einer Republik bange ist. Die andere Möglichkeit wäre ein mannhaftes Auftreten mit dem Anspruch, für dieses Reich verantwortlich zu sein vor Gott und den Menschen, Gehorsam zu verlangen, über bestimmte Fragen gar nicht in Verhandlungen einzutreten und für diese Überzeugung im schlimmsten Falle in den Tod zu gehen. Die Verurteilung der »Zivilverfassung des Klerus« mit dem vorgeschriebenen Treueid durch den Papst in je einem scharfen Breve vom März und April würde dem König nach so langem widerwilligem Nachgeben die Begründung für ein unbeugsames Verhalten liefern.

Ludwig XVI. wählt einen seiner Veranlagung gemäßeren (Mittel-)Weg, der solche Eindeutigkeiten vermeidet. Vielleicht hat es ihn verschreckt, daß durchaus nicht der Pöbel, sondern Bürger der Nationalgarde (La Fayette den Gehorsam verweigernd) ihn daran gehindert haben, mit der Familie ins Schloß Saint-Cloud zu fahren. Die erste Phase seines Vorgehens schildern die »Zwei Freunde der Freiheit« in ihrer Chronik.

Leider hatten etliche Prälaten, darunter ein Exjesuit, sich in das Vertrauen des Königs geschlichen, und diese waren für die Sache der Freiheit gefährlicher als alle hohen geistlichen Würdenträger Frankreichs zusammen. Kaum waren sie die Herren über sein Gewissen, wurden sie es auch über seine politischen Ansichten. Ständig stellten sie ihm die Bedrohungen vor Augen, denen seine Familie ausgesetzt gewesen war, die Beleidigungen, mit denen er immer wieder von verschiedenen Journalisten bedacht wurde, die von unseren Feinden bestochen waren, um den Patriotismus in Unehre zu bringen, indem sie die Menge zu Brand und Plünderung und Mord aufriefen. So gelang es ihnen, ihm Abscheu einzuflößen gegen die Freiheit, die sie ihm als untrennbar mit wilder Sittenlosigkeit verbunden darstellten. Mit Vorbedacht gab man ihm den *Orateur du peuple*, den *Ami du Peuple*, den *Ami du roi* und alle diese schändlichen Pamphlete zu lesen, die da jeden Tag erschienen; man machte ihm Angst mit den Gefahren für die Königin und seinen Sohn; man übertrieb ihm die Unruhen im Reich; man redete ihm ein, daß das Volk auf dem Lande, das eigentliche, das brave Volk voller Entrüstung die Willkürherrschaft der Nationalversammlung und die Gefangenschaft des Königs sehe; man versicherte ihm, daß die Armee, die guten Bürger und alle Herrscher Europas bereit seien, sich um einen von bestochenen Rechtsverdrehern entthronten Monarchen zu scharen, und ungeduldig auf den Augenblick warteten, da sie ihn wieder in seine heiligen Rechte einsetzen könnten, die er nur von Gottes und seines Schwertes Gnaden habe, die er nur verwalte und über die er seinen Nachkommen Rechenschaft schulde; daß sie darauf brannten, die Ehre des Königspaares zu rächen und die Würde des Szepters und die Unabhängigkeit der Krone wiederherzustellen.

Man brachte ihn vollends auf, indem man ihm ohne Mühe klarmachte, daß er in seinem Palast ein Gefangener sei, und offenbar hat er daraufhin den Plan gefaßt, seine Ketten zu zerbrechen.

Seit langem schon wurde er aus der Versammlung bedrängt, er möge doch gegenüber den fremden Mächten eine authentische Erklärung über seine Gefühle gegenüber der Revolution abgeben. Er wählte diesen Augenblick, um sie überreichen zu lassen. Der freimütige Ton, der Eindruck entschlossenen Festhaltens an der Verfassung und die Eindeutigkeit der Gedankenführung in diesem Schriftstück standen so sehr im Widerspruch zu den Zeitumständen, daß viele darin nichts als ein nachdrückliches Manifest und einen Protest gegen die Gewalt erblickten, die ihm die Erklärung abzwang. Sie wurde in Namen Seiner Majestät durch Herrn von Montmorin, den seinerzeitigen Außenminister, an alle unsere Botschafter übermittelt und hatte folgenden Wortlaut:

»Der König hat mich beauftragt, mein Herr, Ihnen mitzuteilen, daß es seine förmlichste Absicht ist, Sie möchten seine Gefühle gegenüber der Revolution und der französischen Verfassung dem Hof, an dem Sie sich aufhalten, übermitteln. Die Botschafter und Gesandten Frankreichs bei allen Höfen Europas erhalten die gleichen Anweisungen, damit kein Zweifel bleibe an den Absichten Seiner Majestät, an ihrer freien Annahme der neuen Regierungsform und über ihren unwiderruflichen Eid, sie einzuhalten.

Seine Majestät hatte die Generalstände ihres Reiches einberufen und im Kronrat beschlossen, daß der Bürgerstand dort eine gleich große Anzahl von Abgeordneten haben sollte wie die zwei anderen damals existierenden Stände. Dieser vorläufige Gesetzgebungsakt, den die Hindernisse des Augenblicks nicht günstiger zu gestalten erlaubten, war schon ein hinlängliches Anzeichen für den Wunsch Seiner Majestät, die Nation in alle ihre Rechte einzusetzen.

Die Generalstände traten zusammen und gaben sich den Namen Nationalversammlung; bald darauf ersetzte eine Verfassung, die geeignet war, das Glück Frankreichs und des Monarchen zu sichern, die alte Ordnung der Dinge, bei der die scheinbare Macht des Königtums nur die echte mißbräuchliche Macht einiger aristokratischer Körperschaften verdeckte.

Die Nationalversammlung wählte die Form einer repräsentativen Regierung zusammen mit einer erblichen Monarchie; die gesetzgebende Körperschaft tagte fortan ständig; die Wahl der Diener des Kultus, der Verwaltungsbeamten und Richter wurde dem Volk anvertraut; die exekutive Gewalt übertrug man dem König, die Abfassung der Gesetze der gesetzgebenden Körperschaft und ihre Bestätigung dem König; die öffentliche Gewalt im Innern und nach außen wurde nach den gleichen Prinzipien auf der Grundlage der Gewaltenteilung gestaltet. So stellt sich die neue Verfassung des Königreichs dar.

Was man als Revolution bezeichnet, ist nichts als die Beseitigung vieler Mißbräuche, die sich über die Jahrhunderte angesammelt hatten durch Irrtümer des Volkes und durch Ministermacht, die niemals Königsmacht war. Diese Mißbräuche hatte die Autorität zu glücklichen Regierungszeiten stets bekämpft, aber nie zu zerstören vermocht; jetzt gibt es sie nicht mehr. Die souveräne Nation hat nur noch gleichberechtigte Bürger, ihr Despot ist nur das Gesetz, ihre Organe sind nur öffentliche Beamte, und der König ist der erste dieser Beamten: das ist die Französische Revolution.

Ihre Feinde mußten alle sein, die in einem ersten Augenblick der Täuschung aus eigennützigen Beweggründen den Mißbräuchen der alten Regierung nachtrauerten. Von daher rührt die scheinbare Zwietracht, die sich im Reich gezeigt hat und die mit jedem Tag schwindet; von daher rühren wohl auch einige harte Gesetze, die mit zeitbedingten Umständen zu erklären sind. Der König jedoch, dessen wahre Stärke mit der Stärke der Nation untrennbar verbunden ist, der kein anderes Streben kennt als das Glück des Volkes und keine andere echte Macht als die, welche ihm übertragen worden ist, dieser König hat ohne Zögern eine glückliche Verfassung annehmen müssen, die zugleich seine Autorität, die Nation und die Monarchie wieder herstellte. Man hat ihm seine ganze Macht gelassen außer der schrecklichen, die Gesetze zu schaffen; er bleibt zuständig für die Verhandlungen mit den fremden Mächten, für die Aufgabe, das Reich zu verteidigen und die Feinde davon fernzuhalten. Doch die französische Nation hat zukünftig außer Aggressoren keine von außen zu befürchten, und sie hat keine Feinde mehr im Innern außer denen, die noch törichte Hoffnungen hegen und glauben, daß der Wille von vierundzwanzig Millionen Menschen, die wieder in ihre natürlichen Rechte eingetreten sind, nachdem sie das Reich so gestaltet haben, daß die alten Formen und alten Mißbräuche nur noch in der Erinnerung existieren, nicht eine unwandelbare, unwiderrufliche Verfassung darstellt.

Die gefährlichsten dieser Feinde sind diejenigen, die sich den Anschein gegeben haben, als dürfte man Zweifel an den Absichten des Monarchen verbreiten. Diese Männer machen sich höchst schuldig und sind gänzlich verblendet; sie halten sich für Freunde des Königs und sind doch die einzigen Feinde des Königtums; sie hätten den Monarchen der Liebe und des Vertrauens einer großen Nation beraubt, wenn seine Grundsätze und seine Aufrichtigkeit weniger bekannt gewesen wären. Was hat der König nicht alles getan, um zu zeigen, daß auch er die Revolution und die französische Verfassung zu seinen Ruhmestiteln zählte? Nachdem er alle Gesetze angenommen und gebilligt hatte, hat er nichts unterlassen, sie durchführen zu lassen; schon im Februar des vergangenen Jahres hat er vor der Nationalversammlung zugesagt, sie zu halten; er hat das beim Föderationsfest des Reiches beschworen. Mit dem Ehrentitel des Wiederherstellers der französischen Freiheit geschmückt, wird er seinem Sohn mehr als eine Krone vererben, er wird ihm ein konstitutionelles Königtum hinterlassen.

Die Feinde der Verfassung wiederholen unaufhörlich, der König sei nicht glücklich; als könne es für einen König ein anderes Glück als das des Volkes geben. Sie sagen, seine Autorität sei geschmälert; als sei eine auf die bloße Macht gestützte Autorität nicht weniger stark und sicher als die Autorität des Gesetzes. Und: der König sei nicht frei, was eine schreckliche Verleumdung ist, weil man damit unterstellt, sein Wille habe bezwungen werden können, und absurd, weil man damit die Zustimmung, die Seine Majestät mehrfach zu seinem Verbleiben unter den Bürgern von Paris geäußert hat, als Ausdruck mangelnder Freiheit ansieht; diese Zustimmung war sie deren Patriotismus, auch deren Befürchtungen und vor allem deren Liebe schuldig.

Diese Verleumdungen sind jedoch bis zu den fremden Höfen gedrungen, sind dort von Franzosen aufgenommen worden, die ungezwungen ihr Vaterland verlassen haben, anstatt seinen Ruhm zu teilen, und die, wenn sie nicht seine Feinde sind, jedenfalls ihren Posten als Staatsbürger verlassen haben. Der König beauftragt Sie, mein Herr, ihre Ränke und Pläne zu vereiteln. Die gleichen Verleumdungen haben durch die Verbreitung ganz falscher Vorstellungen von der Französischen Revolution bei etlichen Nachbarnationen Verdacht hinsichtlich der Absichten französischer Reisender aufkommen lassen: Der König empfiehlt Ihnen nachdrücklich, diese zu schützen und zu verteidigen. Vermitteln Sie, mein Herr, von der französischen Verfassung die Vorstellung, wie sie der König selbst hat; lassen Sie keinen Zweifel an der Absicht Seiner Majestät, sie mit allen Kräften zu erhalten und damit Freiheit und Gleichheit der Bürger zu sichern. Diese Verfassung stellt das Wohl der Nation auf die unerschütterlichsten Grundlagen; sie stärkt die königliche Autorität durch die Gesetze; sie verhindert durch eine rühmenswerte Veränderung die Revolution, welche die Mißbräuche der alten Regierung nur zu bald hätten ausbrechen lassen, und die vielleicht zur Auflösung des Reiches geführt hätte. So aber wird sie für das Glück des Königs sorgen. Die Bemühung, sie zu rechtfertigen, zu verteidigen und sich ihr entsprechend zu verhalten, muß Ihnen höchste Verpflichtung sein.

Ich habe Ihnen schon mehrfach die Gefühle Seiner Majestät in dieser Hinsicht mitgeteilt, doch angesichts dessen, was ihr über die Meinung, die man im Ausland über die Vorgänge in Frankreich zu verbreiten versucht, zu Ohren gekommen ist, hat sie mir befohlen, Ihnen den Auftrag zu erteilen, den Inhalt dieses Schreibens dem Hof, an dem Sie sich befinden, zur Kenntnis zu bringen, und um ihm noch weitere Verbreitung zu sichern, hat Seine Majestät soeben seine Drucklegung befohlen.«

Dieses Schreiben, dessen Wortlaut auch der glühendste Patriot nicht ablehnen konnte, machte denkgewohnte Männer sehr stutzig und ließ sie an der Aufrichtigkeit des Monarchen zweifeln, während es der großen Masse Vertrauen einflößte. Bei der Verlesung in der Nationalversammlung schien es, als erfasse eine einhellige Bewegung die ganze Versammlung, Saal, Tribünen und Emporen; alle Anzeichen der Begeisterung, der Freude, der Dankbarkeit waren zugleich zu beobachten. Man beantragte, es sollten sich alle erheben und zum König begeben, um Dank zu sagen. (...) Man ordnete an, daß das Schreiben gedruckt und an die 83 Departements geschickt werde.

Rückkehr Ludwigs nach dem Fluchtversuch im Juni 1791

Bericht des spanischen Botschafters

Von den Abgeordneten mag die Begeisterung absichtsvoll über-trieben worden sein, um den König auf seine Haltung festzule-gen; die Franzosen sind tief beglückt über die so sehr ersehnte Eintracht. Doch das Ganze war nur Schall und Rauch, in dessen Schutz die Flucht aus Paris gelingen sollte. Die fremden Mächte wurden in einer Geheimnote informiert, das Schreiben sei als null und nichtig anzusehen.

Eingeweiht war vor allem der Befehlshaber in Ostfrankreich, Bouillé, der die Grenzfestung Montmédy als Ziel zur Verfügung hielt; der König wollte ja nicht ins Ausland fliehen. Am 20. Juni 1791 ging es mit der Familie nach Osten. Am Tag darauf ver-suchten La Fayette, Bürgermeister Bailly und der Präsident der Nationalversammlung, Alexandre de Beauharnais, die Bevölke-rung mit der Notlüge zu beruhigen, der König sei von verschwo-renen Feinden der Revolution entführt worden. Kurz vor dem Ziel wurde Ludwig XVI. erkannt und von einer Volksmenge an der Weiterfahrt gehindert; drei Tage später war er zurück.

Viele möchten an die »Verschwörung« glauben, die jetzt auf Jahre zur Standardbegründung für jede nicht zu rechtfertigende Behauptung wird. Doch im Grunde wissen alle, daß sie belogen und betrogen worden sind und diesen Mann nicht mehr als ihren Herrscher respektieren können. Selbst der royalistische Journa-list Rivarol formuliert ernüchtert: »Ludwig war König von 25 Millionen Untertanen, heute ist er der Untertan von 25 Millionen Königen.« Und viele sagen sich: Wenn es so steht, warum nicht gleich eine Republik?

Die allgemeine Mißbilligung wird sogar in dem Bericht deut-lich, den der spanische Botschafter seinem König, einem nahen Verwandten Ludwigs, erstattet.

Paris, den 26. Juni 1791

Von all den denkwürdigen Ereignissen, die diese in der Geschichte beispiellose Revolution gebracht hat, gibt keines mehr Stoff zum Nachdenken als der dritte und traurigste Einzug des Monarchen und seiner königlichen Familie in die Hauptstadt seines Reiches.

Der erste Einzug, der vom 17. Juli 1789, war ein fast freiwilliger: der König war der Beleidigte, und man konnte ihm seine Seelengröße und seine Liebe und sein grenzenloses Vertrauen zu seinen Untertanen ansehen, die ihn noch als ihren König betrachteten, und die er durch seine vorbildliche Haltung zu beruhigen und zu versöhnen hoffte.

Der zweite Einzug, der vom 5. Oktober desselben Jahres, hatte schon viel weniger das Ansehen der Freiwilligkeit; er war erniedrigender und peinlicher als der vorhergehende. Dennoch konnte derselbe Monarch, der den ersten Einzug gehalten hatte, noch genug *passiven* Mut haben, um sich zum Opfer zu bringen und die schwersten Beleidigungen hinzunehmen, weil er sich schmeichelte, damit das Herz seiner Feinde zu erobern und das Glück seiner Untertanen zu sichern. Es blieben Seiner Majestät noch Freunde und Möglichkeiten genug, wenn Sie folgerichtig, offen und fest gehandelt hätte, anstatt sich von den verschiedenen Strömungen beeinflussen zu lassen, die gegeneinander im Streite lagen.

Aber was soll man von diesem dritten Einzug sagen, an dem Leichtfertigkeit und falsches Verhalten so viel Schuld tragen, bei dem der König sich im Widerspruch zu sich selbst und allem, was er gesagt und beschworen hat, befindet, bei dem er durch die Unsicherheit und Unentschlossenheit seiner Haltung die meisten derjenigen abgestoßen hat, die ihm noch treu geblieben waren?

Selbst die ihm ergebenen Leute aus dem Volke haben keine Argumente mehr, um ihn in Schutz zu nehmen, während seine Gegner einen Grund, und zwar einen offenbar gerechten Grund mehr haben, seine Person und seine Schwäche zu beleidigen und zu verspotten, denen sie einen Sieg verdanken, auf den sie nicht einmal stolz sind, weil sie ihn mit einer Leichtigkeit errungen haben, die sie glauben macht, daß ihnen der

Erfolg in jedem Falle sicher gewesen wäre. Was läßt sich noch von ihm sagen, wenn ihm kaum die Hoffnung bleibt, der Schatten dessen zu sein, was er einmal war? Wenn er, nachdem er von Bajonetten umringt und unter dem Geleit seiner entschiedensten Feinde durch sein Reich gefahren ist, sich nun gezwungen sieht, diesen Feinden seine Existenz und die seiner Familie anzuvertrauen? (...)

In dieser Lage, nicht nur der schuldigen Achtung für die geheiligte Person des Königs, sondern auch der einfachen Wertschätzung, wie sie jeder Sterbliche genießt, völlig beraubt, traf der unglückliche und tugendhafte Monarch Ludwig XVI. gestern, am 25. Juni, um sechs Uhr dreißig abends mit seiner ganzen Familie an den Toren seiner Hauptstadt ein, die er hatte umfahren müssen, um zu vermeiden, daß ihn in den Straßen ein Schuß aus einem Fenster träfe. (...)

Eine dichtgedrängte Truppe von Nationalgarden umgab den Wagen und entzog ihn den Blicken aller. (...) In diesem Aufzug bahnte sich der unglückliche König seinen Weg durch die Nationalgarde und eine ungeheure Menschenmenge, die nur im Augenblick seines Vorbeifahrens aufhörte, Verwünschungen gegen ihn und seine königliche Gemahlin auszustoßen, welch letztere der hauptsächliche Gegenstand der Volkswut war, weil man ihr die Schuld an allem Unglück in der Vergangenheit und selbst an der jetzigen Flucht gab. Sobald sich der Wagen näherte, folgte eine tiefe Stille auf das wütende Geschrei. Dieses Schweigen war aber kein Ausdruck des Mitleids, sondern begleitete ein sehr bezeichnendes Verhalten: ohne wegen ihres Monarchen das geringste Aufheben zu machen, blieben alle Zuschauer mit bedecktem Haupt stehen und zwangen diejenigen, die aus Anstand oder Gewohnheit den Hut abgenommen hatten, ihn wieder aufzusetzen. Die Truppe blieb beim Vorbeifahren des königlichen Wagens Gewehr bei Fuß stehen, um anzuzeigen, daß sie ihm nicht die Ehre erwies; dann präsentierte sie und schlug die Trommel, um den Postmeister von Sainte-Menehould und seinen Kollegen, die den König auf der Flucht angehalten hatten, sowie die beiden Soldaten, die auf den Wagen angelegt hatten, um ihn am Weiterfahren zu hindern, feierlich zu empfangen. (...)

Der Zug machte über fünf Minuten lang am Fuße des Standbilds Ludwigs XV. halt, auf demselben Platz also, den die Majestäten zur Zeit ihres Glanzes unter dem begeisterten Zuruf des gleichen Volkes überquert hatten, das sie bei ihrer Vermählung und nach der Geburt des Dauphin noch anzubeten schien. Welchen Gedanken mochten sie sich hingeben in einer so grausamen Lage? Wessen Schicksal mochte ihnen beklagenswerter als das ihre erscheinen? Ich wurde Zeuge dieses gräßlichen Schauspiels; die Haare sträubten sich mir auf dem Kopfe, und Tränen schossen mir in die Augen. Um diesen Monarchen und seine Gemahlin den bitteren Kelch bis zur Neige leeren zu lassen, haben die Umstände es noch so gewollt, daß die vor ihnen marschierende Kolonne anhielt, um ihre Marschbreite für die Überquerung der in den Tuilerien-Garten führenden Brücke zu verringern: dieser neuerliche Aufenthalt wird ihnen ebenso traurige wie aufschlußreiche Erinnerungen gebracht haben.

Endlich, um dreiviertel acht Uhr, überschritten sie diese Brücke und gelangten zum Palast, den sie mit ebensoviel Erleichterung wie Schwierigkeiten vier Tage vorher verlassen hatten. Beim Aussteigen aus dem Wagen hatten sie Mühe, sich einen Weg zu bahnen; Herr von La Fayette und die Abgeordneten mußten ihr ganzes Ansehen aufwenden und zu großer Festigkeit und Drohungen ihre Zuflucht nehmen, um ihnen den Weg frei zu machen. Vorwand für dieses Gedränge war der Wunsch der Masse, sich auf die drei mitgefangenen Leibwachen zu stürzen, aber man hat mir versichert, daß viele Beteiligte ihre frevlerische Hand gegen die Person der Königin aufheben wollten. Dieses Attentat konnte verhindert werden, und alle gelangten glücklich in den Palast, wo weder Hofstaat noch Minister sie erwarteten, sondern lediglich eine Abordnung der Nationalversammlung, die Seiner Majestät das am gleichen Morgen erlassene Dekret verlas. Danach ist Herr von La Fayette dem Volke allein verantwortlich für die Person des Monarchen und für die ganze königliche Familie. Er gab allen Mitgliedern der Familie eine eigene Wache bei und ergriff alle notwendigen Maßnahmen, ohne allerdings der königlichen Familie den Verkehr unter sich zu verbieten, und ohne den üblichen Bediensteten den Zutritt zu verwehren.

Die fremden Monarchen als letzte Hoffnung

Korrespondenz Ludwigs und Marie Antoinettes mit dem Wiener Hof

Bis zur Flucht sind die Tuilerien so bewacht worden, daß der Würde des Monarchen Rechnung getragen war: Ob die Soldaten die königliche Familie beaufsichtigen oder schützen sollten, war nicht gleich ersichtlich. Marie Antoinette hatte mit dem früheren österreichischen Botschafter, dem Grafen Mercy, der seit 1790 als Gouverneur in Brüssel saß, ungehindert über die geplante Flucht korrespondieren können. In den österreichischen Niederlanden waren auf ihren Wunsch eigens Truppen zusammengezogen worden, damit Bouillé einen Vorwand hatte, seine französische Reiterei im Grenzgebiet zu konzentrieren.

So ist Kaiser Leopold II., ihr Bruder, gefaßt auf das Unternehmen, dessen Gelingen ihm am 5. Juli 1791, also zwei Wochen später, fälschlicherweise gemeldet wird – ein tragisches Beispiel für die Langsamkeit der Nachrichtenverbindungen.

Am Tag darauf wird er richtig informiert, und bald erreicht ihn ein undatierter Hilferuf Ludwigs, eilig selbst geschrieben wie der Brief der Königin vom 8. September, weil inzwischen überall im Schloß Wachen stehen. Und die Bestätigung von Botschafter Mercy vom 26. September hat weder Anrede noch Unterschrift, damit sie notfalls abgestritten werden kann.

Da man bei den Emigranten, die sich in Koblenz und Turin um die Brüder des Königs scharen, befürchten muß, daß ihnen ein Ludwig XVII. lieber wäre als der jetzige König, kommt es den Kindern Maria Theresias darauf an, daß sich Preußen gemeinsam mit Österreich für den in Paris gefangenen Monarchen einsetzt. Im August hat sich Leopold mit dem preußischen König Friedrich Wilhelm II. in Pillnitz beim Kurfürsten von Sachsen getroffen; ihre Erklärung ist aber so unbestimmt ausgefallen, daß sie eher geschadet hat. Der König hat im September resigniert den Eid auf die Verfassung abgelegt.

Padua, den 5. Juli 1791

Geliebte Schwester. Gott sei Dank, endlich habe ich die Nachricht bekommen, daß Sie glücklich in Luxemburg eingetroffen sind, und daß der König in Metz in Sicherheit ist. Sie können sich wohl denken, welchen Schmerz ich empfunden habe, als ich hörte, Sie seien unterwegs angehalten worden! Jedenfalls kann ich mir Ihre Erleichterung und Beruhigung in diesem Augenblick gut vorstellen. Wäre ich nur meinem Herzen gefolgt, ich hätte gleich von hier aufbrechen mögen, um zu Ihnen zu eilen und Sie in die Arme zu schließen, doch widrige Verhältnisse haben mich daran gehindert. Ich beneide meine Schwester Marie um ihr Glück, weil sie diese Freude haben wird; ich beauftrage sie und den Grafen Mercy, für alles zu sorgen, was Ihnen in diesem Augenblick angenehm sein kann. Ich schmeichle mir, daß Sie überzeugt sein werden, bei mir daheim zu sein wie bei sich, und daß Sie nicht die geringsten Umstände machen mit einem Bruder, der Ihnen so zärtlich und aufrichtig verbunden ist wie ich.

Hinsichtlich Ihrer Angelegenheiten kann ich Ihnen nur noch einmal versichern, so wie ich es schon dem König gegenüber getan habe, daß alles, was ich habe, Ihnen zur Verfügung steht: Geld, Truppen, einfach alles. Meine Schwester und Graf Mercy haben alle erforderlichen Vollmachten, um jede Art von Manifest, Erklärung, Truppenbewegung oder -marsch zu veranlassen, die Sie befehlen könnten: Ich bin nur zu glücklich, Ihnen zu etwas nütze zu sein und dazu beizutragen, bei Ihnen wieder Ordnung zu schaffen, um einem skandalösen System ein Ende zu setzen, das auf die Dauer ganz Europa umgestürzt hätte. Ich habe nach Spanien und an den König von Sardinien geschrieben, damit deren Erklärungen und Truppen dem König ebenfalls sogleich zur Verfügung stehen. Die Schweizer und das Reich werde ich ebenfalls auffordern, und ich bin sicher, daß der König von Preußen seine Truppen mit Vergnügen geben wird. Sie haben also nur zu befehlen, ebenso wie der König, und alles, was in meinen Kräften steht, wird geschehen. Ihr Mut, Ihre Festigkeit und Ihre Geistesgegenwart haben Sie gerettet, ebenso wie den König und Ihre Familie; sie werden auch die Monarchie retten, und endlich wird die Ruhe ganz Europas Ihnen zu verdanken sein.

Geben Sie mir bald Nachricht von sich, von Ihrer Gesundheit und dem Ergehen Ihrer Familie, von dem ich hoffe, daß es gut sein möge. Zählen Sie in jeder Lage auf meine Verbundenheit, Freundschaft und Bemühung, und seien Sie überzeugt von der Liebe, mit der ich verbleibe...

LUDWIG XVI. AN LEOPOLD II.

Niemand in Europa verkennt die Liebe des Königs für seine Völker und sein großmütiges Verhalten, das er durch die Einberufung der Generalstände und bei allen Gelegenheiten seit der Eröffnung dieser Versammlung an den Tag gelegt hat. Güte und Großmut des Königs wurden belohnt mit zahllosen Beleidigungen seiner Person und seiner Familie und mit der Gefangenschaft, in der man ihn seit fast zwei Jahren hält. Der König hatte sich mit allen persönlichen Opfern abgefunden, die man ihm abverlangte, auch alle Beschwernisse des Zustands, in dem man ihn hielt, auf sich genommen, weil er hoffte, daß die Arbeiten der Vertreter der Nation zum Heil des Königreichs ausschlagen würden und er im Gemeinwohl Trost für seine Leiden finden würde. Doch jetzt sieht er, daß die Nationalversammlung ihrem Ende zugeht, daß jede Art von Regierung daniederliegt, daß die Klubs alle Autorität an sich gezogen haben und noch über der Versammlung stehen, daß keine Hoffnung mehr ist, sie könne die Fehler gutmachen, die sie begangen hat, ja, nicht einmal die neu zu wählende, wenn dort auch der Geist der Klubs herrscht, daß der Rest von Scheinautorität, der dem König geblieben ist, nicht ausreicht, um das Gute zu bewirken und das Böse zu verhindern. Aus diesen Erwägungen hatte sich der König entschlossen, eine letzte Anstrengung zu unternehmen, um seine Freiheit wiederzuerlangen und sich mit den Franzosen zu vereinen, die das Wohl ihres Vaterlandes wahrhaft wünschen, doch den Umtrieben der Aufrührer ist es gelungen, sein Vorhaben scheitern zu lassen; er ist einmal mehr festgehalten worden und bleibt als Gefangener in Paris. Der König hat sich entschlossen, Europa diesen Zustand zur Kenntnis zu bringen, in dem er sich befindet, und indem er seine Leiden dem Kaiser, seinem Schwager, anvertraut, zweifelt er nicht daran, daß dieser alle Maßnahmen treffen wird, die sein edelmütiges Herz ihm eingibt, um dem König und dem Königreich Frankreich zu Hilfe zu kommen.

MARIE ANTOINETTE AN LEOPOLD II.

8. September 1791

Wie lange geht es schon, geliebter Bruder, daß ich Ihnen nicht schreiben konnte, und dabei hätte mein Herz es so sehr gebraucht! Ich weiß von allen Beweisen der Freundschaft und Anteilnahme, die Sie uns ständig liefern, doch ich beschwöre Sie bei eben dieser Freundschaft, sich von uns in keiner Weise kompromittieren zu lassen. Es ist sicher, daß unsere Hilfe und unser Vertrauen allein bei Ihnen stehen. Hier ist eine Denkschrift, die Ihnen zeigt, wie unsere Lage wirklich ist und was wir von Ihnen erhoffen können und müssen. Ich kenne das tiefste Wesen der zwei Brüder des Königs sehr gut; es gibt keine besseren Verwandten als sie (beinahe hätte ich »Brüder« gesagt, wenn ich nicht das Glück hätte, Ihre Schwester zu sein). Beide wünschen nur das Glück und den Ruhm des Königs. Doch mit ihrer Umgebung sieht es ganz anders aus: alle haben dort ihre eigene Rechnung für ihren Erfolg und ihren Ehrgeiz aufgemacht. Es kommt also sehr darauf an, daß Sie sie im Zaum halten und vor allem, wie Graf Mercy es Ihnen von mir schon ausgerichtet haben wird, von den Prinzen und den Franzosen überhaupt verlangen, daß sie sich zurückhalten in allem, was geschehen mag, sowohl bei Verhandlungen als auch, wenn Sie und die anderen Mächte Truppen marschieren lassen. Ein solches Verhalten wird um so notwendiger, als der König die Verfassung annehmen wird, weil ihm keine Wahl bleibt; wenn die Franzosen draußen sich gegen die Annahme aussprechen, würden sie als Verbrecher angesehen von dem Tigergeschlecht, das sich im Königreich breitgemacht hat, und bald würde man uns verdächtigen, im Einverständnis mit ihnen zu stehen. Dabei ist es für uns von höchstem Interesse, wenn wir schon annehmen, größtes Vertrauen einzuflößen. Das ist das einzige Mittel, damit das Volk, wenn es angesichts der Nöte im Innern oder der Furcht vor dem Ausland aus seiner Trunkenheit aufwacht, sich uns wieder zuwendet und die Urheber seiner Leiden ihm verhaßt werden. (...)

Heute, da ich wenigstens einmal bei geschlossener Tür schreiben kann und in meinem Zimmer allein bin, darf ich Sie, geliebter Bruder, der zärtlichen und unverbrüchlichen Freundschaft versichern, mit der ich Sie umarme, und die erst mit meinem Leben enden wird.

Dem König, der Sie umarmt, geht es gut, ebenso den Kindern und mir. Grüßen Sie meine Schwägerin tausendmal von mir. Ich umarme alle Ihre Kinder.

GRAF MERCY AN MARIE ANTOINETTE

Den 26. September 1791

Das vom 8. September 1791 datierte Schreiben mit einer dazugehörigen Denkschrift ist eingetroffen. Beide Dokumente werden unverzüglich an ihren Bestimmungsort gesandt. Die Denkschrift entwickelt einen vernünftigen Grundsatz, nämlich eindrucksvolle Macht zu zeigen, ohne sogleich zu handeln. Es scheint, als sei das auch das von den anderen Mächten bevorzugte System, doch ob damit der Bürgerkrieg vermieden werden kann, das ist eine Frage, die höchst zweifelhaft bleibt. Es ist nicht das geringste Anzeichen für Maßnahmen zu erkennen, die der Anarchie ein Ende setzen könnten; diese wird zum Staatsbankrott führen; diesem wiederum werden Versorgungsmängel vorausgehen oder folgen, und die drei Kalamitäten zusammen führen unmittelbar zum Bürgerkrieg. Unterstellt man eine solche Katastrophe, so hängt das Schicksal des Monarchen vom einleuchtenden Beweis ab, daß er nichts mit den Ursachen eines solchen Unglücks zu tun hat, sondern alles unternommen hat, es abzuwenden, seine Schrecken zu vermeiden. Die ganze

Aufmerksamkeit des Königs und seines Ministeriums muß darauf gerichtet sein, diese Beweise zu sichern und deutlich zu machen. Es gilt, um jeden Preis Vertrauen und Liebe des Volkes zu gewinnen; das ist die einzige wirkliche Hilfe, deren man sich versichern kann in Erwartung der unvermeidbaren Erschütterungen, auf die wir uns einzustellen haben. Fällt die nächste Versammlung so abscheulich aus, wie vorauszusehen ist, so könnte man vielleicht an eine zweite Flucht denken. Es wäre klug, lange im voraus auf die Mittel dafür zu sinnen, denn man müßte sicher sein, bei diesem allerletzten Ausweg nicht zu scheitern. Wäre es möglich, die führenden Köpfe der neuen Versammlung zu gewinnen, würde man große Schwierigkeiten vermeiden.

In Pillnitz ist von einer gänzlichen Ablehnung der neuen Verfassung nicht die Rede gewesen. Man hat dort nur Maßnahmen für die Erhaltung der Königswürde sowie für Freiheit und Unverletzlichkeit des Monarchen beschlossen. Die Frage der Grenzen seiner Autorität ist nicht behandelt worden. Im übrigen ist das Eingreifen des Kaisers und des Königs von Preußen an die Bedingung der Beteiligung der anderen Mächte gebunden; dabei liegt die größte Schwierigkeit in den offenbar gewordenen Absichten Englands, die sichtlich mit denen Spaniens zusammenfallen. Dagegen ist nicht bewiesen, daß man beim König von Preußen nichts erwirken kann; der Kaiser glaubt und hofft es, aber er wird sich nicht auf eine zweifelhafte Zusicherung verlassen. Dieser Monarch ist jetzt auch fest entschlossen, sich den Hirngespinsten der Prinzen zu widersetzen; er hat das in einer schriftlichen Antwort ganz eindeutig und bestimmt dargelegt. (...)

Die Annahmeerklärung des Königs hätte ausführlicher sein können hinsichtlich seiner Auffassung von den Fehlern, welche die Verfassung undurchführbar machen. Es wäre wünschenswert gewesen, wenn er nachdrücklicher auf die Rechnungslegung eingegangen wäre; der Punkt leuchtet dem Publikum ein, und man sollte darauf noch einmal zurückkommen. Man muß den Winter nutzen, um nach außen klug zu verhandeln und im Innern die Meinungen für sich zu gewinnen, muß die Umstände richtig einschätzen und ihnen ihren natürlichen Lauf lassen.

Debatten in der Gesetzgebenden Versammlung

Ein Berliner als Augenzeuge

Auf Antrag von Robespierre hat die Verfassunggebende Versammlung noch beschlossen, ihre Mitglieder seien zur nächsten, zur Gesetzgebenden Versammlung nicht wählbar. Dieser Verzicht ist ein Schachzug: Die Neuen werden Anleitung brauchen von den Aktivisten im Jakobinerklub, bei denen Robespierre den Ton angibt, zumal seit ein gemäßigter Teil im Kloster der Feuillants tagt. Von den 750 Abgeordneten gehören ein Drittel, vom Präsidenten gesehen rechts, für die Zuschauer links sitzend, zu den monarchistischen »Feuillants«; ungefähr 350, plaine *oder* marais, *»Ebene« oder »Sumpf« genannt, sind neuerungsbereiter, aber auch verfassungstreu; links und stark erhöht auf der* montagne, *dem »Berg«, sitzen die Jakobiner und die extremen »Cordeliers«, in deren Klub Danton und Marat im Namen des revolutionären Paris den Ton angeben.*

Seit ihrem Zusammentreten am 1. Oktober 1791 ist die neue Versammlung immer wieder auf das Veto des Königs gestoßen, vor allem gegen harte Gesetze über die Emigranten und die eidweigernden Priester. Zugleich meint man den Krieg gegen die »Tyrannen« vorbereiten zu müssen und ringt um Übereinstimmung und das nötige Geld. Weitere Assignaten werden ausgegeben, gestückelt bis zu Halblivre-(10-Sous-)Scheinen. Der Kurs zum Metallgeld ist schon auf 60% gesunken.

In der Versammlung geht es disziplinloser zu als in späteren Parlamenten, und jede Störung wird gerechtfertigt mit der »Öffentlichkeit der Debatten«, die nach der Geheimpolitik der Kabinette zum Dogma geworden ist. Ein demokratisch gesonnener Deutscher, der Königlich Preußische Hofkapellmeister Johann Friedrich Reichardt, schaut sich im Manège-Saal um.

Die Sitzung war äußerst stürmisch. Ich habe von 10 bis 3 Uhr in einem sonderbaren Gemische von Empfindungen und Reflexionen zugebracht. Stundenlang hatte ich zu tun, ehe ich die unbeschreibliche Unart der Leute nur einigermaßen ertragen konnte. Doch, ich muß Dir erst das Lokale genau beschreiben. Das Gebäude ist die Reitschule bei den Tuilerien. Unten längs den Wänden herum sind sechs Reihen von amphitheatralisch erhöheten und mit grünem Saffian beschlagenen Sitzen für die Mitglieder. Oben läuft an den langen Wänden eine Galerie mit zwei Reihen Sitzen hintereinander fort, zu denen von den Mitgliedern an rechtliche Personen Billette verteilt werden. An den schmalen Wänden des Saals sind wohl zehn bis zwölf amphitheatralische Reihen von Sitzen bis an die Decke hinauf angebracht, und dort geht das Volk frei hin. Auf diesen waren fast ebenso viele Männer als Weiber aus den niederen Ständen; auf unsrer Tribüne aber wohl zehn Frauenzimmer für einen Mann. Unten, in der Mitte der einen langen Wand, ist dem Eingange gegenüber der ansehnliche, erhöhete, mit einem Gitter umgebene Sitz des Präsidenten, dem zwei Huissiers zur Seite stehen, um mit ihm Silence! [Ruhe!] zu schreien. (...)

Bei diesen Umständen ist es also gar nicht leicht, das Wort zu bekommen. Heute wenigstens hatte es seine große Schwierigkeit, denn oft schrie einer dreißig-, vierzigmal, bis er ganz heiser ward: »Mr. le Président, je demande la parole« [Ich bitte ums Wort], ohne daß der Präsident es vor dem Geschrei der ihn näher Umgebenden hören konnte. Oft, besonders wenn es von der linken, sehr geringzähligen (gemäßigten) Seite kam, schien er es auch nicht hören zu wollen. Wer indes einmal das Wort hatte, der schrie fort, so lange er konnte, wenngleich sein nächster Nachbar nicht imstande gewesen sein mag, eine einzige Periode ganz zu verstehen. Daher gab es denn auch unzählige Mißverständnisse, und sehr oft ward jemand mit entsetzlichem Ungestüm über etwas widerlegt, was er nicht gesagt zu haben behauptete; oder der Präsident wiederholte am Ende die Frage so, daß der Motionnaire [Antragsteller] nicht damit zufrieden sein konnte. (...)

Doch bei dem allen hab ich auch sehr angenehme Minuten

gehabt. Unter fünfzig bis sechzig Leuten, welche heute redeten, sagten wohl zwölf bis fünfzehn vortreffliche Sachen: und einige sprachen mit solcher Würde und weiser Mäßigung, auch war ihre Beredsamkeit so treffend und überzeugend, daß sie den allgemeinsten Eindruck hätten machen müssen, wenn nicht die andern größtenteils darauf ausgingen, falsche oder einseitige Begriffe und Pläne durchzusetzen.

Ich bin übrigens nunmehr auch sinnlich überzeugt – denn moralisch war ich es schon vorher –, daß die rechte Seite (die heute, wo die Bänke beinahe voll zu sein schienen, weit über zwei Dritteile der ganzen Versammlung ausmachte) gewisse Absichten durchsetzen will, es koste, es wolle. Betrachtet man sie aus diesem Gesichtspunkte und setzt man zum Beispiel nur den einen Plan als fest unter ihnen angenommen voraus, die Konstitution immer mehr und mehr so zu modizifieren, daß man zu jeder Stunde den König hinausschieben oder durch Schikane hinaustreiben kann, ohne dadurch in der ganzen Maschine eine Stockung oder eine plötzliche Umänderung zu verursachen: so sieht man wohl, daß die Jakobiner sehr konsequent verfahren. Ja, alles, was uns und jedem, der von besseren und praktisch richtigeren Begriffen ausgeht, unsinnig scheinen muß, ist nach jenem Plane zweckmäßig. (...)

Sehr auffallend ist es mir gewesen, daß bei weitem die meisten Mitglieder sehr junge Leute sind, und zwar fast alle, die sich besonders hervortaten, sehr wohlgebildete, zum Teil schöne. Diese jungen Leute nun haben eine bewundernswürdige Kraft der Stimme und dabei eine uns bescheidenen Deutschen unbegreifliche Unverschämtheit, sobald sie sich das Wort verschaffen oder es andern verwehren wollen. Es ist also schon physisch ganz unmöglich, daß ein bescheidener, etwas ängstlicher Mann oder auch einer, der nur eine schwache Stimme hat, zum Vortrage gelangen kann. Mehrere bejahrte, kleine Männer mit feinen Gesichtern blieben auch heute ganz unverstanden oder mußten sogar vom Katheder wieder abtreten, ohne zum Worte kommen zu können, obgleich die Majorität es ihnen zugestanden hatte. Die heftigen Gebärden von jenen mit beiden Händen frech vorwärts oder über den Kopf (wobei sie in der einen Hand gemeiniglich den Hut haben) und mit dem ganzen Leibe vor- oder zurückgebogen – schon diese Gebärden müssen einem sanfteren Manne die Gegenreden fürchterlich machen, eh er noch seinen Vortrag angefangen hat. (…)

7. März 1792

Die Sitzung der Nationalversammlung war noch weit unruhiger, weit ungezogener (…), und die Menschen machten sich um so verächtlicher, da aller der Lärm stundenlang bloß dazu abzweckte, den braven Dumas, dem die Majorität das Wort bewilligt hatte, mit aller Gewalt am Reden zu hindern und ihn von der Tribüne zu treiben, weil er wahr und vernünftig sprach und eine neue Art von scrutin [Abstimmung] bei der Wahl vorschlug. Ich selbst muß aber – so arg ging es her! – erst morgen die Zeitungen lesen, um zu wissen, was eigentlich vorgetragen und angenommen worden ist; und doch waren wir neben der Rednertribüne gerade dem Präsidenten gegenüber. Einige lange Berichte wurden von so schwachen Stimmen vorgelesen, daß bei dem unaufhörlichen Lärmen und bei dem Läuten des Präsidenten mit einer großen Handglocke und bei dem ewigen Rufen »Silence!« und »en place!« [Hinsetzen!] schlechterdings nichts verstanden wurde. Auch hörte niemand auf die Berichte, und am Ende fragten mehrere Stimmen laut: »De quoi s'agit-il? Nous n'avons rien compris.« [Um was geht es? Wir haben nichts verstanden.] Aber doch ward darüber zum Stimmen geschritten.

Das Auszischen der Minorität ging heute bis zum Unerträglichen. Die Tribünen des gemeinen Volkes waren ganz ausgelassen. Wohl fünfzigmal ward Dumas während seiner Rede laut ausgelacht, ausgezischt, ausgetrommelt und mit beißenden Anmerkungen von hundert und mehr Stimmen zugleich unterbrochen: »Ah! c'est édifiant! quel patriote! allez le lire aux ministres, ce beau discours!« [Ha, wie erbaulich! Was für ein Patriot! Lesen Sie sie doch den Ministern vor, die schöne Rede!] usw. Unzählige Stimmen zankten während der Rede unaufhörlich und laut mit dem Präsidenten, daß er die Zeit mit solchem elenden Zeuge verderben lasse. Viele sprangen von ihren Sitzen in den Zwischengang und fast gerade gegen den Präsidenten an, dem manche sogar mit dem Stocke droheten. Einer warf sein Buch, das er eben in der Hand hatte, auf die Erde und trat darauf. Es ist unbeschreiblich, wie unanständig alles zuging.

Nur die Gesichter konnten mich noch bisweilen angenehm unterhalten. Die Volkstribünen waren mit vier- bis fünfhundert Diebes- und Mörderphysiognomien angefüllt. Für die meisten hätte ich mir einen [satirischen Maler wie] Hogarth gewünscht: von einem alten Kerl an, der sein großes Gebiß immer offen hatte, daß man ihm bis in den Hals sehen konnte, und dabei unaufhörlich kalt grausam grinsete, bis zu einem langen, blassen, jungen Galgenschwengel, der über dem vorigen saß und unaufhörlich gähnte, dabei aber allezeit wie rasend klatschte. Das Gesindel soll übrigens dafür reichlich bezahlt werden und rührt sich nicht von der Stelle. (...)

9. März 1792

Heute haben wir in der Nationalversammlung endlich einmal eine Sache, wie es sich gebührt, mit aller Aufmerksamkeit und Gründlichkeit diskutieren hören. Es betraf eine außerordentliche Beihülfe von 10 Millionen Livres, welche die Nation dem Minister der inneren Angelegenheiten zum Ankauf von Getreide anvertrauen wollte, um die Provinzen vor Brotmangel zu sichern. Wie dies am besten, schnellsten und wohlfeilsten geschehen könne, ohne der Handlung und dem Ackerbaue zu schaden, das ward über zwei Stunden lang sehr gründlich untersucht. Tarbé, ein sehr kluger, gesetzter, obgleich junger und kränklicher Mann, las einen Entwurf über diese Sache vor, und sein Projekt ward hernach Artikel für Artikel vorgenommen und wirklich mit vieler Sachkenntnis beleuchtet, bestritten, eingeschränkt, erweitert usf. Man sah, daß die, welche darüber sprachen – vermutlich großenteils Kaufleute – die Sache verstanden und zu Herzen nahmen.

Die andern aber, die sich nicht mit darauf einlassen konnten, zeigten sich zum Teil wieder elend. Anstatt zuzuhören, um sich zu unterrichten, liefen sie ohne Unterlaß aus und ein, von einem zum andern und mußten alle Augenblick wie die Schulknaben zum Stillschweigen und Niedersetzen ermahnt werden.

Die noch achtgaben, ließen es sich – was ihnen eben nicht zu verargen war – angelegen sein, lange Reden über den Gegenstand zu verhindern. Wenn einer mit seinem Vortrage weit ausholte, was leider fast alle zu tun pflegen: so zwangen sie ihn durch Zurufe und Schreien, gleich auf die Sache zu kommen; und es erregte oft lautes Gelächter, wenn einer sein Heft, woraus er eben ablesen wollte, bis in die Mitte umblättern mußte, um von dem Wesentlichen anzufangen. (...)

Auch ist eine Gesandtschaft von tollen Weibern vor die Schranken gelassen worden, die Pistolen, Flinten, Säbel und Piken gefordert haben, um zu ihren Männern nach den Grenzen zu ziehen und für das Vaterland zu fechten. Vermutlich sind sie der Meinung, daß es nichts für das Vaterland zu fechten, sondern nur zu h... und buben geben wird. (...)

10. März 1792

Heute haben wir wieder einer wichtigen Sitzung der Nationalversammlung beigewohnt, die von 10 bis halb 7 Uhr währte. Außer manchen kleinen Gegenständen ward besonders die Anklage gegen den Minister der auswärtigen Angelegenheiten, Herrn Delessart, mit großem Interesse, vielem Feuer, mächtiger Kraft und entsetzlich boshaftem Witze, aber dabei doch nicht ganz ohne Unparteilichkeit und männliches Gegeneinanderwirken behandelt. Zuletzt endigte sich denn alles, leider! so, daß mit unbeschreiblicher, unwiderstehlicher Wut der Majorität und aller Tribünen, der gemeinen sowohl als der besseren, der Minister des höchsten Staatsverbrechens für schuldig erklärt ward. (...)

Wir hatten von diesen großen Verhandlungen den Gewinn, daß wir den Geist und das Personal der Nationalversammlung näher kennenlernten. Diese war weit vollzähliger als je; auch nahm fast jeder lebhaften Anteil. Beide Parteien gerieten zum ersten Mal in laute Tätigkeit gegeneinander, und die Jakobiner wendeten Mittel zum Siege an, die wir vorher noch nicht gekannt hatten.

Der Präsident, Mr. Guiton-Morveau, ein bejahrter, sehr fester, unerschütterlicher Mann, der sein Amt mit unbeschreiblicher Würde und Aktivität versieht, zeigte gleich bei Eröff-

147

nung der Sitzung, daß es ihm um ernsthafteres Betragen zu tun sei. Da viele Mitglieder anfänglich wieder wie die Schafe oder besser wie die ungezogensten Schulknaben durcheinanderliefen und plauderten, sagte er: »Wenn die Herren auf meine Glocke und auf mein Rufen à l'ordre nicht an ihren Ort gehen und sich ruhig verhalten, so werde ich alle Unruhigen bei Namen zur Ordnung verweisen.« Das tat er denn auch auf der Stelle sechs- bis achtmal hintereinander. Aber auch dabei zeigte sich die Menge wieder sehr klein. Sowie einer bei Namen genannt ward, lachten und klatschten die übrigen höchst ungezogen. (...)

Die linke Seite war und blieb im ganzen ohne alle Energie; die rechte wendete dagegen alles an, sie in Respekt zu erhalten. Ihre wütendsten Schreier setzten sich in Menge an das Ende der linken Seite und nahmen so die Mäßigen in ihre Mitte. Der Präsident beförderte ihre Absicht durch die Art, wie er die Motion zum Stimmen vortrug; und so ward durch eine ansehnliche Mehrheit die Anklage auf der Stelle dekretiert.

Alle Redner und Zuhörer waren in solcher Bewegung und Anstrengung, daß man allgemein vor Verwunderung aufrief, als nach 5 Uhr die oben in dem Plafond angezündeten Kronleuchter heruntergelassen wurden; aber es fiel deshalb doch keinem ein, sich von der Stelle zu bewegen, bis um halb 7 Uhr diese Sache und mit ihr die Sitzung beendigt wurde. (...)

13. März 1792

Heute haben wir abermals einer sehr stürmischen Sitzung der Nationalversammlung beigewohnt. Wir glaubten nicht, daß wir dort noch neue Unanständigkeiten und Ungerechtigkeiten sehen könnten; aber darin irrten wir uns.

Der Justizminister, der mit allen andern ebenfalls als ein Verräter angeklagt ist, erschien selbst in der Nationalversammlung und sagte mit vieler Würde: die Versammlung werde ihm hoffentlich erlauben, seine Verteidigung vor ihr führen zu dürfen, ehe sie weiteren Verleumdungen Gehör gebe oder ihn gar für ausgemacht schlecht erkläre. Er bitte um Mitteilung der Anklagen, die man gegen ihn geführt habe, und glaube, im Bewußtsein seiner Unschuld sich gegen alle Vorwürfe auf der Stelle verteidigen zu können. Auf diese, mit großer Würde und Ruhe gesprochene Anrede erfolgte das wütendste Geschrei, daß seine Verteidigung nicht gehört zu werden verdiene. (...)

Der Minister wiederholte noch einmal mit derselben ruhigen Würde, die mich tief in der Seele erschütterte, und mit noch rührendern Ausdrücken seinen Antrag, ward aber mit demselben Ungestüm empfangen. Er setzte sich zum andern Male, und nun entstand um und neben ihm ein ungeheurer Lärm. Die Mitglieder liefen dort zusammen, so daß man eine ganze Weile nicht wußte, ob sie den Minister, der von Hunderten umgeben war, auf der Stelle zerreißen oder was sie sonst anfangen wollten, bis ein Mitglied durch den Lärm durch schrie: »Mr. le Président, ein Mitglied der Versammlung hat soeben ein großes Ärgernis gegeben; ich trage darauf an, daß er augenblicklich nach der Abtei in Arrest geschickt werde.« Nun lief das Mitglied, das völlig wie ein Zunftgenosse einer deutschen Fleischergilde aussah, auf die Tribüne, dicht an des Ministers Stuhl, und fing seine Rede so an: »Ein Mitglied hinter mir schrie, der Minister ist ein coquin, ein scélérat; man sollte ihn gleich festnehmen und ins Gefängnis werfen! Darauf erwiderte ich: wir sind weder seine Richter noch Henker.« – Bei diesen Worten nahm der Minister die sehr kluge Partie, ohne ein Wort zu sagen oder ein Zeichen der Höflichkeit zu machen, die Versammlung zu verlassen. (...)

Ich glaube, daß wir nun so ziemlich alle möglichen Formen dieser Nationalversammlung gesehen haben, und es bleibt fast weiter nichts übrig, als daß die Jakobinerwölfe die Feuillantsschafe lebendig fressen oder das Pariser Volk einmal so klug ist, die ganze brennbare Versammlung in Flammen aufgehen zu lassen.

Nach der Kriegserklärung

Manifest des Herzogs von Braunschweig vom Juli 1792

Der Anlaß ist läppisch: Der neue Kaiser Franz II. weigert sich, die Einziehung des Besitzes der Reichsfürsten in Elsaß-Lothringen formell anzuerkennen. Der Krieg, den Frankreich am 20. April 1792 erklärt, ist das Kind des Wunschdenkens vieler Männer des »Berges«, vor allem von Brissot, aber auch von Marat und Danton, die sich davon eine Überwindung des königlichen Vetos versprechen, dessen Aufrechterhaltung den König als Hochverräter dastehen ließe; vor allem wollen sie mit dem Schlachtruf »Krieg den Palästen, Friede den Hütten« die Nation in eine nach außen gewendete Kreuzzugsstimmung bringen. Vergeblich hält Robespierre im Jakobinerklub dagegen, man müsse erst die Kräfte der Gegenrevolution im Lande »zerschmettern«. Auch der Hof hat zum Kriege gedrängt: Siegt Frankreich, ist der König als Oberster Kriegsherr wieder der geliebte Herrscher, unterliegt es, so ist er der einzige Schutz gegen die fremden Fürsten und die Emigranten.

Nach einem dank der Standhaftigkeit des Königs glimpflich abgelaufenen Überfall einer Volksmenge auf die Tuilerien schreibt Marie Antoinette nach Wien: »Sie wollen um jeden Preis die Republik, und um sie zu verwirklichen, sind sie entschlossen, den König zu ermorden. Es müssen also durch ein Manifest die Nationalversammlung und die Stadt Paris für sein Leben und das seiner Familie haftbar gemacht werden.«

Dieses Manifest wird vor Beginn des Feldzugs der zur Koalition verbündeten Preußen und Österreicher von Emigranten verfaßt und am 25. Juli 1792 vom Herzog von Braunschweig, dem Oberkommandierenden der verbündeten Armeen, an die Einwohner Frankreichs gerichtet. Es ist ein Beweis für den Egoismus der Emigranten, vor allem aber für die völlige Verkennung der Revolution durch ihre restaurativ gesonnenen Gegner.

Da Ihro Römisch-Kaiserliche und Königlich Preußische Majestäten mir das Kommando Ihrer an den Grenzen von Frankreich versammelten vereinigten Armeen anvertraut haben, so habe ich geglaubt, den Einwohnern dieses Königreichs sowohl die Beweggründe der von beiden Souverains genommenen Maßregeln, als auch die Gesinnungen, welche Höchstdieselben dabei leiten, bekannt machen zu müssen. Nachdem die Partei, welche die Regierung in Frankreich auf die ungerechteste und gewalttätigste Weise an sich gerissen hat, die Rechte und Besitzungen der Fürsten Deutschlands in Elsaß und in Lothringen aufs willkürlichste beeinträchtigt hatte, nachdem sie im Innern des Königreichs die gute Ordnung und die rechtmäßige Regierungsform über den Haufen geworfen und sich gegen die geheiligte Person des Königs und Seine erhabene Familie Gewalttätigkeiten und Angriffe erlaubt hatte, die noch jetzt mit jedem Tage wiederholt werden, bedurfte es nur noch, um das Maß ihres Frevels voll zu machen, der bereits erfolgten Erklärung eines ungerechten Krieges gegen S. Kaiserliche Majestät und der feindseligen Behandlung Ihrer niederländischen Staaten. (...)

Zu diesem großen Endzweck gesellt sich aber die noch nicht minder wichtige und beiden Souverains am Herzen liegende Absicht: der im Innern von Frankreich wütenden Anarchie ein Ende zu machen; den Angriffen auf Thron und Kirche Einhalt zu tun; die gesetzliche Macht wieder herzustellen; dem König die Sicherheit und Freiheit, deren man ihn beraubt hat, sowie die unbeschränkte Ausübung der ihm rechtmäßig gebührenden Gewalt wiederzugeben.

In der Überzeugung, daß der vernünftige und größte Teil der Einwohner Frankreichs die Ausschweifungen einer Partei, die ihr Vaterland unterjocht, verabscheut und den Augenblick auswärtigen Beistandes ungeduldig herbeiwünscht, um sich öffentlich gegen die verhaßten Unterdrücker erklären zu können, rufen Ihro Kaiserliche und Königlich Preußische Majestäten sie auf und laden sie ein, nunmehr ohne Anstand zur Vernunft, zur Gerechtigkeit, zur Ordnung und Eintracht zurückzukehren. Um diese heilsame Veränderung zu befördern, erklärt Unterzeichneter als kommandierender General beider Armeen:

1. Daß beide durch die dringenden Zeitumstände zum Kriege

genötigten Höfe dabei nichts anderes als die Wohlfahrt Frankreichs zum Zwecke haben, ohne sich auf seine Kosten durch Eroberungen bereichern zu wollen.

2. Daß sie, weit entfernt, sich in die innere Regierung Frankreichs zu mischen, nur den König, die Königin und die königliche Familie aus ihrer Gefangenschaft befreien und Sr. Allerchristlichsten Majestät die erforderliche Sicherheit verschaffen wollen, um ohne Gefahr und Hindernisse die Ihnen nötig scheinenden Zusammenberufungen veranstalten und Ihren Verheißungen gemäß, so viel als von Ihnen abhängen wird, an der Sicherstellung der Wohlfahrt Ihrer Untertanen arbeiten zu können.

3. Daß die vereinigten Armeen die Städte, Flecken, Dörfer, die Personen und das Eigentum aller derjenigen beschützen werden, die sich dem König unterwerfen, und daß sie zur augenblicklichen Wiederherstellung der Ordnung und Polizei in Frankreich mitwirken sollen.

4. Werden Nationalgarden vor der Hand bis zur Ankunft der Truppen Ihro Kaiserlichen und Königlichen Majestäten und bis zu anderweitiger Verfügung die Ruhe in den Städten und auf dem platten Lande zu erhalten und über die Sicherheit und das Eigentum aller französischen Einwohner zu wachen suchen, widrigenfalls sie dafür persönlich verantwortlich sein werden; wie denn auch alle Nationalgarden, sobald sie gegen die Truppen der vereinigten Höfe fechten werden, als Feinde behandelt und als Rebellen gegen ihren König und Störer der öffentlichen Ruhe werden bestraft werden.

5. Eine gleiche Aufforderung ergeht hiermit an alle Generäle, Offiziere, Unteroffiziere und Soldaten der französischen Linientruppen: sie werden ermahnt, zu ihrer vormaligen Treue zurückzukehren und sich ohne Anstand dem König, ihrem rechtmäßigen Herrn, wieder zu unterwerfen. (...)

7. Alle Einwohner von Städten, Flecken oder Dörfern, die sich unterfangen möchten, sich gegen die Truppen Ihro Kaiserlichen und Königlichen Majestäten zur Wehr zu setzen, auf offenem Felde, aus den Fenstern, Türen und Öffnungen ihrer Häuser auf sie zu schießen, sollen auf der Stelle nach der Strenge des Kriegsrechts bestraft und ihre Häuser in Brand ge-

setzt oder dem Erdboden gleichgemacht werden. Dahingegen werden alle Bewohner der Städte, Flecken und Dörfer, die sich dadurch, daß sie den Truppen Ihro Kaiserlichen und Königlichen Majestäten ihre Tore öffnen, ihrem König unterwerfen, unmittelbar unter Ihre Allhöchsten Obhut gesetzt werden; ihre Personen, ihre Besitzungen und Habe sind sodann unter dem Schutze der Gesetze, so wie überhaupt für die gemeine Sicherheit aller und jedes einzelnen unter ihnen gesorgt werden wird.

8. Endlich soll die Stadt Paris nebst allen ihren Einwohnern ohne Unterschied sich sogleich und ohne alle Zögerung dem König unterwerfen, diesen Fürsten ohne alle Einschränkung in Freiheit setzen, um dadurch sowohl ihn als alle zur königlichen Familie gehörenden Personen der Unverletzbarkeit und Ehrfurcht, wozu das Natur- und Völkerrecht die Untertanen gegen ihren Landesherrn verpflichtet, wieder zu versichern. Demnach machen Ihro Kaiserliche und Königliche Majestäten alle Glieder der Nationalversammlung, der Departements, der Distrikte, der Munizipalitäten und der Pariser Nationalgarden, die Friedensrichter und alle und jede, die es angeht, wegen aller Ereignisse mit ihrem Leben verantwortlich, um dafür nach Kriegsrecht ohne Hoffnung der Begnadigung behandelt zu werden. Erklären übrigens bei Ihrem kaiserlichen und königlichen Wort, daß wenn das Schloß der Tuilerien gestürmt oder verletzt, die geringste Gewalttätigkeit verübt oder sogar Ihren Majestäten, dem König und der Königin und der königlichen Familie die mindeste Beleidigung zugefügt werden sollte, daß wenn nicht augenblicklich für Ihre Sicherheit, Erhaltung und Freiheit Sorge getragen würde, Ihro oben gedachte Kaiserliche und Königliche Majestäten dafür eine exemplarische, in ewigem Andenken bleibende Rache nehmen, die Stadt Paris einer militärischen Exekution und gänzlichen Zerstörung preisgeben und die rebellischen, dieser Attentate schuldigen Verbrecher den verdienten Strafen überliefern werden. Auf der anderen Seite versprechen Ihro Kaiserliche und Königliche Majestäten den Bewohnern der Stadt Paris, wenn sie dem Obenstehenden genau und schleunig nachkommen, Ihre guten Dienste bei Sr. Allerchristlichsten Majestät zu verwenden, um ihnen für ihr Unrecht und ihre Irrtümer Verzeihung auszuwirken, und für die

Sicherstellung ihrer Personen und Güter die strengsten Maßregeln vorzukehren. Da endlich Ihro Kaiserliche und Königliche Majestäten keine Gesetze in Frankreich als gültig anerkennen können, welche nicht vom König in vollkommener Freiheit gegeben sind, so erklären sie im voraus auf das feierlichste, daß sie alle Deklarationen, welche im Namen Sr. Allerchristlichsten Majestät gemacht werden könnten, solange für unrecht ansehen werden, bis Dero geheiligte Person, die des Königs und der Königin und der königlichen Familie, sich in unbezweifelter Sicherheit befinden werden. (...)

Mit diesen Beweggründen ersuche und ermahne ich alle Einwohner des Königreichs aufs dringendste und nachdrücklichste, sich dem Marsche der Truppen nicht zu widersetzen, sondern ihnen allenthalben freien Eingang zu gestatten, ihnen allen guten Willen zu bezeugen und ihnen, wo es die Umstände erfordern könnten, Hilfe und Beistand zu leisten. Gegeben im Hauptquartier zu Koblenz, den 25. Juli 1792.

Carl Wilhelm Ferdinand
Herzog zu Braunschweig-Lüneburg

August 1792: Tuileriensturm und Absetzung des Königs

Briefe eines Studenten

Am 3. August ist das Manifest der Koalition in Paris bekannt-geworden. Die Hauptstadt bebt vor Erregung; jeder trägt sein Quentchen Angst, Wut, Fanatismus bei. Die Provinz kann längst nicht mehr folgen; manche Departements beschließen, im Notfall Truppen zu entsenden, um den König gegen die Rasenden zu verteidigen.

Die 20 000 auf dem Weg an die Front zur Fête de la Fédération gekommenen »Föderierten« aus den Provinzen treten allerdings noch radikaler auf als die Pariser. Sie sind erst einmal in der Stadt geblieben und verbreiten nicht nur das »Kriegslied der Rheinarmee«, das die Marseiller mitgebracht haben, sondern führen Brandreden gegen den verräterischen Ludwig und die zögerliche Versammlung. Das ideale Verbreitungsorgan sind die 48 Sektionen, in die Paris jetzt eingeteilt ist; 47 verlangen ultimativ die Abdankung des Königs, Preisstop, Sonderbesteuerung der Reichen, Abschaffung des Zensuswahlrechts. Da die Versammlung diese Beschlüsse nicht übernimmt, werden von Föderierten und Sektionsbataillonen unter dem turnusmäßigen Kommandeur Santerre, dessen eigentlich noch einige Tage amtierenden Vorgänger man rasch totgeschlagen hat, die Tuilerien gestürmt.

Der 10. August 1892 wird der dritte große Aufstandstag der Revolution. Die Spekulation des Hofes auf den Krieg ist nicht aufgegangen. Für die Eiferer liegt das Königsschloß als erstes feindliches Bollwerk auf dem Weg zur Grenze.

Edmond Géraud, Sohn einer reichen Familie aus Bordeaux, der in Paris studiert, hat noch im September 1791, also nach dem Fluchtversuch, Ludwig XVI. als »würdig des Namens eines Königs der Franzosen« bezeichnet. Jetzt erlebt er den Tuileriensturm und schreibt an einen alten Bekannten daheim:

Mein Freund, mein lieber Freund,

Nun sind sie wirklich gekommen, die Tage der Wut des Volkes, und die Blitze seiner Rache schlagen überall ein; diese Rache ist schrecklich, exemplarisch und ewig denkwürdig: der 10. August 1792 wird für die Nachwelt das Bild vom 14. Juli 1789 abrunden, und wenn die Erstürmung der Bastille für immer die Eroberung unserer Rechte, den Sturz des Despotismus und das Erwachen des unterdrückten souveränen Volkes besiegelt hat, so werden die großen Ereignisse des heutigen Tages für immer den festen Bestand unserer Freiheit, die Fortführung der Revolution, die Bestrafung der Verschwörer und den Schrecken unserer Feinde besiegeln.

Die Rehabilitierung von La Fayette durch die Nationalversammlung hatte alle Geister aufgerührt und alle Seelen entsetzt, die seit langem verbittert waren durch die zahllosen ungestraften Attentate auf die Freiheit. Seit zwei Tagen herrschte die größte Bewegung in der Hauptstadt, und am zweiten Tage erreichte sie ihren Höhepunkt, als das Dunkel der Nacht die Bestürzung und Besorgnis der Bürger vergrößerte, indem es die Kühnheit der Verräter anstachelte, die Paris an seinem Busen nährte. Mehrere Patrioten waren provoziert, beleidigt und tätlich belästigt worden; die Föderierten aus Marseille waren von einigen Söldlingen des Königs angegriffen worden und hatten auf Gewalt mit Gewalt geantwortet; mit einem Wort, die erregendsten Gegensätze entflammten beide Parteien.

Das Gewitter dröhnt die ganze Nacht, jeder wacht, die Straßen sind beleuchtet und starren von Piken und Bajonetten. Gegen zwei Uhr morgens, ohne einen Befehl, ohne Aufforderung und ohne Signal, hallt Paris plötzlich wider vom Ton all seiner Glocken und vom Lärm all seiner Trommeln. Die Sektionen strömen zusammen; augenblicklich sind alle Bande zerrissen und alle öffentliche Gewalt vergessen; die Wachsamkeit des Volkes tritt vorläufig an die Stelle des Bürgermeisters von Paris und seines Stellvertreters. Die Stadt, die Vorstädte und die Föderierten eilen zugleich vor den Palast des Tyrannen und in die Nähe der Nationalversammlung, die schon vorgestern ihre Sitzung für permanent erklärt hatte. Eine angeblich nationale

Streife, mit Säbeln, Pistolen und Dolchen bewaffnet und aus Priestern, Höflingen und Dienern des Hofes zusammengesetzt, wird überrascht, verhaftet und eingekerkert; mit Tagesanbruch beginnen die Hinrichtungen durch das Volk, und die von den Sektionen abgeurteilten und anschließend dem Volke ausgelieferten Schuldigen werden auf der Stelle erwürgt und enthauptet. Sieben Köpfe werden in den Tuilerien und deren Umgebung herumgezeigt.

Dieses schaurige Ereignis war nur der Vorläufer eines anderen, noch viel schrecklicheren Ereignisses. Der König verläßt um acht Uhr morgens den Palast, inspiziert in Person die Wachen des Schlosses und nimmt die Parade einer zahlreichen Formation von Schweizergarden ab, die durch Geheimbefehl aus Courbevoie herangeführt worden sind. Eine Handvoll Grenadiere der Nationalgarde aus der Sektion »Filles-Saint-Thomas« vergißt sich so weit, »es lebe der König!« zu rufen; die Bürger auf der gegenüberliegenden Terrasse der Feuillants antworten ihnen mit einem einzigen Aufschrei der Wut und Entrüstung. Nach diesem Auftritt suchen Ludwig XVI., die Königin, ihre Kinder und Madame Elisabeth in der Nationalversammlung Zuflucht; beim Überschreiten der Terrasse fällt die Königin in Ohnmacht, ohne Zweifel unter der Last der Reue, der Unruhe und einer düsteren Vorahnung. Einen Augenblick nach ihrem Rückzug in den Schoß der Gesetzgebenden Versammlung nähert sich ein Trupp von Föderierten aus Marseille und von einigen Veteranen der Nationalgarde den Schweizern, die kampfbereit im Hof des Schlosses stehen, und fordert sie auf, sich dem Volke anzuschließen und jeden Keim der Zwietracht zu ersticken. Die Schweizer lassen sie herankommen und blicken ihnen freundlich entgegen; plötzlich aber gibt ihr Bataillon eine Salve ab und zerschmettert die Marseiller, die ihnen Friedensvorschläge machen wollten; mehrere Kanonen, die im Schloß in den Fensteröffnungen aufgestellt sind, fegen eine Ansammlung von Bürgern hinweg, die in Waffen auf dem angrenzenden Platz bereit stehen; das Volk flieht mit lautem Geschrei. Die Artillerie der Pariser Kanoniere, die in der Nähe ist, erwidert das Feuer und zerstreut das Bataillon der Schweizer, die sich in das Innere des Schlosses zurückziehen und aus den Fenstern feuern. Drei Feldgeschütze der Marseiller schießen von der Terrasse der Feuillants aus das Schloß in Trümmer; das Volk strömt von allen Seiten zusammen, um den Kanonieren zu helfen; die Lastträger der Markthalle eilen wohlbewaffnet herzu, vor ihnen her sprengt die berittene Nationalgendarmerie. Rasch ist das Schloß erstürmt, die Schweizergarden ermordet, ihre Anführer enthauptet und viele von ihnen aus den Fenstern geworfen; das Volk setzt die Stallungen des Königs und die an das Schloß angebauten Kasernen der Schweizer in Brand; Rauchschwaden hüllen die Sieger und die Besiegten ein; die Gemächer schwimmen von Blut und werden geplündert, alle Möbel zerschlagen und in Stücken hinausgeworfen. Mehrere Schweizer, die dem Gemetzel entkommen waren, sind unbarmherzig auf offener Straße ermordet worden.

Die Zahl der Opfer der Volkswut beläuft sich, wie es heißt, auf elfhundert. Man kann nicht einen Schritt tun, ohne auf einen Kopf, auf einen Leichnam, auf noch zuckende Glieder zu stoßen; die Straßen sind besät mit diesen gräßlichen Überbleibseln. Bei mehreren Schweizergarden hat man in der Tasche eine große Menge Geld in Münzen gefunden: diese Unseligen hatten sich für Gold und Wein verkauft. Einige von ihnen haben sich, aber zu spät, dem Volke anschließen wollen; andere, die nicht schießen wollten, sind von ihren eigenen Kameraden aus den Fenstern geworfen worden. Die Keller des Schlosses, voll mit bestem Wein, sind im Handumdrehen ausgeräumt worden; der Boden ist dort ganz und gar mit zerbrochenen Flaschen bedeckt. Der Oberkommandierende der Nationalgarde ist verhaftet worden; man glaubt, daß er seine Mitbürger verraten hat. Der Patriot Santerre ist an seine Stelle gewählt worden.

Der König, der sich während dieser schrecklichen Ereignisse, die mindestens zwei Stunden gedauert haben, in die Nationalversammlung geflüchtet hatte, hat nichts als eine stumpfe, unmenschliche Gleichgültigkeit gezeigt; er hat ein Brot verlangt und hat es mit einem Ausdruck der Sorglosigkeit und Gemütskälte verzehrt. Die Königin hat ein trauriges Gesicht zur Schau getragen, aber voller Schamlosigkeit und Hochmut; die Nationalversammlung hat sich ruhig, würdig und energisch verhalten. Als der Kampf begann, hat sie nur kurz ihre Debatten unterbrochen; Guadet, der den Vorsitz führte, hat große Unerschrockenheit und erstaunliche Geistesgegenwart in einem so dramatischen Augenblick bewiesen. Vergniaud und Gensonné haben nacheinander den Vorsitz übernommen; die rechte Seite war gänzlich verwaist, die Feiglinge hatten ihren Posten verlassen; von den Patrioten auf der Linken fehlten nur wenige. Alle Sektionen traten vielköpfig vor die Schranken der Versammlung, alle forderten sie die Absetzung des Königs, alle klagten sie ihn der furchtbarsten Verrätereien an.

Nachdem die Nationalversammlung im Namen der Nation und des Vaterlandes in Gefahr feierlich geschworen hatte, Freiheit und Gleichheit aufrechtzuerhalten oder auf ihrem Posten zu sterben, hat sie die vorläufige Aufhebung der exekutiven Gewalt und noch verschiedene andere Maßnahmen beschlossen; die Zeitungen werden Ihnen die Einzelheiten berichten.

Ich will keine eigenen Gedanken hinzufügen zu diesen Tatsachen, für deren reine Wahrheit ich Ihnen garantieren kann, weil ich sie zum größten Teil selbst gesehen habe. Das Volk ist grausam gewesen, das muß man zugeben, aber viele Umstände verschlimmern die Verbrechen des Hofes und rechtfertigen das Verhalten des Volkes! Wenn Sie diese Verbrechen kennen würden, würden Sie erfassen, wie sehr das Volk, ich sage nicht zu entschuldigen, sondern des höchsten Lobes würdig ist. Außerdem, wenn es grausam gewesen ist, so war es doch auch zugleich mutig, tugendhaft und sogar selbstlos. Raub und Plünderung sind nicht vorgekommen. Die Edelsteine, das Geschirr und das Münzgold sind in die Nationalversammlung gebracht worden. ...

Adieu, mein Freund, adieu, freuen Sie sich und geben Sie meinem Brief alle Verbreitung, die Ihnen angemessen erscheint.

Paris, den 12. August 1792
Die Nationalversammlung, lieber Freund, nutzt die Umstände weiter zum besten; alle ihre Dekrete ergehen jetzt im Geist der Menschenrechte.

Der Tag des 10. August hat uns um zehn Jahre auf der glänzenden Bahn der Freiheit und der öffentlichen Wohlfahrt vorwärts gebracht. Viele Zeugnisse werfen von Augenblick zu Augenblick ein helleres Licht auf die furchtbaren Verschwörungen des ehemaligen Königs und der Schweizer Offiziere; der Aristokrat Clermont-Tonnerre ist ebenso wie eine Menge seiner Spießgesellen vom Volk erschlagen worden. Die nationale Regierung aus sechs patriotischen Ministern ist bereits in Tätigkeit.

Damit sind wir, ohne es zu merken und ohne daß überhaupt jemand darauf achtet, zur republikanischen Regierung übergegangen. Nur noch wenige Augenblicke, und schon werden die wahren Freunde der Freiheit den heilsamen Unterschied verspüren zwischen diesem neuen Zustand und einer erblichen Monarchie mit einem konterrevolutionären König.

Das Volk hat den gestrigen Tag damit verbracht, die Standbilder aller Könige umzustürzen, die unsere öffentlichen Plätze verschandeln. Nicht einmal Heinrich IV. hat Gnade gefunden; er war König und noch dazu vom Blute der Bourbonen, das genügte. Auf dem Vendôme-Platz habe ich das Reiterstandbild von Ludwig XIV. am Boden gesehen. Unser Freund Chaudruc aus Bordeaux hat mit Tausenden von Bürgern die Statue desselben Königs auf dem Victoires-Platz gestürzt. Dieses Abbild eines verhaßten Tyrannen hat der Kraft so vieler Arme nicht lange widerstanden, und mit einem um seinen Hals gelegten Drahtseil haben wir den drohenden Koloß heruntergerissen, der das freie und souveräne Volk zu verhöhnen schien. Dann haben sich die Leute unversehens auf ihn gestürzt und ihm mit Beilen und Sägen den Kopf abgeschnitten; jeder wollte sich auf den gewaltigen Klotz setzen; der Sturz der Könige und die Erringung unserer Freiheit ging unter Gesang vor sich: das Lied »Ça ira« erscholl über den Platz, und die Rufe »Es lebe die Nation!« und »Tod den Tyrannen!« beschlossen diese fröhliche Zeremonie. Derselbe Sturz, dieselben Lieder, dieselbe Fröhlichkeit auf dem Platz Ludwigs XIV. Die Nationalversammlung hat sogleich durch ein Dekret das Vorgehen der Bürger gebilligt, und diese Statuen der Könige werden dazu dienen, ein nationales Münzgeld zu schaffen. Ich hoffe, daß Ihr nicht zögern

werdet, diesem Beispiel zu folgen, und daß die Leute in Bordeaux nicht länger auf ihrem Platz das unverschämte Standbild
des infamsten und härtesten aller Despoten, nämlich Ludwigs
XIV., dulden werden.

Adieu!

Die Frauen der Revolutionäre in der Sturmnacht

Aufzeichnungen von Lucile Desmoulins

Am 10. August 1792 übernimmt Paris für jedermann erkennbar die Macht. Die Stadtverwaltung mit der von den Sektionen gewählten Versammlung, dem Stadtrat und dem Prokurator mit seinen zwei Substituten, die als eine Art Volkstribunen die Bürger vertreten (zumeist einfach commune, *»Gemeinde« genannt), ist noch in der Nacht durch eine »aufständische Kommune« ersetzt worden, die fortan einen Druck ausübt, dem nach der Entmachtung des Königs nun die Versammlung ausgesetzt sein wird. Der populäre Substitut Danton, der diese Revolution innerhalb der Revolution vor allem organisiert hat, wird Justizminister, sein enger Freund Camille Desmoulins der höchste Beamte im Ministerium.*

Wie erleben die Ehefrauen diese Stunden, in denen auch sie das Scheitern des Umsturzes mit Tod oder bestenfalls Flucht zu bezahlen hätten? Sie gehören ja nicht zu den »Weibern«, die auf die Straße gehen. Draußen brüllen die Patrioten die Marseillaise, *in der lediglich von den »Söhnen des Vaterlands« die Rede ist, und sie dürfen nur zittern. Ihr Schicksal unterscheidet sich in nichts von dem aller ihrer rechtlosen Geschlechtsgenossinnen, das eine von ihnen schon zur Zeit der Generalstände höhnisch resümiert hat: »Die Losung der Frauen heißt Arbeiten, Gehorchen und Schweigen«, obwohl doch Frauen eigentlich nicht einmal durch Männer vertreten werden dürften, »so wie ein Adliger nicht einen Bürgerlichen vertreten kann«.*

Die 22jährige Lucile Desmoulins hat in dieser aufregenden Nacht das Tagebuchschreiben aufgegeben; vier Monate später trägt sie nach. Inzwischen ist ihr 32jähriger Mann auch Abgeordneter geworden. Daß die Revolutionäre nicht nur Idealisten waren, sondern auch stolz auf ihre schwindelerregende Karriere, zeigt sein Brief an den Vater.

Welche Lücke seit dem 9. August! Was ist inzwischen geschehen! Welchen Band hätte ich geschrieben, wenn ich fortgefahren hätte. Wie soll ich mich an so viele Dinge erinnern? Gleichviel, ich will etwas davon zurückrufen. Am 8. August kam ich vom Lande zurück. Es war schon eine starke Gärung in allen Geistern. Man hatte Robespierre ermorden wollen. Am 9. hatte ich Marseiller zum Mittagessen; wir waren recht vergnügt. Nach dem Essen waren wir alle bei Herrn Danton. Die Mutter weinte, sie war so traurig, wie man nur sein kann, ihr Kleiner sah stumpfsinnig aus; Danton war entschlossen. Ich für meine Person lachte wie toll. Sie fürchteten, es würde nichts aus der Sache. Obwohl ich durchaus nicht ganz sicher war, sagte ich ihnen, als ob ich es bestimmt wüßte, es würde gut werden. »Aber wie kann man so lachen«, sagte Frau Danton zu mir. »Ach«, gab ich zur Antwort, »das sagt mir voraus, daß ich vielleicht heute abend viel Tränen vergießen werde.« Am Abend begleiteten wir Frau Charpentier, die Schwiegermutter Dantons, zurück. Das Wetter war schön; wir gingen etwas in den Straßen umher; es waren ziemlich viel Menschen zu sehen. Wir gingen wieder zurück und setzten uns vor ein Café an der Place de l'Odéon. Mehrere Sansculotten kamen vorbei und riefen: »Hoch die Nation!«, dann Truppen zu Pferde, schließlich ungeheure Menschenmengen. Ich wurde von Angst ergriffen. Ich sagte zu Frau Danton: »Wir wollen nach Hause gehen.« Sie lachte über meine Angst; aber dadurch, daß ich ihr davon sprach, bekam sie auch Angst; und wir brachen auf. Ich sagte zu ihrer Mutter: »Leben Sie wohl, es wird nicht lange dauern, bis Sie Sturmläuten hören.« Als wir bei Danton ankamen, sah ich dort Frau Robert und viele andre. Danton war erregt. Ich lief auf Frau Robert zu und fragte: »Wird man Sturm läuten?« – »Ja«, sagte sie, »heute abend noch.« Ich hörte alles und sagte kein Wort. Bald sah ich, wie jeder einzelne sich bewaffnete. Camille, mein lieber Camille, kam mit einer Flinte an. O Gott! Ich verkroch mich in den Alkoven, ich barg das Gesicht in den Händen und fing zu weinen an; da ich indessen so viel Schwäche ja nicht zeigen und nicht laut zu Camille sagen wollte, ich wünschte nicht, daß er sich mit alledem zu schaffen machte, paßte ich den Augenblick ab, wo ich mit ihm reden konnte, ohne daß es jemand hörte, und sagte ihm alles, was ich fürchtete. Er beruhigte mich und sagte, er würde Danton nicht verlassen. Inzwischen habe ich erfahren, daß er sich in Gefahr begeben hat.

Fréron sah drein, als wäre er zum Tode entschlossen. »Ich bin des Lebens müde«, sagte er, »ich will nur noch sterben.« Bei jeder Patrouille, die kam, glaubte ich, sie zum letztenmal zu sehen. Ich setzte mich in den leeren Salon, in dem kein Licht brannte, um all diese Zurüstungen nicht zu sehen. Niemand war auf der Straße. Alle Welt war nach Hause gegangen. Unsre Patrioten brachen auf. Ich setzte mich neben ein Bett, niedergedrückt, vernichtet, manchmal schlief ich ein, und wenn ich reden wollte, kam wirres Zeug heraus. Danton legte sich hin. Er sah nicht sehr beschäftigt aus, er verließ das Haus fast gar nicht. Mitternacht kam heran. Man suchte ihn einige Male auf; endlich ging er auf die Kommune. Die Glocke der Cordeliers läutete, sie läutete lange. Allein, in Tränen gebadet, auf Knien, am Fenster, das Gesicht in ein Tuch gepreßt, hörte ich den Klang dieser verhängnisvollen Glocke. Vergebens kam man, um mich zu trösten. Mir schien, der Tag, der dieser verhängnisvollen Nacht vorhergegangen war, sei der letzte gewesen.

Danton kam zurück. Frau Robert, die in großer Unruhe um ihren Mann war, der in den Luxembourg-Palast gegangen war, wo er Deputierter für seine Sektion war, lief auf Danton zu, der ihr nur eine sehr unbestimmte Antwort gab. Er warf sich auf sein Bett. Man kam mehrere Male und brachte uns gute und schlechte Nachrichten. Ich glaubte zu merken, daß es ihr Plan war, in die Tuilerien zu gehen. Ich sagte es ihnen schluchzend; ich glaubte, ich würde ohnmächtig werden. Vergebens fragte Frau Robert nach ihrem Mann, niemand gab ihr Auskunft. Sie glaubte, daß er mit den Vorstädten marschierte. »Wenn er umkommt«, sagte sie zu mir, »werde ich ihn nicht überleben. Aber dieser Danton, er, der Mittelpunkt von alledem! Wenn mein Mann umkommt, bin ich imstande, ihn zu erdolchen.« Ihre Augen rollten. Von diesem Augenblick an verließ ich sie nicht mehr. Wie sollte ich wissen, ich, was geschehen konnte? Wußte ich, wessen sie fähig war? So verbrachten wir die Nacht in grausamer Aufregung. Camille kam um ein Uhr zurück; er schlief auf meiner Schulter ein. Frau Danton war neben mir, sie schien sich darauf vorzubereiten, den Tod ihres Mannes zu erfahren. »Nein«, sagte sie zu mir, »ich halte es hier nicht mehr aus.« Als es lichter Tag geworden war, schlug ich ihr vor, mit mir zu kommen und bei mir zu ruhen. Camille legte sich hin. Ich ließ ein Gurtbett mit einer Matratze und einer Decke in den Salon stellen, sie warf sich darauf und kam zu einiger Ruhe. Ich legte mich hin und schlief beim Klang der Sturmglocke ein, die nun von allen Seiten anstimmte. Wir standen dann auf. Camille ging weg und ließ mich hoffen, er werde sich nicht in Gefahr begeben. Wir setzten uns zum Frühstück. Es schlug zehn Uhr, elf Uhr, ohne daß wir etwas erfuhren. Wir nahmen ein paar Zeitungen vom Tag vorher zur Hand, setzten uns auf das Kanapee im Salon und fingen an zu lesen. Sie las mir einen Artikel vor, währenddessen war mir, als hörte ich einen Kanonenschuß. Bald hörte ich mehrere Schüsse, sagte aber nichts; sie wurden häufiger. Da sagte ich zu ihr: »Man schießt mit Kanonen!« Sie horcht, hört, wird blaß, sinkt hin und wird ohnmächtig. Ich entkleide sie. Ich war selbst nahe am Umfallen, aber die Notwendigkeit, ihr beizustehen, verlieh mir Kräfte. Sie kam wieder zu sich. Jeannette gab Töne von sich wie eine Ziege. Sie wollte die M. V. Q. durchprügeln, die sagte, Camille wäre an alledem schuld. Wir hörten auf der Straße schreien und weinen, wir glaubten, ganz Paris schwimme im Blut. Dann faßten wir uns einen Mut und gingen weg, um zu Danton zu gehen. Man rief zu den Waffen, und jeder eilte hin. Wir fanden das Tor zum Hof geschlossen. Wir klopften, riefen, niemand öffnete uns. Wir wollten, um hineinzukommen, beim Bäcker durchgehen, er machte uns die Tür vor der Nase zu. Ich war wütend; endlich öffnete man uns. Wir blieben ziemlich lange, ohne etwas zu erfahren. Man kam jedoch und sagte uns, daß wir Sieger seien.

Um ein Uhr kamen alle und erzählten, was geschehen war. Einige Marseiller waren getötet worden. Aber die Berichte waren grausam. Camille kam und sagte mir, der erste Kopf, den er hätte fallen sehen, sei der von Suleau gewesen. Robert war im Rathaus gewesen und hatte das gräßliche Schauspiel der Schweizer, die man ermordete, vor Augen gehabt. Er kam nach dem Essen, gab uns einen schauerlichen Bericht von dem, was er gesehen hatte, und den ganzen Tag hörten wir von nichts anderem reden als von dem, was geschehen war. Am nächsten Tag, dem elften, sahen wir den Leichenzug der Marseiller. O Gott! Was für ein Schauspiel! Wie preßte sich uns das Herz zusammen. Camille und ich schliefen bei Robert. Ich weiß nicht, welche Angst in mir wühlte; es schien, wir wären zu Hause nicht sicher.

Am Tag darauf, am zwölften, als ich nach Hause kam, erfuhr ich, daß Danton Minister war.

Mein lieber Vater!   *15. August 1792*
Aus den Zeitungen haben Sie die Nachricht vom 10. August erfahren. Es bleibt mir nur übrig, Ihnen das mitzuteilen, was mich angeht. Mein Freund Danton ist von der Kanone Gnaden Justizminister geworden; dieser blutige Tag mußte, zumal für uns beide, so enden, daß wir zusammen erhöht wurden: zur Macht oder zum Galgen. Er hat es in der Nationalversammlung gesagt: »Wäre ich besiegt worden, so wäre ich ein Verbrecher.« Die Sache der Freiheit hat gesiegt. (...) Trotz all Ihren Prophezeiungen, daß nichts aus mir werden würde, sehe ich mich in die Stellung erhoben, die die höchste Stufe war, die ein Mann in unserer Robe erlangen konnte, und weit entfernt, dadurch eitler zu werden, bin ich es viel weniger als vor zehn Jahren, weil ich viel weniger wert bin als damals, was Phantasie, Wärme, Talent und Patriotismus angeht, die ich von Kraft der Empfindung, Humanität und Liebe zu seinesgleichen nicht unterscheide, welche alle von den Jahren abgekühlt werden. Die Sohnesliebe haben sie in mir nicht lau gemacht, und Ihr Sohn, welcher Generalsekretär des Justizdepartements und was sonst man Siegelsekretär nannte, geworden ist, hofft, Ihnen das bald beweisen zu können. Ich glaube, daß die Freiheit durch die Revolution des 10. August befestigt worden ist. Es bleibt uns üb-

rig, Frankreich so glücklich und blühend zu machen, wie es frei ist. Dem will ich meine schlaflosen Nächte weihen. Wenn Ihr königlicher Kommissar Lust hat, zu tauschen und Ihnen seinen Platz zu lassen: es regnet seit vierzehn Tagen Rücktritte von Kommissaren.

Camille Desmoulins
Generalsekretär des Justizdepartements

Einmarsch der Koalitionsarmeen

Ergebenheitsadressen der Grenzgemeinden

Im Sommer 1792 rücken im Norden und Osten die Marschkolonnen der österreichischen und preußischen Heere ein. Die von den Emigranten aufgebotene Armee ist dabei; »Monsieur«, der in der Thronfolge nähere Graf der Provence, und der Graf von Artois ziehen mit, um ihren im Turm des Temple, *des alten Klosters der Johanniter in Paris eingekerkerten Bruder zu befreien.*

Die ersten Wochen bestätigen Offiziere und Soldaten in ihrer Vorstellung, daß dieses revolutionsgeschüttelte Frankreich ihnen keinen nennenswerten Widerstand leisten kann. Der Adjutant des Königs von Preußen ist überzeugt: »Die Komödie dauert nicht lange; der Freiheitsschwindel verraucht schon in Paris. Die Armee der Advokaten wird tüchtig geklopft, wir sind im Herbst wieder zu Hause.«

Die Menschen im französischen Grenzland kennen den Krieg; er gehört zu ihrem Leben wie andernorts Vulkanausbrüche oder Überschwemmungen. Doch diesmal kommt der Feind nicht als Eroberer, sondern als gewaltsamer Wiederhersteller der alten Ordnung, und deren Vertreter sind höchst »ungnädig«. Dabei haben sich die Bewohner längst ahnungsvoll zurückgehalten mit patriotischen Äußerungen; Kirchen- und Emigrantengut ließen sich hier so gut wie nicht verkaufen.

Dennoch wird es den von allen Privilegierten seit drei Jahren freien Bauern des Einmarschlandes Audun-la-Tiche gleich hinter Luxemburg nicht leichtgefallen sein, geradezu kindliche Unterwürfigkeit zu bekunden, damit sie nicht alles verlieren. Und was in Paris zum Thema wilder Schuldzuweisungen wird, der Verlust der Grenzfestung Longwy nämlich, stellt die Einwohner der Stadt vor eine tragische Zerreißprobe für ihr Gemeinwesen, einzelne sicherlich auch für ihr Gewissen; ihre Schreiben sind denn auch um etwas mehr Würde bemüht.

AN IHRE KÖNIGLICHEN HOHEITEN, DIE FRANZÖSISCHEN PRINZEN

Prinzen, Sie sehen zu Ihren Füßen die Abordnung der Grafschaft Audun-la-Tiche, die gekommen ist, Ihnen ihre lebhafteste Befriedigung über die Ehre auszudrücken, die Sie der Grafschaft antun, indem Sie gerade diesen Ort für Ihre Rückkehr nach Frankreich ausgesucht haben. Möge dieses Glück, o Prinzen, unsere Abordnung nicht des süßen Trostes berauben, Ew. Königlichen Hoheiten ihre ergebenste Huldigung, ihre aufrichtige Verbundenheit mit dem tugendhaftesten aller Monarchen und ihre vollständige Unterwerfung unter alle Gesetze darzubringen, die von Seiner Majestät ergehen werden!

Unsere Grafschaft, Prinzen, deren Sitten nie die Reinheit ihrer Gefühle verleugnet haben, mag sich zuweilen vergessen, ja, aufsässig gezeigt haben, indem sie Lehren annahm, die ihrem Gewissen und ihrer Redlichkeit widerstrebten, doch unser Schweigen spricht heute für sie und stellt ihnen die lebhafteste Reue für ihre Verfehlungen vor Augen.

Wenn dieses aufrichtige Bedauern, verbunden mit der tätigsten Reue, Ihre empfindsamen Seelen anrührt, so erbittet besonders unser Kirchspiel von der Güte des Königs und Ew. Königlichen Hoheiten, die es achtet und innig schätzt, eine Vergebung, die es stets an seine einstigen Irrungen gemahnen wird. Diese großmütige Tat, Prinzen, wenn sie uns angedeihen soll, wird unserem von den Bewegungen dieses unseligen Krieges schon teilweise zerstörten Dorf einen Schutz geben, den wir dann allein dem zu erwerbenden Ruhm der zwei Helden, der zwei hochherzigen Prinzen verdanken werden, für deren Erfolg die Bewohner ohne Unterlaß den Allerhöchsten anrufen, damit er ihre Waffen segne.

Es lebe der König!

Es lebe Monsieur!

Es lebe der Graf von Artois!

AN DEN HERRN MARQUIS VON LAMBERT,
GENERALLEUTNANT, KOMMISSAR DER PRINZEN BEIM KÖNIG
VON PREUSSEN

Die Bewohner der Stadt Longwy haben soeben ein Gesuch an
Monsieur, den Bruder des Königs, abgefaßt, in welchem sie die
Gefühle zum Ausdruck bringen, die sie bewegen; der Stil ist
nicht sehr gewählt, weil das Gesuch unter ständigem Beifall
formuliert wurde. Wollen Sie es gütigst Seiner Königlichen Hoheit als Bekundung unserer Treue und unserer Achtung für
Seine Majestät übermitteln.

Wir verbleiben, Herr Marquis, Ihre ergebenen...

AN SEINE KÖNIGLICHE HOHEIT, MONSIEUR, BRUDER
DES KÖNIGS

Die notablen Bürger der Stadt Longwy preisen die Großmut
des Generals der vereinigten Armeen Ihrer Majestäten des
Kaisers und des Königs von Preußen; sie haben soeben erst von
den verabscheuungswürdigen Manövern gegen den Thron erfahren, und daß die Zustimmung des Königs zu verschiedenen
Dekreten der Nationalversammlung unter Zwang erfolgt ist.
Nur ihrem Gewissen gehorchend, nehmen sie sich die Freiheit,
Ew. Königlichen Hoheit ihr echtes Glaubensbekenntnis abzulegen.

Von Anbeginn dieser stürmischen Revolution an haben sie
sich nie von den Zeitungsschreibern und Politikern hinreißen
lassen; sie mögen manchmal von der Gewalt zu falschem Verhalten veranlaßt worden sein, doch sie haben alles getan, um
Übergriffe und Volksaufstände zu vermeiden. Der beste Beweis, den sie dafür beibringen können, ist die Tatsache, daß in
diesem ganzen Gerichtssprengel niemals die traurigen und
schrecklichen Vorkommnisse zu verzeichnen gewesen sind, die
andere Provinzen heimgesucht haben. Als außerordentlich unglückliche Ereignisse die Prinzen und mit ihnen unsere Landes-
herren zum Verlassen des Reiches zwangen, als von überall

hereindringende Brandschriften in den Gemütern finstere Gedanken weckten, als die Entzweiung im Lande von Politikern geschürt wurde, die um so gefährlicher waren, als sie die Menge des Volkes gegen die anständigen Menschen bewaffnet hatten, sind die Bürger der Stadt Longwy und ihrer Orte stets den Grundsätzen der Einigkeit, des Gehorsams und der wahren Monarchie treu geblieben. Es trifft zwar zu, daß von Zeit zu Zeit Drohungen und Gewalt sie zum Schweigen gezwungen haben, doch heute, da sie der wahren Freiheit teilhaftig werden, wenden sie sich nachdrücklich ab von all den außerordentlichen und unerhörten Geschehnissen, die zu Verbrechen, zu Mord und Brand in Paris und im größten Teil des Reiches geführt haben, und sie sind überzeugt, daß Frankreich nicht fortbestehen kann ohne eine Königsmacht in ganzer Fülle und Souveränität, zumal sie davon durchdrungen sind, daß Ludwig XVI., unser erhabener Herrscher, der beste, wenn auch der verleumdetste aller Könige ist.

Die Septembermorde 1792

Erlebnisse eines Pfarrers

Das neue Fallbeil, die »Guillotine«, ist am 21. August 1792 aufgestellt worden und hat mit der Hinrichtung pflichttreuer Verteidiger des Königs zu der magischen Vorstellung vom Blut als dem Mörtel für das Gebäude der neuen Ordnung beigetragen. Die Radikalen, vor allem Marat, wollen die Angst nutzen: »Wir müssen die Gefängnisse säubern und dürfen keine Verräter hinter uns lassen, wenn wir an die Grenze ziehen.« Die Versammlung hat sich aufgelöst, weil mit der Absetzung des Königs ja auch die Verfassung hinfällig ist; zur Übernervosität dieser Augusttage trägt der Wahlkampf für den »Nationalkonvent« bei, wie die nächste Volksvertretung heißen soll.

Ein »Vollzugs- und Überwachungsausschuß der Kommune« wird geschaffen, um eine patriotische »Säuberung« vorzunehmen. Die Gefängnisse sind seit dem Tuileriensturm voll mit eidweigernden Priestern und Nonnen, Adligen, Schweizergardisten, dazu »Volksschädlingen«, vor allem Assignatenwucherern. Der Ausschuß dingt Mörder, die sich ja für Hinrichtungskommandos stets finden lassen, und Anfang September werden vor allem aus den Gefängnissen in der Abtei Saint-Germain und im Karmeliterkloster über tausend Menschen erschlagen.

Die Brutalität der Tat und die Bestialität der Täter, der »Septembriseurs«, hat die ganze zivilisierte Welt erschüttert, vielleicht, weil sich nun niemand mehr eine leidlich »würdige« Revolution ausmalen konnte. Die Kommune, zumal Danton und Robespierre, hat sich auch nie dazu bekannt. Marat wurde allerdings gerade wegen dieser Reinigungsaktion von den Parisern in den Nationalkonvent gewählt.

Der eidweigernde Pfarrer Berthelet de Barbot ist seit Mitte August im ehemaligen Karmeliterkloster an der Rue de Vaugirard inhaftiert.

Ende August hielt ein Kommissar einen Generalappell unter den Gefangenen ab, wobei jeder der Reihe nach einzeln gefragt wurde, ob er Priester oder Mitglied eines geweihten Ordens sei. Unsere Antworten wurden aufgeschrieben, und zwei Gefangene wurden freigelassen, weil sie erklärten, daß sie mit keinem Orden in Verbindung ständen. Trotzdem wurden mit uns zwei Laien zurückbehalten: Herr Duplain de Sainte-Albine und Herr de Valfons, ehemaliger Offizier im Regiment Champagne, der erklärte, er sei römisch-katholisch und kenne keinen anderen Grund für seine Verhaftung. Einige Tage nach diesem Besuch empfingen wir den eines anderen Kommissars der Sektion, der mit jedem von uns besonders sprach und uns unsere Messer, Scheren, Federmesser abverlangte, nachdem er uns einige Trostworte gesagt hatte. Häufig sahen wir auch Herrn Manuel, den Bevollmächtigten der Kommune. Er sagte uns eines Tages, daß unsere Papiere geprüft worden seien; man habe nichts gefunden, das uns schuldig erscheinen lasse, und wir würden bald auf freien Fuß gesetzt werden.

Am 30. August besuchte er uns wieder und erzählte uns, die Preußen seien in der Champagne; die Pariser Bevölkerung erhebe sich in Massen und schicke ihre gesamte Jugend in den Kampf gegen jene; man wolle keine Feinde hinter sich lassen, und wir müßten uns daher zu unserer eigenen Sicherheit sowie zufolge des Beschlusses betreffs Landesverweisung dazu rüsten, Frankreich zu verlassen. Auf eine Bemerkung eines unter uns antwortete er, man werde uns einige Stunden Frist gewähren, damit wir die zur Reise nötigen Sachen zu Hause holen könnten; und an demselben Abend noch, gegen Mitternacht, las uns ein Kommissar, der sich in Begleitung von Gendarmen befand, das Ausweisungsdekret vor und heftete es dann im Altarraum an. Gleich am nächsten Morgen verschafften wir uns eiligst möglichst viel Geld für die Reise, von der wir weder Ziel noch Dauer kannten. Wir waren damals etwa 160 Gefangene.

Sonntag, 2. September. Einige von uns waren an diesem Tage von Verwandten oder Freunden besucht worden, die ihnen die Hände drückten und sich begnügten, Tränen zu vergießen, ohne zu wagen, ihrer Besorgnis Ausdruck zu geben. Die hastigen Bewegungen der uns bewachenden Garden, die Rufe, die von den benachbarten Straßen her an unsere Ohren drangen, die Schüsse der Alarmkanone, die wir hörten, all das war dazu angetan, uns zu beunruhigen; unser Vertrauen auf Gott blieb freilich unerschüttert. Um 2 Uhr nachmittags veranstaltete der Kommissar des Sektionsausschusses eiligst einen Einzelappell von uns allen und schickte uns dann in den Garten; in diesen gelangten wir über eine Treppe mit nur einem Geländer, die ganz in der Nähe der Kapelle der heiligen Jungfrau endete; die Kapelle gehörte zu der Kirche, in der wir gefangengehalten wurden. Um in den Garten zu gelangen, mußten wir mitten durch neue Garden hindurch, die keine Uniformen anhatten, aber mit Piken bewaffnet waren und eine rote Mütze auf dem Kopf trugen; nur der Kommandant steckte in Nationalgardeuniform.

Kaum waren wir an dem zum Herumwandeln bestimmten Ort angelangt, nach dem die Fenster der Klosterzellen hinausgingen, als Leute, die hinter diesen Fenstern standen, uns mit den infamsten und blutgierigsten Redensarten beschimpften. Wir zogen uns in den Hintergrund des Gartens zurück zwischen eine Hagebuchenhecke und die Mauer, die den Garten von dem der Nonnen von Cherche-Midi trennt. Mehrere von uns suchten eine Zuflucht in einem kleinen Bethaus, das in einer Ecke des Gartens stand; sie waren gerade dabei, ihre Vespergebete zu sprechen, als plötzlich die Tür des Gartens mit großem Getöse geöffnet wurde. Wir sahen darauf, wie voll Wut sieben bis acht junge Leute hereinstürmten, deren jeder einen mit Pistolen gespickten Gürtel trug, außerdem eine in der linken Hand; zu gleicher Zeit schwang er in der rechten Hand einen Säbel.

Der erste Geistliche, auf den sie trafen und einhieben, war Herr de Salins, der ganz in eine Lektüre vertieft war und deshalb anscheinend nichts gemerkt hatte. Sie massakrierten ihn mit Säbelhieben, worauf sie alle, auf die sie gerade stießen, töteten oder tödlich verwundeten, ohne sich Zeit zu lassen, ihnen wenigstens das Leben ganz zu nehmen, so sehr waren sie bestrebt, zu einer Gruppe von Geistlichen zu kommen, die sich in den Hintergrund des Gartens zurückgezogen hatte. Sie näherten sich ihnen mit den Rufen: »Erzbischof von Arles! Erzbischof von Arles!« Da sagte dieser fromme Prälat zu uns die von starkem Glauben beseelten Worte: »Wir wollen Gott danken, meine Herren, daß er uns würdigt, mit unserem Blut den Glauben, den wir bekennen, zu besiegeln; bitten wir ihn um eine Gnade, die wir nicht durch unser eigenes Verdienst erlangen würden: Treue bis zum Tode!« Darauf verlangte Herr Hébert, Generalvorsteher der Eudisten-Kongregation, für sich und uns, vor einen Gerichtshof gestellt zu werden; man antwortete ihm mit einem Pistolenschuß, der ihm eine Schulter zerschmetterte; außerdem fügte man hinzu, daß wir alle Verbrecher seien, um dann von neuem in die Rufe auszubrechen: »Erzbischof von Arles! Erzbischof von Arles!«

Als dieser seinen Namen hört, geht er den Mördern entgegen. »Ich bin es, meine Herren.« – »O du Verbrecher, du bist es also, der in der Stadt Arles das Blut so vieler Patrioten hat vergießen lassen?« – »Ich habe niemals jemandem etwas zuleide getan.« – »Na, so will ich dir denn etwas zuleide tun«, erwidert einer der Rasenden. In demselben Augenblick versetzt er ihm einen Säbelhieb auf die Stirne. Der Erzbischof stößt keinen Klagelaut aus; fast im selben Augenblick wird sein Kopf von hinten durch einen zweiten Säbelhieb getroffen, der ihm den Schädel spaltet. Er erhebt seine Rechte, um seine Augen zu bedecken; sie wird ihm im Nu durch einen dritten Hieb abgeschlagen. Ein vierter läßt ihn in die Knie sinken, und ein fünfter läßt ihn bewußtlos hinstürzen. Ein Spieß wird ihm mit solcher Gewalt in die Brust gestoßen, daß das Eisen nicht wieder herausgezogen werden kann; dann wird der Körper des frommen Prälaten von den Mördern mit Füßen getreten.

Nachdem sie ihn auf so gräßliche Weise hingeschlachtet hatten, wenden sich die gedungenen Mörder zu uns, die wir vor Staunen über die Art seines Todes starr waren, hieben auf uns mit ihren Säbeln und Piken ein; ich selbst empfing eine Wunde am Schenkel; dem Herrn Bischof von Beauvais wurde einer durch einen Schuß zerschmettert. In diesem Augenblick befahl uns der Kommandant der Wache, der an dem anderen äußersten Ende des Gartens geblieben war, in die Kirche zurückzukehren; mit mehr oder weniger Mühe machten wir uns über die Treppe, auf der wir herausgekommen waren, auf den Weg dorthin; da standen aber Gendarmen mit gesenkten Bajonetten; wir stauten uns an dieser Stelle auf, ohne weitergehen zu können; dahin wandten nun zu unserem Schrecken auch die Pikenmänner ihre Waffen, und wir wären alle getötet worden, wenn nicht auf unsere wiederholten Bitten der Kommandant schließlich durchgesetzt hätte, daß die Mörder uns wieder in die Kirche hineinließen.

Wir begaben uns in den Altarraum; bei dem Altar erteilten wir einander Absolution, sagten die Sterbegebete her und empfahlen uns der unendlichen Güte Gottes. Kurz darauf kamen die Mörder herbei, um uns zu packen und wieder hinauszuschleppen; der Kommandant der Wache hielt ihnen vor, daß wir ja noch gar nicht abgeurteilt seien und noch unter dem Schutz des Gesetzes stünden. Sie antworteten, daß wir alle Verbrecher seien und unseren Tod finden würden. Tatsächlich ließen sie die Gefangenen nach und nach in kleinen Trupps wieder in den Garten hinabsteigen, an dessen Eingang sich die Würger aufstellten.

Ein Kommissar der Sektion, der offenbar mit dem Auftrag kam, der Niedermetzelung der Gefangenen Einhalt zu gebieten – er hieß Violette und war Ausschußmitglied der Sektion Luxembourg –, ließ sich an einem Tisch mit der Gefangenenliste des Karmeliterklosters in der Nähe der Tür nieder, durch die man in den Garten hinabstieg. Hierher rief er die Priester und ließ sie zwei und zwei vor sich antreten, um die Identität ihrer Person festzustellen und sich zu überzeugen, ob sie noch an der Eidweigerung festhielten; darauf ließ er sie den Gang entlang gehen, der an der nach dem Garten hinabführenden Treppe endet; dort werden sie von den Würgern erwartet, die sie sofort bei ihrem Erscheinen abschlachten, wobei sie jedesmal ein entsetzliches Geheul ausstoßen, in das sich der Ruf mischt: »Es lebe die Nation!«

Als die Zahl der Gefangenen auf etwa zwanzig zusammengeschmolzen war, ließ man auch uns von den Altarstufen heruntersteigen, zu zwei und zwei antreten und an die Stelle derer vorrücken, die eben getötet worden waren. Als ich durch die Kapelle der heiligen Jungfrau kam und die kleine Treppe hinuntersteigen wollte, an deren Fuß sich die Würger befanden, wurde ich von einigen Wohnungsnachbarn erkannt, die durch den Kommissar meine Auslieferung verlangten. Darauf sagte dieser zu den Mördern: »Brüder und Freunde, hier ist einer, dessen Auslieferung von seinen Mitbürgern verlangt wird; genehmigt, bitte, daß er zu einer gerichtlichen Entscheidung zurückgestellt wird.« Dem Kommandanten gelang es, zusammen mit mir sechs weitere meiner Mitbrüder unter Bänken zu verstecken. Die übrigen wurden massakriert und ihrer sämtlichen Kleider beraubt; darauf entfernten sich die Würger.

Mit unendlicher Mühe und trotz einer ungeheuren Menschenansammlung von Weibern und als Weiber angezogenen Männern, die verlangten, daß man uns ihrer Wut ausliefere, gelang es unserer Bedeckung, uns nach der Kirche Saint-Sulpice zu bringen, wo der Sektionsausschuß tagte. Der Kommissar stattete hier von der Nutzlosigkeit seiner Mission Bericht ab, dann übergab er uns der Ausschußleitung und bat, die Sektion möge über uns nach ihrem Gutdünken verfügen. Sogleich stand ein Mann auf und stimmte dafür, daß man uns sofort dem Volke auslieferte, das auf uns wartete, wie er sagte, um uns an der Kirchentreppe den Garaus zu machen. Diese Forderung fand zwar Unterstützung, wurde aber sofort wieder infolge eines fast allgemeinen Einspruchs abgelehnt. Herr Leclerc, ein Arzt, beantragte, uns zunächst beiseitezuschaffen und jedem von uns zwei Mann Bedeckung zu geben; die Sektion aber sollte zu unserem Verhör Kommissare ernennen. Dieser Antrag wurde angenommen. Die Absicht von Herrn Leclerc war, Zeit zu gewinnen, um sich mit seinen Gesinnungsgenossen zum Herrn der Entschließungen der Sektion zu machen und uns dadurch zu retten.

Um Mitternacht vertagten sich die Kommissare auf den nächsten Vormittag, und wir wurden in einen Saal des Seminars geführt, den man als Gefängnis benutzte. Kaum waren wir eine Stunde hier, als einer der Würger kam, um sich mit lauter Stimme sowohl in seinem wie auch seiner Kameraden Namen darüber zu beklagen, daß man sie hintergangen hätte; man habe ihnen 3 Louisdor versprochen und wolle ihnen jetzt nur einen geben. Der Kommissar antwortete, daß es in den Gefängnissen Saint-Firmin, La Conciergerie und anderen noch

Arbeit für zwei Tage gäbe, wodurch die versprochenen 3 Louis herauskommen würden; außerdem hätte man sich verpflichtet, ihnen unseren Nachlaß zu überlassen, und wir hätten uns doch, da wir das Land verlassen zu müssen geglaubt hätten, ganz neu gekleidet. Der Würger erwiderte, sie hätten nicht gewußt, daß sie unsere Kleider bekommen würden, und hätten daher den Gefangenen die Kleider mit Säbelhieben zerfetzt; weil die Sachen nun in einem solchen Zustand wären, wollten die Totengräber für den Nachlaß nur 400 Livres geben; außerdem wolle er mit dem Kommissar erst einmal feststellen, ob die zurückbehaltenen Gefangenen wirklich neue Kleider hätten oder nicht; und sogleich trat er mit dem Kommissar in den Saal ein, in dem wir uns befanden. Glücklicherweise stellte sich nach einer näheren Prüfung heraus, daß sie schon getragen waren, worauf sich die beiden Männer wieder entfernten.

Noch jetzt ist es mir unmöglich, ohne Zittern an diese Abschätzung zu denken, die feststellen sollte, was wir wohl nach unseren Kleidern wert wären, mitten in der Nacht, und das angesichts all dessen, was für uns vorausgegangen war, und was uns noch zu fürchten bevorstand!

Am folgenden Tage [3. September] wurden wir durch drei Kommissare jeder einzeln verhört. Die Auswahl derselben war im allgemeinen gut getroffen worden; wir erkannten sofort den Wunsch dieser Herren, uns der Wut der Mörder zu entreißen. Unsere Freunde bemühten sich am Vormittag, Bürger ausfindig zu machen, die sich für uns verbürgen wollten, und sie fanden sie. Am Nachmittag führte man uns zur Sektion, die nach Verlesung der Verhörprotokolle uns alle auf freien Fuß setzte. Inzwischen erhielt der Kommandant, der uns am Tag vorher im Karmeliterkloster bewacht hatte, die Meldung, daß auf die Lauer gestellte Leute uns unten an der Kirchentreppe erwarteten, um uns meuchlings zu ermorden, wenn wir herauskommen würden. Als ich diese Nachricht gehört hatte, flüsterte uns der Kommandant, ein Mann voll Energie und bestem Willen, ins Ohr: »Seien Sie beruhigt, man hat für Ihre Sicherheit gesorgt.« Tatsächlich erhoben sich, als wir uns entfernen wollten, mit uns eine Menge Nationalgardisten, die uns, den blanken Säbel in der Hand, in die Mitte nahmen und uns so zur

Priestergemeinschaft Saint-Sulpice brachten; hier fragten sie uns nach unseren verschiedenen Wohnungen, teilten sich in kleine Trupps, begleiteten uns während der Nacht einzeln nach unseren Wohnungen und empfahlen uns, einige Tage nicht auszugehen. (...)

Ich betone ausdrücklich, daß ich den vorliegenden Bericht ohne das leiseste Gefühl der Bitterkeit oder gar der Rachsucht niedergeschrieben habe.

Nach der Kanonade von Valmy

Ein Kameradenbesuch im Feldlazarett

Kampflos hat am 2. September 1792 die Festung Verdun kapituliert. Bald sind die Preußen schon fast an der Marne. Am 20. September stehen sie den Franzosen gegenüber. Die Schlacht bei Valmy nennt Goethe in seinem Feldzugsbericht eine »Kanonade«; es fallen nur ungefähr 500 Mann auf beiden Seiten. Doch daß die Freiwilligen mit dem Ruf »Es lebe die Nation« im Feuer nicht wichen, mag den Herzog von Braunschweig neben Schlamm und Regen bewogen haben, abzuziehen. Der Rückzug wird zur Flucht, weil viele Soldaten von Durchfällen, der »Ruhr«, geschwächt sind.

Für die Pariser ist dies ein Wunder, sie feiern ihre Generäle Dumouriez und Kellermann. Goethes Ausspruch zu seinen Kameraden, daß von hier und heute eine neue Epoche der Weltgeschichte ausgehe, könnten sie sich durchaus zu eigen machen.

Was die Weltgeschichte nicht verzeichnet, ist das Leiden der Soldaten. Obwohl die Kampftechnik den verlustreichen Ansturm in geschlossenen Reihen bevorzugt, fürchtet man, auffällige Vorbereitungen auf die Versorgung der Verwundeten würden den kriegerischen Geist lähmen. In den improvisierten Lazaretten geht es selbst für die an Schweiß- und Uringerüche von Mensch und Tier im Alltag durchaus gewöhnten Zeitgenossen entsetzlich zu; da helfen auch Essig und Kräuterrauch nicht. Der Direktor des preußischen Sanitätswesens berichtet nach einer Schlacht: »An Wärtern fehlt es ganz. Verwundete, die nicht aufstehen können, faulen in ihrem eigenen Unrat an.« Wer mag da pflegen, wenn nicht Verwundete, sondern Ruhrkranke zu betreuen sind?

Friedrich Christian Laukhard hat es zum Achtgroschensold unter die preußischen Soldaten verschlagen. Er berichtet vom Ende des Rückzugs:

180

Die unendlichen Krankheiten, besonders die Ruhren, welche unser unglückliches Militär auf diesem unseligen Feldzug befielen, machten die Anlegung vieler Feldlazarette nötig, welche alle mit Kranken vollgestopft waren. Ich habe mehrere dieser Mördergruben selbst beobachtet, und was ich da gesehen habe, will ich dem Leser ehrlich mitteilen, jedoch mit dem Bedinge, daß der zu delikate Leser dieses Kapitel überschlage.

Ich hörte, daß mein Freund, der Unteroffizier Koggel, zu Longwy im Lazarett krank läge: ich wollte ihn also besuchen und ging hin und hinein, ohne von der Schildwache angehalten oder nur über etwas befragt zu werden. Dies ließ mich gleich anfangs nicht viel Ordnung im Lazarett selbst erwarten. Aber wie entsetzte ich mich, als ich gleich beim Eingang alles von Exkrementen blank sah und nicht einmal ein Fleckchen finden konnte, um unbesudelt hinzutreten. Der gemeine Abtritt reichte für so viele ruhrhafte Kranke unmöglich zu, auch fehlte es den meisten an Kräften, ihn zu erreichen, und Nachtstühle sah ich beinahe gar nicht. Die Unglücklichen schlichen sich also nur bis vor die Stube und machten dann alles hin, wo und wie sie konnten. Es ist abscheulich, daß ich sagen muß, daß ich sogar tote Körper in diesem Unflat liegen sah. (...)

Ich schlüpfte schnell durch ins erste beste Zimmer, aber da drängte sich mir auch sogleich ein solch abscheulicher mefistischer [schweflig widerwärtiger] Gestank entgegen, daß ich hätte mögen in Ohnmacht sinken. Es war der Duft viel ärger, als wenn man ein Privet [Klosett] ausräumt oder über einen vollen Schindanger des Sommers geht. An Räuchern dachte man gar nicht, auch wurden die Fenster niemals geöffnet, und wo hie und da eine Scheibe fehlte, da stopfte man die Öffnung mit Stroh und Lumpen zu.

Das Lager der Kranken war dem vorigen ganz angemessen: die meisten lagen auf bloßem Stroh, wenige auf Strohsäcken, und viele lagen gar auf dem harten Boden. An Decken und andere zur Reinlichkeit dienende Dinge war vollends nicht zu denken. Die armen Leute mußten sich mit ihren elenden kurzen Lumpen zudecken, und da diese ganz voll Ungeziefer waren, so wurden sie von diesem beinahe lebendig gefressen.

Ich stand da und wußte nicht, was ich vor Mitleid und Ärger

sagen sollte. Ich fragte endlich nach der Krankenpflege, erfuhr aber, daß hier außer ein bissel Kommißbrot nichts vorfalle. An Arznei fehlte es beinahe ganz.

Ich wollte den Unteroffizier Koggel sehen, aber weder Feldscherer noch Krankenwärter konnten mir sagen, in welchem Zimmer ich ihn treffen könnte. So sehr fehlte es an aller besonderen Aufsicht. Sogar hörte ich einen sagen: »Wen hier der Teufel holt (er wollte sagen: wer hier stirbt), der ist geliefert; kein Kuckuck frägt weiter nach ihm.«

Voll Ekel und Abscheu ging ich fort und verwünschte das Schicksal der Krieger, welche bei eintretender Krankheit oder Verwundung in solche Mordlöcher gesteckt und so schlecht verpflegt werden, daß sie ihr Achtgroschenleben elender aufgeben müssen als das elendeste Vieh.

Aber bald bedachte ich, daß dort in Longwy vielleicht die Not selbst eine solche elende Lage der armen Leute nötig machte. Ich beschloß daher, mehrere Feldlazarette zu untersuchen, um ein richtiges Urteil darüber fällen zu können.

Ich tat dies schon in Trier. Aber da sah ich noch mehr Greuel! Die Lazarette waren ebenso schmutzig, die Pflege ebenso elend, und die Lagerstätten ebenso abscheulich wie in Longwy. Außerdem aber mußten noch vom 30sten bis zum 31sten Oktober mehr als 280 Kranke in Trier unter freiem Himmel auf der Gasse liegen bleiben: in den Hospitälern war für sie kein Platz mehr, und niemand wollte sie in die Häuser aufnehmen, weil es allgemein hieß, die Preußen hätten die Pest. Es krepierten, ja, es krepierten diese Nacht mehr als 30 auf der Gasse.

Die anderen Lazarette, die ich weiter sah, waren alle von dieser Art. – Woher kommt aber dieses schreckliche Übel, wodurch der König, oder vielmehr der Staat, so viel Leute verliert? Denn in diesem Feldzug sind sehr wenig Preußen vor dem Feinde geblieben, aber mehrere tausend sind in den Hospitälern verreckt, deren meiste man gewiß hätte retten können, wenn man ihnen gehörige Pflege hätte können oder wollen angedeihen lassen.

Der Hauptfehler der preußischen Lazarette ist, wie mich dünkt, in der Anlage selbst zu suchen. Die Aufseher sind lauter Leute vom Militär, ohne angemessene Erfahrung und Kenntnisse, und meist lauter solche, die sich da bereichern wollen. Ihre Besoldung ist schlecht, und doch kommen sie, wenn sie auch nicht lange darin sind und blutarm hereinkamen, allemal mit vollem Beutel heraus. Es muß also an der Subsistenz [Versorgung] der Kranken defraudiert [betrogen] und die ganze Einrichtung so konfus und unordentlich gemacht oder geführt werden, daß man die Defraudation nicht so leicht entdecken kann.

Bei dergleichen Einrichtungen pflegt alles zusammenzuhängen und für den gemeinschaftlichen Vorteil gemeinschaftliche Sache zu machen. Selten findet sich ein Mann von Rechtschaffenheit, der seinen Einfluß zur Verbesserung tätig machen möchte, und wenn er sich findet, so wird er bald unterdrückt.

Ich habe gesehen, daß Feldscherer und Krankenwärter den Wein fortsoffen, der für die Kranken bestimmt war, und die guten Essenzen selbst verschluckten. Zwei Menscher [Dirnen] in Koblenz, welche den Feldscherern zur Liebschaft dienten, verkauften den Reis aus dem Hospital, und die Kranken mußten hungern.

Die Krankenwärter sind Soldaten, welche bei den Kompanien nicht mehr fortkönnen, alte steife Krüppel, die sich zum Krankenwärter schicken wie das fünfte Rad am Wagen. Diese, deren teilnehmender Menschensinn durch den militärischen Korporalssinn abgestumpft ist, lassen den armen Kranken eine Pflege angedeihen, daß es eine Schande ist. Daß sie sich mit den Feldscherern und den anderen Meistern, die in den Lazaretten etwas anzuordnen haben, allemal einverstehen, versteht sich von selbst: denn auf die geringste Vorstellung des Feldscherers oder eines andern Vorgesetzten würde der Herr Krankenwärter fortgejagt.

Für Reinlichkeit, dieses erste Hauptstück der Krankenpflege, worauf mehr ankommt, als selbst auf die medizinische Verpflegung, wird so wenig gesorgt, daß ich Kranke weiß, denen die Hemden auf dem Leibe verfault und die von den Läusen dergestalt zugerichtet worden sind, daß sie tiefe Löcher am Leibe hatten. Freilich sollen die Krankenwärter entweder selbst waschen oder waschen lassen, aber das geschieht nicht.

Die Feldscherer, oder, wie man sie seit einigen Jahren nennen soll, die Chirurgen, sind meistens Leute, welche gar wenig von ihrem Handwerk innehaben und daher das Elend in den Spitälern durch ihre Unwissenheit und Unerfahrenheit noch vergrößern. Für die Besetzung der Regimenter durch Oberchirurgen ist ziemlich gut gesorgt, ob es gleich auch da Leute gibt, die nicht viel mehr wissen als jeder gemeine Bartkratzer. Die Generalchirurgi sind Männer von Einsicht und Verdienst; aber die gemeinen oder Kompaniechirurgen sind größtenteils elende Stümper, die bei ihrem Lehrherrn nicht mehr gelernt haben als Rasieren und Aderlassen, beides elend genug noch obendrein. Wer freilich sein Brot sonst verdienen kann und nicht für das kindische Vergnügen ist, in Uniform einherzuschreiten und einen Spießling an seiner Pfuscherseite herumzuschleppen, wird sich hüten, für das geringe Gehalt, das so ein Mensch zieht, den beschwerlichen Feldschererdienst bei einer Kompanie zu übernehmen.

Die Oberchirurgi, welche die Aufsicht über die Lazarette führen, können teils jeden Kranken nicht selbst untersuchen und behandeln, wegen der Menge, teils sind sie dazu zu kommode oder zu delikat. Sie schauen daher nur dann und wann, und nur so ohnehin, in die Krankenstuben, lassen sich vom Feldscherer, sehr oft auch nur vom Krankenwärter referieren, verordnen dann so was hin im allgemeinen, werfen – um sich respektabel zu machen – mit einigen fehlerhaften lateinischen Wörtern und Phrasen umher, überlassen hierauf alles den Unterchirurgen und gehen in Offiziersgesellschaften, L'Hombre zu spielen oder sich sonst zu vergnügen.

Mir sind ganz schändliche Beispiele bekannt geworden, wie selbst Oberchirurgi die medizinische Pflege deswegen vernachlässigten, weil sie das Geld, das für Arznei, Essig, Wein u. dgl. bestimmt war, an die Offiziere, die in den Lazaretten als Inspektoren angestellt waren, verspielt hatten und folglich diese Sachen nicht mehr kaufen konnten. Die Offiziere hätten freilich nach ihrer Pflicht darauf inquirieren und den Chirurgus zur Herbeischaffung der Arznei anhalten sollen: aber eben sie hatten ja das Geld gewonnen, welches sie, im Fall das Ding zur Sprache gekommen wäre, hätten herausgeben müssen: sie schwiegen also, und die armen Leute waren geprellt.

Da man in Verpflegung der Lazarettkranken schon ohnehin sehr ökonomisch zu Werke geht, und da noch obendrein jeder von dieser Subsistenz das Seine ziehen will, so kann man leicht denken, daß die Diät der armen Kranken sehr schlecht sein muß. An zweckmäßige Einrichtung der Speisen wird gar nicht gedacht, noch weniger an deren zweckmäßige Verteilung. Etwas elende Brühe, Brühe größtenteils, die kaum ein Windspiel fressen möchte, ist die Suppe, worin dann und wann ein bissel Graupen, Mehl, Grütze oder Brot getan wird. Die Krankenwärter wissen alles schon so einzurichten, daß nicht *ein* Auge Fett darauf zu sehen ist, und daß die Brühe aussieht und schmeckt wie die elendeste Jauche.

»Wer in den Lazaretten nichts zuzusetzen hat, muß drin krepieren«, ist ein bekannter Satz bei der preußischen Armee. Das mag aber doch eine treffliche Anstalt sein, wo der kranke Feldsoldat Geld haben muß, um im Lazarett, wo seine Gesundheit, die er für seinen Herrn zugesetzt hat, hergestellt werden soll, nicht Hungers zu krepieren! – Ich kenne Feldscherer, welche sich Geld geben ließen, damit sie dem gebenden Kranken die nötige Hilfe leisten möchten, und welche den, der nichts geben konnte, liegen und krepieren ließen.

Von den vorfallenden Diebereien in den Lazaretten mag ich gar nicht reden. Genug, wer etwas hineinbringt, muß wohl darauf acht haben, daß es ihm nicht von den Krankenwärtern oder von den anderen Kranken gemaust wird.

So sehen die Feldlazarette der Preußen aus; aber die der Österreicher sind um kein Haar besser! Auch da herrscht der nämliche Geist, die nämliche Unordnung, der nämliche Mangel. – Und hieraus läßt sich nun erklären, warum so viele Menschen in den Hospitälern elend umkommen, und warum die Armeen durch diese Mordlöcher so schrecklich leiden!

Das Schicksal der Emigranten

Mahnung Lavaters an Madame Roland

Schon im November 1791 hat ein Gesetz alle Emigranten, die nicht bis zum Jahresende zurückgekehrt sein würden, für der Verschwörung verdächtig erklärt. Damit ist Tausenden der Rückweg abgeschnitten.

Bisher haben große Gruppen von Verfolgten, die ihr Heimatland verließen (wie die »Pilgerväter« aus England, die Exulanten aus Österreich, die Hugenotten aus Frankreich), stets die Brücken hinter sich abgebrochen. Die Emigranten der Revolutionszeit dagegen wollen zurück und begründen damit eine neue Tradition, so daß noch ein Leidensgefährte aus unserem Jahrhundert wie Bertolt Brecht, von sich sprechend, sie durchaus charakterisiert: »Unruhig sitzen wir so, möglichst nahe den Grenzen wartend des Tags der Rückkehr, jede kleinste Veränderung jenseits der Grenze beobachtend, jeden Ankömmling eifrig befragend, nichts vergessend und nichts aufgebend und auch verzeihend nichts, was geschah, nichts verzeihend.«

Die meisten Franzosen denken bei dem ungewohnten Wort émigrés an reiche, hochmütige Ex-Privilegierte, Verräter an ihrem Lande, die in Saus und Braus leben. Das ist eine Klischeevorstellung. Viele sind ihrem Gewissen gefolgt, wollten nicht meineidig werden, haben Freunde nicht verlassen mögen, fühlten sich bedroht. So mancher in den Gastländern, dem sich die Revolution als eine Folge von überflüssigen Greueltaten darstellt, schenkt ihnen seine Teilnahme.

Für ihre Ergreifung im Rückkehrfalle ist der Innenminister zuständig, derzeit der lebenserfahrene und belesene Jean-Marie Roland. Bei ihm hofft der Schweizer Schriftsteller und Philosoph Lavater Gehör zu finden. Sein Brief an Madame Roland, in deren Salon sich einflußreiche Republikaner treffen, spiegelt – sehr im Stil der Epoche – die Besorgnis der Zeitgenossen.

Meine gute Freundin,

Ich beeile mich, Ihnen zu sagen, mit welchem Vergnügen ich Ihre rasche und so herzlich freundschaftliche Antwort empfangen habe, wiewohl die Erwiderung auf meine Beschwerden hinsichtlich der Emigranten sehr wenig zufriedenstellend war.

Ich kann es Ihnen nicht genug wiederholen, Sie müssen, liebe Freundin, durch Ihre Schriften, Ihre Freunde das Unmögliche tun, müssen selbst bis zu flehentlichen Bitten gehen, um die Zurücknahme eines Gesetzes zu erlangen, dessen Ungerechtigkeit beispiellos ist und dessen Ausführung die Menschheit erbeben macht.

Werfen Sie einen Blick auf die unglückselige Lage so vieler Tausender unschuldiger Menschen, die so wenig schuldig sind wie Sie und ich; was kann man der Hälfte der unglücklichen Opfer eines so wilden Gesetzes zum Vorwurf machen? Die Kinder sind von ihren Eltern abhängig; die Frauen wollen pflichtgemäß ihren Gatten folgen; die meisten unter ihnen haben ihr Heim zerstört, zu Asche gebrannt gesehen und waren genötigt, ein Asyl in einem Lande zu suchen, wo die Gesetze ihnen Schutz und Sicherheit verbürgten; was für ein Vertrauen konnten sie zu den Proklamationen eines Königs und seiner Minister haben, deren Tage unaufhörlich bedroht waren, und die sie aufforderten, zurückzukehren, um in einem Lande zu wohnen, dessen Boden Tag um Tag mit neuem Blut besprengt wurde? Soll ich Ihnen von den Greisen, den Kranken reden, die gezwungen waren, in einem fremden Lande Hilfe zu suchen, die, wie Herr von Condorcet gesagt hat, auf dem Boden ihrer Republik nicht für sich sorgen können? Nennen Sie mir ein einziges Beispiel unter den Tyrannen-Despoten, denen Sie so unversöhnlichen Haß geschworen haben. Nennen Sie mir, sage ich, ein einziges Beispiel einer Ächtung, die Bürger, welche mehr Mitleid als Tadel verdienten, aller ihrer Güter beraubt und für immer aus ihrem Lande verbannt. Was die angeht, gegen die Ihr im Kampf gestanden seid, so kündet die Behandlung, die Ihr ihnen inmitten Eurer Triumphe angedeihen laßt, eher von der Angst, die Euch ihre Existenz einflößt, und von der Schwäche der Mittel, die Euch zur Aufrechterhaltung Eurer Autorität geblieben sind.

Jawohl, Grausamkeit, die auf den Sieg folgt, ist der überzeugendste Beweis für eine feigherzige Schwäche, die ihre Erfolge nur unvorhergesehenen Ereignissen verdankt, welche vom Verhängnis des Schicksals gelenkt wurden. Sehen Sie die Verzweiflung, die über diese unglücklichen Opfer einer so schreienden Barbarei verhängt ist! Da sieht man eine Mutter, im Elend und aller menschlichen Hilfe entblößt, ein Menschenkind zur Welt bringen, das durch seine Ächtung dem Elend geweiht ist. Dort sieht man eine andere ihren Kindern, die vor Hunger und Erschöpfung halbtot sind, den Tod vollends geben, um ihnen das neue Elend, das ihnen droht, zu ersparen, da jeder Tag die Leiden dieser Ärmsten vermehrt. Der Winter mit seiner Kälte wird sie auf den Gipfel bringen.

Oh – wenn ich, ein schwacher Einzelner, mich vor den Nationalkonvent stellen könnte, um ein Bittgesuch im Namen des Menschengeschlechts vorzubringen, ich würde zu ihnen sagen: »Höret nicht auf, menschlich zu sein, wenn ihr so laut die Rechte der Menschheit fordert. Werdet nicht Tyrannen, wenn ihr euch anstellt, als zerstörtet ihr die Tyrannei. Niemals haben die Despoten Greuel und Barbareien begangen, wie ihr sie tut, indem ihr so viele Verbrechen ungestraft lasset, wiewohl ihr vorgebt, die eifrigsten Antidespoten zu sein! Mag sein, daß es Verräter unter euch gibt! Straft die Schuldigen! Aber wehe dem, der den Unschuldigen wie den Schuldigen bestraft! Seid nicht blutgierig wie die Tiger und wild wie die Hyänen! Ruft nicht auf eure Nation die Verwünschungen aller Nationen und den Fluch aller Jahrhunderte herab!«

Ich würde auf Knien hingeworfen rufen: »Vergeßt in dem Rausch eurer Begeisterung für eine zügellose Freiheit das ursprüngliche Gefühl für Billigkeit und Recht nicht! Seid nicht Räuber unter der Maske von Befreiern und Henker unter dem Namen von Wohltätern der Menschheit. Laßt sie zurückkehren, die die Furcht aus ihrem Vaterland getrieben hat! Welches Verbrechens sind sie schuldig? Schuldig seid ihr vielmehr gegen sie, weil ihr geduldet habt, daß sie der zügelloseste Pöbel und die unmenschlichsten Grausamkeiten von ihrem Herd verjagt haben! Eilt euch, die Schlechtigkeit der abscheulichsten Klasse zunichte zu machen, die nichts weiter bekämpft als Namen, welche man klüglich in Verruf gebracht und dem Abscheu preisgegeben hat; die weder Recht noch Gesetze, noch Seelenruhe, noch Tugend, noch Grundsätze, noch Empfindung kennt; die lediglich blutgierig ist, die keinen anderen Ruhm kennt als den der Barbarei und Freveltaten. Wehe eurer Verfassung, wenn es ihr entweder an Willen oder an Kraft gebricht, diese blutdürstigen Ungeheuer zu zähmen! Wie könnt ihr glauben, daß sie nur ein oder zwei Jahre Bestand haben wird, wenn ihr nicht die Macht habt, Menschen den Gesetzen der Billigkeit und Humanität zu unterwerfen, Menschen, die nicht die Schmach Frankreichs, sondern der Schandfleck des Menschengeschlechts sind!«

Ich würde zum Nationalkonvent sagen: »Ich bin überzeugt, daß euch das Gefühl für die Greuel, die gegen die Mehrzahl der unschuldigen Emigranten begangen werden, nicht fehlt, und daß ihr nur nicht waget, auf die Stimme der Gerechtigkeit und der Menschlichkeit zu hören, die sich für sie in euren Herzen erhebt; daß ihr diesen Pöbel fürchtet, den ihr gelehrt habt, seine Stärke und die Furcht, die sie einflößt, kennen zu lernen – aber was für eine lächerliche und erstaunenswerte Schwäche für Gesetzgeber, die den Anspruch erheben, für das Weltall die Gesetze zu machen, und die selber von einer niedrigen Räuberbande beherrscht werden!«

Aber ich würde vergebens zu Menschen sprechen, die nur Grundsätze einer zeitlichen Politik und keine universalen Gefühle haben! Zu Menschen in Ihrem Konvent, die einer Idee, die sie einmal gefaßt haben, alles zum Opfer bringen – die nur dazu geschaffen scheinen, zu zerstören, den Unschuldigen gleich dem Schuldigen zu verbannen, zu töten, alle beide aber, ohne sie kühlen Blutes und mit dem Gehör der einfachsten Gerechtigkeit vernommen zu haben –, die nur dazu geschaffen sind, Zwang und knechtenden Druck gegen solche Menschen zu üben, die gegen eine Tyrannei Abscheu empfinden, derengleichen sie unter dem Joch der verrufensten Despotie nicht kennengelernt hatten! (...)

Ich sehe voraus, daß Sie mir sagen werden: »Wir könnten für

die Wirkungen der Aufhebung des Dekrets, die Sie so glühend wünschen, keine Bürgschaft übernehmen. Welche Macht könnte diesen verwegenen Pöbel aufhalten, sich über diese Aufhebung hinwegzusetzen, wenn die Emigrierten nach Hause zurückkehrten? Er würde sie zerreißen, wie Tiger ihre Beute. Was können wir tun?«

Ich will es Ihnen sagen, liebe Freundin. Ich würde meinen Posten aufgeben, wie ich für mein Teil ihn am 10. August aufgegeben hätte. Ich wollte meine Hände nicht im Blute der Unschuld oder derer, die unter öffentlicher Bürgschaft zurückgekehrt wären, baden. Oder ich machte alle möglichen Anstrengungen, ich setzte Himmel und Erde in Bewegung, um die Bestie zu zähmen, die freilich so schwer zu zügeln ist, wenn man sie einmal entfesselt hat.

Ich würde meinen Ruf, mein Leben aufs Spiel setzen, um so laut wie möglich zu erklären, daß ich eine blutige Nation und Verfassung verabscheue, die gegen so viele Individuen wütet, welche zehntausendmal besser sind als die für die Stimme des Elends taub gewordenen Führer. Ich würde Tag und Nacht meine Stimme gegen die Stimme jener Rasse von Räubern, von Zügellosen, von Ordnungsfeinden erheben, die keine andere Sprache als die des Patriotismus reden.

Vielleicht, meine Liebe, fühlen Sie sich nicht stark genug, um etwas dazu beitragen zu können, daß menschlichere Gefühle sich zu verbreiten beginnen.

Vielleicht kann sich, im privaten und öffentlich, die Stimme Ihres Gatten hoch und laut genug erheben, um – schließlich – gehört zu werden. Vielleicht kann sie einen glücklichen Augenblick benutzen, in dem das Blut dieser Blutmenschen, die jedem heimkehrenden Emigrierten den Tod androhen, sich besänftigt und, wenn ich es so ausdrücken darf, weniger tigerhaft in den menschlichen Adern rollt, dieser Menschen, die sich als die eigentlichen Beschützer der Menschheit aufspielen. Vielleicht wird seine so sanfte wie weise Festigkeit schließlich siegen. Ich habe ihn nie gekannt, wenn er meine Sprache gegen die Unmenschlichkeit, die besonders in Paris erhobenen Hauptes einhergeht, nicht menschlich findet. (...)

Noch einmal, tun Sie das Mögliche und Unmögliche, um der

neuen Verfassung diesen schimpflichen Fleck zu nehmen – der, wenn er nicht entfernt wird, früher oder später unberechenbares Unglück über Frankreich bringen wird, das nicht *barbarisch* werden dürfte, wenn es so glücklich ist, sowohl die Vorurteile gegen die Freiheit wie die Feinde der Freiheit zu besiegen, über Frankreich, das sich erinnern müßte, was es vor mehr als einem Jahrhundert durch den Widerruf des Edikts von Nantes verloren hat. Valete et amate!

Der Tod des Königs als nationale Notwendigkeit

Aus Robespierres Rede vom 5. Dezember 1792

Der Nationalkonvent wird nach dem allgemeinen Wahlrecht gewählt; der Zensus ist abgeschafft. Allerdings geht nicht einmal jeder Zehnte zur Wahl: Ein stummer Protest gegen die gewaltsame Beseitigung der Monarchie und die despotische Eigenmächtigkeit der Pariser. Es entsteht ein wirklich revolutionäres Parlament, in dem zunächst die Girondisten (»rechts«), meistens Provinzabgeordnete, die Führung übernehmen. Sie sind nicht weniger republikanisch gesonnen als die Männer der Bergpartei (»links«), aber entschlossen, der Diktatur der Straße ein Ende zu bereiten.

Der Nationalkonvent hat seine Sitzungen am 21. September 1792 mit zwei Erklärungen begonnen: Das Königtum ist abgeschafft, und alle amtlichen Schriftstücke sollen aus dem »Jahr I der Republik« datiert werden. Erste große Aufgabe der Abgeordneten ist das Gericht über den König. Tag um Tag, in häufig eitlen Reden für die Galerie, wo man die Sitzungen als gesellschaftliche Ereignisse genießt, gehen die Abgeordneten mit sich zu Rate, ob sie überhaupt zuständig seien, ob nicht ein regelrechter Prozeß stattzufinden habe, ob man nicht den Wählern die Entscheidung überlassen müsse... »Niemand kann unschuldig herrschen«, lautet der vom 25jährigen radikalen Saint-Just auf die knappste Form gebrachte Generalvorwurf gegen den Herrscher, und das Gegenargument, daß gerade deswegen dem Träger dieses Amtes Nachsicht gebühre, verfängt nicht.

Am 5. Dezember 1792 gibt Robespierre durch eine lange Rede, aus der hier Ausschnitte folgen, der Debatte die endgültige Wendung; am 17. Januar 1793 erfolgt das Todesurteil. Man kann sich schon bei dieser Rede, die am Beginn seines Aufstiegs steht, fragen, ob die vielgeschmähte Gefühlskälte dieses Mannes nicht die eisige Klarheit eines Menschen sein könnte, der sich früher als andere überlegt hat, was seine ideale Republik kosten wird.

Mitbürger!
Die Versammlung ist, ohne es zu merken, weit von der eigentlichen Frage abgelenkt worden. Hier ist doch kein Prozeß zu führen! Ludwig ist kein Angeklagter, ihr seid keine Richter. Ihr seid Männer des Staates, Vertreter der Nation, und nichts anderes könnt ihr sein. Ihr habt kein Urteil für oder gegen einen Menschen, sondern eine Maßnahme für das Gemeinwohl durchzuführen, eine Tat zur Rettung der Nation zu vollbringen. In der Republik ist ein abgesetzter König nur zu zweierlei zu verwenden: entweder die Ruhe des Staates zu stören und die Freiheit zu erschüttern oder beide zu befestigen, und dem letzteren, davon bin ich überzeugt, steht die Art, wie ihr bisher darüber beraten habt, geradewegs entgegen.

Was verlangt denn eine gesunde Politik, um die entstehende Republik fest zu gründen? Die Verachtung des Königtums tief in die Herzen einzuprägen und alle Anhänger des Königs mit Entsetzen zu schlagen. Wenn man also der Welt seine Verbrechen als etwas Fragliches und seinen Fall als Gegenstand für die gewichtigste, ernsthafteste, schwierigste Erörterung darstellt, mit der sich die Vertreter des französischen Volkes beschäftigen können, wenn man einen unendlich großen Unterschied macht zwischen der bloßen Erinnerung an das, was er war, und der Würde eines einfachen Bürgers, so hat man genau das Verfahren entdeckt, wie man ihn der Freiheit nach wie vor gefährlich machen kann.

Ludwig *war* König, und die Republik *ist* gegründet. Die viel umstrittene Frage, die euch beschäftigt, ist allein mit diesen Worten schon entschieden. Ludwig klagte das französische Volk als Rebellen an; um es zu bestrafen, hat er die Heere der Tyrannen, seiner Mitbrüder, ins Land geholt. Der Sieg und das Volk haben entschieden, daß er, nur er der Rebell war; Ludwig kann also nicht mehr gerichtet werden, er ist schon gerichtet. Er ist schuldig gesprochen, oder die Republik ist nicht gerechtfertigt. Jeder Vorschlag, Ludwig XVI. in irgendeiner Form den Prozeß zu machen, ist ein Rückfall in die königliche oder konstitutionelle Despotie, ist ein gegenrevolutionärer Gedanke, weil damit die Revolution selbst in Frage gestellt würde. Tatsächlich: Ludwig zum Gegenstand eines Gerichtsverfahrens machen, heißt, er könnte auch freigesprochen werden, könnte auch unschuldig sein. Besser gesagt: Er hat bis zum Urteil als unschuldig zu gelten. Nur, wenn Ludwig freigesprochen werden, als unschuldig gelten darf, was wird dann aus der Revolution? Ist er unschuldig, so sind alle Verteidiger der Freiheit Verleumder. Alle Rebellen gegen die neue Ordnung wären Freunde der Wahrheit und Verteidiger der unterdrückten Unschuld, alle Manifeste der fremden Höfe rechtmäßige Beschwerden gegen eine gewaltsam herrschende Partei. Selbst die Haft, in der sich Ludwig bis zu diesem Augenblick befindet, wäre dann eine ungerechtfertigte Mißhandlung; die Föderierten, das Volk von Paris, alle Patrioten des französischen Reiches hätten sich schuldig gemacht, und der große Prozeß, der vor dem Tribunal der Natur zwischen Verbrechen und Tugend, zwischen Freiheit und Tyrannei anhängig ist, wäre endlich zugunsten des Verbrechens und der Tyrannei entschieden!

Mitbürger, seht euch vor, ihr befindet euch in einer Begriffsverwirrung; ihr verwechselt die Vorschriften des bürgerlichen und positiven Rechts mit den Grundsätzen des Völkerrechts; ihr verwechselt die Beziehungen der Bürger untereinander mit den Beziehungen zwischen den Nationen und einem gegen sie verschworenen Feind, und ihr verwechselt ferner die Situation eines Volkes in der Revolution mit der Lage eines Volkes mit stabiler Regierung. (…)

Völker richten nicht wie Gerichtshöfe. Sie fällen keinen komplizierten Spruch, sie schleudern den Blitz. Sie verurteilen die Könige nicht, sie stoßen sie ins Nichts zurück. Und diese Justiz ist gewiß so gut wie die der Gerichte. Wenn die Völker für ihr Heil gegen ihre Unterdrücker zu den Waffen greifen, wie könnte man von ihnen verlangen, daß sie zu deren Bestrafung eine Form wählen, die sie selber in Gefahr brächte?

Wir haben uns zum Irrtum verleiten lassen durch Beispiele aus anderen Ländern, die nichts mit unserem Fall zu tun haben. Daß Cromwell Karl I. durch einen Gerichtshof, der ihm zu Diensten stand, richten ließ; daß Elisabeth auf die gleiche Art Maria Stuart verurteilen ließ, ist doch nur natürlich: Tyrannen, die ihresgleichen nicht dem Volk, sondern dem eigenen Ehrgeiz zum Opfer bringen, werden sich bemühen, die Meinung des großen Haufens durch trügerische Formen zu täuschen. Da geht es nicht um Grundsätze und nicht um Freiheit, sondern um Schurkerei und Intrigen. Aber das Volk! Welchem Gesetz könnte es sonst folgen als der auf seine Allmacht gestützten Gerechtigkeit und Vernunft? (...)

Gerechter Himmel! All die wilden Horden der Despotie sind drauf und dran, den Busen unseres Vaterlandes im Namen Ludwigs XVI. von neuem zu zerfleischen. Ludwig kämpft weiter gegen uns aus der Tiefe seines Kerkers. Und da wird noch gezweifelt, ob er schuldig ist, ob man ihn als Feind behandeln darf, und man fragt sich, welche Gesetze ihn denn verdammen. Man beruft sich zu seinen Gunsten auf die Verfassung. Ich denke nicht daran, hier die unwiderleglichen Argumente derer zu wiederholen, die sich dazu herabgelassen haben, solche Einwände zu entkräften. Ich will nur ein Wort dazu sagen, und zwar wende ich mich an die Männer, die sich noch nicht haben überzeugen lassen. Nach der Verfassung war alles verboten, was ihr getan habt. Wenn er mit Absetzung förmlich bestraft werden mußte, durftet ihr sie nicht ohne vorherige gerichtliche Untersuchung aussprechen. Ihr hattet nicht das Recht, ihn im Gefängnis zu behalten, er dagegen hat das Recht, seine Freilassung und Haftentschädigung zu verlangen. Die Verfassung verurteilt euch! Werft euch Ludwig zu Füßen und fleht um seine Gnade. Ich würde erröten, wenn ich im Ernst auf diese verfassungsrechtlichen Haarspaltereien eingehen wollte. Ich verweise sie auf die Bänke von Schule oder Justizpalast oder vielmehr in die Kabinette von London, Wien und Berlin. Ich bringe es nicht über mich, lange zu erörtern, wo ich überzeugt bin, daß Wortklauberei ein Skandal wäre.

Das sei eine bedeutende Sache, hat man gesagt, die mit weiser, bedächtiger Umsicht zu behandeln sei. Ihr macht erst eine bedeutende Sache daraus! Was sage ich? Ihr macht überhaupt erst eine Sache daraus. Denn was ist schon Bedeutendes daran? Die Schwierigkeit des Sachverhalts? Nein. Die Person? In den Augen der Freiheit gibt es keine schädlichere, in den Augen der Menschlichkeit keine schuldigere. Sie kann allenfalls denen imponieren, die noch feiger sind als sie. Ist es die Wirkung des Ergebnisses? Sie wäre ein Grund mehr zur Eile. Ein Gesetzentwurf fürs Volk, das ist eine bedeutende Sache, ein von der Despotie unterdrückter Unglücklicher, das ist eine bedeutende Sache. Warum denn dieses ewige Hinausschieben, das ihr uns empfehlt? Habt ihr Angst, die Volksmeinung zu verletzen? Als fürchte das Volk irgend etwas mehr als die Schwäche oder den persönlichen Ehrgeiz seiner Vertreter! Als wäre das Volk eine Masse nichtswürdiger Sklaven, die töricht festhalten an einem einfältigen Tyrannen, nachdem es ihn schon geächtet hat! Als wollte es sich um jeden Preis in Unterwürfigkeit und Knechtschaft suhlen! Ihr sprecht von der öffentlichen Meinung; ist es nicht eure Sache, sie zu lenken und zu stärken? Wenn sie in die Irre geht, wenn sie herunterkommt, bei wem liegt denn die Schuld, wenn nicht bei euch selbst? Habt ihr Angst vor dem Unmut der gegen uns verbündeten Könige des Auslands? Ja, gewiß doch, das Mittel zum Sieg ist es, sich furchtsam zu zeigen; das Mittel zum Zerschlagen der verbrecherischen Verschwörung der Despoten Europas ist es, ihren Komplizen zu schonen. Habt ihr Angst vor den anderen Völkern? Ihr glaubt demnach noch an die angeborene Liebe zur Tyrannei. Warum strebt ihr denn überhaupt nach dem Ruhm, das Menschengeschlecht zu befreien? Welcher Widersinn macht euch glauben, daß die Nationen, die von der Verkündung der Menschenrechte unbeeindruckt geblieben sind, sich von der Bestrafung eines ihrer grausamsten Unterdrücker erschrecken lassen werden? Und schließlich habt ihr Angst, hört man, vor dem Blick der Nachwelt. Ja, die Nachwelt wird tatsächlich höchst erstaunt sein über euren Wankelmut und eure Schwäche, und unsere Nachkommen werden über den Dünkel und die gleichzeitigen Vorurteile ihrer Väter lachen. (...)

Eine weitere Schwierigkeit: Zu welcher Strafe sollen wir Ludwig verurteilen? Die Todesstrafe ist zu schrecklich! Nein, sagt ein anderer, das Leben ist noch schrecklicher; ich verlange, daß er weiterlebt. Verteidiger des Königs, handelt ihr aus Mitleid oder Grausamkeit, indem ihr ihn der Strafe für seine Verbrechen entziehen wollt? Ich für mein Teil verabscheue die Todesstrafe, mit der eure Gesetze so verschwenderisch umgehen, und für Ludwig empfinde ich weder Liebe noch Haß: ich hasse nur seine Untaten. Ich habe in der Versammlung, die ihr noch die verfassunggebende nennt, die Abschaffung der Todesstrafe beantragt, und es ist nicht meine Schuld, daß die ersten Grundsätze der Vernunft dieser Versammlung als moralische und politische Ketzereien galten. Aber wenn ihr nicht einmal auf den Gedanken gekommen seid, die Beachtung dieser Grundsätze für die vielen Unglücklichen zu fordern, deren Vergehen weniger ihnen selbst als der Regierung anzulasten sind, welcher Unstern läßt euch gerade dann daran denken, wenn ihr die Sache des größten aller Verbrecher vertretet? Ihr verlangt eine Ausnahme von der Todesstrafe ausgerechnet für den, der sie überhaupt rechtfertigen kann? Ja, die Todesstrafe als solche ist ein Verbrechen, und aus eben diesem Grund kann sie nach den unvergänglichen Grundsätzen der Natur nur in solchen Fällen gerechtfertigt sein, bei denen es um die Sicherheit der einzelnen oder des Staates geht. Dagegen wird die öffentliche Sicherheit sie niemals für gewöhnliche Rechtsbrüche erforderlich machen, weil die Gesellschaft diese immer mit anderen Mitteln unterbinden und es dem Täter unmöglich machen kann, ihr weiter zu schaden. Doch ein abgesetzter König im Schoße einer Revolution, die durchaus noch nicht durch Gesetze gefestigt ist; ein König, dessen bloßer Name die Geißel des Krieges auf die gärende Nation zieht – seine Existenz können weder Gefängnis noch Verbannung für das öffentliche Glück unschädlich machen, und diese schreckliche vor der Gerechtigkeit bestehende Ausnahme von den gewöhnlichen Gesetzen ist allein der Art seiner Verbrechen zuzuschreiben. Ich spreche diese unabweisliche Wahrheit mit Bedauern aus. Doch Ludwig muß sterben, weil das Vaterland leben muß.

Revolutionspropaganda in den eroberten Ländern

Dekret und Proklamation über die Freiheit und Souveränität der Völker

Der Sieg von Valmy ist kein Zufall gewesen. Das bedrohte Frankreich nimmt den Kampf gegen die Fürsten ernst, während diese bestenfalls eine Art Expeditionskorps geschickt haben. Die Truppen in den österreichischen Niederlanden, dem heutigen Belgien, können aus dem fernen Wien keine Hilfe erwarten und müssen sich im November 1792 vor den Toren von Mons bei Jemappes von den mehr als doppelt überlegenen Regimentern des Generals Dumouriez schlagen lassen. »Jemappes« und »Dumouriez« werden Synonyme für die siegreiche Republik, zumal anschließend Brüssel, Lüttich, Antwerpen den Eroberern zufallen. Schon vorher ist bei Speyer, Worms und Mainz die »natürliche Grenze« des Rheins erreicht worden, im Südosten ist nach dem »Anschluß« von Avignon auch die Stadt Nizza besetzt und dem König von Piemont-Sardinien ganz Savoyen weggenommen worden; außerdem ist man ins Bistum Basel einmarschiert.

Nur: Wie überzeugt man Völker, die von sich aus keine Anstalten zu revolutionären Taten gemacht haben, ja, wie die Belgier Delegationen nach Paris schicken, man solle sie als unabhängig anerkennen, und die dafür in Brüssel sogar einen Volksaufstand inszenieren? »Die Menschen aller Länder sind Brüder«, verkündet der Konvent feierlich, aber Frankreich betrachtet sich als den älteren und größeren Bruder.

Am 15. Dezember 1792, während des Verfahrens gegen den König, ergeht das »Dekret über die Freiheit und Souveränität der Völker, zu denen Frankreich die Waffen getragen hat und noch tragen wird«, zusammen mit dem Text einer überall zu plakatierenden Proklamation. Artikel 11 ist die Umschreibung für die Parole, die jetzt überall im Lande an den Häuserwänden erscheint: La fraternité ou la mort – »Brüderlichkeit oder Tod«.

1. In den Ländern, die von den Armeen der Republik besetzt sind oder noch werden, proklamieren die Generäle unverzüglich im Namen der französischen Nation die Souveränität des Volkes sowie die Abschaffung aller bestehenden Behörden, der geltenden Steuern und Abgaben, die Beseitigung des Zehnten, der Feudaluntertänigkeit, der ständigen und fallweisen Leistungen an die Grundherren, der Benutzungszwänge, der dinglichen und persönlichen Leibeigenschaft, der Jagd- und Fischereiprivilegien, Hand- und Spanndienste, des Adels und überhaupt aller Privilegien.

2. Sie verkünden dem Volk, daß sie ihm Frieden, Beistand, Brüderlichkeit, Freiheit und Gleichheit bringen, und sie rufen es sogleich zu Urwähler- oder Gemeindeversammlungen zusammen, um eine vorläufige Verwaltung und Rechtspflege zu schaffen und einzurichten; sie wachen über die Sicherheit von Personen und Besitz; sie lassen in der Sprache oder Mundart des Landes alsbald in jeder Gemeinde dieses Dekret und die angefügte Proklamation anschlagen und durchführen.

3. Alle zivilen und militärischen Berufs- und Wahlbeamten der früheren Regierung sowie die vormals als adlig angesehenen Personen und die Mitglieder vormals privilegierter Körperschaften gelten für dieses eine Mal als nicht wahlberechtigt bei den Urwähler- oder Gemeindeversammlungen und können auch nicht in vorläufige Verwaltungs- oder Richterämter gewählt werden.

4. Die Generäle stellen sodann alles bewegliche und unbewegliche Gut, das sich im Besitze des Fiskus, des Fürsten, seiner freiwilligen Handlanger, Gefolgsleute und Helfershelfer befindet, unter Obhut und Schutz der Republik Frankreich; sie lassen alsbald eine genaue Aufstellung davon anfertigen, die sie dem Ministerrat übersenden, und ergreifen alle in ihrer Macht stehenden Maßnahmen zur ungeschmälerten Erhaltung dieser Vermögenswerte.

5. Die vom Volk gewählte vorläufige Verwaltung wird mit der Bewachung und mit der Aufsicht über die unter Obhut und Schutz der Republik Frankreich gestellten Sachen beauftragt; sie ist für die Sicherheit von Personen und Besitz besorgt; sie sichert die Durchführung der geltenden Gesetze hinsichtlich

der Zivil- und Strafgerichtsbarkeit, der Polizei und der öffentlichen Ordnung; sie wird mit der Abrechnung und Bezahlung der örtlichen sowie der für die gemeinsame Verteidigung erforderlichen Ausgaben beauftragt. Sie darf Steuern erheben, wobei diese jedoch nicht von dem bedürftigen und arbeitenden Teil der Bevölkerung aufgebracht werden dürfen.

6. Sobald die vorläufige Verwaltung eingerichtet ist, entsendet der Nationalkonvent Kommissare aus seiner Mitte, die mit ihr in brüderliche Beziehungen treten.

7. Der vorläufige Ministerrat ernennt ferner Nationalkommissare, die sich unverzüglich an Ort und Stelle begeben und sich mit den Generälen und der vom Volk gewählten vorläufigen Verwaltung über die für die gemeinsame Verteidigung zu treffenden Vorkehrungen sowie über die Mittel verständigen, um die für die Armeen erforderliche Bekleidung und Verpflegung zu beschaffen und die bereits erfolgten oder zukünftigen Ausgaben der Armeen in dem betreffenden Land zu bestreiten.

8. Die von der Provisorischen Regierung ernannten Nationalkommissare erstatten ihr alle zwei Wochen über ihre Tätigkeit Bericht; sie ergänzen diesen um persönliche Anregungen, die der Ministerrat billigt oder verwirft und über die er dem Nationalkonvent sogleich berichtet.

9. Die vom Volk gewählte vorläufige Verwaltung und die Tätigkeit der Nationalkommissare enden, sobald die Bewohner Souveränität und Unabhängigkeit des Volkes, Freiheit und Gleichheit erklärt und eine freie Volksregierung gebildet haben.

10. Die Ausgaben der Republik Frankreich für die gemeinsame Verteidigung sowie die gegebenenfalls erhaltenen Summen werden aufgezeichnet, und die französische Nation trifft mit der entstandenen Regierung Vereinbarungen über etwaige Forderungen. Sollte das gemeinsame Interesse den weiteren Verbleib von Truppen der Republik auf dem fremden Gebiet erforderlich machen, so wird sie die notwendigen Maßnahmen zu ihrer Versorgung treffen.

11. Die französische Nation erklärt, daß sie ein Volk, das Freiheit und Gleichheit ablehnt oder darauf verzichtet, um den Fürsten und die privilegierten Kasten zu behalten, wieder ins

Land zu rufen oder mit ihnen zu verhandeln, als Feind betrachten wird. Sie verspricht und verpflichtet sich andererseits, keinen Vertrag zu unterschreiben und die Waffen nicht aus der Hand zu legen, bevor nicht die Souveränität und Unabhängigkeit des Volkes, in dessen Gebiet die Truppen der Republik einmarschiert sind und das sich die Grundsätze der Gleichheit zu eigen gemacht und eine freie Volksregierung gebildet hat, fest gegründet ist.

PROKLAMATION
DAS FRANZÖSISCHE VOLK AN DAS VOLK VON ...

Brüder und Freunde! Wir haben uns die Freiheit erkämpft, und wir werden sie behaupten. Wie bieten Euch an, Euch an diesem unschätzbaren Gut teilhaben zu lassen, das uns von jeher gehört hat und das unsere Unterdrücker auch Euch nicht ohne Verbrechen rauben konnten.

Wir haben Eure Tyrannen verjagt. Erweist Euch als freie Männer, und wir werden Euch vor ihrer Rache, ihren Anschlägen und ihrer Rückkehr sicher schützen.

Mit diesem Augenblick verkündet die Republik Frankreich die Souveränität des Volkes, die Abschaffung aller zivilen und militärischen Behörden, die Euch bis heute regiert haben, und aller Steuern, die Ihr in irgendeiner Form zu entrichten habt; die Beseitigung des Zehnten, der Feudaluntertänigkeit, der ständigen und fallweisen Leistungen an die Grundherren, der Benutzungszwänge, der dinglichen und persönlichen Leibeigenschaft, der Jagd- und Fischereiprivilegien, der Hand- und Spanndienste, der Salzsteuer, der Weg- und Brückenzölle, der städtischen Abgaben und überhaupt aller Leistungen, die Ihr für Eure Zwingherren aufbringen mußtet. Ferner verkündet sie die Abschaffung jeder adligen, geistlichen oder sonstigen Körperschaft, aller mit der Gleichheit unvereinbaren Vorrechte und Privilegien. Ihr seid, Brüder und Freunde, mit diesem Augenblick allesamt Staatsbürger, allesamt gleichberechtigt und allesamt ohne Unterschied dazu berufen, Euer Land zu regieren und es zu verteidigen.

Bildet unverzüglich Urwähler- und Gemeindeversammlungen und gebt Euch bald Eure vorläufigen Verwaltungen und Rechtspflegeorgane unter Beachtung der Bestimmungen von Artikel 3 des obigen Dekrets. Die Vertreter der Republik Frankreich werden mit Euch zu Rate gehen, um für Euer Glück und für die Freundschaft zu sorgen, die fortan zwischen uns herrschen soll.

Deutsche Republikaner

Georg Forster über die Mainzer Jakobiner

*General Custine ist als Befehlshaber der französischen Rhein-
armee am 21. Oktober 1792 mit seinen aus Berufssoldaten und
Freiwilligen gemischten Truppen in Mainz eingezogen. Die
»Franken« oder »Neufranken« nennt man sie, wenn man mit
ihnen sympathisiert. Die Eroberer finden im linksrheinischen
Deutschland keinen besonders starken Widerstand, und Preußen tut für die dortigen Bistümer nur das unbedingt Notwendige.*

*Die Reaktion der Bevölkerung enttäuscht die Einmarschie-
renden. Sie haben gemeint, als Befreier begrüßt zu werden, weil
sie den Einfluß der fortschrittlichen »bourgeoisie à talents« über-
schätzt und nicht bedacht haben, daß die alte Ordnung von
schlichten Gemütern als die beruhigend feste Lebensgrundlage
empfunden wird.*

*Als einer der wenigen revolutionsbegeisterten Bildungsbürger
tritt Custine in Mainz der Bibliothekar Georg Forster entgegen,
ein angesehener Mann, der mit Cook auf Expedition gewesen ist
und darüber einen Bestseller geschrieben hat, die »Reise um die
Welt« mit der verlockenden Darstellung von Tahiti und seiner
glücklichen Menschen im Naturzustand. Jetzt leitet er den Jakobinerklub und will seine Mitbürger für eine an Frankreich ange-
schlossene »Rheinische Republik« gewinnen. Er plagt sich red-
lich, die Balance zu halten zwischen unpopulärer Unterstützung
der Besatzungsmacht und Einsatz für die von ihr gebrachte Freiheit.*

*In den letzten Monaten seines Lebens, die er nach der Rück-
eroberung von Mainz als mittelloser Flüchtling 1793 in Paris ver-
brachte, schrieb er seine Erinnerungen. Die Rede unter dem
Mainzer Freiheitsbaum hat er am 13. Januar 1793 gehalten.*

Es war Abend, als endlich die Franken einzogen und die Stadt-tore besetzten. Das Volk empfing sie mit einer Art von dump-fem Schweigen, ohne lebhafte Zeichen der Abneigung, aber auch ohne allen Beifall und ohne Frohlocken. Manches wirkte zusammen, um anfänglich diese Stimmung hervorzubringen: erstlich, die unwillkürliche, durch Verschiedenheit des Charak-ters und der Sprache genährte Antipathie der Deutschen gegen die Franken; sodann die Aufhetzung der Beichtväter, die den unwissenden Weibern vorzüglich die Franken als Gottesleug-ner und Höllenbrände geschildert und verabscheuungswürdig zu machen gesucht hatten; endlich, und vielleicht am stärksten, der unscheinbare Aufzug der Freiheitssoldaten selbst, an deren Monturen die Spur eines beschwerlichen Feldzuges gar zu kenntlich war und deren natürliche Lebhaftigkeit, erhöht durch den rege gewordenen Geist der Unabhängigkeit, sich zu der pedantischen Symmetrie unserer militärischen Drahtpup-pen nicht bequemen konnte. Das Auge, das nur gewohnt gewe-sen war, geputzte, gepuderte Paradesoldaten mit knappen Röcken und Beinkleidern, nett gewichsten Gamaschen und spiegelblankem Gewehr zu sehen, konnte diese bestaubten, schmutzigen, zerlumpten Kerle, die zum Teil wirklich ohne Schuhe und Strümpfe einherzogen und auf ihren rostigen Bajo-netten ihr Kommißbrot oder ihre Portion Fleisch aufgespießt trugen, unmöglich ohne eine Nebenempfindung von Verächt-lichkeit ansehen. (...)

Die Kälte und Gleichgültigkeit des großen Haufens hielt in-dessen die lebhaftesten Äußerungen der Freude in einer zwar weniger zahlreichen, aber durch ihre Kenntnisse und ihren Geist der Unabhängigkeit wichtigeren Klasse der Einwohner keineswegs zurück. Der Enthusiasmus dieser Revolutions-freunde hatte kaum den Augenblick erwarten können, wo es ihnen endlich erlaubt war, ihre Grundsätze laut zu bekennen und an einer Umschmelzung der Regierungsform ihres Vater-landes zu arbeiten. (...) Jetzt traten sie am Tage nach der Ein-nahme der Stadt als eine Volksgesellschaft öffentlich zusam-men, erklärten sich als Bekenner des fränkischen Symbols ge-sonnen, frei zu leben oder zu sterben und die republikanische Freiheit und Gleichheit in öffentlichen Zusammenkünften dem

Volke zu erläutern und annehmlich zu machen. Custine, dem sie ihr Vorhaben, mit der Bitte um einen Versammlungsort, eröffneten, räumte ihnen sogleich im Schlosse den prächtig geschmückten großen Konzertsaal ein, den der Kurfürst mit ungeheuerm Aufwand hatte bauen lassen. Die mainzischen Republikaner genossen also hier den Triumph, den prunkenden Stolz eines kleinen Fürsten mit ihrem zynischen Stolze niederzutreten, und kein Kunstgriff hätte ersonnen werden können, der schneller und zuverlässiger als dieser auf das Volk gewirkt, seiner Eigenliebe geschmeichelt und seine Achtung für die bisher so blindlings angebeteten Götzen in Geringschätzung und Abscheu verwandelt hätte.

Von der Rednerbühne dieser deutschen Sansculottes herab wurde zugleich täglich die Regierung des Kurfürsten mit allen ihren unzähligen Mängeln, Gebrechen, Ungerechtigkeiten, Erpressungen als eine der empörendsten Tyranneien in den stärksten Farben geschildert; ja man riß sogar den Vorhang hinweg, den die Nächstenliebe und die bescheidene Züchtigkeit sonst vor das Privatleben der Fürsten zieht, und deckte Greuel auf, die den Priester und den Regenten entehrten. Das mainzische Volk, jenes atheniensischen Sinnes unkundig, der das Laster und die Häßlichkeit, wie wahr und natürlich man sie zeichnen mochte, als Gegenstände der öffentlichen Darstellung nicht ertrug, konnte nur beurteilen, ob das aufgestellte Bildnis seinem Urbilde glich. Unmöglich konnten daher die Redner den allgemeinen Beifall verfehlen, indem sie nur Tatsachen erzählten, die noch frisch in jedermanns Andenken ruhten, nur an Handlungen erinnerten, die im Gefühl der Straflosigkeit vor der Welt ohne Scheu begangen wurden, nur Vorwürfe laut, öffentlich und in dem Palaste selbst wiederholten, die sonst kaum in häuslicher Unterredung von Mund zu Mund umherschleichen durften. Je länger dieser Zwang aus Furcht vor einer unbilligen Ahndung gedauert hatte, desto unaufhaltsamer brach jetzt die richtende Stimme des Publikums hervor, und bei jedem neuen Zuge, jedem Pinselstriche, der das Gemälde der Entartung vollendete, riefen tausend Zeugen: »Es ist wahr! Es ist getroffen!« – Die Volksversammlung in Mainz glich also jenem ägyptischen Totengericht, das über den Nachruhm der Könige entschied. Dort indessen richtete man physisch Verstorbene, hier einen sittlich und bürgerlich Toten; dort bestimmten Priester das Maß des Lobes oder Tadels nach den Vorurteilen ihrer privilegierten Innung, hier fluchte ein tiefgekränktes Volk dem Namen seines entflohenen Regenten und Priesters und weihte ihn, noch atmend, der Gerechtigkeit, nicht der Nachwelt allein, sondern auch schon seiner Zeitgenossen. (...)

Das Werkzeug, dessen sich das Schicksal zur Vollstreckung seiner Gerichte bedient, ist oft nur bloßes Werkzeug, ohne ausgezeichneten Wert und eigentümliches Verdienst. Nehmen wir den Jakobinern zu Mainz den Schimmer, den der prächtig erleuchtete Versammlungssaal um sie her verbreitet und die wesentlichen Vorzüge einiger rechtschaffenen und aufgeklärten Männer, die den Kern ihrer Gesellschaft bilden, so bleibt eine ungleichartige Masse zurück, die mit allen Gebrechen ihrer übereilten Entstehung behaftet ist und den edlen Sinn des gebildeten und gesitteten Menschen auf keine Weise befriedigt. Mehre geschickte Rechtsgelehrte, deren Unparteilichkeit sie mit der Ungnade und Verfolgung des Regenten beehrt hatte, mehre angesehene Kaufleute und ehrbare Bürger von allgemein erkannter Redlichkeit, einige Professoren der vom Kurfürsten mit Einkünften begabten, aber auch von ihm selbst großenteils wieder darum übervorteilten Universität, endlich auch verschiedene helldenkende, tugendhafte, zu echten Lehrern der Menschen umgeschaffene Priester stehen auf dem Verzeichnis der hiesigen Volksfreunde und würden einer jeden Gesellschaft durch ihren Beitritt Ehre bringen. Allein einen Schwarm von rohen Studenten und andern zum Teil noch unbärtigen jungen Leuten, nebst mehren, durch ihre Sittlichkeit nicht vorteilhaft bekannten Personen, hat man, teils um die Zahl der Mitglieder schnell zu verstärken, teils um dem Grundsatz der Gleichheit volle Kraft zu lassen, ohne Prüfung und Auswahl aufgenommen. Die jugendliche Selbstzufriedenheit und Anmaßung der einen, der Eigennutz und die zweideutigen Absichten der andern werden bald der guten Sache der Freiheit mehr Nachteil bringen, als die Einsicht und das Gefühl der achtungswürdigen Mitglieder zu ihrer Empfehlung wirken können. Bisher hat zwar das Feuer der republikanischen Redner nur einen ihm verwandten Enthusiasmus unter den Zuschauern angezündet, die täglich zu mehren Tausenden hinzuströmen, um dem ersten Gebrauch angeborener, unverjährbarer Menschenrechte den lautesten, den empfundensten Beifall entgegenzujauchzen. Allein es sind auch schon Symptome vorhanden, die für die Zweckmäßigkeit der Beschäftigungen dieser Gesellschaft manches befürchten lassen, da es doch nur von ihrer reinen Vaterlandsliebe und ihrer Nützlichkeit abhängen wird, ob dieses leidenschaftliche, stürmische Wohlgefallen der Einwohner sich mit der Zeit in Hochschätzung und Vertrauen oder in eine ganz entgegengesetzte Stimmung verwandeln soll.

Vor einigen Tagen haben unsere Jakobiner schon den Versuch gemacht, auch außerhalb der Mauern ihres Versammlungsorts die Aufmerksamkeit ihrer Mitbürger zu erregen, zur Begründung der Freiheit die Macht sinnlicher Vorstellungen ins Spiel zu rufen und selbst die abergläubigen Erdichtungen der Vorzeit zu benutzen, um die Furcht vor der Zuchtrute des Herrschers zu verscheuchen und die neue Epoche der mainzischen Erlösung und Wiedergeburt zu bezeichnen. Ein Kurfürst, dem es gelungen war, nachdem ihn die Einwohner aus ihren Mauern vertrieben hatten, sich der Stadt von neuem zu bemeistern, sollte, laut einer unverbürgten Volkssage, zum Gedächtnis seines Sieges auf öffentlichem Markt eine Masse von Eisen haben anschmieden lassen, die dort bis auf die gegenwärtige Zeit zu sehen war. Da er sich's bei dieser Gelegenheit erlaubt hatte, der Stadt und ihrem Magistrat, gleichsam zur Strafe der Empörung, ihre kostbarsten Privilegien und Freiheiten zu entziehen, soll er zugleich mit bitterm Spotte verkündigt haben, daß sie wieder zum Genuß derselben gelangen würden, sobald jene Masse an der Sonne zerschmölze. Hier fand unsere Volksgesellschaft den schicklichen Stoff zu einem politischen Drama; ihr war es aufbehalten, den gordischen Knoten zu zerhauen, an welchen das Schicksal von Mainz und seine Befreiung gleichsam magisch geknüpft zu sein schien. Mit Vorwissen und Erlaubnis des fränkischen Generals zogen die neuen Republikaner, geführt von ihrem Präsidenten, in Begleitung der Feldmusik des Heeres – den Freiheitsbaum mit dreifarbigen

Bändern und roter Mütze tragend und Freiheitshymnen anstimmend –, unter dem Zulauf eines unzählbaren Volks auf den Markt; mit einem heiligen Feuereifer zersprengten sie in wenig Augenblicken die Klammern, welche das Denkmal des Übermuts ihrer Tyrannen und der Erniedrigung ihrer Mitbürger so lange Zeit emporgehalten hatten und pflanzten den mit den Insignien der Unabhängigkeit geschmückten Baum an seine Stelle. »Es lebe die Freiheit! Es lebe das Volk! Es lebe die Republik!« erscholl ein unaufhörliches Jubelgeschrei, bis der Zug wieder in den Saal der Gesellschaft zurückgekehrt war. Hier trug man darauf an, das Eisen einschmelzen und Schaumünzen daraus prägen zu lassen, die mit der Inschrift: »Die Sonne der Wahrheit hat es geschmolzen« die Lösung jenes erzbischöflichen Zaubers bezeugen sollten. Allein man entdeckte noch zu rechter Zeit, daß die Masse nicht Eisen, sondern Stein und nur mit eisernen Platten überlegt war, auf deren einer sich das alte mainzische Längenmaß eingegraben befand. Dies bewog die Gesellschaft, das Denkmal für die Geschichte des Altertums aufzubewahren und es bei der ersten Übereilung bewenden zu lassen.

REDE BEI DER AUFRICHTUNG DES MAINZER FREIHEITSBAUMES

Bürger!

Bevollmächtigte der französischen Republik, Gesetzgeber, Krieger, Administratoren! Ihr füget Euch unseren Bitten, um gemeinschaftlich mit uns einen großen Akt der Freiheit zu feiern.

Bürger Gesetzgeber! Ihr werdet Zeuge sein, welchen Gebrauch wir von den Rechten der Menschheit machen werden, in deren Besitz wir uns nach der Niederlage unserer Tyrannen wieder gebracht haben und welche Ihr den Bewohnern dieser Gegenden bekanntgemacht habt. Freie Männer! Ihr sollt urteilen, ob sie würdig sind, diese Bewohner, unter die Zahl Eurer Brüder gerechnet zu werden, ob sie von jener reinen und dauerden Begeisterung beseelt sind, welche, alle Privatinteressen vergessend, nur den Eingebungen für das allgemeine Interesse folgt; Ihr werdet um Euch sich drängen sehen diese Männer Germaniens, welche die unschätzbaren Wohltaten, die Ihr ihnen im Namen einer großmütigen und siegreichen Nation brachtet, erkannt haben; Ihr werdet ihnen vor ganz Frankreich Zeugnis ablegen von jener unauslöschlichen Flamme des wahren Patriotismus, welcher, wie sie glauben und wie es in der Tat ist, der einzige Ausdruck der Dankbarkeit ist, den die Franzosen, die Befreier der Völker, empfangen möchten.

Kriegerische Bürger, Verteidiger eines zärtlich geliebten Vaterlandes, welches die verbündeten Tyrannen widerrechtlich an sich gebracht hatten und dessen Grenze Ihr nach ihrer schimpf- und schmachvollen Flucht erweitert habt, um darin alle benachbarten Völker aufzunehmen, welche nach Befreiung aus einer alten Sklaverei seufzen; mutige und republikanische Truppen, die Ihr angeführt werdet von dem Sieger von Mainz, von diesem alten Soldaten, dessen süßester Name der Eures Bruders ist, der Euch nur leitet durch das rechtmäßige Vertrauen, das Ihr in seine Fähigkeiten gesetzt und welches er durch seinen unermüdlichen Eifer zur Befestigung der allgemeinen Sache mit Recht sich verdient hat, genießet heute Eures eignen Werkes; sehet diese Männer, deren Ketten Ihr gelöset, den Gebrauch ihrer Kräfte wiederaufnehmen, sehet diese Männer, kürzlich noch gebeugt unter dem Joche des schrecklichen Despotismus, festen Schrittes demselben Ziele, welches ihre französischen Brüder zuerst erreicht haben, entgegengehen; seht sie in Bürger verwandelt, sich der unverjährbaren Rechte der menschlichen Natur bemächtigen und endlich eine unumschränkte Souveränität verkünden, welche sie nie mehr sich nehmen lassen sollen. Ich wiederhole es, genießet Eures Werkes, und möge das rührende Schauspiel der öffentlichen Fröhlichkeit und die Freude eines friedlichen und leicht zufriedengestellten Volkes zu Euren Herzen sprechen, und mögen sie sich eine süße Gewalt antun, um durch sie den Mainzern die Laufgräben zu öffnen. Wenn das Blut der freien Männer schon im Überfluß geströmt ist, um diese Mauern gegen die Angriffe eines treulosen und rachgierigen Feindes zu schützen, so möge

Euch die feierliche Handlung, welche wir unter dem Schatten Eurer Fahnen begehen werden, ohne Zweifel überzeugen, daß in Mainz selbst ein hinreichend wichtiger Beweggrund besteht, um Euch zu so großen Opfern anzufeuern, und daß es nicht allein für die Interessen Frankreichs geschieht, daß Ihr so kostbare Tage tausendmal der Gefahr für Eure Mitbürger ausgesetzt habt.

Ach, wenn der unreine Hauch einiger niedrigen Glieder des Despotismus hier noch den Gipfel des Freiheitsbaumes angreifen würde, so glaubt doch, daß dieser Hauch zu schwach ist, einen Zweig zu brechen, und daß der ehrwürdige Stamm, zu fest eingewurzelt, den Anstrengungen der Aufwiegler widerstehen würde! (...) Wenn es unter uns noch Verräter geben sollte, so werden sie erkannt und von den guten Bürgern überwacht werden, ihre abscheulichen Verbindungen entlarvt und das Schwert der Gerechtigkeit über ihren Häuptern aufgehangen, bereit, sie beim ersten Zeichen zu treffen. Wagte der Fanatismus, sich zu zeigen, so würden die Freunde der Freiheit, der Wahrheit, des Rechts, der Tugend zuerst der Gefahr trotzen und die Arme, welche nie Waffen geführt, die feigen Meuchelmörder zermalmen. Nein, republikanische Krieger, Apostel der Freiheit, die Mainzer werden nie Eure Wohltaten mit Undankbarkeit vergelten, gebet ihnen Euer Vertrauen und verbindet Euch mit ihnen in einem Augenblicke, da eine neue Epoche in ihrer Geschichte beginnt.

Bürger, Mitglieder der verschiedenen gesetzgebenden Körper, welche die französische Republik provisorisch aufgestellt hat, ohne Verbrechen könnten wir nicht an der Genehmigung zweifeln, welche die freien Männer von Mainz mit Recht von Eurer Seite erwarten, sobald sie die Ehrfurcht gegen die alte Feudalität begraben, deren Herrschaft so traurig für das Menschengeschlecht gewesen. Ihr wisset durch eine Erfahrung, die keinen Zweifel zuläßt, daß das Gesetz und die rechtmäßige Gewalt keine eifrigeren Verteidiger haben als die Freunde der Freiheit und Gleichheit: Ihr wisset auch, daß diese Männer, unter sich vereinigt durch den Schwur, frei zu leben oder zu sterben, die Weisheit und Sorgfalt der französischen Republik erkennen, als sie Euch provisorisch die Verwaltung unserer

Gegenden anvertraute, um den Übelständen, die unvermeid-
lich im Gefolge der Anarchie sind, zuvorzukommen. (…)

Französische Bürger, Gesetzgeber, Krieger, Administratoren, Bürger und Bürgerinnen von Mainz, Bürger der Umge-
gend, Brüder und Freunde der Freiheit und Gleichheit, ich lade
Euch ein, durch Eure Gegenwart die Pracht dieser erhebenden
Feier zu erhöhen. Möge eine kriegerische Musik sich hören lassen, möge der Gesang der Republikaner in den Lüften wider-
hallen, und mögen die Tyrannen über dem Rheine erzittern,
wenn sie hören, daß die Mainzer frei sind!

Gefahren des französischen Messianismus

Pitt und Windham in der Unterhausdebatte vom 1. Februar 1793

In London hat man das Vertrauen auf die erfreuliche Schwäche des revolutionskranken Frankreich verloren. Kaum haben die Franzosen die österreichischen Niederlande erobert, drohen sie einen Bestandteil des kunstvoll ausgehandelten Kräfteausgleichs in dieser Region aufzuheben, die »Scheldesperre«, also die Einschränkung der Schiffahrt auf der Wasserstraße ins Landesinnere. Dort weht jetzt die Trikolore über Antwerpen, der »auf das Herz Englands gerichteten Pistole«. Wo es dem neuen Regime paßt, fühlt es sich nicht als Rechtsnachfolger der Monarchie und entzieht sich damit seinen »pergamentenen« Verpflichtungen.

Am 21. Januar 1793 ist König Ludwig XVI. mit der Guillotine hingerichtet worden. Krieg möchte William Pitt, seit zehn Jahren Premierminister, allerdings trotzdem zunächst noch vermeiden.

Am 1. Februar ist Unterhausdebatte über die Aufstockung der Streitkräfte. Die Abgeordneten wissen nicht, daß zur gleichen Stunde in Paris der Nationalkonvent ihrem Land und gleich auch den holländischen Generalstaaten, den Anrainern der Scheldemündung, den Krieg erklärt. Für die französischen Soldaten wird es ein Kampf für die Republik gegen Pitt et Cobourg, gegen »Pitt's Gold«, mit dem das reiche England die Koalitionspartner auf dem Festland wider das Assignatenland Frankreich stärkt, und gegen die feindlichen Heere in den Niederlanden unter dem Prinzen von Sachsen-Coburg.

Premierminister Pitt macht den Abgeordneten an diesem Tage klar, welche Bedrohung Frankreichs Verhalten für das Gleichgewicht der Kräfte in Europa darstellt. Sein Parteifreund William Windham, den er bald darauf zum Kriegsminister machen wird, unterstützt ihn.

William Pitt: Das Dekret der Franzosen vom 15. Dezember ist eine klare Illustration und Bestätigung ihrer Grundsätze und Absichten. Sie haben mit diesem Dekret den Plan ganz deutlich gemacht, nach dem sie vorgehen wollen. Sobald sie einen zeitweiligen Erfolg erringen, und zwar ganz gleich, in welcher Lage sich das Land, in das sie einrücken, befindet, ganz gleich, wie es sich zuvor verhalten hat, ganz gleich, in welchen politischen Verbindungen es steht – sie sind entschlossen, diesen Besitz nicht aufzugeben, bis sie den völligen, uneingeschränkten Umsturz seiner Regierungsform, jedes alten, überkommenen Brauchs, wie lange er schon bestehen, wie sehr er geschätzt sein mag, durchgesetzt haben. Im Namen der Freiheit weigern sie sich, irgendeine Regierungsorganisation anzuerkennen, die nicht zu ihren eigenen Meinungen und Vorstellungen paßt, und alle Menschen sollen aus dem Munde ihrer Kanonen die Verkündung ihres Systems in allen Weltteilen zur Kenntnis nehmen. Sie haben ganz amtlich und offen diese Anweisungen ausgesprochen und den Kommissaren zugeleitet, die diese Befehle durchzuführen haben. Sie haben ihnen ausdrücklich auf den Weg gegeben, was dieses Haus nicht glauben mochte, nämlich einen revolutionären Grundsatz und Befehl, der in jedem Lande anzuwenden ist, in dem die französischen Waffen Erfolg haben. Sie haben erklärt, daß sie jedes Land nach dem Prinzip der Unordnung neu ordnen würden, und hinterher sagen sie Ihnen dann, das alles sei ja auf Wunsch des Volkes geschehen: Wo immer unsere Waffen hingelangen, müssen vom Willen des Volkes diktierte Revolutionen stattfinden. Also stellt sich die schlichte Frage: Was ist dieser Wille des Volkes? Die Macht der Franzosen. Sie haben ja erklärt, was die Freiheit ist, die sie allen Nationen bringen wollen, und mögen die sie nicht freiwillig nehmen, werden sie gezwungen. Sie benutzen jede Gelegenheit, um bei jeder Nation, bei der ihre Armeen erscheinen, jede, auch die heiligste und nützlichste Einrichtung zu zerstören; im Namen der Freiheit sind sie entschlossen, wenn schon nicht der Form, so doch der Sache nach jedes Land durch den Despotismus von Jakobinerklubs zu einer von ihnen abhängigen Provinz zu machen. Das ist für die Freiheitsrechte der Menschheit ein tödlicherer Schlag als alle, von denen sie je getroffen worden sind, und sei es von den dreistesten Übergriffen des machthungrigsten Monarchen. So sehen wir, wie Frankreich alle menschlichen und göttlichen Gesetze mit Füßen tritt, und nun hat es sich offen zu dem unersättlichsten Ehrgeiz und der größten Mißachtung des Völkerrechts bekannt, das aufs gewissenhafteste einzuhalten bisher alle unabhängigen Staaten sich verpflichtet haben. Wenn Frankreich nicht in seinem Lauf aufgehalten wird, muß ganz Europa bald seine Vorstellungen von Gerechtigkeit, Völkerrecht, möglichen Regierungsformen und Grundsätzen der Freiheit aus dem Munde der französischen Kanone beziehen.

Jetzt möchte ich zu ihrem mehrfach erneuerten Versprechen etwas sagen, sich nicht in die Regierung anderer, neutraler Staaten einzumischen. Was sie bisher getan haben, geschah in Ländern, die sie unter allen möglichen Vorwänden zu ihren Feinden gemacht hatten. Ich brauche das Haus nicht an das Dekret vom 19. November zu erinnern, das einen unmittelbaren Angriff auf jede europäische Regierung darstellt, indem es die Aufrührer aller Nationen ermutigt, sich gegen ihre gesetzlichen Herrscher zu erheben, und ihnen ihren Beistand und ihre Hilfe verspricht. Mit diesem Dekret ermutigen sie Aufstand und Rebellion in jedem Land der Welt. Sie haben auch ganz offen gezeigt, daß sie da keine Ausnahme kennen, indem sie den Druck dieses Dekrets in allen Sprachen beschlossen. Deshalb frage ich jeden Menschen von gesunden Sinnen, ob irgendeine Nation in der Welt zum Zeitpunkt der Verabschiedung etwa nicht gemeint sein konnte? Und ob das Dekret nicht auch für England gelten soll, so sehr sie das auch bestreiten mögen? Es ist ganz deutlich, daß sie ihre Grundsätze ausnahmslos in jedes Land tragen, jede Regierung stürzen und zerstören und ihren heiligen Freiheitsbaum auf ihren Ruinen aufpflanzen möchten.

Zu alledem wünsche ich nur zu sagen, daß sie im ganzen Kontext ihrer Äußerungen bei jeder Gelegenheit die denkbar eindeutige Absicht zeigen, ihre Grundsätze über die ganze Welt zu verbreiten. Ihre Erklärungen sind nur eine Bestätigung und Wiederholung des Frevels. Sie haben das Königtum als Verbrechen verurteilt und werden nicht ruhen, bis sie es gänzlich zerstört haben. Der schreckliche Spruch, den sie an ihrem eigenen unglücklichen Monarchen vollzogen haben, gilt für jeden heute lebenden Herrscher.

Frankreich steht nicht das Recht zu, die Bestimmungen über die Schiffahrt auf der Schelde einseitig aufzuheben, es sei denn, es hätte auch das Recht, alle anderen Verträge zwischen allen europäischen Mächten und alle anderen Rechte Englands oder seiner Verbündeten zu annullieren. England wird niemals zulassen, daß Frankreich es sich herausnimmt, nach Belieben und unter Berufung auf ein eigentliches Recht der Natur, über das es allein zum Richter gesetzt ist, das europäische politische System, das auf feierliche Verträge gegründet ist und von der Zustimmung der Mächte getragen wird, für null und nichtig zu erklären. Für die Verletzung des Völkerrechts, wie Frankreich sie sich zuschulden kommen läßt, wird man in der Geschichte schwerlich eine Entsprechung finden. Das Verhalten dieser Nation ist in höchstem Maße willkürlich, selbstherrlich und auf keinen Grundsatz von Vernunft und Gerechtigkeit gegründet.

William Windham: Es ist eine von vielen Autoren behandelte Frage gewesen, wie weit ein Land berechtigt sei, in die inneren Angelegenheiten eines anderen einzugreifen; die einzige Gefahr bei der Aufstellung eines solchen Grundsatzes würde, so erwies sich, in seinen drohenden Folgen zu suchen sein, weil ein Vorgehen, das im einen Falle von reiner Hilfsbereitschaft diktiert wäre, im anderen als Vorwand für davon gänzlich verschiedene Einmischungen dienen könnte. Wenn wir von Frankreichs innerer Regierung sprachen, so sprachen wir davon, als beträfe es uns selbst; wir sprachen von den Vorgängen und Grundsätzen in jenem Lande, als litten wir selbst darunter. Doch wenn Überzeugungen durch Waffengewalt propagiert werden, muß man ihnen entgegentreten. Wenn Heere und Flotten eingesetzt werden, um Grundsätze zu verbreiten, sind Heere und Flotten die geeigneten Mittel, ihnen zu widerstehen.

Die Revolution will Recht und Würde des Menschen

Aus der »Berichtigung der Urteile des Publikums« von J. G. Fichte

Und die deutschen Dichter und Denker? Klopstock, zum französischen Ehrenbürger ernannt, ist bei seiner Begeisterung geblieben (»Frankreich schuf sich frei. Des Jahrhunderts edelste Tat hub sich da zum Olympus empor ...«). Schiller dagegen, auch er citoyen d'honneur, *ist sehr abgekühlt; der Verfasser von »Kabale und Liebe« hat sogar erwogen, ein Plädoyer für Ludwig XVI. zu schreiben. Der Student Hölderlin ist geradezu in einem republikanischen Blutrausch; er schwärmt ausgerechnet seiner Mutter vor, daß bei der französischen Armee »ganze Reihen stehen von 15- und 16jährigen Buben. Wenn man sie ihrer Jugend wegen zur Rede stellt, sagen sie, der Feind braucht so gut Kugeln und Schwerter, um uns zu töten, wie zu größern Soldaten.«*

Immanuel Kant hat eindeutig, wenn auch schwierig formuliert: »Die Revolution eines geistreichen Volkes, die wir in unseren Tagen haben vor sich gehen sehen, mag gelingen oder scheitern; sie mag mit Elend und Gewalttaten dermaßen angefüllt sein, daß ein wohldenkender Mensch, wenn er, sie zum zweiten Male unternehmend, sie auszuführen hoffen könnte, doch das Experiment auf solche Kosten zu machen nie beschließen würde – diese Revolution, sage ich, findet doch in den Gemütern aller Zuschauer (die nicht selbst in diesem Spiele mit verwickelt sind) eine Teilnehmung dem Wunsche nach, die nahe an Enthusiasmus grenzt, und deren Äußerung selbst mit Gefahr verbunden ist, die also keine andere als eine moralische Anlage im Menschengeschlechte zur Ursache haben kann.«

Diese »Teilnehmung dem Wunsche nach« veranlaßt seinen Schüler Johann Gottlieb Fichte zu einer 1793 anonym veröffentlichten Aufklärungsschrift »Beitrag zur Berichtigung der Urteile des Publikums über die Französische Revolution«, aus der hier einige Abschnitte folgen.

So scheinen mir alle Begebenheiten in der Welt lehrreiche Schildereien, die der große Erzieher der Menschheit aufstellt, damit sie an ihnen lerne, was ihr zu wissen not ist. Nicht daß sie es *aus* ihnen lerne; wir werden in der ganzen Weltgeschichte nie etwas finden, was wir nicht selbst erst hineinlegten: sondern daß sie durch Beurteilung wirklicher Begebenheiten auf eine leichtere Art aus sich selbst entwickele, was in ihr selbst liegt; und so scheint mir die französische Revolution ein reiches Gemälde über den großen Text: Menschenrecht und Menschenwert. (...)

Der Wink der Zeiten ist im allgemeinen nicht unbemerkt geblieben. Dinge sind zum Gespräche des Tages geworden, an die man vorher nicht dachte. Unterhaltungen über Menschenrechte, über Freiheit und Gleichheit, über die Heiligkeit der Verträge, der Eidschwüre, über die Gründe und die Grenzen der Rechte eines Königs lösen zuweilen in glänzenden und glanzlosen Zirkeln die Gespräche von neuen Moden und alten Abenteuern ab. Man fängt an zu lernen.

Aber das aufgestellte Gemälde dient nicht bloß zum Unterrichte; es wird zugleich zu einer scharfen Prüfung der Köpfe und der Herzen. Die Abneigung gegen alles Selbstdenken, die Schlaffheit des Geistes und sein Unvermögen, auch nur eine kurze Reihe von Schlüssen zu verfolgen, die Vorurteile und Widersprüche, die sich über unsere ganzen Meinungsfragmente verbreitet haben, von der einen Seite – die Anstrengung, doch ja nichts an seiner bisherigen lieben Existenz verrücken zu lassen, der faule oder der niedertretende Egoismus, die schüchterne Scheu vor der Wahrheit, oder die Gewalt, mit der man seine Augen verschließt, wenn sie wider unseren Willen beleuchtet [werden], von der anderen Seite – verraten sich nie offenbarer, als wo von so einleuchtenden und so allgemein eingreifenden Gegenständen die Rede ist, wie Menschenrechte von Menschenpflichten es sind.

Gegen das letztere Übel gibt es kein Mittel. Wer die Wahrheit fürchtet als seine Feindin, der wird sich immer vor ihr zu verwahren wissen. Folge sie ihm durch alle Schlupfwinkel, in die der Lichtscheue sich verkroch, er wird im Abgrunde seines Herzens immer einen neuen finden. (...)

Gegen das erstere Übel, gegen Vorurteile und Trägheit des Geistes gibt es ein Mittel – Belehrung und freundschaftliche Nachhilfe. Ich wollte dem, der eines solchen Freundes bedürfte und keinen besseren in der Nähe hätte, dieser Freund sein; darum schrieb ich diese Blätter. (...)

Es sei seit Rousseau gesagt und wieder gesagt worden, daß alle bürgerlichen Gesellschaften sich *der Zeit nach* [den Zeitumständen entsprechend] auf einen Vertrag gründeten, meint ein neuerer Naturrechtslehrer: aber ich wünschte zu wissen, gegen welchen Riesen diese Lanze eingelegt sei. Wenigstens sagt Rousseau das nicht; und hat seit ihm es jemand gesagt, so hat dieser Jemand etwas gesagt, gegen das es gar nicht der Mühe lohnt, sich zu ereifern. Man sieht es ja freilich unseren Staatsverfassungen und allen Staatsverfassungen, die die bisherige Geschichte kennt, an, daß ihre Bildung nicht das Werk einer verständigen kalten Beratschlagung, sondern ein Wurf des Ohngefähr oder der gewaltsamen Unterdrückung war. Sie gründen sich alle auf das *Recht des Stärkeren,* wenn es erlaubt ist, eine Blasphemie nachzusagen, um sie verhaßt zu machen.

Daß aber *rechtmäßigerweise* eine bürgerliche Gesellschaft sich auf nichts anderes gründen kann, als auf einen Vertrag zwischen ihren Mitgliedern, und daß jeder Staat völlig ungerecht verfahre und gegen das erste Recht der Menschheit, das Recht der Menschheit *an sich,* sündige, wenn er nicht wenigstens hinterher die Einwilligung jedes einzelnen Mitgliedes zu jedem, was in ihm gesetzlich sein soll, sucht, ist ohne Mühe auch dem schwächsten Kopfe einleuchtend darzutun.

Steht nämlich der Mensch, als vernünftiges Wesen, schlechthin und einzig unter dem Sittengesetze, so darf er unter keinen anderen stehen, und kein Wesen darf es wagen, ihm ein anderes aufzuerlegen. Wo ihn sein Gesetz befreit, da ist er ganz frei: wo es ihm Erlaubnis gibt, verweist es ihn an seine Willkür [sein Gutdünken] und verbietet ihm in diesem Falle, ein anderes Gesetz anzuerkennen als diese Willkür. Aber eben darum, weil er an seine Willkür, als einzigen Entscheidungsgrund seines Verhaltens beim Erlaubten, gewiesen ist, darf er das Erlaubte auch unterlassen. Liegt einem anderen Wesen daran, daß er es unterlasse, so darf dies ihn darum bitten, und er hat das völlige

Recht, auf diese Bitte frei von seinem strengen Rechte herunter zu lassen – aber zwingen lassen darf er sich nicht. Er darf dem anderen die Ausübung seines Rechtes frei *schenken*.

Er darf auch einen Tausch über Rechte mit ihm treffen: er darf sein Recht gleichsam *verkaufen*. – Du verlangst, daß ich einige meiner Rechte nicht ausübe, weil ihre Ausübung dir nachteilig ist; nun wohl, du hast auch Rechte, deren Ausübung mir nachteilig ist: tue Verzicht auf die deinigen, und ich tue Verzicht auf die meinigen. Wer legt mir nun in diesem Vertrage das Gesetz auf? Offenbar ich selbst. Kein Mensch kann verbunden [verpflichtet] werden, ohne [außer] durch sich selbst: keinem Menschen kann ein Gesetz gegeben werden, ohne von ihm selbst. Läßt er durch einen fremden Willen sich ein Gesetz auflegen, so tut er auf seine Menschheit Verzicht und macht sich zum Tiere; und das darf er nicht. (...)

Dennoch steht die einseitige Aufhebung selbst des nachteiligsten Vertrages unter den Bedingungen aller einseitigen Vertragsaufhebungen. So sehr du auch bevorteilt [übervorteilt] seiest, du hast nicht nur das Recht nicht, die Wiedererstattung desjenigen zu fordern, was der andere einmal mit deinem guten Willen in sein Eigentum aufgenommen hat, sondern du hast sogar ihm den Schaden, in den er erweislich durch die Rechnung auf die Fortdauer deines zurückgenommenen guten Willens gekommen ist, zu ersetzen. Das Vergangene ist vergangen: für die Zukunft magst du deine Maßregeln besser nehmen. Du hast Rechte, mit denen du nichts anfangen konntest, verschenkt; jetzt hast du gelernt, sie besser zu nutzen: fordere die Ausübung derselben zurück, aber ahnde nicht den Mißbrauch, den man vorher von deiner unbedachten Güte machte; du hast allein dir ihn zuzuschreiben. Du hast edle Vorzüge gegen ein Linsengericht verkauft; du bist freilich bevorteilt: wenn du das erkennst, so nimm sie zurück, und koste seines Linsengerichtes nicht mehr. Es wäre höchst ungerecht, dich zu nötigen, ein Tor zu bleiben, weil du es einmal warst; aber es ist gar nicht ungerecht, daß du die Folgen deiner vorigen Torheit tragest.

Sobald demnach der unbegünstigtere Bürger anfängt zu merken, daß er durch den Vertrag mit dem begünstigten bevorteilt sei, so hat er das völlige Recht, den nachteiligen Vertrag aufzuheben. Er entbindet jenen seines Versprechens und nimmt dagegen das seinige zurück. Er hebt entweder die Leistungen, zu denen jener sich verpflichtet hatte, ganz auf, weil er ihrer entbehren zu können glaubt, oder er denkt darauf, sie um einen wohlfeileren Preis zu haben. Er findet es etwa nicht mehr so ehrenvoll für sich, daß eine Handvoll Adeliger oder Prinzen auf seine Kosten einen glänzenden Hofstaat bilde, oder nicht mehr so zuträglich für das Heil seiner Seele, daß eine Schar von Bonzen [Priester] sich von dem Marke seiner Ländereien mäste, oder er bietet etwa die wenigen ihm nötigen Kriegsdienste gegen erträglichere Bedingungen aus. Wer ihm die gelindesten macht, dem wird er jene Leistungen übertragen. Wer dürfte dies dem Staate wehren?

Dem Staate, sagte ich – und indem stehe ich vor einem mächtigen Einwurfe, dem: der Begünstigte ist auch Staatsbürger; es läßt mithin ohne seine Zustimmung über die Aufhebung seiner Privilegien nichts allgemein Verbindendes sich ausmachen. – Aber das ist nicht wahr: der Begünstigte, insoweit er das ist, ist sicher nicht Bürger. Er hat einen Vertrag mit den übrigen Bürgern geschlossen, sagt ihr. Konnte er das als Staatsbürger, der keinen eigenen Willen hat und der erst in Verbindung mit allen übrigen eine moralische Person ausmacht? Er war Partei, als er seinen Vertrag schloß; er ist es, indes dieser Vertrag durch die andere Partei aufgehoben werden soll: er wird sich gefallen lassen, zu schweigen, solange über die Aufhebung desselben beratschlagt wird. Wenn diese Sache abgetan sein wird, dann wird er sein Stimmrecht als Gläubiger wieder erhalten. Wenn es in Frage kommen wird, wie und auf welche Bedingungen die von ihm erledigten Verwaltungen wieder besetzt werden sollen, dann mag er seine Meinung sagen. Wenn z. B. die Frage über den Adel entstände, so darf er wohl sagen: es sollen in unserem Staate Adelige sein; aber er darf nicht sagen: ich will in unserem Staate ein Adeliger sein.

Aber unsere Begünstigten nehmen sich anders. Indem wir den Vertrag mit ihnen aufheben und ihre etwaigen Leistungen auf mildere Bedingungen anderer übertragen wollen, zeigen sie uns ihre persönliche Berechtigung vor, diese Leistungen ausschließend vor allen anderen zu verwalten; ein Verbot für jeden anderen, sich damit zu befassen: und wenn ihnen das durchgeht, so sind wir schlimmer daran als vorher. Wir müssen diese Leistungen fernerweitig von ihnen annehmen; wir dürfen sie nicht aufheben; denn sie sind darauf angewiesen, sie zu verrichten; wir dürfen sie keinen anderen auftragen, sie sind *ausschließend* darauf angewiesen; wir können mit ihnen nicht markten, sie verhindern alle Konkurrenz; sie schlagen uns ihre Dienste so hoch an, als sie wollen, und wir haben nichts zu tun, als zu bezahlen. – Wir wollen z. B. keine Verzierungen an unserem Staatsgebäude mehr, die weiter nichts sind, als Verzierungen. »Nein«, sagen sie, »solche Verzierungen müssen sein, denn *wir* sind dazu da, diese Verzierungen auszumachen; wenn *sie* nicht mehr sind, so werden auch *wir* nicht mehr sein.« – »Wohl«, sagen wir, »aber warum sollt ihr denn auch sein?« – »Weil Verzierungen sein müssen«, antworten sie. – »Wir wollen unnütze Dinge abschaffen.« »Nein«, sagen sie, »diese Dinge sind gar nicht unnütz, sie sind *uns* nütze.« – »Ja, aber was nützt *ihr* denn?« – »*Wir* nützen, um jene Dinge zu benutzen« – und wir sind um keinen Schritt weiter mit ihnen. (...)

Wenn mit gleichen Talenten und gleicher Kraft zwei Männer, der eine aus berühmtem Geschlechte und der andere von unbekannter Herkunft, um die gleiche Würde im Staate ringen; kann der erstere verlangen, daß der letztere ihm weiche? Darf er ihm sagen: du hast einen erhabenen Platz weniger nötig als ich, der ich mit dem Ruhme großer Vorfahren zu kämpfen habe, für dich ist ein niedrigerer hoch genug? Wie, wenn ihm der letztere antwortet: ruhe du auf den Lorbeeren deiner Ahnen; dir wird die Hochachtung des Volkes nicht entgehen; mich ehrt man nur um meiner selbst willen; ich habe die Unberühmtheit meines ganzen Geschlechts zu rächen, ich muß für alle meine tatenlosen Vorfahren mit arbeiten – wollen wir diesem weniger Recht geben? Aber ich glaube, keiner von beiden hat recht. Jeder tue, so viel er kann; Zufall oder Kraftüberlegenheit mag über den Sieg entscheiden.

Die Bauern denken nicht um

Klagen eines vereidigten Pfarrers

Seit dem Widerruf des Toleranzedikts von Nantes vor gut hundert Jahren war die katholische Religion Pflichtbekenntnis; die Obrigkeit hatte Untertanen zu bestrafen, wenn sie nicht zur Sonntagsmesse gingen, die Fastenregeln nicht einhielten, ihre Häuser zu Festen nicht schmückten oder gar Taufe, Ehe, Beisetzung nicht kirchlich beurkunden ließen.

Religionspraxis ist für viele immer noch Staatssache, nicht Privatangelegenheit. Hier darf also nichts überstürzt werden, und alle haben sich zurückgehalten. Doch dann kommen die Septembermorde. Etliche Geistliche fliehen ins Ausland, viele andere müssen untertauchen, heimlich Messe lesen. Natürlich agitieren sie gegen die neue Ordnung mit Standesamt statt Kirchenbuch, Friedhöfen statt Kirchhöfen, verwaisten Gotteshäusern und ungetreuen Hirten. Viele fromme Katholiken lernen die Nöte der Protestanten kennen, die ja bis eben noch ihre Prediger und ihren Glauben vor dem Staat verbergen mußten.

Wiederum gehen allerdings die Uhren außerhalb der Städte häufig anders. Der amtlich eingesetzte verfassungstreue Pfarrer wird geschnitten, seine eidweigernden Brüder brauchen sich nicht zu verstecken. In der Vendée zirkulieren sogar Flugschriften gegen die Treulosen, deren Messe man tunlichst meiden soll.

Nach Saugues bei Le Puy ist der vereidigte Pfarrer Dumont berufen worden. Schon am 24. Januar 1793, bevor die Nachricht von der Hinrichtung des Königs in diesen entferntesten Winkel der Auvergne dringen und die Menschen noch mehr gegen die gottlosen Republikaner aufbringen kann, beklagt er sich (vornehm in der dritten Person) beim Departementsdirektorium über seine Behandlung durch die Dorfbewohner.

Am 23. Dezember hat der unterzeichnete Pfarrer von Saugues die Messe ohne Ministranten lesen müssen, und als er am Abend dieses Tages die Vesper singen ging, fand er die Leuchter samt den Kerzen auf die Stufen des Altars geworfen und das Kruzifix dazwischen liegend. Der Pfarrer hat das sogleich der Gemeindeverwaltung gemeldet, die zwei Kommissare schickte, die von dem Vorfall Kenntnis nahmen.

Am Tag darauf, nachdem ein Toter in die Kirche gebracht worden war, ließ der Friedensrichter ihn noch einmal in sein Haus schaffen, um die Leichenöffnung vorzunehmen; als der Pfarrer später wieder in die Kirche kam, um ihn zum Friedhof zu begleiten, mußte er vor dem neuerlichen Verlassen der Kirche feststellen, daß die Sakristeischlüssel gestohlen worden waren, und kein öffentliches oder eigenes Vorgehen oder Suchen brachte sie zurück.

Während dieser Beisetzung und einer andern wenig später gab es keine Beleidigung, die der Pfarrer von den Leichenträgern nicht hätte erdulden müssen, vor allem vom Verlassen des Ortes an bis zum weit draußen liegenden Friedhof. »Geh schneller, du Schuft«, sagten sie zum Pfarrer. »Bring den Schuft zum Laufen, diesen Halunken«, sagten sie zu dem Ministranten, der das Kreuz trug. Der Rückweg war noch schlimmer, denn sie sagten nicht nur zum Pfarrer, daß sie vor einem Tier mehr Achtung hätten als vor ihm, er mußte sich sogar in der Kirche einschließen, um nicht mißhandelt zu werden. Der Pfarrer hat bei der Gemeindeverwaltung Anzeige erstattet; von einer Wirkung ist nichts zu spüren.

Am Weihnachtstage hatte sich die Gesellschaft der Verfassungsfreunde versammelt und schickte Vertreter zu den Priestern mit der Aufforderung, sie sollten in der Pfarrkirche die Messe lesen; die Bürger Boulangier und Baraude kamen um acht Uhr abends zum Pfarrer, der (weil er meinte, es gehe um die Bürger Bonhomme, Onkel und Neffe, sowie Manson und Angelvin, die den Eid auf die Verfassung abgelegt hatten) sein Einverständnis gab, vorausgesetzt, niemand betrete die Sakristei, deren Schloß wegen der verlorenen Schlüssel noch amtlich versiegelt war. Doch wenige Tage später widerriefen Bonhomme Onkel, Manson und Angelvin ihren Eid bei der Gemeindeverwaltung, so daß der Pfarrer, der seine Tür vier verfassungstreuen Priestern zu öffnen glaubte, zehn bis zwölf nicht verfassungstreue Priester in seine Kirche gelassen hat, die jetzt an Sonn- und Feiertagen alle Fanatiker aus den Kirchspielen Vanteuge, Chalay, Dège, Pébrac, Saint-Arcon, Cubèle, Saint-Pergé, Chanaleilles, Monistrol, Saint-Privat und etlichen weiteren versammeln, die eine Menge Volkes bilden, deren Wirkung um so ärgerlicher ist, als sich die Menschen mit jedem Tage zahlreicher zusammenrotten.

Am frühen Morgen des 1. Januar kam der Kirchendiener an die Tür des Pfarrhauses in Begleitung einer großen Anzahl von Bauern, deren Verhalten schon auf ihre Gefühle schließen ließ, und von denen etliche riefen, sie wollten die Kirchenschlüssel oder das Leben des Pfarrers. Dieser, der die Gefahr erkannte, antwortete, er werde sie nur zwei Gemeindevertretern geben, die auch tatsächlich bald darauf kamen und denen der Pfarrer sie gab. Es handelte sich um die Bürger Torrent, genannt Carraboche, und den Schreiber Giron. Die Menge verlief sich, wobei mehrere äußerten: »Sein Glück, daß er die Schlüssel rausgegeben hat, dieser Schuft, sonst wäre er jetzt einen Kopf kürzer.«

Die neue Gemeindeverwaltung hat (was die alte nie getan hatte) geschlossen mit angelegter Trikolorenschärpe der Messe in der Pfarrkirche beigewohnt und dem Pfarrer, der keinen Ministranten hatte, respondiert. Am Nachmittag suchte sie geschlossen den Pfarrer auf. Dieser hatte vorher einige zu seinem Amt gehörige Gegenstände verwahrt und zog es jetzt, da er weder über die Kirchenschlüssel noch über die Sakristeischlüssel verfügte, die noch nicht nachgearbeitet worden waren, vor, allen Eventualitäten vorzubeugen, indem er diese Gegenstände denen, die sie ihm zur Verwendung überlassen hatten, außer dem, was im Tabernakel eingeschlossen war, zurückgab, was er an diesem Tage, dem 1. Januar, getan hat.

So sind denn die Bürger Bonhomme Onkel, Manson, Angelvin Onkel und Neffe, Bouquet Onkel und Neffe, Mouilera, Coston, Monvala, Richar und Boulangier, vormalige Canonici, allesamt Eidweigerer, im Besitze von Kirche und Sakristei, bedienen sich der Meßgewänder, und es ist beinahe wie früher.

Deshalb hört man auch allenthalben höchst erfreuliche Äußerungen der Art, daß man den Halunken von Störenfried endlich zur Räson gebracht hat.

Um all dies zusammenzufassen, erklärt Ihnen der Pfarrer von Saugues, der keinen Ministranten und bald auch keine Aufwartung fürs Haus mehr findet, weil niemand aus dem Ort bei ihm bleiben will, und der auch das Lebensnotwendige nicht mehr einkaufen kann, hiermit, daß er beschlossen hat, nicht länger in Saugues zu wohnen, sondern sich vorläufig nach Pébrac, Langeac oder einen anderen Ort zurückzuziehen, weil das Gesetz ihn hierher geschickt hat und es nun auch Sache des Gesetzes wäre, ihn hier zu unterstützen, und Sache der ausübenden Gewalt, dabei Hilfe zu leisten.

Da es dem verfassungstreuen Pfarrer vollständig an Holz fehlte, weil sich alle weigerten, ihm welches zu verkaufen, hat er sich am 16. des Monats an die Gemeindeverwaltung gewendet, um welches zu bekommen. Der Bürgermeister hat für ihn eine Fuhre Holz zum Preis von 4 Livres gekauft, hat es für ihn spalten lassen, doch nach eigenem Bekunden des Bürgermeisters fand sich niemand, der bereit war, es zum Pfarrhaus zu bringen.

Ein junger Krämer aus Le Puy, der auf den Markt von Saugues gekommen war, wurde dort krank. Er ließ den Pfarrer rufen, der ihm die Beichte abnahm. Am nächsten Tage trug man ihn ins Spital, am übernächsten wollte er vom Pfarrer nichts sehen und nichts hören, sondern erklärte ihm, er falle ihm lästig. Eine der Schwestern, die im Spital dienen, sagte dem Pfarrer, der Patient sei im Delirium. Dieses Spital wird von dem Priester Manson, vormaligem Canonicus, geleitet, der seinen Eid kürzlich widerrufen hat.

Außerdem gibt es in Saugues einen Schullehrer, von dem es heißt, er habe den Eid nicht geleistet.

Ein gewisser Bascle, Schuhmacher in Saugues, hat zunächst seine Dienste angeboten und für den Pfarrer gearbeitet, weigert sich jetzt jedoch, ihn zu bedienen, weil er seine Kundschaft zu verlieren fürchtet.

Am letzten Freitag, Markttag in Saugues, wollte niemand der Köchin des Pfarrers Korn verkaufen außer einem Mann, der nicht aus dem Kirchspiel ist und von den Ortsansässigen beschimpft und bedroht wurde.

Marie Anne Valette aus dem Dorf Bourlade, Kirchspiel Pébrac, ist mehrmals angepöbelt worden, als sie dem Pfarrer von Saugues Lebensmittel brachte.

Den 24. Januar 1793, Jahr II der französischen Republik.

Revolutionärer Krieg – revolutionäre Justiz

Zwei Appelle Dantons an den Nationalkonvent vom 10. März 1793

*Am 8. März 1793 ist Danton von einer Inspektionsreise zurück-
gekommen, entsetzt über die Lage, in der sich die Generäle Miranda und Dumouriez befinden. Die von ihm durchgesetzte erste* levée en masse*, die Aushebung von 300000 Mann, durch die
jedem Linienbataillon zwei Freiwilligenbataillone an die Seite
gestellt werden sollen, beginnt erst. Am 10. März trägt Robespierre langatmige Betrachtungen vor. Danton improvisiert eine
mitreißende Ansprache, in der nur bei dem unterstellten Eigennutz der englischen Kapitalisten und der Forderung nach Be-
steuerung der Reichen der Sansculottentribun durchschaut.*

*Die Befürchtung der Parteien im Nationalkonvent, sie könn-
ten durch die Entsendung zu vieler Kommissare geschwächt
werden, ist nicht unbegründet; es kommt in den nächsten Monaten vor, daß über die Hälfte der Mitglieder unterwegs ist. Aber
angesichts dieses Temperamentsausbruchs wagt niemand davon
zu sprechen: Danton fragt nicht einmal rhetorisch, ob die Abgeordneten den totalen Krieg wollen, er verkündet ihn.*

*Am Nachmittag desselben Tages geht der Streit um die Einset-
zung eines Revolutionsgerichtshofs und seine Benennung. Dantons Haltung ist klar: Ein solches Tribunal ohne Berufungsmög-
lichkeit mag auch die Falschen treffen. Aber zielsicherer als die
Kugel auf dem Schlachtfeld oder die Raserei der Septembermör-
der, die er mit zu verantworten hat, wird der Urteilsspruch eines
solchen Gerichts allemal sein. Danton wird selbst in einem Jahr
zu den Opfern gehören, unter anderem, weil er zu dem in ein
paar Tagen zum Feind überlaufenden Dumouriez gehalten hat,
so daß er sich heute, am Tage seiner stärksten Wirkung, um Kopf
und Kragen redet.*

*Der Präsident will die Sitzung am Abend schließen, da stürzt
Danton ans Pult und ergreift zum zweitenmal das Wort:*

Die allgemeinen Betrachtungen, die euch vorgetragen worden sind, haben ihre Richtigkeit; nur geht es jetzt weniger darum, die Gründe für die katastrophalen Ereignisse zu suchen, als vielmehr, sofort das richtige Heilmittel anzuwenden. Wenn das Haus brennt, halte ich mich nicht bei den kleinen Dieben auf, die etwas daraus stehlen, ich lösche das Feuer! Ich sage euch, ihr müßt nach der Lektüre der Depeschen von Dumouriez mehr denn je überzeugt sein, daß ihr keinen Augenblick verlieren dürft, wenn ihr die Republik retten wollt.

Dumouriez hatte einen Plan entworfen, der seinem Genie zur Ehre gereicht. Ich muß ihm sogar noch eindrucksvoller Gerechtigkeit widerfahren lassen, als ich es vor einiger Zeit getan habe. Vor drei Monaten hat er der Exekutive, und zwar dem Verteidigungsausschuß, vorausgesagt, wenn wir nicht den Mut aufbrächten, mitten im Winter nach Holland einzurücken und England sofort den Krieg zu erklären, das ja schon lange gegen uns Krieg führt, so würden wir die Schwierigkeiten des Feldzugs verdoppeln, indem wir den feindlichen Truppen Zeit zum Aufmarsch lassen. Weil das Geniale an diesem Vorschlag verkannt worden ist, müssen wir unseren Fehler jetzt gutmachen.

Dumouriez hat sich nicht entmutigen lassen. Er steht mitten in Holland, wo er Versorgung für seine Truppen finden wird. Um alle unsere Feinde zu werfen, braucht er nur Franzosen, und Frankreich hat reichlich Bürger. Wollen wir frei sein? Wenn wir es nicht mehr wollen, so laßt uns untergehen, wie wir das einst beschworen haben. Wenn wir es wollen, so laßt uns alle marschieren, um unsere Unabhängigkeit zu verteidigen. Unsere Feinde machen ihre letzten Anstrengungen. Pitt spürt genau, daß er alles zu verlieren hat, also an nichts sparen darf. Laßt uns Holland erobern, und Karthago ist zerstört, England kann nur noch für die Freiheit leben: Denn ist Holland erst einmal für die Freiheit erobert, wird sich gerade die Aristokratie der Kaufleute, die gegenwärtig das englische Volk beherrscht, gegen die Regierung stellen, die England in diesen Krieg der Despoten gegen ein freies Volk hineingezogen hat. Sie wird dieses törichte Ministerium stürzen, das geglaubt hat, die Kräfte des Ancien régime könnten den Genius der Freiheit erwürgen, der über ganz Frankreich die Flügel breitet. Ist dieses Ministerium erst einmal vom Handelsinteresse gestürzt, wird sich die Partei der Freiheit zeigen, denn sie ist nicht tot! Und wenn ihr eure Pflicht erkennt und tut, wenn eure Kommissare auf der Stelle aufbrechen, wenn ihr dem Ausland die Hand reicht, das nach dem Sturz aller Tyranneien lechzt, dann ist Frankreich gerettet, und die Welt ist frei.

Schickt also eure Kommissare aus, unterstützt sie mit eurer ganzen Kraft! Noch heute abend, noch diese Nacht sollen sie abreisen und der in Wohlstand lebenden Klasse sagen: Entweder bezahlt die Aristokratie in ganz Europa, die unserem Druck weichen muß, unsere Schulden, oder ihr müßt sie bezahlen; das Volk hat nur sein Blut und verströmt es reichlich. Auf, ihr Elenden, verströmt ihr jedenfalls eure Reichtümer! *(Lebhafter Beifall.)* Bedenkt doch, Bürger, welch ein schönes Los euch erwartet. Wie! Ihr habt eine ganze Nation als Hebel, die Vernunft als Drehpunkt, und ihr habt die Welt noch nicht aus den Angeln gehoben? *(Stärkerer Beifall.)* Dazu gehört Willensstärke, und es ist wahr, an der haben wir es fehlen lassen. Ich lasse sämtliche privaten Leidenschaften beiseite, sie sind mir sämtlich ganz gleichgültig bis auf die eine, das Wohl aller. Als die Lage noch schwieriger war, als der Feind vor den Toren von Paris stand, habe ich zu denen, die damals regierten, gesagt: Eure Zwistigkeiten sind erbärmlich, ich kenne nur den Feind! *(Neuerlicher Beifall.)* Ihr, die ihr mich mit euren kleinlichen Einwänden belästigt, anstatt euch um das Heil der Republik zu kümmern, weicht von mir, ihr seid alle Vaterlandsverräter. Für mich gehört ihr alle in dieselbe Ecke. Ich habe zu ihnen gesagt: Was kümmert mich mein Ruf! Wenn nur Frankreich frei ist, soll mein Name getrost verunglimpft werden. Was kümmert es mich, wenn man mich Blutsäufer nennt! Ja, trinken wir, wenn es sein muß, das Blut der Feinde der Menschheit; laßt uns die Freiheit im Kampf erobern!

Es scheint, als fürchte man, daß die Entsendung von Komissaren die eine oder andere Partei im Konvent schwächen könnte. Überflüssige Ängste! Verbreitet eure Energie überall. Das schönste Amt ist doch, dem Volk verkünden zu dürfen, daß die furchtbaren Schulden, die es bedrücken, zu Lasten seiner Feinde getilgt werden, oder daß sehr bald die Reichen zahlen. Die Lage der Nation ist schrecklich. Das Papiergeld wird bei den Alltagsgeschäften nicht mehr zum Nennwert akzeptiert, der Tagelohn des Arbeiters liegt unter dem Lebensnotwendigen; wir brauchen eine große Anstrengung, um die Dinge ins Lot zu bringen. Erobern wir Holland, stärken wir die Partei der Republikaner in England, lassen wir Frankreich marschieren. Dann gehen wir ruhmbedeckt in die Nachwelt ein. Erfüllt eure große Bestimmung! Keine Debatten, keine Zwistigkeiten, und das Vaterland ist gerettet.

REDE AM 10. MÄRZ 1793, ABENDS

Ich fordere alle guten Bürger auf, ihre Plätze nicht zu verlassen. *(Alle Mitglieder setzen sich wieder. Tiefes Schweigen in der ganzen Versammlung.)* Wie, Bürger! In einem Augenblick, da es so um uns steht, daß Miranda nur geschlagen zu werden braucht, und der eingeschlossene Dumouriez müßte die Waffen strecken, würdet ihr es fertigbringen, auseinanderzugehen, ohne die großen Maßnahmen beschlossen zu haben, die das öffentliche Wohl fordert? Ich merke, wie wichtig es ist, gerichtliche Möglichkeiten zur Bestrafung der Gegenrevolutionäre zu schaffen, denn für sie brauchen wir diesen Gerichtshof, für sie muß dieser Gerichtshof das höchste Tribunal der Rache des Volkes ersetzen. Die Feinde der Freiheit erheben frech die Stirn, überall werden sie zuschanden, aber überall provozieren sie. Sie sehen den Bürger brav in seinem Haus beschäftigt, den Handwerker in seiner Werkstatt, und schon bilden sie sich in ihrer Unvernunft ein, sie seien die Mehrheit. Entreißt ihr sie also selbst der Rache des Volkes, das ist ein Gebot der Menschlichkeit.

(Zwischenruf: »September!« Allgemeine Entrüstung. Viele Stimmen: »Ruft den Zwischenrufer zur Ordnung!«)

Nichts ist schwieriger zu definieren als ein politisches Verbrechen. Wenn aber ein Mann aus dem Volke für ein einzelnes

Verbrechen sofort bestraft wird, ein politisches Verbrechen dagegen so schwer zu verfolgen ist, müssen dann nicht Sondergesetze, außerhalb der gesellschaftlichen Institutionen gefunden, die Rebellen schrecken und die Schuldigen treffen?

Das Volkswohl verlangt hier nach starken Mitteln und furchtbaren Maßnahmen. Ich sehe keinen Mittelweg zwischen der ordentlichen Gerichtsbarkeit und einem Revolutionstribunal. Die Geschichte lehrt uns die Wahrheit, und da jemand aus der Versammlung es gewagt hat, an die blutigen Tage zu erinnern, über die jeder gute Bürger geseufzt hat, sage ich nun, daß wenn damals schon ein Tribunal bestanden hätte, das Volk, dem man diese Tage so grausam ungerecht zum Vorwurf gemacht hat, sie nicht zu Bluttagen gemacht hätte, und ich füge hinzu, wobei mir alle zustimmen werden, die Zeugen dieser gräßlichen Ereignisse waren: keine menschliche Macht hätte dieser Aufwallung der Rache einer ganzen Nation Einhalt gebieten können.

Lernen wir aus den Fehlern unserer Vorgänger. Tun wir, was die Gesetzgebende Versammlung nicht getan hat: Seien wir schrecklich, damit das Volk es nicht sein muß. Schaffen wir ein Tribunal, nicht gut, das ist unmöglich, aber so wenig schlecht wie möglich, damit das Schwert des Gesetzes drohend über dem Haupt aller seiner Feinde schwebe.

Ist dieses große Werk getan, erinnere ich euch wieder an die Waffen, an die Kommissare, die ihr aussenden müßt, und an die Regierung, die zu organisieren bleibt, denn wir dürfen uns nichts vormachen: Wir brauchen Minister. Der Marineminister zum Beispiel hat in einem Land, wo alles geschaffen werden kann, weil alles dafür da ist, trotz aller Staatsbürgertugenden keine Marine geschaffen; unsere Fregatten sind nicht ausgelaufen, und England bringt unsere Kaperschiffe auf.

Wohlan, der Augenblick ist da. Laßt uns verschwenderisch umgehen mit Menschen und Geld! Setzen wir alle Machtmittel der Nation ein, legen wir aber die Verfügung über diese Mittel in die Hände von Männern, deren notwendiger und ständiger Kontakt mit euch die gleichzeitige Durchführung der Maßnahmen sicherstellt, die ihr zum Wohle der Republik beschlossen habt. Es ist nichts ein für allemal für euch bestimmt; ihr könnt noch alles selbst bestimmen. Nehmt euch in acht, Bürger, ihr haftet dem Volk für unsere Armeen, für sein Blut und auch für seine Assignaten, denn wenn seine Niederlagen den Wert dieses Geldes so sehr mindern würden, daß ihm keine Existenzmöglichkeit mehr bleibt, wer könnte dann dem Rasen seines Zorns und seiner Rache noch Einhalt gebieten? Hättet ihr gleich die nötigen Kräfte aufgeboten, als ich es von euch verlangte, so wäre der Feind jetzt weit von unseren Grenzen zurückgeschlagen.

Ich verlange also, daß noch in dieser Sitzung das Revolutionstribunal gebildet wird, daß die exekutive Gewalt im Zuge ihrer Neuorganisation die Handlungsmöglichkeiten und die Wirkungskraft bekommt, die sie braucht. Ich verlange nicht, daß irgend etwas abgeschafft wird, ich schlage nur Verbesserungsmaßnahmen vor.

(Zwischenruf: Du spielst dich auf wie ein König!)

Ich verlange, daß der Konvent meinen Ausführungen folgt und die beleidigenden Schimpfnamen nicht beachtet, die man mir da zu geben wagt. Ich verlange, daß sofort nach dem Beschluß über die Maßnahme zur allgemeinen Sicherheit eure Kommissare aufbrechen, und daß niemand mit dem Einwand kommt, sie hätten ihren Sitz auf der einen oder der anderen Saalseite. Sie sollen in alle Departements hinausgehen, sollen dort die Bürger anfeuern, die Freiheitsliebe zu neuem Leben erwecken, und wenn sie bedauern, nicht hier an nützlichen Dekreten mitwirken oder sich schändlichen widersetzen zu können, so sollen sie bedenken, daß ihre Abwesenheit dem Vaterland das Heil gebracht haben wird.

Ich fasse zusammen: Heute abend Einrichtung des Tribunals, Organisation der exekutiven Gewalt; morgen militärische Bewegung. Morgen müssen eure Kommissare schon unterwegs sein! Ganz Frankreich muß sich erheben, zu den Waffen eilen, gegen den Feind marschieren! Holland muß besetzt werden, Belgien muß frei sein, der Handel Englands muß zugrunde gerichtet werden, so daß die Freiheitsfreunde in diesem Lande triumphieren, unsere überall siegreichen Waffen müssen den Völkern Befreiung und Glück bringen, die ganze Welt muß gerächt werden!

Was ist ein Sansculotte, was ein Aristokrat?

Anonyme Kurzdefinitionen

Im Februar 1793 wird in der Rue de la Huchette ein Krämerladen geplündert. Ein Passant fragt, was da los ist, und ein schlagfertiger Zuschauer erklärt ihm: »Die Nation nimmt ihren Kaffee.« Darauf er: »Na, offenbar nimmt sie ihn nicht ohne Zucker.« Solche Späße findet der Bessergestellte in seiner Zeitung. Daß es den kleinen Leuten wirklich schlecht geht, mag er nicht wahrhaben aus Abscheu vor ihren ultimativen Forderungen und dem hochtrabenden Gerede in den Sektionen und deren Debattierklubs, den »Volksgesellschaften«. Selbst der »Berg«, der ihnen im Konvent seine Stimme leiht und dafür auf ihr Einschüchterungspotential zählt, hat Mühe, sein Volksfrontbündnis mit ihnen durchzuhalten.

Den Girondisten oder »Brissotins« aus den Departements ist die Hauptstadt inzwischen zum Alptraum geworden. Danton fordert sie höhnisch auf, doch die Angst per Dekret vorzuschreiben, worauf dem Sitzungspräsidenten Isnard aus der Provence endlich die Geduld reißt: »Wenn es dazu kommen sollte, daß sich Paris bei seinen unaufhörlichen Aufständen an der Volksvertretung vergreift, so erkläre ich euch im Namen von ganz Frankreich, daß Paris vernichtet würde. Bald würde man sich an den Ufern der Seine fragen, ob es Paris überhaupt je gegeben hat.«

Der Name »Sansculotte« definiert sich in der Übersetzung ebenso wie sein gleichmacherischer Träger als der Mann ohne die aristokratischen Kniehosen. Dreimal, im Juli und Oktober 1789 und im August 1792 ist er das unentbehrliche Werkzeug gewesen, und daraus leitet er seine Ansprüche ab.

Aus dem April/Mai 1793 sind zwei anonyme Texte erhalten, die ganz zueinander passen, obwohl der eine aus dem Entwurf für einen Artikel stammt, der andere aus einem Brief an den Nationalkonvent.

233

Antwort auf die unverschämte Frage: Was ist denn eigentlich ein Sansculotte?

Ein Sansculotte, Ihr Herren Schufte? Das ist einer, der immer zu Fuß geht, der keine Millionen besitzt, wie Ihr sie alle gern hättet, keine Schlösser, keine Lakaien zu seiner Bedienung, und der mit seiner Frau und seinen Kindern, wenn er welche hat, ganz schlicht im vierten oder fünften Stock wohnt.

Er ist nützlich, denn er versteht ein Feld zu pflügen, zu schmieden, zu sägen, zu feilen, ein Dach zu decken, Schuhe zu machen und bis zum letzten Tropfen sein Blut für das Wohl der Republik zu vergießen.

Und da er arbeitet, kann man sicher sein, weder im Café de Chartres auf ihn zu stoßen, noch in den Spielhöllen, wo man konspiriert; weder im Nationaltheater, wenn man den *Freund der Gesetze* gibt, noch im Vaudeville bei der Aufführung der *Keuschen Susanne*, noch in jenen literarischen Kabinetten, wo man Euch für 2 Sous, die ihm so kostbar sind, mit der *Chronique* und dem *Patriote Français* Gorsas' Unflat vorsetzt.

Am Abend tritt er vor seine Sektion, nicht etwa mit einer hübschen Larve, gepudert und gestiefelt, in der Hoffnung, daß ihn alle Bürgerinnen auf den Tribünen beachten, sondern vielmehr, um mit all seiner Kraft die aufrichtigen Anträge zu unterstützen und jene zunichte zu machen, die von der erbärmlichen Clique der regierenden Politikaster stammen.

Übrigens: Ein Sansculotte hat immer seinen Säbel blank, um allen Feinden der Revolution die Ohren abzuschneiden. Manchmal geht er mit seiner Pike ruhig seiner Wege; aber beim ersten Trommelschlag sieht man ihn nach der Vendée eilen, zur Alpenarmee oder zur Nordarmee.

Erklärung, was ein Gemäßigter, ein Feuillant, ein Aristokrat ist. Kurz, was man unter der Klasse der Bürger zu verstehen hat, denen man die Milliarde abnehmen sollte, die in der ganzen Republik zu erheben ist.

Ein Aristokrat ist derjenige, der sich aus Mißachtung oder Gleichgültigkeit nicht in die Liste der Nationalgarden eintragen ließ und den Bürgereid nicht geleistet hat. Vor allem derjenige, der zu den drei Anlässen gefehlt hat. Derjenige, der durch seine Haltung, seine Tätigkeit, seine Reden, seine Schriften und seine Verbindungen den Beweis geliefert hat, daß er dem alten Regime nachtrauert, und daß er die Revolution mit allen ihren Ergebnissen verachtet. Derjenige, der durch sein Verhalten zur Vermutung Anlaß gegeben hat, daß er den Emigranten Geld schicken und sich der feindlichen Armee anschließen würde, wenn es ihm schließlich nicht am Vermögen fehlte, das eine, und an der Gelegenheit, das andere zu tun. Derjenige, der jemals am Triumph der Revolution gezweifelt hat. Derjenige, der unheilvolle und offenkundig falsche Nachrichten verbreitet hat. Derjenige, der infolge schlechter Bewirtschaftung Ländereien unbebaut läßt und sie weder in Halbpacht geben noch verpachten noch für einen gerechten Preis verkaufen will. Derjenige, der, obwohl er die Gelegenheit und das Vermögen dazu hatte, keine Nationalgüter gekauft hat. Und vor allem jener, der erklärt hat, er wage nicht, welche zu kaufen, und der geraten hat, diesen Akt des Bürgersinns nicht zu vollziehen. Derjenige, der, obwohl er das Vermögen und die Möglichkeit dazu hatte, den Arbeitern und Tagelöhnern keine Arbeit zu einem den Lebensmittelkosten angemessenen Lohn verschafft hat. Derjenige, der nichts für die Freiwilligen gezeichnet hat, und vor allem jeder, der niemals etwas entsprechend seinem Vermögen gegeben hat. Derjenige, der aus Hochmut die Priester nicht aufsucht, die die Verfassung beschworen haben, und besonders, wer geraten hat, es nicht zu tun. Derjenige, der den armen Patrioten nicht ihr Los erleichtert hat, obwohl er offenkundig die Möglichkeit dazu hatte. Derjenige, der aus Böswilligkeit keine Kokarde von drei Zoll Umfang trägt; derjenige, der andere Kleidung als nationale gekauft hat, und besonders alle die, die sich Titel und Tracht eines Sansculotten nicht zur Ehre anrechnen.

235

Unsicherheit der Patrioten

Schilderung vom Stadtchirurgikus

Für Frankreich sprechen nur noch die Vertreter oder Mitläufer der Pariser: Am 2. Juni 1793 hat der eingeschüchterte National-konvent vor den dräuenden Kanonen und Spießen der von Berg und Kommune mobilisierten Sektionen kapituliert und 29 füh-rende Girondisten nach Aufhebung ihrer Immunität ausgesto-ßen; sie sind im Gefängnis oder irren durchs Land. Was einer von ihnen gefordert hat, war Illusion: »Paris darf wie jedes an-dere Departement nur ¹⁄₈₃ des Einflusses haben.«

Draußen empfindet man die Hauptstadt als ein Tollhaus. Die Assignaten haben trotz Annahmezwang einen neuen Tiefstand von 25% zum Münzgeld erreicht, Handel und Wandel sind fast zum Erliegen gekommen, Aufträge gibt es allenfalls noch für Lieferungen an die Truppe, die Behörden erhalten täglich neue, oft widersprüchliche Anweisungen. Wenn man bedenkt, daß die Armee jetzt Niederlagen hinnehmen muß und das Heer der frommen Bauern, das im März 1793 gegen die Revolution zu Felde gezogen ist, die Republikaner überall am Unterlauf der Loire geschlagen hat, während in der Provence, auf Korsika, in Bordeaux, in der Normandie sogar die Departementsversamm-lungen nichts mehr vom Nationalkonvent wissen wollen, so kann man von ferne gesehen die stolzen Aufrufe der Pariser Po-litiker nur noch als das Pfeifen im dunklen Keller empfinden, mit dem sie sich Mut machen wollen.

In La Flèche, einem Städtchen weit westlich von Paris, führt der Ortsbader, der sich jetzt vornehm chirurgien *nennt, Tage-buch. Was er vom 24. Juni 1793 zu berichten weiß, zeigt, wie unsicher sich die Menschen fühlen, hin- und hergerissen zwi-schen so unerhörten Extremen – Marat auf dem Berge und dem unmündigen Königssohn, für viele »Ludwig XVII.«, in seinem Temple-Gefängnis.*

Damals ist Meignan, ein junger Mann, der zu den Royalisten übergegangen war, nachdem er in La Flèche gewohnt hatte, auf die Idee gekommen, er könne doch mit ein paar Dragonern, bei denen er als Leutnant stand, unserer Stadt einen Besuch abstatten. Am Johannistag 1793 gegen 7 Uhr früh galoppiert er durch die Straßen, eine weiße Fahne mit goldgestickten Lilien schwenkend, die er sich im Schloß von Durtal besorgt hat, von nur vier Mann begleitet, den blanken Säbel in der andern Hand, und mit Stentorstimme »Es lebe der König!« rufend. Er begibt sich zum Rathaus und befiehlt im Namen Seiner Majestät, unverzüglich Logis und Verpflegung für fünfzehntausend Mann, die ihm folgen, bereitzustellen. Die zu Tode erschrockenen Gemeindebeamten können nicht umhin, auch »Es lebe der König!« zu rufen, und beteuern, sie würden alles in ihrer Macht Stehende sogleich tun.

Vom Rathaus reiten die fünf Royalisten zum Gefängnis und befreien einen armen Teufel, der, glaube ich, als Mönch seine Tonsur behalten hatte und in seinem Versteck in einer Mühle aufgespürt worden war. Von dort geht es weiter zur ehemaligen Militärschule, wo eine Sammelstelle für in den benachbarten Schlössern von der Distriktsverwaltung beschlagnahmte Pferde eingerichtet worden war. Zuständig war Pidoussière, der frühere Inspektor der Schule. Dieser Mann, der sein Leben lang die Schande seiner ehrbaren Familie gewesen war, machte nun seiner Partei Schande: Er ging in den Stall, küßte gleichsam die Sporen der Royalisten und übergab ihnen das beste Pferd, damit sie auch den befreiten Häftling beritten machen konnten. Und das ist noch nicht alles: Er eilt in einen Saal der Schule, wo sich eine alte weiße Standarte befand, mit der sich eine Gruppe junger Leute unter dem Ancien régime geschmückt hatte, und überreicht sie ihnen feierlich. Die nunmehr sechs Berittenen sprengen im Triumph durch die ganze Stadt und rufen: »Es lebe der König!« In dieses Feldgeschrei stimmen alle ein, die ihnen begegnen (die Tochter eines braven Bürgers der Stadt namens Rochereau wurde von dem Lärm wahnsinnig). Schon hatte eine große Anzahl von Einwohnern der Stadt die weiße Kokarde angelegt, und zwar Männer ebenso wie Frauen, Republikaner ebenso wie Royalisten; der

Messerschmied Picouleau, einer der größten revolutionären Schreier, stolziert gemessenen Schrittes mit diesem gegenrevolutionären Abzeichen durch die Straßen; etliche Familienangehörige von Emigranten zeigen sich auf ihrem Balkon, ganz außer sich vor Freude, und werden von ihren Nachbarn beobachtet, die bald darauf in der Schreckenszeit die Niederträchtigkeit besaßen, sie zu denunzieren. Dabei kamen diese Nachbarn aus anständigen Verhältnissen, aber die Revolution hatte sie verdorben. Dr. Peffault de la Tour ersetzte seine blauweißrote Kokarde durch eine weiße, bevor er das Haus verließ, um seine Krankenbesuche zu machen.

Die ganze Stadt ist in größter Aufregung, und sie bleibt vier Stunden lang in diesem Zustand, als man plötzlich hört, die sechs Royalisten seien wieder aufgesessen, nachdem sie im »Goldenen Löwen« einen Imbiß genommen hätten. Der Abzug ging etwas überstürzt vor sich. Die Gemeindebeamten hatten sich inzwischen besonnen und waren zu dem Schluß gekommen, daß dieses Herumreiten eigentlich eher nach Hochstapelei aussah, und sie beschlossen, Meignan und seine Gefährten verhaften zu lassen. Doch das sprach sich auch wieder rasch herum, und königstreu gesonnene Einwohner warnten die sechs leichtsinnigen jungen Leute. Auch der Fechtlehrer Quicque wurde gewarnt, man wolle ihn verhaften, weil er mit ihnen auf das Wohl des Königs getrunken und ihnen geholfen hatte, den Freiheitsbaum auf dem Platz der vier Winde in Brand zu setzen; er versteckte sich und machte sich, als es dunkel geworden war, nach Nantes aus dem Staube.

Solche Husarenstücke der Rebellen, denen niemand entgegentrat, nahmen die Bevölkerung so für sie ein, daß die Vertreter der Nation echte Besorgnis darüber empfanden.

Bürgerausweise zur Bescheinigung der Unverdächtigkeit

Vorschriften einer Pariser Sektion

Beim Schriftsteller Restif de la Bretonne klopfen Vertreter der Sektion. Schon sieht er vor sich, was jetzt kommt: »Den Revolutionsgerichtshof, die Richter, die blutgierigen Geschworenen, die Anklagebank, die Gendarmen mit aufgepflanztem Bajonett, das donnernde ›Du hast nicht das Wort‹, das Erschauern beim Abschneiden der Haare, den Henkerskarren, das Hohngebrüll des Pöbels, das herzbeklemmende Aussteigen, die letzten Stufen, das Anschnallen auf dem Kippbrett, das Dröhnen des Fallbeils, das strömende Blut.« *Dabei will nur seine Frau von der neuen Möglichkeit der Scheidung Gebrauch machen, und es soll eine Vermögensfeststellung erfolgen.*

Das ist eine typische Reaktion in dieser Schreckenszeit. Statt einer Regierung entscheiden selbstherrlich ein Wohlfahrts- und ein Sicherheitsausschuß des Konvents, und jede Sektion, jede Verwaltung ahmt ihr Vorbild nach. Der Berg hat zur Beruhigung der Bürger zwar nach dem Ausschluß der Girondisten in wenigen Tagen eine Verfassung mit individuellen Rechten zusammengeschrieben, doch bald wird das Gesetz über die Verdächtigen jeden dazu bringen, daß er sich ständig fürchten muß.

Die Pariser Sektionen mit ihren »Überwachungsausschüssen« *verlangen schon seit März 1793 einen Bürgerausweis, der seinem Inhaber* »Unverdächtigkeit« *attestiert. So etwas braucht man, wenn man schon vorgeladen werden kann, weil man nach der Einsetzung eines patriotischen Pfarrers nicht mehr zur Messe geht oder die Ehefrau echten Schmuck trägt, den sie doch längst für die Armee gespendet haben müßte.*

Aus dem Protokollbuch des Revolutionskomitees der Sektion »Panthéon Français« *vom 28. Juni 1793:*

239

Vorschlag eines Mitgliedes des Revolutionskomitees, der auch beschlossen wurde, folgende Fragen sowohl an die Antragsteller von »Beglaubigungen der Bürgertreue« als auch an die Zeugen zu stellen:

Bevor Ihr hierher kamt, um die Bürgertugend des Bürgers... zu bezeugen, habt Ihr gut nachgedacht, daß Ihr Euch einer schrecklichen Verantwortung gegenüber Euren Mitbürgern aussetzt, haltet Ihr Euch vor Eurem Gewissen für stark genug dazu? Habt Ihr seit dem 14. Juli 1789 ständig Proben Eurer Bürgertreue abgelegt, indem Ihr persönlich auf Wache zogt, indem Ihr immer den Versammlungen der Sektion beiwohntet, indem Ihr Euch jedesmal unter die Waffen stelltet, wenn die Sicherheit der Person und des Eigentums in Gefahr waren und wenn die öffentliche Ruhe es erforderte?

Seit wann kennt Ihr den Bürger?

Seid Ihr verwandt oder verschwägert mit dem Antragsteller, steht Ihr in seinen Diensten oder seid Ihr Mieter bei ihm? Habt Ihr gegen ihn eine besondere Verpflichtung, die Euch gezwungen haben könnte, ihm, als er Euch aufforderte, ihm als Zeuge zu dienen, ein Zeugnis auszustellen, das, wenn Ihr nicht von ihm abhängig wäret, unter anderen Umständen Euer Gewissen zurückwiese?

Wie alt seid Ihr? Welchen Beruf habt Ihr, wo wohnt Ihr? Woher bezieht Ihr Euren Lebensunterhalt?

Seid Ihr jemals Mitglied eines bürgerfeindlichen Klubs gewesen?

Habt Ihr jemals eine Petition unterzeichnet, die den Rechten des Volkes zuwiderlief?

Ihr erklärt also vor Eurer Seele und vor Eurem Gewissen feierlich, daß der Bürger... wie Ihr mit all seiner Kraft seit dem 14. Juli 1789 bis heute der Revolution gedient hat als Freund der Freiheit und der Gleichheit und als guter Republikaner, daß er persönlich auf Wache gezogen ist, daß er jedesmal zu den Waffen geeilt ist, wenn man es zum Wohl des Vaterlandes von ihm verlangte; Ihr versichert auch, daß die Offiziere seiner Kompanie bereit sind, es zu bestätigen, wenn sie von uns dazu aufgefordert werden.

Das Komitee beschließt, daß eine Abschrift des Vorliegen-

den in das Protokollbuch eingetragen und dem Revolutionskomitee des Standortes jeder Division zugesandt werden soll.

In Anbetracht dessen, daß es seine Pflicht ist, die Mißbräuche, die bei der Beantragung der »Beglaubigung der Bürgertreue« aufgetreten sind, abzustellen, soweit es in seiner Macht
liegt, beschließt das Revolutionskomitee der Sektion:

Daß die Antragsteller für die »Beglaubigung der Bürgertreue« ihren eigenen Zeugen erst als Zeugen dienen dürfen,
wenn sie selbst diese Beglaubigung erhalten haben. Der vorlie-
gende Beschluß ist den Kommissaren für die Ausstellung der
»Beglaubigung der Bürgertreue« mitzuteilen.

Die Guillotine als Allheilmittel

Forderungen in »L'Ami du Peuple«
vom 23. August 1793

*Dem 2. Juni 1793 ist ein vergeblicher Versuch am 31. Mai vor-
ausgegangen. Das will die Kommune nicht noch einmal erleben.
Ihre Fürsprecher im Nationalkonvent sorgen dafür, daß »der
Schrecken auf der Tagesordnung« bleibt, was im September
auch tatsächlich verkündet wird und nur die Bestätigung des bestehenden Sachverhalts ist: Die regierenden Ausschüsse haben
die Macht und bedürfen für ihre Maßnahmen keiner Legitima-
tion. Statt* la terreur à l'ordre du jour *könnte man auch sagen, es
bestehe nun eine Gewaltherrschaft, aber das klänge wie Despotie
und ließe nicht wie »Schrecken« an das Terrorisieren der Feinde
der Republik denken.*

*Wenn die Post, also Personen- und Briefbeförderung, nicht
mehr funktioniert, wird sie verstaatlicht. Beweist die Börse über-
deutlich, wie fiktiv der Nennwert der Assignaten geworden ist,
wird sie geschlossen. Jeder Widerspruch wäre ein Indiz für konterrevolutionäre Gesinnung. Und wenn das* maximum, *der
Preisstopp, die Lust am Beliefern der Märkte schwinden läßt, so
werden das »nationale Brotmesser«, das »Fleischerbeil des Volkes«, die »Sichel der Gleichheit« schon für Brot und Fleisch und
Korn sorgen.*

*Die Guillotine wird zum Allheilmittel, sie macht jedem Wider-
strebenden oder Lauen oder Nachsichtigen Beine. Marat ist von
Charlotte Corday, einem entschlossenen Mädchen aus der dem
Berge feindlichen Normandie, erstochen worden; vier Tage später ist sie unterm Fallbeil gestorben. Jean Leclerc, selbsternann-
ter Nachfolger des von den kleinen Leuten nunmehr geradezu
als Gott verehrten Marat, macht sich in* L'Ami du Peuple *vom
23. August 1793 bei seinen Lesern als* ami de la guillotine *beliebt.*

Wenn der Nationalkonvent wirklich das Wohl des Vaterlandes will, so beweise er es uns auf der Stelle, indem er alle Sansculotten dieser riesigen Stadt aufbietet, ohne Unterschied des Standes und Alters; die Stadtbarrieren sind zu schließen, ebenso die Läden; alle Arbeit soll ruhen außer in den Waffenmanufakturen, und wenn das Volk einmal aufgestanden ist, so darf es sich vor allem nicht wie am Abend des 31. Mai gezwungen sehen, völlig überanstrengt und vor Hunger und Ermattung zusammenbrechend unverrichteter Dinge abzuziehen; unverzüglich sind Volksgerichte aus den allerbesten Bürgern zu bilden und zwei Guillotinen auf die Dauer auf dem Platz der Revolution aufzustellen. Dann wird sich mit oder ohne Dekret nach den Anweisungen eines Revolutionsausschusses, der hoffentlich nicht wie üblich aus schwachen oder übelmeinenden Männern zusammengesetzt sein wird, die bewaffnete Macht abteilungsweise auf den Weg machen zu allen Hamsterern, Geldwechslern, Verdächtigen, Egoisten und zu den Männern, die seit der Revolution reicher geworden sind, also allen Plünderern an der Republik, unter welcher Maske sie sich auch verborgen halten mögen, und wird zu ihnen sagen:

Zu den Hamsterern:

»Ihr erbarmungslosen Blutsauger, die ihr euch an der Nahrung des Volkes gemästet habt, ihr habt die Geduld der Franzosen lange genug mißbraucht; ihr habt auf ihre Bedürfnisse Eure niederträchtigen Spekulationen aufgebaut; ihr habt alles gewagt, um eure Mitbürger an Elend und Hunger umkommen zu lassen: schön, nun habt ihr euch eben für die Republik bereichert.«

Doch es ist nicht genug, sie das so schrecklich erworbene Gut herausgeben zu lassen. Wenn sie die Nahrungsmittel vor der Verkündung des Gesetzes gegen die Aufkäufer gehamstert haben, ins Gefängnis bis Kriegsende; haben sie die Frechheit gehabt, dem Gesetz zuwider zu handeln, Aburteilung binnen einer Stunde, kein Pardon, kein Aufschub, sofort zur Guillotine.

Zu den Geldwechslern:

»Durch abscheulichen Schacher habt ihr Mißtrauen und Ablehnung gegen unsere Assignaten verbreitet; wer aber das Geld in Mißkredit bringt, ist ein ebensolcher Verbrecher wie der Falschmünzer, der die umlaufende Menge erhöht. Euer Urteil läßt sich in zwei Worte fassen: zur Guillotine!«

Zu den Verdächtigen:

Nachdem man bei ihnen mit äußerster Sorgfalt Haussuchung gehalten und irgendwelche Dokumente gefunden hat, die darauf schließen lassen, daß sie in Korrespondenz mit Gegenrevolutionären stehen:

»Die Stunde, da sich das Volk erhebt, ist die Todesstunde für Leute eures Schlages: zur Guillotine!«

Zu den Egoisten:

»Das Volk ist es müde, allein das Gewicht eines schrecklichen Krieges zu tragen. Die Zeiten sind vorbei, da man mit finanziellen Mitteln das Recht erkaufen konnte, seine beschämende Nutzlosigkeit erhalten zu dürfen. Ohne euch davon zu entbinden, im progressiv ansteigenden Verhältnis zu eurem Vermögen die ungeheuren Kosten zu bestreiten, die dieser Krieg verursacht, werdet ihr in eigener Person die Sache der Freiheit verteidigen. Ihr habt die Wahl: Hier geht der Weg zu den Grenzen, dort zum Platz der Revolution, wo die Guillotine auf euch wartet.«

Zu den Gaunern, die unter der Maske des Patriotismus das Geld der Republik verpraßt haben:

»Ihr habt das Vertrauen des Volkes mißbraucht, ihr habt euch mit seinem Gold gestopft, ihr habt euch angeeignet, was seine Feinde hinterließen, ihr seid noch ruchloser als die Gegenrevolutionäre, die sich zu erkennen gegeben haben. Deshalb ohne Gnade: zur Guillotine!«

Alle diese Maßnahmen könnten ganz legal durchgeführt werden, wenn nicht im Nationalkonvent ein Geist der Mäßigung herrschen würde, der für das Gemeinwesen von verzweiflungsvoller Wirkung ist. Ja, ich wage es auszusprechen: Ich beginne zu ahnen, daß, wenn dies eine Zeitlang so weitergeht, der kreißende Berg eine Maus gebären wird, so daß dem Volk am Ende nichts übrig bleibt, als sich selbst zu retten.

Terror in der Provinz

Bericht eines Kommissars

Jonzac liegt bei Bordeaux, ein verschlafener Ort an diesem 29. Brumaire des Jahres II. Korn und Wein sind geerntet, nach dem neuen Kalender ist morgen der décadi namens »Walze«, zum Stand der Feldarbeit passend. Für die meisten Jonzacais allerdings ist Dienstag, der 19. November 1793, vorgestern haben sie diskret nach dem alten Kalender den Sonntag Elisabeth geheiligt, obwohl sie morgen, am Dekadentag, vorsichtshalber auch nichts tun. Das Revolutionstribunal in Saintes, Guillotine und Konventskommissare in Rochefort sind weit. Man interessiert sich für die Versteigerung der Nationalgüter in immer kleineren Parzellen, trauert dem Bischof nach, den die Pariser beim Septembermassaker umgebracht haben, und beschäftigt sich mit Kleinstadtintrigen und Familienfehden in neuer Form: Zwei einander beschimpfende Klubs sind doch interessanter als zwei Stammtische, uralte Feindschaften lassen sich mit einem ideologischen Überbau versehen.

Doch heute ist ein Kommissar des Departements in der Stadt, weil einige Bürger so rechthaberisch waren, daß sie ihre Gegner angezeigt und Jonzac als »Hort der Aristokratie und eine neue Vendée« denunziert haben, wo sich die letzten noch nicht gefaßten Girondisten versteckt halten könnten.

Der Bericht des Kommissars an die Konventsmitglieder zeigt, wie schnell er in seiner Voreingenommenheit die Böcke von den Schafen zu trennen meint, wie er nach dem Motto »erst verhaften, dann Gründe suchen« eine ganze Stadt terrorisiert. Nur »das Volk« ist gut, ein für allemal. Gewiß, auch dem König hat man erklärt, »die Nation, immer groß und gerecht«, werde sich seiner Familie annehmen, und inzwischen ist seine Witwe hingerichtet. Aber Robespierre hat ja gesagt: »Das Volk will immer das Gute, es sieht es nur nicht immer.«

Jonzac, den 29. Brumaire,
Jahr II der Republik

Bürger Volksvertreter, meinen republikanischen Gruß! Das Departement war erheblich beunruhigt über die Uneinigkeit in der Gemeindeverwaltung der Stadt Jonzac und hielt es für erforderlich, einen Kommissar hierher zu entsenden, damit er Maßnahmen der allgemeinen Sicherheit ergriffe, die bis zu diesem Zeitpunkt außerordentlich vernachlässigt worden waren. Ich habe hier zwei Volksgesellschaften vorgefunden und habe beide mehrfach besucht, weil ich mir schon vorstellte, daß nur eine von beiden gut sein konnte. Ich habe nicht viel Zeit gebraucht, um Patrioten und Aristokraten voneinander zu unterscheiden. Ganz offensichtlich sind in dieser Gemeinde die überzeugten Republikaner als Anarchisten, als Angehörige einer Clique angesehen worden. Und gerade die haben die erste Gesellschaft gebildet, die sich als erste der Freiheit in die Arme warf, und in dieser Gesellschaft habe ich entschiedene Republikaner, ausgesprochene Patrioten angetroffen, Patrioten, deren Mut sich schon darin zeigte, daß sie mir die verdächtigen Personen in der Gemeinde genannt haben, und zwar sind das nicht unbestimmte Hinweise, sondern durch Beweise gestützte Denunziationen; schon befinden sich sieben mehr als verdächtige Individuen, die sich wegen der sträflichen Nachsicht des Überwachungsausschusses völliger Sicherheit erfreuten, in Haft, und ich hoffe, dafür sorgen zu können, daß es nicht dabei bleibt. In der andern Gesellschaft dagegen habe ich nur kühle, gleichgültige, apathische Männer getroffen, ja, mehr noch, ich traf echte Konterrevolutionäre, denn von den sieben Personen, die ich verhaften ließ, gehörten vier dieser sauberen Gesellschaft an. Der Überwachungsausschuß taugte noch weniger; auf Grund eines Haftbefehls des Departementsrats, den ich ausgeführt habe, sind schon drei seiner Mitglieder nach Saintes unterwegs. Ich beschäftige mich gerade damit, die ihnen vorgeworfenen Tatbestände zu prüfen und habe gute Hoffnung, dafür sorgen zu können, daß sie nach Rochefort kommen.

Es bleibt mir keine andere Wahl, Bürger Volksvertreter, ich muß unbedingt die Aristokraten unterdrücken und den Patrioten zur Herrschaft verhelfen. Dazu sind Kraft und Mut erforderlich. Ich habe schon mit dem Volk gesprochen, es ist gutwillig. Wir müssen also die zweite Gesellschaft verbieten, die in sehr vieler Hinsicht gefährlich ist. Diese Gesellschaft verdankt ihre Existenz nur den Machenschaften des vormaligen Stadtpfarrers und vormaligen Adligen, Bruder eines Emigranten; er selbst ist jetzt in Saintes in Haft. Dieser Priester hatte die Gesellschaft und einen großen Teil der Einwohner unter der nichtswürdigen Herrschaft von Fanatismus und Vorurteil gehalten; man spricht hier ganz offen von ihm als dem »Herrn Prior«. Als ich in der zweiten Gesellschaft dazu aufforderte, mir über diesen Priester Auskunft zu geben, mußte ich zu meinem Schmerz erleben, daß alle sich spontan erhoben und durcheinander riefen, er sei ein »anständiger Mensch«, ein »guter Patriot«. Ihr könnt Euch also vorstellen, Bürger Volksvertreter, welche Grundsätze diese Männer beseelen, die sich aus mehr als verdächtigen Gründen unter der Schirmherrschaft des »Herrn Prior« zu einer Gesellschaft zusammengefunden haben.

Mein Entschluß war gefaßt, Bürger Volksvertreter, meine Überzeugung stärkte meine Seele, ich hatte erkannt, wer die Patrioten waren. Ihr wäret selbst erstaunt gewesen über die revolutionäre Begeisterung der ersten Gesellschaft. Ich muß demnach jetzt kraft der Vollmachten, die mir das Departement gegeben hat, den Patrioten zum Siege verhelfen, die zweite Gesellschaft verbieten und der ersten die vormalige Pfarrkirche zur Verfügung stellen, wo sie morgen, am Dekadentag, ihre erste Sitzung abhalten soll und auf diese Weise diesen Tempel der Lüge endlich von Irrtum und Scheinheiligkeit läutern wird. Endlich wird zum erstenmal die Stimme der Wahrheit ertönen.

Da ich gehört habe, daß Ihr nach Pons kommen werdet, wollte ich Euch über die Einstellung der Menschen in dieser Gemeinde informieren und Euch meine Vorhaben unterbreiten. Ich bitte Euch nun, Bürger Volksvertreter, mir zu sagen, was ich tun soll. Ich erwarte Eure Antwort, aber ich beschwöre Euch, vergeßt nicht, daß morgen Dekadentag ist. Der Augenblick ist also günstig, all die albernen Monumente einer noch alberneren angeblichen Religion zu stürzen.

Ich bin in Begleitung eines Kommissars des Distrikts Pons hier, der mich hervorragend unterstützt.

Noch etwas bitte. Ich habe vergessen, Euch von einer sehr wichtigen Angelegenheit in Kenntnis zu setzen. In dieser Gemeinde von höchstens 2500 Einwohnern haben fünfzehn Aristokraten die Niederträchtigkeit gehabt, gegen die Annahme der Verfassung zu stimmen. Ich bin ihnen auf der Spur und hoffe sie zu ermitteln. Und: Ein gewisser Duchillau und eine Emigrantenfrau, eine gewisse Beaupoil Saint Holaire, sollen hier unbehelligt die Hoffnung auf eine Gegenrevolution nähren.

P. S.: Die Lebensmittelversorgung, an der es in dieser Gemeinde inmitten eines reichen Landes zu fehlen scheint, bereitet mir manchen Kummer. Ich prüfe schon die Tatsachen, aber da meine Vollmachten auf diesem Gebiet etwas eng gefaßt sind, wage ich keine vielleicht zu strengen Maßnahmen zu treffen, so unbedingt notwendig sie wären. Ich erwarte Eure Befehle; der Überbringer dieses Schreibens kann Euch nähere Einzelheiten mitteilen, zu deren Niederschrift mir meine Tätigkeit nicht die Zeit läßt.

Konservative Haltung gegenüber den Frauen

Sitzungsprotokoll der Kommune

Politik ist Männersache. Der »Klub der revolutionären Republikanerinnen«, die als Zeichen der freigelassenen Sklaven die rote Mütze tragen, erregt geradezu Abscheu. Frauen aller Gesellschaftsschichten, die sich hervorzutun wagten, haben ein tragisches Los gehabt: Madame Roland, die Muse der Girondisten, ist hingerichtet worden. Olympe de Gouges, Verfasserin einer feministischen »Erklärung der Frauen- und Bürgerinnenrechte«, ist mit Robespierre aneinandergeraten und hat das unter der Guillotine gebüßt. Charlotte Corday, die als Aktion für die Frau nur das Attentat sah, hat ihr Schicksal geteilt. Théroigne de Méricourt, die entfesselte Vorkämpferin der Sansculotten am 10. August, ist vom Mob in den Tuileriengärten nackt ausgepeitscht worden und vegetiert im Irrenhaus.

Das politische Ziel ist Gleichheit, das moralische heißt Tugend. Die Prostituierten haben es noch nie so schwer gehabt in Paris. Eine selbständige berufliche Existenz für Frauen gibt es kaum: Markthändlerinnen, Hebammen und vor allem Wäscherinnen, die wegen des Seifenmangels immer wieder demonstrieren, sind die Ausnahmen. Spitalpflege ist Aufgabe der frommen Schwestern gewesen, die zumeist im Staatsdienst weitermachen. Es gibt nur die Rolle der Ehefrau und Mutter, ersatzweise eine abhängige dienende Funktion. Solange die Frauen auf die Straße gingen und in die gebotene politische Richtung marschierten wie am 6. Oktober 1789, waren sie den Revolutionären eine willkommene Hilfe; wendet sich ihr Protest gegen die neuen Machthaber, ist er mit der Rolle des Weibes unvereinbar.

Am selben 27. Brumaire des Jahres II (19. November 1793), da der Kommissar aus Jonzac berichtet, klebt in Paris an den Mauern der Anschlag mit dem Versammlungsprotokoll der Kommune vom Vortage.

Es betritt eine Abordnung den Saal, bei der sich mehrere Frauen mit roter Mütze befinden. Sogleich entsteht starke Unruhe auf den Tribünen. Der Lärm hält an und wird stärker. Der Präsident fordert durch Aufsetzen des Hutes Ruhe. *Chaumette, Prokurator des Stadtrats, ergreift das Wort und erklärt:*

Ich beantrage lobende Erwähnung des soeben entstandenen Murrens im Sitzungsprotokoll: Es ist eine Huldigung an die guten Sitten, es ist ein Schritt mehr auf dem Wege zur Festigung der Republik. Wie? Verdorbene Geschöpfe, die mit den Gesetzen der Natur brechen und sie nicht wahrhaben wollen, sollen in diese Stätte, die der Obhut der Bürger anvertraut ist, eindringen dürfen, ohne daß diese aufmerksame Wache ihre Pflicht täte? Bürger, ihr vollbringt hier einen bedeutenden Akt der Vernunft: Der Raum, in dem die Ratsversammlung des Volkes tagt, muß für jeden verschlossen sein, der die Natur beleidigt.

Nein, *ruft ein Mitglied des Rates*, das Gesetz gewährt freien Zutritt. Man verlese den Gesetzestext!

Das Gesetz befiehlt uns, die Sitten zu achten und dafür zu sorgen, daß sie geachtet werden, *erwidert der Prokurator des Stadtrats*, und in diesem Falle sehe ich, daß sie mißachtet werden. Seit wann ist es denn den Frauen erlaubt, ihrem Geschlecht abzuschwören, sich zu Männern zu machen? Seit wann ist es sittsam, wenn Frauen die fromme Sorge um ihren Haushalt, um die Wiege ihrer Kinder vernachlässigen und auf offener Straße, am Rednerpult, an den Schranken der Volksvertretung, in den Rängen unserer Armeen Aufgaben übernehmen, die allein den Männern vorbehalten sind? Wem hat die Natur, unser aller Mutter, denn die häuslichen Obliegenheiten anvertraut? Uns vielleicht? Hat sie uns vielleicht Brüste gegeben, um unsere Kinder zu stillen? Hat sie unsere Muskeln geschmeidig gemacht, daß wir geeignet wären zu den Aufgaben in Hütte, Kate, Ehe? Nein, sie hat zum Manne gesagt: »Sei Mann, dein Teil sind Unternehmung und Jagd, Feldbestellung, Politik, Kraftleistungen aller Art.« Und sie hat zum Weibe gesagt: »Sei Weib, deine Arbeit sind die Erziehung der Kinder, die Führung des Haushalts, die süßen Sorgen der Mutterschaft; doch dein unablässiges Tun verdient eine Belohnung: Wohlan, du sollst die Göttin des häuslichen Heiligtums sein, Herrin über alles, was dich umgibt, durch die unbezwingliche Kraft von Schönheit, Grazie und Tugend.« Ihr törichten Frauen, die ihr Männer sein wollt! Ihr habt doch ohnehin das bessere Teil, was wollt ihr mehr? Ihr herrscht über unsere Sinne, Gesetzgeber und Magistrat liegen euch zu Füßen; eure Despotie ist die einzige, die unsere Kräfte nicht überwinden können, weil sie die Macht der Liebe ist und folglich das Werk der Natur. Im Namen dieser Natur: Bleibt, was ihr seid, und anstatt uns die Fährnisse eines bewegten Lebens zu neiden, laßt euch genug daran sein, sie uns im Schoße unserer Familien vergessen zu machen, wenn wir unsere Augen ruhen lassen auf dem entzückenden Schauspiel unserer Kinder, die glücklich sind dank eurer liebevollen Fürsorge. (*Alle Frauen, die rote Mützen getragen haben, setzen sie ab und stattdessen ihre Hauben auf.*) *Chaumette fährt fort:* Oh, ich sehe, ihr wollt doch nicht dem Vorbild der verwegenen Frauenzimmer folgen, die nicht mehr erröten. Die Gefühle, die den Reiz der Gesellschaft ausmachen, sind nicht erloschen in euch. Ich verneige mich vor eurer Feinfühligkeit. Doch ich muß euch den ganzen Abgrund zeigen, in den euch ein Augenblick des Irrtums hätte stürzen können. Denkt an die frechen, vom Ausland bestochenen Weiber, die uns das absonderliche Schauspiel eines Seidenkleides zur Leinenmütze geboten haben und während des Gerichts über die Vaterlandsverräter gefährliche Unruhen auf den Pariser Märkten erregt haben; erinnert euch an die hochmütige Ehefrau eines törichten, hinterhältigen Mannes, die Roland, die sich für berufen hielt, die Republik zu regieren, und nur ihren eigenen Untergang bewirkte; vergeßt nicht die Amazone, das Mannweib, die unverschämte Olympe de Gouges, die als erste Frauengesellschaften gründete, Politik betreiben wollte und Verbrechen beging.

Alle diese sittenlosen Wesen sind unter dem rächenden Schwert des Gesetzes gefallen – und ihr wollt sie nachäffen! Nein, ihr spürt eben doch, daß ihr nur interessant und wirklich achtenswert seid, solange ihr bleibt, zu was euch die Natur bestimmt hat. Wir wollen, daß die Frauen respektiert werden; deshalb zwingen wir sie, sich selbst zu respektieren. Was soll die Obrigkeit zu einer Frau sagen, die sich über die Zudringlichkeit eines jungen Tunichtgutes beschwert, wenn dieser zu seiner Verteidigung vorbringt: Ich habe da eine Frau gesehen, die sich wie ein Mann aufführte, ich habe ihr Geschlecht an ihr nicht mehr geachtet und mich zu allem frei gefühlt? Bedenkt doch, wohin uns ein solcher Wandel in Sitten und Gebräuchen führen würde! Und wir, die vom Volk gewählten Vertreter der Stadt, wir, die wir unablässig an der Aufrichtung der Republik gearbeitet haben, wir wollen uns das Steuer nicht aus der Hand nehmen lassen. Unter der Herrschaft der Monarchie waren die Frauen alles, weil die Männer nichts waren. (Das beste Beispiel ist die Jungfrau von Orleans, die nur etwas war, weil Karl VII. kein Mann war und seine Untertanen unter aller Kritik). Heute dagegen müssen wir unsere ganze Kraft einsetzen, um das Menschengeschlecht aus der unwürdigen Lage zu befreien, zu der sie die Sklaverei erniedrigt hat. Ehren wir die Tugend, so werden wir tugendhafte Taten erwecken. Und je höher wir die Mutter im Kreise ihrer Familie verehren, die ihr Glück und ihren Ruhm darin findet, ihre Kinder aufzuziehen, für die Kleider ihres Mannes zu spinnen und seine Mühen durch die Erfüllung der häuslichen Pflichten zu erleichtern, um so verächtlicher muß uns das schamlose Frauenzimmer erscheinen, das Männergewänder anlegt und, welch ein abstoßender Handel, die Reize, die ihr die Natur gegeben hat, gegen Spieß und Hose vertauscht. Seht mir diese Schilderung nach; sie ist ein Bild für meine Vorstellung von den Mannweibern und gehört zu meinem Gegenstand; ich will diese Frauen ja nur über die Rolle, die sie spielen, erröten machen, und ihnen zeigen, wie beschämend sie ist.

Ich beantrage, daß nur die Männer der Abordnung gehört werden und daß der Stadtrat in Zukunft keine Frauen mehr ohne ausdrücklichen vorherigen Beschluß empfängt, unbeschadet des Anspruchs der Bürgerinnen, ihre persönlichen Anliegen und Klagen den gewählten Gemeindevertretern vorzutragen. (*Angenommen.*)

Der Kult des Höchsten Wesens

Betrachtungen eines Rentners

Brot und Waffen braucht die Republik, gewiß. Doch viele denken wie Schiller, der im Sommer 1793 schreibt: »Das dringendere Bedürfnis unseres Zeitalters scheint mir die Veredelung der Gefühle und die sittliche Reinigung des Willens zu sein.« In offiziellen Texten kommt jetzt gelegentlich ein »höchstes Wesen« vor. Zunächst fällt es nicht auf in dem Wust hehrer Ausdrücke; man nimmt ja auch Wörter wie »Soldaten« oder »Guillotine« nur ungern in den Mund; défenseurs de la patrie *(»Vaterlandsverteidiger«) und* glaive de la justice *(»Schwert der Gerechtigkeit«) sagt der Redner, der auf sich hält.*

Der antiklerikale Eiferer Hébert läßt die beim einfachen Volk sehr beliebte Titelfigur seiner Zeitschrift, den »Vater Duchesne«, in jedem Satz wilde Flüche ausstoßen, doch zugleich führt er einen Kult der Freiheit und Vernunft ein, damit die wahre aufgeklärte Sittlichkeit in den Kirchen Einzug hält. Allerdings mögen nur ganz entschlossene Anhänger des Berges ihre Kinder Montagne, Probus, Valmy oder (nach einem ermordeten Abgeordneten) Lepeletier nennen. Die meisten schütteln den Kopf, wenn eine Kirche statt dem hl. Blasius nun Brutus geweiht wird oder einer im Nationalkonvent angesichts der katastrophalen Versorgungslage ausruft: »Unsere Väter haben für einen Kalenderheiligen gefastet, für irgendeinen Mönch aus dem 10. Jahrhundert oder sonst einen Priesterschwindel; laßt uns jetzt für die Freiheit fasten!«

Célestin Guittard ist ein braver Durchschnittsbürger. Er hat den Unbedenklichkeitsausweis seiner Sektion Luxembourg in der Tasche. Der Witwer schaut überall zu; er ist sogar schon bei den Lutheranern gewesen, die ja wie die Juden jetzt Religionsfreiheit genießen. Und er führt über alles Tagebuch.

Thermometer 12. Südwind. Angenehmes, mildes Wetter; in der Nacht und in der Frühe Regen, am Tage schön.

Herr und Frau von Sellier zum Mittagessen bei mir.

Das ganze Bataillon der Sektion ist in den Luxembourg-Garten marschiert, um seine Offiziere zu empfangen. Der Oberkommandierende ist gekommen.

Heute ist der 30. Brumaire, Dekadentag.

Bei der Sektion hat eine große Zeremonie stattgefunden, eine große Prozession, die von drei Uhr bis halb sechs Uhr gedauert hat. Auf dem Platz war Abmarsch, die Kanonen voran, dann Trommler, dann eine erste Gruppe von Bürgern, die Arm in Arm gingen, dann Jünglinge; hierauf folgte eine große Menge von weißgekleideten Mädchen und Frauen mit dreifarbigen Schärpen, dann weitere Trommler und viele Bürger Arm in Arm, die Büsten von Marat, Lepeletier und Mucius Scaevola, und eine lebende Göttin, die in einem Sessel von acht Männern getragen wurde.

Wir sind die Rue de Vaugirard und die Rue du Regard hinuntergezogen, dann die Rue des Vieilles Tuileries hinauf bis zur Rue Saint-Maur, die wir überquert haben, und weiter zur Rue de Sèvres, wo die Sektion Croix-Rouge versammelt war, alle mit roten Mützen; in der Straßenmitte hatten sie eine Art Bühne aufgebaut, auf der die Freiheitsgöttin abgesetzt wurde, zusammen mit einer Musikkapelle, und an den zwei Zugangstreppen stand je eine Feldschmiede mit sechs Schmiedearbeitern.

Von dort sind wir zum Croix-Rouge-Platz gezogen, wo ein Scheiterhaufen aufgebaut war. Auf der einen Seite stand darauf ein großes Gemälde mit der Tiara des Papstes, einer Mitra, einer Stola und einem Weihrauchfaß, auf der anderen Seite der goldene Wappenschild von Monsieur und die geschnitzte Petrus-Statue, die über der Sakristeitür von Saint-Sulpice gestanden hat. Das alles wurde mit anderen Gegenständen auf diesem Scheiterhaufen verbrannt. Von dort ging es in die Kirche Saint-Sulpice, wo anstatt des Altars eine Art Theater mit Dekorationen aus der Comédie Italienne aufgebaut war; es sah aus wie eine Schauspielbühne mit Kulissen. Oben stellten sich zwei

Göttinnen auf, von Verehrern flankiert. Vor ihnen, etwas tiefer, rauchte ringsherum Parfüm, noch weiter unten bildeten auf der einen Seite die Nationalgardisten, auf der anderen Seite weißgekleidete Mädchen Spalier.

Hier hielt nun ein Philosoph eine Rede, die darauf hinauslief, es gebe jetzt keine Religion und keinen Gott mehr; alles sei das Werk der Natur. Dann wurden Hymnen gesungen, und es folgten fünf oder sechs Redner, die ganz ähnliche Ansprachen hielten. Man konnte sowieso kaum etwas verstehen wegen des Lärms von den Leuten, die ständig kamen und gingen und herumspazierten.

Das war nun die erste Zeremonie, die in der Kirche Saint-Sulpice stattgefunden hat, seit dort nicht mehr Messe gelesen wird. Die letzte Messe ist dort am Montag, den 11. dieses Monats, gelesen worden. Danach hat man die Kirche geschlossen.

Das ist also die neue Religion oder besser der neue Kult, der heute in allen Pariser Kirchen eingeführt worden ist.

Angefangen hat es am Sonntag, den 10., in Notre-Dame, der fiel zugleich auf den Dekadentag.

Ich habe die ganze Feierlichkeit heute mitgemacht.

Gestern hat man mir den Zettel gebracht, daß ich heute um 11 Uhr beim Bürgermeisteramt auf Wache gehen soll bis morgen um 11 Uhr. Ich habe 3 Franken für einen Ersatzmann gegeben.

Heute ist die Zugehörigkeit zu den Kompanien ausgelost worden. Ich war bei der 8., jetzt bin ich bei der 13. Kompanie.

Das Schreckensregiment muß gemäßigt werden!

Desmoulins im »Vieux Cordelier« Ende 1793

Wohlfahrts- und Sicherheitsausschuß entscheiden immer selbstherrlicher und rücksichtsloser. Der Nationalkonvent beugt sich ihrer auf die Kommune und die Sektionen gestützten Macht. Nach dem Aufräumen auf der Rechten sind jetzt ganz links die gleichmacherischen Enragés *und ihre Nachfolger, die Hébertisten, bedroht. Obwohl in der Vendée und an der Front die Gefahr nachgelassen hat, macht der Revolutionsgerichtshof mit den »Verdächtigen« immer kürzeren Prozeß. Doch das Argument, wer das Gute wolle, müsse sich nun einmal von konventionellen Gefühlen freimachen, überzeugt viele nicht mehr recht.*

Einer Reihe von Abgeordneten des Berges jedenfalls geht es so, seit sie geholfen haben, die Girondisten zu liquidieren. Danton hat sich angeekelt wochenlang in die heimatliche Champagne zurückgezogen. Desmoulins besinnt sich auf sein angestammtes Metier und lanciert eine neue Zeitung, den Vieux Cordelier. *Er macht sich zum Anwalt der Nachsicht. Héberts* Père Duchesne *sieht gleich Bestechlichkeit im Spiel: »Ein Esel, dem man die Ohren noch länger ziehen sollte, schlägt da seit ein paar Tagen aus. Verflucht nochmal, dem haben die Engländer wohl zuviel Hafer spendiert!«*

Die anderen Journalisten versuchen sich in ihrer Todesangst bei Robespierre beliebt zu machen; ein angesehener Redakteur schreibt an ihn: »Sie werden bemerkt haben, daß Le Moniteur *sehr viel ausführlicher die Reden des Berges als die anderen veröffentlicht hat; ich habe von den letzteren nur Auszüge in dem Maße gebracht, wie es unbedingt sein mußte, um einen gewissen Anschein der Unparteilichkeit zu wahren.«*

Camille Desmoulins weiß deshalb, daß er den Blitz auf sich zieht, als er am Heiligabend 1793 seinen großartigsten Artikel veröffentlicht:

Einige Personen haben meine Nummer 3 nicht gebilligt, in der ich mich, wie sie sagen, darin gefallen habe, Vergleiche anzustellen, die ein ungünstiges Licht werfen auf Revolution und Patrioten (sie sollten sagen auf die Auswüchse der Revolution und solche Patrioten, die an ihr verdienen). Sie glauben tatsächlich, die Nummer sei schon widerlegt und jedermann gerechtfertigt mit dem Wort: »Wir wissen durchaus, daß der jetzige Zustand nicht der Zustand der Freiheit ist, aber nur Geduld, eines Tages werdet ihr frei sein.«

Diese Leute meinen offenbar, die Freiheit müsse wie die Kinder durch eine Zeit des Geschreis und der Tränen hindurch, um zur Reife zu gelangen. Ganz im Gegenteil: Es liegt in der Natur der Freiheit, daß man, um in ihren Genuß zu gelangen, sie nur wollen muß. Ein Volk ist frei, sobald es frei sein will (man bemerke, daß der Ausspruch von La Fayette stammt); unseres ist mit dem Tage des 14. Juli in den vollen Genuß aller seiner Rechte gelangt. Die Freiheit hat weder Alter noch Jugend. Sie hat nur eine Lebenszeit, die der Kraft und Stärke. Sonst wären alle, die ihr Leben für die Republik geben, ebenso töricht wie die Fanatiker der Vendée, die sich für die Freuden eines Paradieses umbringen lassen, von dem sie nie etwas haben werden. Wenn wir im Kampfe fallen, werden wir dann auch nach drei Tagen auferstehen, wie es diese tumben Bauern glauben? Nein, die Freiheit, die ich anbete, ist nicht der unbekannte Gott. Wir kämpfen, um die Güter zu verteidigen, die sie auf der Stelle allen gewährt, die sie anrufen. Solche Güter sind die Erklärung der Menschenrechte, die sanfte Regel der republikanischen Grundsätze, die Brüderlichkeit, die heilige Gleichheit, die unverbrüchliche Prinzipientreue. Das sind die Spuren der Schritte der Göttin, daran erkenne ich die Völker, bei denen sie Wohnung genommen hat.

An welchem anderen Zeichen soll ich denn diese göttliche Freiheit erkennen? Ist die Freiheit etwa nur ein leeres Wort? Ist sie nur eine Operndarstellerin, die Candeille oder die Maillard, die man mit einer roten Mütze herumträgt, oder die 46 Fuß hohe Statue, die David vorschlägt? Wenn ihr unter Freiheit nicht wie ich Grundsätze, sondern einen behauenen

Steinbrocken versteht, hat es wohl noch nie einen geistloseren Götzendienst gegeben als derzeit bei uns.

Ach, meine lieben Mitbürger, ist es denn schon so weit mit uns gekommen, daß wir vor solchen Götterbildern im Staube liegen? Nein, die Freiheit, die vom Himmel herabgestiegene Freiheit, ist keine Opernnymphe, ist keine rote Mütze, kein schmutziges Hemd oder Lumpengewand. Die Freiheit ist das Glück, ist die Vernunft, ist die Gleichheit, ist die Gerechtigkeit, die Erklärung der Rechte, ist eure herrliche Verfassung! Soll ich sie anerkennen, soll ich ihr zu Füßen fallen, soll ich mein Blut für sie verströmen? Dann öffnet vorher die Zuchthäuser für die zweihunderttausend Bürger, die ihr Verdächtige nennt, denn in der Erklärung der Rechte ist nirgends die Rede von Verdachtshäusern. Für den Verdacht sind nicht die Gefängnisse, sondern der Staatsanwalt da. Es gibt keine Verdächtigen, sondern nur Beschuldigte, denen vom Gesetz vorgesehene Strafen angedroht werden. Und glaubt nur nicht, eine solche Maßnahme würde das Ende der Republik bedeuten. Sie wäre die revolutionärste Tat, die ihr je vollbracht hättet. Ihr wollt alle eure Feinde mit der Guillotine austilgen. Hat man je einen größeren Aberwitz gesehen? Könnt ihr einen einzigen auf dem Schafott umbringen, ohne euch unter seinen Verwandten oder Freunden zehn Feinde zu machen? Glaubt ihr wirklich, diese Frauen, diese Greise, diese Jammergestalten, diese Egoisten, diese Marodeure der Revolution seien eine Gefahr? Von euren Feinden sind euch nur die Feiglinge und die Kranken geblieben. Die Starken, die Mutigen sind emigriert oder haben in Lyon oder in der Vendée den Tod gefunden. Alle übrigen sind euren Zorn nicht wert. Diese Menge von Zögerlichen, Kapitalrentnern, Ladenbesitzern, die ihr im Verlaufe des Kampfes zwischen Monarchie und Republik eingekerkert habt, erinnert tatsächlich an das römische Volk, dessen Gleichgültigkeit gegenüber dem Kampf zwischen Vitellius und Vespasian Tacitus so schildert: »Solange die Auseinandersetzung währte, versammelten sich die Römer wie neugierige Zuschauer um die Kämpfenden, und wie bei einem Gladiatorenspiel feuerten sie bald die, bald jene mit Händeklatschen und Zurufen an. Sie waren immer für die jeweiligen Sieger, und wenn eine der zwei Parteien weichen mußte, verlangte sie, man solle alle, die sich in die Häuser gerettet hatten, herausholen und ihrem Feind übergeben. Man sah einerseits Tote und Verwundete, gleich daneben aber zugleich gut besuchte Possenspiele und Schenken.« Ist das nicht das genaue Bild unserer Gemäßigten, unserer Leute aus dem Klub in der Sainte-Chapelle, unseren Unterzeichnern der berühmten Petitionen der 8000 und der 20000, der ganzen sich still verhaltenden Menge zwischen den Jakobinern und Koblenz, die je nach dem Erfolg »Hoch La Fayette und sein Schimmel!« ruft oder im Triumph die Büste Marats herumträgt und sie mit frommen Gebärden zwischen zwei Kerzen an der Hausecke aufstellt, wo eben noch die Marienstatue stand? Man sieht, daß die Bürger von Paris im Jahre 2 der Republik denen von Rom zur Zeit des Vitellius durchaus nicht unähnlich sind, so wie die von Rom denen von Athen zur Zeit Platos ähnelten, von denen dieser Philosoph in seiner Phantasierepublik sagte, er habe sich für sie nichts ausgedacht, weil diese Klasse dazu geschaffen sei, blind der Initiative der Regierung oder der Stärksten zu folgen. Auf dem Platz vor den Tuilerien und auf dem Marsfeld wurde gekämpft, und zur gleichen Stunde bot das Palais-Royal seine Schäferstunden und sein Arkadien an. Neben der Schneide der Guillotine, unter der die gekrönten Häupter fielen, auf demselben Platz und zur selben Stunde, wurde auch Policinello auf seiner Bühne geköpft und fand seine Zuschauer. Nicht die Liebe zur Republik zog Tag für Tag so viele Menschen zum Platz der Revolution, sondern die Schaulust, und das immer neue Stück, bei dem es nur eine Aufführung geben konnte. Ich bin überzeugt, daß die meisten Stammgäste bei diesem Schauspiel sich im Grunde ihres Herzens lustig machten über die Opern- und Tragödienabonnenten, die nur einen Pappdolch und sich tot stellende Komödianten zu sehen bekamen. So stand es, sagt Tacitus, mit der Gefühllosigkeit der Stadt Rom, ihrer unmenschlichen Selbstsicherheit und ihrer völligen Gleichgültigkeit gegenüber allen Parteien. Nur: Der Sieger Vespasian ließ diese Menge nicht in seine Bastillen werfen.

Ebenso, glaubt es mir, würdige Volksvertreter, steht es heute, da der Konvent das übergroße Gewicht des Schreckens, das auf ihm lastete, auf die Intriganten, die mutlos gewordenen Patrioten und die Ultrarevolutionäre mit Schnurrbart und roter Mütze abgewälzt hat, heute, da er auf seinem Postament die Haltung wieder eingenommen hat, die das gläubige Volk von ihm erwartet, und da der Wohlfahrtsausschuß eine provisorische Regierung wünscht, die angesehen und stark genug ist, um Gemäßigte und Übertreiber zugleich im Zaum zu halten – heute sollten wir an ihrem Herdfeuer zumindest die häuslich friedfertigen Menschen vor sich hin vegetieren lassen, die keine Republikaner waren unter Ludwig XV. und nicht einmal unter Ludwig XVI. und zur Zeit der Generalstände, die aber am 14. Juli beim ersten Schuß ihre Waffen und ihr Lilienwappen in die Ecke geworfen und die Nation nur um die eine Gnade gebeten haben, daß man sie unbehelligt ihre vier Mahlzeiten täglich essen ließe. Sollen sie doch wie einst bei Vespasian auch heute nur dem Wagen des Triumphators folgen und aus ihren schwachen Kräften »Es lebe die Republik!« rufen.

Wieviele Segenswünsche würden da nicht von allen Seiten ertönen! Ich denke ganz anders als die, welche euch sagen, der Schrecken müsse auf der Tagesordnung bleiben. Ich bin im Gegenteil überzeugt, daß die Freiheit gefestigt und Europa besiegt würde, wenn ihr einen Vergebungsausschuß hättet. Ein solcher Ausschuß würde die Revolution vollenden, denn auch das Vergeben ist eine revolutionäre Maßnahme, die wirksamste überhaupt, wenn sie klug eingesetzt wird. Sollen die Schwachköpfe und Schurken mich als »Gemäßigten« bezeichnen, soviel sie mögen. Ich erröte nicht, weil ich nicht rasender bin als der Herr Brutus, und es war Brutus, der geschrieben hat: »Ihr tätet besser daran, mein lieber Cicero, mit aller Kraft den Bürgerkriegen ein Ende zu setzen, als Eurem Zorn freien Lauf zu lassen und weiterhin Eure Haßgefühle gegen die Besiegten zu äußern...«

So gefährlich und politisch unklug es wäre, das Verdachtshaus sofort für alle Häftlinge zu öffnen, so großartig erscheint mir der Gedanke eines Vergebungsausschusses, würdig des französischen Volkes, weil es damit aus seinem Gedächtnis viele Untaten tilgen würde, so wie es sogar die kalendarischen Formen der Zeit getilgt hat, in der sie begangen worden sind, und eine neue Ära geschaffen hat, an deren Beginn es seine Geburt und seine frühesten Erinnerungen gestellt hat. Welchem Patrioten ginge dieses bloße Wort »Vergebungsausschuß« nicht durch und durch? Der Patriotismus ist ja die Summe aller Tugenden und kann folglich dort nicht überleben, wo nicht Menschlichkeit und Nächstenliebe sind, sondern eine gierige, vom Egoismus ausgetrocknete Seele. Ach, mein lieber Robespierre, an dich wende ich mich hier, denn ich habe den Tag erlebt, als Pitt zu besiegen nur noch du bliebst, und ohne dich wäre das Schiff Argo untergegangen, die Republik wäre ins Chaos geraten und die Gesellschaft der Jakobiner und der Berg wären zum Turm von Babel geworden. Ach, alter Freund aus Studienzeiten, du, dessen eloquente Reden die Nachwelt lesen wird! Erinnere dich an das, was wir in den Geschichts- und Philosophiestunden gelernt haben: Daß die Liebe stärker und dauerhafter ist als die Furcht, daß Bewunderung und Glauben aus Wohltaten entstehen, daß die Akte der Vergebung, um mit Tertullian zu sprechen, die Leiter der frommen Lügen bilden, auf der sich die Mitglieder der Wohlfahrtsausschüsse zum Himmel erheben können, und daß noch niemand auf blutigen Sprossen in den Himmel gekommen ist. (...)

Die Beseitigung Dantons und seiner Freunde

Aus der »Vossischen Zeitung« vom April 1794

Kaum jemand, der Robespierre noch zu widersprechen wagt. Doch er fühlt sich bedroht und in seinen Absichten gehemmt, weil nur wenige wirklich aus Überzeugung zu ihm halten, sein Bruder Augustin, der asketische Saint-Just, der gelähmte Advokat Couthon im Rollstuhl, der bescheidene Lebas. Er sieht jetzt auch selbst im engsten Kreis des Berges um die alten Kampfgefährten Hébert und Danton verkappte Gegner. Er geißelt sie vor den Jakobinern als ultras *und* citras *jenseits und diesseits der wahren Erfordernisse der Republik; für die Bürger draußen, die nicht Latein gelernt haben, sind sie die »Rasenden« und die »Nachsichtigen«.*

Die Hébertisten werden am 21. März 1794 mit Zustimmung der Dantonisten vor Gericht gestellt; am 24. sind die »Verschwörer« geköpft, mit ihnen mehrere Führer der Kommune. Und schon am 30. März klagt Saint-Just eine Gruppe an, in der Danton und seine Freunde geschickt mit verachtenswerten Männern gemischt sind.

Die Furcht vor Dantons Donnerwort ist so groß, daß der populäre Tribun vor dem Revolutionsgerichtshof nicht zu Worte kommen soll. Doch die Menge im Saal und draußen beginnt die absurden Vorwürfe zu durchschauen, so daß der Ankläger den Wohlfahrtsausschuß um ein Dekret bitten muß, die Angeklagten wegen ungebührlichen Verhaltens von der Verhandlung auszuschließen. Danton erklärt: »Ich rufe die Zuhörer zu Zeugen an, daß wir weder Gericht noch Volk noch die Gerechtigkeit der Nation beleidigt haben.« Brausender Beifall. »Wir sind doch keine Verschwörer! ... Ich sehe großes Unheil über Frankreich kommen. Die Diktatur ist da, der Diktator hat den Schleier zerrissen, er zeigt offen sein Gesicht.« Redekunst und Stolz sind untaugliche Waffen gegen die Macht des Ausschusses. Zwölf Tage nach den ultras *ist Robespierre auch von den* citras *befreit.*

Die Berliner »Vossische Zeitung« berichtet aus Paris:

Danton und mehrere von den mit ihm zugleich vor das Revolutionsgericht gezogenen Personen haben eine zu beträchtliche Rolle in der Geschichte der Revolution gespielt, als daß die Anklage gegen sie nicht allgemeine Aufmerksamkeit erregen sollte. Diese ist in dem Bericht enthalten, welchen Saint-Just am 31. vorigen Monats im Nationalkonvent abstattete. Legendre trat, als kaum die Mitglieder beisammen waren, mit sichtbarer Bestürzung auf und sagte: »Bürger, vier von euren Kollegen sind diese Nacht in Verhaft genommen worden. Ich weiß, daß auch Danton darunter ist. Ihn halte ich für so lauter als mich selbst. Ich kann mich irren; aber ich glaube, es ist wesentlich notwendig, ihn vor den Schranken zu hören. Im Jahre 1790 schworen wir, ich und Danton: Wer von uns beiden die Sache der Freiheit verriete, sollte von dem, welcher lauter bliebe, mit dem Dolche getötet werden. Und dieser Mann ist nun in Verhaft! Danton muß hier vor den Schranken verhört werden, ehe der Bericht über ihn erstattet wird.« Auf diesen Antrag folgte einiger Tumult, und es ward gerufen: »Zum Votieren!« Fayau sprach gegen den Antrag. Noch viel nachdrücklicher aber Robespierre. Dieser sagte: »An der Unruhe, die über Legendres Antrag entstanden ist, sieht man leicht, daß es hier auf etwas Wichtiges ankommt. Es entsteht nämlich die Frage: Sollen einige ehrsüchtige Heuchler das Übergewicht über das Interesse des ganzen Volkes haben? Was kümmern mich die schönen Lobreden, die man sich selbst hält? Legendre weiß die Namen der Verhafteten nicht. Er sagt nichts von Lacroix, weil man für den nicht ohne Unverschämtheit sprechen kann, weshalb denn also die Vorliebe für Danton? Heute muß es sich unwiderruflich und auf einmal entscheiden, ob dieser Götze siegen oder in seinem Sturz das Volk und den Konvent zerschmettern soll. Seit langer Zeit sucht man durch Furcht und Schrecken zu wirken. Man hat selbst den Ausschuß der öffentlichen Wohlfahrt zum Zittern bringen wollen. Mir hat man geschrieben; Dantons Freunde haben mich beständig angelegen [bestürmt]. Man suchte auch mich in Schrecken zu setzen und sagte mir: Ich müßte mich an Danton anschließen; dadurch würde ich Gefahren entgehen. Meine ehemalige Freundschaft zu ihm, die sich auf seine vermeinten Tugenden gründete, hat man bestechen wollen. Solche Beweggründe machen auf mich keinen Eindruck. Werde ich in Dantons Schicksal verwickelt, so kenne ich keine Furcht; muß ich sterben, so sterbe ich ohne Vorwürfe. Alle Schmeicheleien von Dantons Freunden sind nur die Äußerung ihrer Furcht. Auch ich bin ehemals mit Pétion, mit Brissot verbunden gewesen; ich verkannte sie. Dann war ich es mit Danton; ich kenne ihn jetzt als Feind der Freiheit. Die in Verhaft genommenen Mitglieder haben einige unter uns fragen lassen, wie lange die Tyrannei zweier Ausschüsse noch dauern werde. Man behauptet auch, die Verräter würden die Ehre der Nationalrepräsentanten herabwürdigen, und es wäre hier alles strafbar. Aber nein, Bürger! Die Verschworenen sind nicht so zahlreich. Man weiß zwischen Verbrechen und Schwachheit einen Unterschied zu machen. Übrigens wäre Legendres Antrag, wenn er durchginge, ein Privilegium zugunsten der Angeklagten; und jedes Privilegium führt zur Vernichtung der Republik und Freiheit!« Auf diese Äußerung wagte niemand etwas zu erwidern, und Legendres Antrag ward einstimmig verworfen.

9. April 1794

Dantons Prozeß ist schon geendigt. Am 5. erschien er mit Camille Desmoulins, Fabre d'Eglantine, Delaunay, Chabot, Lacroix, Philippeaux, Bazire, Herault de Séchelles, d'Espagnac, Westermann, den Gebrüdern Frey, Guzman und Diedrichsen zum letztenmal vor dem Revolutionsgericht. Man gestattete ihnen nicht, etwas zu ihrer Verteidigung vorzubringen. Die Angeklagten protestierten, schimpften, drohten und schäumten vor Wut und Verzweiflung. Die Richter blieben wenigstens dem Äußeren nach kalt, sammelten die Stimmen und sprachen Lhullier frei, über alle übrigen aber das Todesurteil, welches noch am nämlichen Tage vollzogen wurde. Danton behielt bis auf den letzten Augenblick seine freche Standhaftigkeit, die er bei mehreren Gelegenheiten gezeigt hat. Ehe er noch den Karren bestieg, ließ er seiner achtzehnjährigen Frau sagen, sie möchte seinen neunzehnjährigen Bruder heiraten: Er sei ein Herzensjunge, der sie und seine Kinder lieben würde. Auf dem

Karren affektierte er Lustigkeit. Unter anderem sagte er zu Fabre d'Eglantine, der als Dichter bekannt ist: »Bald werden wir auch Dichter sein wie du: Nous ferons des vers de nos cadavres.« (»Wir werden Würmer von unseren Leichen machen.« Das Wort Vers bedeutet Verse und Würmer.) Auf dem Wege nach dem Gerichtsplatz, wohin sie unter einer starken Bedeckung fuhren, sprach Desmoulins ununterbrochen zu dem Volk, welches ganz ruhig blieb. Die übrigen unterhielten sich untereinander. Auf dem Revolutionsplatz umarmten sich die Brüder Frey. Der Däne Diedrichsen legte zuerst das Haupt unter die Guillotine, und Danton wurde, als der Strafbarste, zuletzt hingerichtet. Als er das Blutgerüst bestiegen hatte, grüßte er erst das umherstehende Volk, näherte sich hierauf der Guillotine, verbeugte sich gegen sie und erhielt den Todesstreich. Die Hinrichtung dauerte überhaupt nur 18 Minuten.

Das Ende Robespierres am 9. Thermidor II (27. Juli 1794)

Reaktionen in der Pariser Presse

Der Nationalkonvent hat auf Vorschlag Robespierres verkündet: »Das französische Volk bekennt sich zur Existenz des Höchsten Wesens und zur Unsterblichkeit der Seele.« Der Unbestechliche, wie ihn seine Bewunderer nennen, schreitet Anfang Juni 1794 bei einem vom Maler David gestalteten Fest der neuen Staatsreligion vor dem Zuge, einen Ährenstrauß in der Hand. Doch was soll man vom Lob der Tugend halten, wenn im gleichen Juni in Paris über zweitausend Menschen hingerichtet werden? Der berühmte Lavoisier muß sich vom Richter anhören: »Die Republik braucht keine Gelehrten und Chemiker!« Der Schrecken ist wirklich an der Tagesordnung, vor allem im Konvent, nachdem Robespierre gedroht hat, die »Korrupten« und »Lauen« würden alle noch an die Reihe kommen.

Ende Juni ist die Nachricht vom Sieg bei Fleurus eingetroffen. Wofür noch ein Ausnahmeregime? Jetzt bildet sich wirklich eine »Verschwörung«. Am 9. Thermidor (27. Juli 1794) wird Robespierre unter Anklage gestellt, und die Kommune kann ihn nicht retten, will es vielleicht auch nicht wirklich, nachdem er eben erst die Hébertisten ausgemerzt hat und Lohnerhöhungen verboten worden sind. Der Gefürchtete selbst verhält sich auch fast entrückt passiv. Er wird mit seinen Freunden und weiteren Pariser Radikalen hingerichtet.

Alle, die sich gefügt, geschwiegen, um ihr Leben oder das eines Häftlings gebangt haben, spüren: Dies ist nicht eine interne Abrechnung, sondern die Wende. Schwer hat es die Presse. Sie findet als konkreten Vorwurf nur den Personenkult, ergeht sich also in entrüsteten allgemeinen Beteuerungen, um ihre Liebedienerei von gestern vergessen zu machen. Es folgen drei Beispiele aus der Publikation eines gemäßigten Abgeordneten, aus einem eben noch sehr linken Blatt und aus dem »Lagerabend«, einer vom Wohlfahrtsausschuß geförderten Zeitung für die Truppe.

Paris, den 11. Thermidor

Die Hinrichtung eines Tyrannen ist wirklich ein Fest für die ganze Welt. Die Franzosen haben einen echten Dekadenfeiertag daraus gemacht, und die Freude gestern war ein Beweis dafür, wie lange und stark die Unterdrückung gewesen ist, unter der alle Seelen, alle Herzen, alle Geister geächzt haben. Ja, die Freude in der Öffentlichkeit ist gestern voll zum Ausdruck gekommen und bleibt uns ein Garant für die Freiheit auf alle Zeit. Weder der Vollzug der Strafe an Ludwig XVI., noch an seiner Frau und an all den Verrätern, die seither den Lohn für ihren Verrat empfangen haben, aber auch kein Fest, nicht einmal für unsere Siege, hatten so viele Zuschauer angezogen und eine so tiefe, allgemeine und unverhohlene Freude ausgelöst wie die Hinrichtung von Robespierre, Couthon, Saint-Just usw.

Wie schrecklich muß es für sie gewesen sein (wenn sie irgendwelcher Reuegefühle noch fähig waren), diesen langen Weg zurückzulegen vom Justizpalast bis zum Revolutionsplatz, vor den Augen nichts als eine unabsehbare Volksmenge, die immer wieder rief: *Es lebe die Republik! Nieder mit den Verrätern! Nieder mit den Heuchlern! Dauernd haben sie von Tugend geredet, und im Herzen waren sie Verräter!*

Hätten sie sehen können, wie die Bürger durch den Garten der Nation von der Hinrichtung heimgingen, einander in die Arme schlossen und küßten, einander gratulierten, daß sie endlich von einem verhaßten Joch befreit waren, und sagten, wohin man auch hörte: »Endlich sind wir frei. Jetzt wird man unsere Gedanken und Absichten nicht mehr vergiften, unsere Fehler werden nicht mehr zu Verbrechen umgemünzt werden, zumindest die Sphäre unseres Hausstands wird eine sichere Zuflucht vor Schnüffelei und Denunziation sein; die Freuden des Privatlebens, Brüderlichkeit und Freundschaft mit ihren Tröstungen werden uns wiedergeschenkt werden – der Tyrann ist nicht mehr!« Hätten sie das alles sehen können, sage ich, sie hätten geschnaubt vor Wut, sich so sehr getäuscht zu haben, indem sie auf ein solches Volk zählten, um ihre Herrschafts- und Knechtungspläne zu verwirklichen.

Nein, die Freiheit kann nicht untergehen; nein, niemals wird ein anderer Mensch den Versuch wagen, sie zu zerstören, weil die Franzosen hoffentlich aus diesem nützlichen, bedeutenden Exempel gelernt haben und endlich die krankhafte Neigung ablegen werden, die sie beinahe in den Untergang geführt hätte, nämlich einzelne Menschen wie Götzen anzubeten. Sie werden es nicht zulassen, daß noch einmal ein Mann, wer immer es sei, sich ihrer bedient, um zu einem solchen Maß von Macht, Ansehen und öffentlichem Einfluß zu gelangen, das immer verderblich ist für die, denen es gelingt, und für die, die es hinnehmen.

Längst, Freunde, hätte ich euch die Ketten zeigen können, die man für euch schmiedete, die Gefahren, die euch drohten, den Tod, der euch bereitet wurde. Doch dieser abgefeimte Usurpator hatte die Blicke so fasziniert, hatte seine Pläne und Maßnahmen so schlau kombiniert, ging so verstohlen, so geschickt vor, um seine Ziele zu erreichen, hatte sich so mit eurer Zustimmung geschützt und umstellt, daß ihr es einfach nicht geglaubt hättet, wenn man es euch gesagt hätte. Ihr hättet mit ihm zusammen »Verleumdung!«, »Verschwörung!« gerufen, und ein anständiger Mensch hätte mit seiner Warnung nichts bewirkt als Unfrieden, Streit und Parteiung, ja, er hätte vielleicht sogar eure Achtung verloren.

Was blieb dem kleinen Häufchen scharfsichtiger Patrioten denn zu tun, die längst den Charakter und die Absichten dieses neuen Cromwell durchschaut hatten?

Seinen Gang beobachten, ihn und sein Verhalten ständig im Auge behalten, ihn nach Möglichkeit daran hindern, Böses zu tun, und im übrigen ihn sich selbst demaskieren lassen; ich sage noch einmal, und ihr müßt es zugeben, er hatte sich in solches Ansehen gebracht und eure Augen so geblendet, daß nur er selbst sie euch wieder öffnen konnte.

Von Zeit zu Zeit haben wir euch zwar gesagt, ihr solltet auf die Herrschsüchtigen aufpassen, doch was konnte eine solche Warnung bei Männern ausrichten, die seit fünf Jahren gewohnt waren, ihren Robespierre als unfehlbar, als das Menschenwesen schlechthin zu betrachten? Nein, Bürger, man mußte schon er selbst sein, um euch zu sagen, wer er war.

Nun hat er sich endlich offenbart; ihr habt sein Verhalten,

seine Seele, seine Absichten in ihrer ganzen häßlichen Mißgestalt gesehen; dabei haben die Sitzungen des Konvents erst einen Teil seiner Verbrechen vor euch ausgebreitet.

Weitere Berichte werden euch den Rest enthüllen; dann werdet ihr wissen, in welchen Gefahren ihr euch befunden habt.

LE SANS-CULOTTE

Paris, den 11. Thermidor
Paris erfreut sich größter Ruhe. Alle echten Patrioten atmen freier. Die Hinrichtung des französischen Cromwell hat ihre republikanischen Herzen erlöst; überall tritt Freude an die Stelle der schrecklichen Beklommenheit, die alle Gemüter quälte. Gestern abend schon gratulierte man sich in den Sektionsversammlungen zur Rettung des Vaterlandes und dazu, endlich befreit zu sein von diesem gerissenen Tyrannen, diesem grimmigen Menschen, der durch ständige Verstellung die französische Nation so lange betrogen hat, dessen sämtliche Taten unter der Maske eines brennenden, besorgten Patriotismus stets auf die Herbeiführung der Tyrannei gerichtet waren; von diesem hochmütigen Geschöpf, das alle begabten Menschen, die es zu fürchten hatte, seinem unersättlichen Ehrgeiz zum Opfer bringen wollte. Nie verzieh dieser Mann das kleinste Wort, das seine Eigenliebe verletzt hatte; nach und nach entfernte er alle aufrechten Charaktere von sich, wenn sie es für unter ihrer Würde hielten, ihm den Hof zu machen; er umgab sich mit verdorbenen Kreaturen, Intriganten, abgefeimten Verschwörern, hörte auf den Rat keines Mannes von Ehre und ließ sich von weibischen Schwächlingen beeinflussen, die ihn in den Augen seiner wenigen Freunde, die noch an seine Qualitäten und seine Staatsbürgertugenden glaubten, seit langem lächerlich machten. (...)

Robespierre ist nicht mehr, und ihr seid frei. Wir alle sind frei; die Gedanken werden ihren alten Schwung wiederbekommen, der so lange gehemmt worden ist durch diesen fürchterlichen Menschen, von dem ein Blick, ja, ein Lächeln so oft einen Ächtungsbeschluß bedeuteten, den er früher oder später durchzusetzen wußte dank seiner verleumderischen Redefertigkeit, seinen Ränken und der Schar ergebener Lakaien und feiger Kriecher, die seinen Hofstaat bildeten und nur auf ein Zeichen warteten, um die von ihm bezeichneten Opfer nach seinen Vorstellungen anzuklagen.

Eine wichtige Lehre sollten wir auf jeden Fall aus diesem Vorgang ziehen. Laßt uns niemals dem Banner eines Mannes folgen. Grundsätze, Freunde, Prinzipien – die sind unser Banner. Alles, was dazu paßt, sei willkommen, alles, was sich davon entfernt, sei abgelehnt, ganz gleich, von wem es kommt. Laßt uns niemals Menschen schmeicheln, laßt sie uns nie und nimmer zu Götzen machen; die Voreingenommenheit für diesen oder jenen soll uns niemals mehr leiten. Dann wird die Republik auf fester Grundlage ruhen und immer stärker werden, der einzige Pol, zu dem es alle zieht.

LA SOIRÉE DU CAMP

Paris, den 14. Thermidor

Wie soll ich euch, Kameraden, die Gefahr schildern, in der wir geschwebt haben, und das Glück, das die Republik gehabt hat, die ja immer gerade noch rechtzeitig die Kabalen und Verschwörungen aufdeckt, mit denen Mörder und Verräter sie ständig zu stürzen versuchen? Wie soll ich euch die beinahe unglaubliche Ereignisse darstellen, deren Zeugen wir hier sind und an denen wir so tätigen Anteil gehabt haben? Könnt ihr euch überhaupt vorstellen, was für Männer das waren, mit denen wir da zu ringen hatten und die wir zerschmettert haben? Wie könntet ihr auch nur eine Ahnung haben von soviel Unverfrorenheit, Verschlagenheit und Arglistigkeit, soviel Hochmut und Bosheit, so gräßlichen Hirngespinsten, soviel Erbärmlichkeit als Grundlage für so viele Verbrechen?

Ihr versteht mich nicht, Kameraden. Zorn und Abscheu hindern mich am klaren Ausdruck. Sie sind so schlecht, so niederträchtig, diese nichtswürdigen Schurken! Hört und erschauert, Freunde; ich will versuchen, Ordnung in meinen Bericht zu bringen und die Dinge aus etwas mehr Abstand zu betrachten.

Der Konvent sah sich beleidigt und herausgefordert. Seine Ausschüsse, die so viel getan haben für euren Ruhm, für das Wohl des Volkes, wurden verleumdet und bedroht, und mit ihnen ganz Frankreich, denn wenn ein ruchloser Mensch die Macht in Händen hat, Böses zu tun, so müssen alle ehrlichen und aufrechten Männer zittern.

Das war der Zustand, in dem wir uns noch vor wenigen Tagen befanden. Doch der Schutzengel der Freiheit hielt sich bereit und wachte über das Schicksal der Republik. Sie ist einmal mehr gerettet worden, und die neuen Catilinas, die drauf und dran waren, die Patrioten zu erwürgen und die Volksvertreter abzuschlachten, haben ihre verbrecherischen Häupter unter das Fallbeil gelegt.

Eine schreckliche Lehre für alle Verschwörer und besonders für die Ehrgeizlinge! Eine schreckliche Lehre auch für das französische Volk, die ihm mehr denn je die Gefahren des Personenkults vor Augen führt. Meine Freunde, laßt uns den Mann, der sich wacker beträgt, ehren, aber niemals verehren. Laßt uns das Gemeinwohl im Auge haben, nicht den einzelnen. Wir wollen zum Nationalkonvent halten, aber uns nicht die Leidenschaften bestimmter Mitglieder zu eigen machen. Weil man diesem modernen Cromwell blind vertraut hat, auf ihn gehört hat wie auf ein Orakel, das scheinbar allein das Schicksal des französischen Volkes zu diktieren hatte, ist es diesem Unhold beinahe gelungen, den Staat ins Verderben zu führen.

Robespierre! Auf alle Zeiten verrufener Verräter, der du deine Mitbürger getäuscht und das Vertrauen, das du einigen von ihnen einflößtest, deinen ehrgeizigen, verbrecherischen Plänen dienstbar gemacht hast, weil auch die Gauner dich priesen, die dich umgaben und in deiner Gewalt waren, weil ein Wort von dir sie dorthin schicken konnte, wohin ihre Verbrechen sie nun ohnehin gebracht haben! Alle Mittel waren diesem Unmenschen recht, um sich so hoch zu erheben, wie Stolz und Ehrgeiz es ihm eingaben. (...)

Der angebliche Verteidiger der Rechte freier Männer war zum Tyrannen über die Gedanken geworden, zum Unterdrücker aller, die eine andere Meinung zu haben wagten als er. Diesen Robespierre hat das Volk jetzt gerichtet. (...)

Verbrannte Erde in der Vendée

Eindrücke eines Konventsabgeordneten

»Es gibt keine Vendée mehr. Ich habe sie heute in den Sümpfen von Savenay begraben. Ich habe die Kinder unter den Hufen der Pferde zertreten und die Weiber erschlagen. Ich habe mir keinen einzigen Gefangenen vorzuwerfen. Ich habe sie alle ausgerottet.« Das ist die stolze Meldung von General Westermann nach der Vernichtung der aufständischen *»Katholischen und Königlichen Armee«* am 23. Dezember 1793 gewesen. Der Haudegen aus dem Elsaß ist inzwischen als Freund des Verräters Dumouriez mit den Dantonisten zusammen hingerichtet worden. Doch General Turreau hat die nun folgende *»Normalisierung«* durchaus im gleichen Sinne fortgeführt. Nach den grausamen Kämpfen war der Rachedurst zu groß und *»Nachsicht«* ohnehin verpönt. In bestimmten Landstrichen Westfrankreichs wurden die Bewohner zur Räumung des Gebietes aufgefordert, und dann kamen die colonnes infernales *mit dem Freibrief für Mord und Brand – ein schrecklich zukunftsträchtiges Verfahren gegen Befreiungsbewegungen.*

Nach dem 9. Thermidor lösen sich die Zungen. Man will nicht mehr von »Erfolgen der Republik« hören, wo Völkermord begangen wird. Das kommt dem seit Wochen in der Vendée inspizierenden Abgeordneten Ingrand entgegen, einem aufrechten Mann des Berges, der am 29. Thermidor (16. August 1794) offen seine Meinung über General Turreau sagen kann.

Sein Bericht ist an den neuen Wohlfahrtsausschuß gerichtet. Er hat dazu beigetragen, daß die »Thermidorianer«, die Männer, die jetzt die Führung übernommen haben, noch im selben Jahr mit den Rebellen verhandeln. Durch eine Amnestie, Befreiung vom Militärdienst und Tolerierung der alten Pfarrer ist das Land Ende 1795 befriedet.

Bürger Kollegen,

wie unerquicklich ist es, der Westarmee zugeteilt zu sein und Euch keine eindrucksvollen Waffentaten, keinen bedeutenden Sieg melden zu können!

Dabei sind unsere Brüder bei der Westarmee Franzosen wie die Soldaten der siegreichen Armeen; wie sie haben sie sich die Vernichtung des ganzen gegen die Freiheit verbündeten Gesindels geschworen, aber wie sie treffen sie nicht gleich auf den Feind, wenn sie ihn suchen, wie sie können sie sich nicht nach Belieben mit ihm messen.

Der Verräter Dumouriez hat, als er das von den Banditen besetzte Gebiet im Jahre 1791 (alten Stils) inspizierte, zum Abgeordneten Gensonné gesagt: »Wenn ich mich an die Spitze einer Gegenpartei setzen wollte, würde ich hier Stellung beziehen, und ich wäre sicher, noch so vielen Armeen lange Widerstand leisten zu können.«

Wer das von den Aufständischen beherrschte Land kennt, wird über die Äußerung des ehrlosen Dumouriez nicht erstaunt sein, weil er weiß, daß der Krieg in der Vendée immer gegen alle Regeln der Kunst geführt worden ist, und zwar bis auf den heutigen Tag.

Die Niederlagen der Banditen nach ihrem Übergang über die Loire und ihre Vertreibung von der Insel Noirmoutier hatten sie derart geschwächt, daß man stolz verkündete, die Banditen der Vendée seien vollständig vernichtet.

Tatsächlich wäre es damals ein leichtes gewesen, die kleine Anzahl von Verbrechern zu erledigen, die nach der Niederlage von Savenay entkommen waren und sich in den Wäldern versteckt hielten; Tag für Tag wurden etliche von den treu gebliebenen oder gutwillig zu ihrer Pflicht zurückgekehrten Bewohnern des Landes aufgespürt und den Standgerichten und Revolutionsausschüssen übergeben.

Die Westarmee bestand zu dieser Zeit aus über 80 000 Soldaten; eine zahlreiche Bevölkerung, wie es sie damals in der Gegend noch gab, hätte sich unseren Truppen angeschlossen, um die Vernichtung der echten Banditen zu beschleunigen.

Verständnisvolles Vorgehen, ein Verhalten, wie es inzwischen von Klugheit und Menschlichkeit diktiert wird und vom

Wohlfahrtsausschuß angeordnet worden ist, war ohne weiteres möglich und leicht durchzuführen. Umstände, die sich meiner Kenntnis entziehen, haben aber dazu veranlaßt, anders zu handeln.

Turreau wurde mit dem Befehl über die Westarmee betraut. Er bildete zwölf sogenannte »revolutionäre« Kolonnen, die den Auftrag hatten, alles zu töten und zu verbrennen, was ihnen begegnete; bestimmte Punkte für ihren Marsch waren ihnen vorgegeben.

Es ist nur zu wahr, daß die meisten dieser Kolonnen in getreulicher Ausführung der erhaltenen Befehle auch Männer umbrachten, die zur Republik gehalten oder wieder zu ihrer Pflicht zurückgefunden hatten, und eher die Hütte des armen Mannes und das Haus des Patrioten anzündeten als den Herrensitz des Adligen oder das Schloß des Anführers der Banditen. (...)

Ungerechtigkeit reizt zum Widerstand, und Unterdrückung schafft nur Sklaven und Feinde.

Der Hochmut der Adligen, die Machtgier der Priester, der Fanatismus eines leichtgläubigen und ungebildeten Volkes hatten den nach der Vendée genannten Krieg entfesselt; die Tapferkeit unserer Soldaten hatten ihm schon beinahe ein Ende gemacht.

Die Unerfahrenheit und Böswilligkeit, die grausame und blutrünstige Seele einiger weniger Generäle haben ihn wieder angefacht, haben Aufstand und Banditenunwesen gleichsam neu organisiert. Gerade die von Zurückhaltung diktierten Maßnahmen, mit denen man die schlimmsten Auswirkungen von Mord und Brand vermeiden wollte, haben die Entwicklung der neuen Keime der Rebellion noch gefördert.

Der Auszug, der den unseren revolutionären Grundsätzen treu gebliebenen Bewohnern der Aufstandsgebiete befohlen worden war, hat das von den Banditen beherrschte Gebiet noch vergrößert und ihnen eine große Anzahl von Männern zugeführt, die von der Macht der Gewohnheit so an ihre Kühe, ihren Garten, ihr Dorf gebunden waren, daß ihnen dies wichtiger war als der Vorteil, unter einer republikanischen Obrigkeit frei zu leben. Sie haben es vorgezogen, in einem von den Aufständischen beherrschten Landstrich zu bleiben, anstatt in den Departements Zuflucht zu suchen, die man ihnen angewiesen hatte.

Noch heute gibt es in den von den Rebellen besetzten Gegenden herumirrende Menschen, die sowohl vor den Republikanern als auch vor den Aufständischen fliehen, und die (es tut mir weh, es auszusprechen) von beiden Seiten betrogen und schlecht behandelt worden sind, so daß sie sich fragen mögen, ob es denn überhaupt noch eine Gerechtigkeit auf Erden gibt. (...)

Was wir alle wollen, ist doch, diesen schrecklichen Verhältnissen ein Ende zu setzen, das grauenhafte Banditenunwesen (die »Vendée«) zu zerschlagen und eines der fruchtbarsten Gebiete Frankreichs wieder für die Landwirtschaft, die Freiheit und die Republik zu gewinnen.

Die Ausdehnung beträgt über 80 Meilen im Umfang. Die Banditen sind überall präsent, von der Straße Nantes-Fontenay bis vor Thouars und von La Châtaigneraie und Chiché bis ans Ufer der Loire vor den Städten Chalonnes, Ingrande und Ancenis.

Sie greifen uns an allen Punkten dieser Umfangslinie an, sobald sie meinen, uns in der Minderzahl überraschen zu können; die Briefe, die ich Euch hier beilege, Bürger Kollegen, beweisen es Euch. Im Verlauf der letzten Dekade haben sie zweimal Cerizay angegriffen, ferner Noirlieu und das Schloß von Beaurepaire. Wir dagegen haben nur ihre ausgestellten Posten niedermachen können; der Rest der versammelten Männer ist eilig vor den Republikanern geflohen.

Die Geländebeschaffenheit mit vielen Schluchten und Hohlwegen, übersät mit natürlichen Hindernissen in Form von Gräben und Hecken, mit denen die kleinen Bauernstellen dieses idealen Aufstandsgebietes umgeben sind, gibt unseren tapferen Waffenbrüdern keine Möglichkeit, den fliehenden Banditen mit Erfolg nachzusetzen. Wenn unsere wackeren Soldaten, von republikanischem Schwung beseelt, sich einzeln an die Verfolgung durch Hecken, Ginster, Dornengestrüpp und Unterholz machen, mit denen das Land bedeckt ist, so geraten sie, ohne zu wissen von wo, ins Gewehrfeuer der hinter eben diesen Hecken, Ginsterbüschen und im Unterholz versteckten Banditen, die anschließend sofort weiterfliehen und in einiger Entfernung sich da ein neues Versteck suchen, wo sie annehmen dürfen, daß die Republikaner vorbeikommen werden.

So stellen sich derzeit die Tag für Tag in der Vendée stattfindenden Gefechte dar, so sieht es bei der Westarmee aus, die unermüdlich einen Feind verfolgt, den sie nur mit Mühe ausfindig machen kann, und der, kaum ist er entdeckt, flieht und verschwindet, begünstigt von der Natur des Landes, das er bewohnt. (...)

Gruß und Brüderlichkeit!

Patriotisch gesonnene Soldaten

Briefe aus dem Felde 1792 bis 1795

Wenn der Vergleich mit den Tugenden der Römer, der jetzt so beliebt ist, überhaupt eine Berechtigung hat, dann bei den Soldaten der Republik unter ihren jungen Anführern (General Hoche, Sohn eines königlichen Stallknechts, mit 16 Jahren zur Garde gegangen, wird 1792 Leutnant und ist 1793 mit 25 Jahren Armeebefehlshaber). Diese Männer sind bereit, auf Essen und Trinken, ordentliche Ausrüstung und Unterbringung lachend zu verzichten, wenn nur die Feinde der Freiheit geschlagen werden.

Das klingt unglaublich. Aber sie wissen sich von einem Ideal getragen, sind von Verwandten oder Nachbarn ausgerüstet worden, werden als Staatsbürger behandelt. Auf der Gegenseite ist ein preußischer Generalstäbler beeindruckt von der Selbständigkeit der wenig gedrillten Franzosen und meint über die zum Dienst gepreßten eigenen Leute: »Man darf nur zum Fenster hinausschauen, wenn Scharen solcher Eingefangenen mit gesenktem Haupt, die Mutlosigkeit in jedem Zuge des Gesichts, vorübergeleitet werden. Alles, was sich nur erdenken läßt, ist angewandt, um das Ausreißen zu verhüten; die eine Hälfte bewacht die andere.« Daß der Landgraf von Hessen-Kassel noch anno 1794 Tausende von Soldaten an die Engländer verkauft, hört sich für die Franzosen wie ein Schauermärchen an. Auch bei ihnen herrscht Disziplin, jede Armee führt ihre Guillotine mit, doch ihre Offiziere sind keine über der »Canaille« schwebenden Halbgötter mehr. Seit 1793 wird geduzt, und Heereskommissar Carnot hat befohlen: »Wer weiter ›monsieurisieren‹ will, hat im Dienst der Republik nichts zu suchen.«

Der 21jährige Alexandre Brault hat sich mit seinem Bruder freiwillig gemeldet. Hier folgen Briefe, die er zwischen 1792 und 1795 an seine Familie schreibt:

Den 2. Oktober im Jahre 1 der Republik (1792)
Wir machen uns Sorgen über Eure Gesundheit. Wir haben durch niemanden Nachricht von Euch bekommen können; aber das ist nicht weiter überraschend, weil wir von einem Dorf ins andere gelegt werden, fast unter den Augen des Feindes, den wir alle Tage sehen. Wir haben ihn schon geworfen und erobern Dörfer, die er aufgibt. Mein Bruder war auf Wache vorm Biwak; aus den zwanzig Mann, die sie waren, ist eine Patrouille von vier Mann und einem Gefreiten ausgesandt worden, die von den Ulanen geschnappt worden sind. Zum Glück gehörte mein Bruder nicht zu ihnen. Sie nehmen uns ein paar Leute weg, aber wir ihnen noch mehr; seit wir hier sind, haben wir ein Dutzend geschnappt, und sie nur diese Patrouille. (...)

Bevor wir hierhergekommen sind, hat der Feind dieses Land so ausgesogen, daß wir nichts finden können; sie haben die armen Bauern geschlagen, bei denen sie Kokarden mit der Trikolore gefunden haben, sie haben den Freiheitsbaum ausgerissen und die verfassungstreuen Pfarrer verschleppt, aber wir haben wieder Ruhe geschaffen, und alle sind sehr froh, uns bei sich zu sehen.

Dies ist der fünfte Brief, den ich Euch schreibe; ich hoffe erst auf Nachricht von Euch, wenn wir ein festes Lager beziehen. Jetzt werden wir noch alle zwei Tage verlegt, deshalb gebe ich Euch keine Adresse von uns.

Auf Vorposten am Lager von Gyvelde,
den 16. Juni 1793, im Jahre 2 der Republik
Ihr werdet von der Jagd gehört haben, die wir auf den Feind bis hinter Furnes gemacht haben. Seit wir hier waren, hatte er uns nicht einen Augenblick in Ruhe gelassen, und jeden Morgen kamen wir ins Handgemenge. Aber seit wir ihn zurückgeworfen haben, bekommen wir ihn nicht mehr zu sehen und haben die ruhigste Ecke von der Welt. Trotzdem sind wir natürlich weiter auf unserer Hut und bleiben wachsam, als ob er noch in der Nähe wäre. Es ist ein Vergnügen, zu sehen, wie hier der Dienst ernst genommen wird. Als wir noch mit den Österreichern zu tun hatten, stritten sich die Grenadiere darum, wer sie zuerst erblickte.

Man hat uns heute ein Disziplinargesetzbuch vorgelesen, und wir haben alle geschworen, es Punkt für Punkt zu befolgen; es ist ein bißchen streng, aber Leute, die wissen, daß sie immer auf dem Wege der Ehre bleiben werden, haben nichts zu befürchten; im Gegenteil, sie sind es wohl zufrieden, daß diejenigen bestraft werden sollen, die feige genug sind, dagegen zu verstoßen. So muß man denken, wenn man sich die Rettung der Republik und die Eroberung ihrer Freiheit zum Ziel gesetzt hat. Unser 1. Bataillon ist in Dünkirchen in der Kaserne geblieben; wir Grenadiere sind dazu da, immer an der Spitze zu sein, wenn es in den Kampf geht, und in der Nachhut, wenn wir zum Rückzug gezwungen werden.

Nordarmee im Lager vor Ypern,
den 21. Prairial des Jahres II (9. Juni 1794)
Bis jetzt haben wir diese Herren von Ypern nur ein wenig geärgert; morgen sollen sie einen anderen Tanz erleben; wir werden heute nacht Batterien von Vierundzwanzigern mit Glühkugeln in Stellung bringen. Sie sollen sich unbedingt ergeben, oder wir werden diese Hauptstadt von Westflandern erstürmen. Sie wird von Emigranten verteidigt: die werden sich nur dem Tod ergeben, weil sie genau wissen, daß ihr Schicksal ein für allemal besiegelt ist. (...)

In dem Augenblick, da ich Euch schreibe, sind schon fünf Mörser aufgestellt, die republikanische Arbeit verrichten; die Vorstädte brennen bereits. Die unglücklichen Bewohner würden sich gern ergeben, aber die Emigrantenschufte sind die Stärkeren und zwingen sie sogar, den Dienst in der Stadt zu tun, während sie an den Palisaden sind; sie zwingen auch die Durchreisenden, sich ihrer Partei anzuschließen; es gibt keine Grausamkeit, die sie in ihrer Verzweiflung nicht begehen; nur der Tod kann sie noch ihrem unglücklichen Leben entreißen, mit dem niemand Mitleid hat. Deshalb schlagen sie sich auch stets bis zum Tod; es würde mir viel Spaß machen, einen von ihnen lebend zu fangen, um ihn nach Herzenslust tanzen zu lassen.

Im Lager von Bambecque, den 12. Thermidor
des Jahres II der Republik (30. Juli 1794)

Wir setzen unseren Marsch auf Maestricht und Breda ohne Aufenthalt fort; die Holländer könnten vielleicht etwas Widerstand leisten, aber mit Hilfe unserer republikanischen Methode, also im Sturmangriff mit aufgepflanztem Bajonett, werden wir sie schließlich über den Rhein treiben; dort werden wir, denke ich, ins Winterquartier gehen. Wenn die Nordarmee unaufhörlich Siege erringt, so hat sie trotzdem den anderen Armeen der Republik nichts vorzuwerfen. Alle in gleicher Weise, jede auf ihrem Platz, sind siegreich und verjagen den Feind mit der gleichen Kühnheit; mit welcher Genugtuung haben sie aber auch ihr Verdienst um das Vaterland gewürdigt gesehen! Wie könnte man nicht der wackere Soldat einer Nation sein, die so großmütig ist, und nicht mit Vergnügen alle seine Kräfte zu ihrer Verteidigung anspannen! Selbst das Opfer des Lebens, des Liebsten, was wir in der Welt haben, zählt nichts für eine so schöne Sache! Das Vaterland ist in großer Gefahr gewesen; daran haben aber nur Verräter und nicht seine Verteidiger schuld; sowie ihr Kopf zum Preis ihres Verrates geworden ist, hat man gesehen, daß es sie bald los sein konnte. Welche reichen Schätze wird das Vaterland aus all diesen Ländern holen, in denen alle Städte nach ihren Mitteln tributpflichtig sind, ohne das Korn zu rechnen, das wir einbringen, und die Ochsen und Kühe, die wir requirieren, um die Armee zu verpflegen. Zur Zeit des niederträchtigen Dumouriez, da mußten Lebensmittel aller Art aus Frankreich hinausgehen; das war ein Beweis des Verrates, weil ein erobertes Land seinen Besiegern nach seinen Kräften Lebensmittel liefern muß, ohne das Geld zu rechnen, mit dem es ihre Kassen füllen muß; das ist schon mal eine Anzahlung auf die Kriegskosten, die sie später zahlen müssen.

Diese stolzen Engländer und Hannoveraner, diese Preußen, die sich rühmen, die besten Soldaten von Europa zu sein, und die man im letzten Jahr sogar noch zu fürchten schien, fliehen in völliger Auflösung vor denen, die sie die »Jakobinerjacken« nennen. Als Grund geben sie an, wir hätten keine militärische Taktik, und so dürfe man den Krieg nicht führen. Sie wollen uns gewiß vorwerfen, wir sollten rücksichtsvoller sein, wenn wir ihre Städte erobern; sie wollen uns zu verstehen geben, daß wir sie zu scharf verfolgen und ihnen keine Rast gönnen – so dürften wir doch nicht vorgehen. Aber wenn man den Krieg ehrlich führt, darf man sich nicht schonen und muß sich immer selber übertreffen wollen, und mit dieser republikanischen Taktik haben wir Belgien, die Pfalz und das Piemont erobert, Landercies befreit, und mit dieser Methode werden wir Condé und Valenciennes wieder französisch machen und die Besatzungen für ihren Widerstand bestrafen.

Als der Kommandant der Festung Condé sich nach unserer Aufforderung, daß die Garnison sich binnen vierundzwanzig Stunden ergeben müsse, oder nicht ein einziger verschont werden würde, auf der Stelle ergab, konnte er sich nicht enthalten zu sagen: »Ich begreife wirklich nicht, wie man auf die Art Krieg führen kann.« Es ist sehr hart für so hochmütige Männer, der ersten Aufforderung der Republikaner zu gehorchen; aber sie haben gut reden, gerade unsere republikanische Art wird uns zum Siege führen. Als freie Männer, die zu siegen oder sterben geschworen haben, kennen wir keine andere.

Im Biwak von Kastel, am 4. Tag der Sanskulottiden im Jahre II der Republik (20. September 1794)
Mit Entrüstung hat die Armee von der Verschwörung Robespierres und seiner Komplizen gehört. Obwohl dieser Tyrann alle Herzen gewonnen hatte, wurde sein Plan dennoch entdeckt; der Genius Frankreichs wird immer hellsichtig sein und immer diejenigen, die sich von ihrem eigenen Interesse leiten lassen, von denen zu unterscheiden wissen, die nur für das allgemeine Wohl arbeiten. Soweit ich sehe, glaube ich nicht, daß die Armee darunter gelitten hat; es wäre wirklich ein Unglück für Menschen, die sich für ihre Freiheit schlagen, wenn sie sich für ein paar Männer opfern sollten, die herrschen und uns unmerklich in die Sklaverei zurückfallen lassen möchten. Man hat Nachforschungen angestellt, um ihre Parteigänger zu entdekken; es haben sich nur wenige gefunden; in den Armeen herrscht nämlich kein Parteigeist, bei uns herrscht die Eintracht.

Nordarmee. Im Biwak von Kastel, den 6. Brumaire
im Jahre III der Republik (27. Oktober 1794)

Wir sind immer noch in derselben Stellung, aus der wir wohl erst aufbrechen werden, wenn wir Breda oder Berg-op-Zoom oder irgendeine andere wichtige Festung erobert haben, die uns eine Möglichkeit zum Einfall in Holland gibt. Unaufhörlich, bei Tag und Nacht donnern die Kanonen an dieser Grenze, und alle Tage schlägt man sich mit dem gleichen Erfolg.

Ich hätte zu viel zu schreiben, wenn ich Euch alle Siege der republikanischen Armeen erzählen wollte. Ihr könnt sie in den Bulletins sehen, die sie besser darstellen, als ich es könnte. Das Vaterland hat uns zum Dank einen Lorbeerkranz geschickt, die reichste Gabe, die es uns machen konnte. Wir wollen ihn wie einen kostbaren Schatz verwahren; wir wollen uns bemühen, uns seiner würdig zu zeigen, indem wir weiter im Sturmschritt zum Siege marschieren.

Beim Furagieren kommen wir oft bis unter die Mauern von Berg-op-Zoom, wo wir manchmal Scharmützel mit dem Feind haben; jüngst haben sie einen Ausfall gemacht, und obwohl sie an Zahl überlegen waren, haben wir sie auf Berg-op-Zoom zurückgeworfen und Gefangene gemacht; es vergeht kein Tag, an dem wir nicht so viele Gefangene machen, daß man in Frankreich schon in Verlegenheit sein muß, was man mit ihnen anfangen soll. Die Emigranten werden auf der Stelle erschossen; ich habe ihrer schon über 400 erschießen sehen, die bei s'Hertogenbosch gefangen worden waren, ganz abgesehen von denen, die man in den belgischen Städten gefangen hat. Das bildet immer eine der Kapitulationsbedingungen, daß diese Erbärmlichen nie Gnade finden, die ihre Heimat verlassen haben, um sich gegen ihr Vaterland zu empören.

Calais, den 27. Thermidor
im Jahre III der Republik (14. August 1795)

Der Telegraf hat uns eben den Frieden mit dem Kaiser gemeldet; so haben wir also jetzt nur noch die Engländer niederzuschlagen. Oh, wie ich darauf brenne, ihren Stolz zu demütigen!

Wenn uns das gelingt, habe ich die schöne Hoffnung, Euch bald wiederzusehen.

Welch ein Triumph für die wahren Verteidiger des Vaterlandes, Frankreich frei gemacht zu haben. Mit welcher Freude werden sie in den Schoß ihrer Familie zurückkehren und berichten, was sie gesehen haben!

Volksaufstand im Prairial III (Mai 1795)

Aufruf zur Erhebung und Wahrnehmungen der Polizeispitzel

Paris hat den ersten echten Hungerwinter hinter sich. Ein wenig Brot und Fleisch zum Vorzugspreis, ein zugeteiltes Bündel Holz für die Armen, aber gegen Münzgeld oder Bündel Assignaten alle Delikatessen und aller Luxus – der Gegensatz ist kraß. Überall sind Bettler, Irre, Kinder unterwegs, sterben Kranke und Alte auf der Straße, weil die frommen Werke aufgelöst sind und der Staat nur große Worte zu bieten hat; die Profiteure des Regimes dagegen, vom Terror der Tugend befreit, denken nicht daran, ihr Leben im Verborgenen zu genießen. Im Konvent agitieren die verbliebenen Vertreter des Berges gegen die Thermidor-»Reaktion«. Am 12. Germinal (1. April 1795) ist ein Volksaufstand gerade noch abgewehrt worden.

Am 30. Fructidor (19. Mai) hängen in Paris Plakate mit der zündenden Parole: »Brot und die Verfassung von 1793«. Am Tag darauf, dem 1. Prairial, bricht die bewaffnete Menge zum Konvent durch, der Abgeordnete Féraud wird ermordet, sein Kopf am langen Spieß dem Präsidenten Boissy d'Anglas vorgehalten, der nur schweigend den Hut zieht und nicht nachgibt, wie es Tellier später dargestellt hat (vgl. Umschlag dieses Buches). Bald darauf verjagen Nationalgarden aus den wohlhabenderen Sektionen die Eindringlinge, und nun schlägt der Konvent zurück: Linientruppen werden zum erstenmal seit 1789 in die Stadt geholt, der Faubourg Saint-Antoine wird abgeriegelt und vor die Wahl gestellt: Ablieferung der Waffen oder kein Brot mehr. Am 4. Prairial kapitulieren die ausgehungerten Sansculotten. Nach der Beseitigung ihrer Führung erst durch, dann zusammen mit Robespierre ist nun auch die Kraft der Basis gebrochen – fortan gibt es keinen Druck der Straße mehr.

Nach dem Aufruf zum 1. Prairial vermitteln die Berichte der Polizeispitzel eine Vorstellung vom Klima in diesen Tagen.

In Erwägung, daß die Regierung das Volk auf unmenschliche
Weise Hungers sterben läßt und die Versprechungen, die sie
ohne Unterlaß wiederholt, Lug und Trug sind;

in Erwägung, daß die Not viele Bürger veranlaßt, die Unglücklichen, die der Hunger täglich zu Haufen ins Grab sinken
läßt, um ihr Los zu beneiden;

in Erwägung, daß sich das Volk vor sich selbst und gegenüber
dem nachfolgenden Geschlecht schuldig macht, wenn es nicht
schnellstens seinen Lebensunterhalt sicherstellt und seine
Rechte zurückerlangt;

in Erwägung, daß sich die Regierung anmaßend, ungerecht
und tyrannisch verhält, wenn sie willkürlich Festnahmen veranlaßt und diejenigen von Kerker zu Kerker, von einem Ort zum
anderen schleppen und in den Gefängnissen hinmorden läßt, die
Mut und Tugend genug besitzen, um Brot und die Gemeinderechte zu fordern;

in Erwägung, daß eine widerrechtliche und tyrannische Regierung ihre schurkischen Absichten und ihre Macht nur auf die
Schwäche, die Unwissenheit und das Elend des Volkes grün-
det;

in Erwägung, daß eine derart abscheuliche Regierung nur
solange bestehen kann, wie man die Schwäche besitzt, sie zu
fürchten und ihr zu gehorchen;

in Erwägung, daß die Kavallerie, die die Regierung aus unserem Heer herausgelöst hat, um es zu schwächen, der Tyrannei
nicht den Treueid hat leisten wollen, wohl aber dem Volk, das
zu verteidigen sie geschworen hat;

in Erwägung, daß alle Republikaner in den Departements
und im Heer ihre Augen auf Paris gerichtet haben, das ihnen
gegenüber die Verantworung für jede Verzögerung tragen
würde;

in Erwägung, daß der Aufstand für ein ganzes Volk wie für
jeden Teil eines unterdrückten Volkes *das heiligste aller Rechte,
die unerläßlichste aller Pflichten* ist, eine Notwendigkeit aller-
ersten Ranges;

in Erwägung, daß es Sache desjenigen Teiles des Volkes ist, der sich in unmittelbarer Nachbarschaft der Unterdrücker befindet, sie an ihre Pflichten zu erinnern, weil er seiner Lage nach die Wurzel des Übels am besten kennt,

beschließt das Volk wie folgt:

Artikel 1. Unverzüglich werden noch heute die Bürger und Bürgerinnen von Paris *in Massen* zum Nationalkonvent ziehen, um von ihm zu fordern:

1. Brot;

2. die Absetzung der Revolutionsregierung, in der jede Partei reihum ihre Macht dazu mißbraucht hat, das Volk zugrunde zu richten, auszuhungern und zu unterjochen;

3. die sofortige Ausrufung und Inkraftsetzung der demokratischen Verfassung von 1793;

4. die Ablösung der gegenwärtigen Regierung, ihre sofortige Neubildung durch andere Mitglieder aus den Reihen des Nationalkonvents und die Festnahme aller Konventsmitglieder, aus denen sich augenblicklich die Regierungsausschüsse zusammensetzen, als schuldig des Verbrechens der Nationsbeleidigung und der Tyrannei gegenüber dem Volk;

5. die unverzügliche Freilassung der Bürger, die gefangengehalten werden, weil sie Brot gefordert und freimütig ihre Meinung kundgetan haben;

6. die Einberufung der Urwählerversammlungen zum kommenden 25. Prairial zwecks Erneuerung aller Behörden, die bis dahin verpflichtet werden, sich der Verfassung entsprechend zu verhalten und ihr gemäß zu handeln;

7. die Einberufung einer Gesetzgebenden Nationalversammlung, die an die Stelle des Konvents treten soll, und zwar zum 25. Messidor dieses Jahres.

Art. 2. Um den obigen und die nachfolgenden Artikel durchzusetzen, soll gegenüber der Nationalvertretung der Respekt gewahrt werden, den die Würde des französischen Volkes erheischt. Es sind die erforderlichen Maßnahmen zu treffen, damit es Übelgesinnten nicht gelingt, die Volksvertreter aufzuputschen, zu schmähen oder zu falschen Schritten zu verleiten. Um solches zu verhindern, sind die Stadttore ungesäumt zu schließen.

Personen und Güter werden unter den Schutz des Volkes gestellt.

Art. 3. Diejenigen Volksvertreter, die – mit oder ohne die angelegten Insignien ihres Amtes – fern von ihrem Posten aufgegriffen werden, sind auf der Stelle in die Nationalversammlung zurückzuverbringen und der Schutzaufsicht durch das Volk zu unterstellen.

Art. 4. Das Volk wird sich der Schlagbäume, des Flusses, des Telegraphen, der Alarmkanone, der Glocken und der Trommeln der Nationalgarde bemächtigen, damit sich ihrer niemand in irgendeiner Weise mehr bedienen kann.

Solange der Aufstand dauert, wird allein denjenigen Bürgern, die mit der Warenversorgung von Paris beauftragt sind, erlaubt, die Stadt zu verlassen und sie wieder zu betreten. Die Passierscheine werden ihnen von einem Komitee ausgestellt, das sich aus je einem Kommissar von jeder Sektion zusammensetzt. Dieses Komitee trägt die Verantwortung für die Ausweise, die es ausstellt.

Jeglicher Warenein- und -ausgang wird an den Schlagbäumen der Kontrolle unterworfen.

Kuriere werden hereingelassen; sie dürfen die Stadt jedoch bis auf weiteres nicht wieder verlassen.

Art. 5. Die Kanoniere, die Gendarmen, die Fußtruppen und die Berittenen, die in Paris und Umgebung stationiert sind, werden aufgefordert, sich unter die Fahnen des Volkes zu begeben und sich brüderlich mit ihm zu vereinen, um die Gemeinderechte zurückzuerobern.

Art. 6. Jeder Bevollmächtigte der Regierung, jeder zivile oder militärische Beamte und jeder Privatmann wird, wenn er versuchen sollte, sich den im vorliegenden Beschluß aufgeführten Maßnahmen zu widersetzen, als Volksfeind betrachtet und als solcher belangt werden.

Alle nicht vom Volk ausgehende Gewalt ist aufgehoben. Jeder Bevollmächtigte oder Beamte der Regierung, der nicht unverzüglich sein Amt niederlegt, wird als der Tyrannei teilhaftig angesehen und als Tyrann bestraft.

Art. 7. Jeder, der dazu aufrufen würde, gegen das Volk zu marschieren oder es wie auch immer zu schmähen, als Ganzes oder in einem einzelnen seiner Glieder, wird als Feind der Freiheit betrachtet und als solcher behandelt.

Art. 8. Die Bürger und Bürgerinnen aus den einzelnen Sektionen setzen sich von jedem beliebigen Ausgangspunkt her in brüderlicher Verbundenheit, aber ungezwungen und ohne den Aufbruch benachbarter Sektionen abzuwarten, die sie zum Mitmarschieren veranlassen, in Bewegung, damit die hinterlistige und treulose Regierung dem Volk nicht mehr, wie bisher üblich, den Maulkorb anlegen und es von Führern, die käuflich sind und uns hintergehen, wie eine Herde antreiben lassen kann.

Art. 9. Das Volk wird nicht eher Ruhe geben, als bis es den Lebensunterhalt, das Glück, den Frieden und die Freiheit aller Franzosen sichergestellt hat.

Art. 10. Die Losung des Volkes lautet: *Brot und die demokratische Verfassung von 1793.*

Jeder, der während des Aufstandes diese Losung nicht mit Kreide geschrieben an seinem Hut trägt, soll als Aushungerer des Volkes und als Feind der Freiheit angesehen werden.

Jede in der Öffentlichkeit gezeigte Fahne, jede Standarte oder jedes Feldzeichen soll ebenfalls diese Losung aufweisen.

Andere Zeichen oder Losungen sind strengstens untersagt und ziehen Bestrafung nach sich.

Art. 11. An unsere Brüder in den Departements und im Heer wird ein Aufruf ergehen, um sie über die Beweggründe und den Erfolg der Erhebung sowie über die Maßnahmen zu unterrichten, die zur Sicherung des Glücks der Nation getroffen worden sind.

Anmerkung: Unzweifelhaft wird die Regierung bemüht sein, die obengenannten Maßnahmen nicht zum Tragen kommen zu lassen; sie wird sie aber nicht verhindern können. Es wird ihr nicht gelingen, den Unwillen des Volkes und ihre gerechte Bestrafung aufzuhalten, selbst wenn sie aus ihren Vorratslagern die Lebensmittel freigeben sollte, die sie dort verschlossen und für ihre infamen Zwecke in Reserve hält.

Bericht vom 1. Prairial des Jahres III (über den 30. Floreal; 19. Mai 1795)

Stimmung in der Öffentlichkeit. Ansammlungen. – Gestern hat kein besonderes Ereignis die öffentliche Ordnung und die Ruhe der Pariser gestört. Trotzdem wirkten die Gesichter in den Menschenansammlungen sehr erregt, und allerorten hörte man nichts als heftige, aus der Mangelsituation zu erklärende Proteste und Verwünschungen gegen die Volksvertreter mit Drohungen, man werde jetzt wirklich bald zum Nationalkonvent ziehen. Vor allem die Frauen, vom Hunger und vom Greinen ihrer Kinder bedrängt, ließen die lebhaftesten Klagen hören und erlaubten sich tausend Schmähungen. Ihre Stimmen, verstärkt durch die von zahlreichen Bürgern, bildeten ein klägliches Konzert. Sie boten ein mitleiderregendes Schauspiel. »Was soll nur aus uns werden?« hieß es überall. »Wie sollen wir denn den Anschluß an die nächste Ernte schaffen? Nicht genug, daß wir eine so winzige Ration vom wichtigsten Nahrungsmittel bekommen, das Brot ist auch fast ungenießbar, und die Teuerung bei allem, was man statt Brot essen könnte, wird ja Stunde für Stunde schlimmer. Unsereins muß wirklich bald verhungern.«

Das ist der wesentliche Inhalt der Berichte dieses Tages. Sie zeigen, daß die Lage der unbemittelten arbeitenden Klassen mit jedem Tage schwieriger wird, aber die Bürger, die von Einnahmen aus Kapital oder Mietzinsen als Rentner leben, erscheinen uns nicht weniger beklagenswert. Diese unglückliche, sehr zahlreiche Klasse, die zum Überleben schon seit langem Stück für Stück ihre Möbel und Kleidung verkaufen muß, kann zum größten Teil keine Arbeit tun, und da ihr zweifelhafte Geschäfte und die schamlose Bereicherung der Assignatenhändler zuwider sind, ist sie in äußerster Bedrängnis. Auf ihr lastet das Gewicht der Zeitumstände ganz besonders schwer; sie leidet darunter, protestiert aber nicht.

Kaffeehäuser. – Inspektor Compère berichtet, daß die Bürger sich dort über Finanzfragen und über die Lebensmittelknappheit unterhalten haben und dem Konvent für alle Übel, an denen die Republik leidet, die Schuld gaben; als Gründe nannten sie die fehlende Eintracht unter den Volksvertretern, Eigensucht, Privatinteressen und den Neid, der zwischen ihnen herrscht.

Veranstaltungen. – Dort war alles ruhig. Wir können jedoch nicht umhin, einen Zwischenfall aus dem Théâtre de la Gaîté zu melden. Zwischen zwei Stücken ist ein Billett auf die Bühne geworfen worden, die Zuschauer haben verlangt, es zu verlesen. Der Schauspieler ist gekommen und hat in Anwesenheit des Verfassers ein Lied vorgetragen, das viel Beifall fand. Inspektor Bürger Lainé berichtet, daß er in Abwesenheit des Polizeikommissars und der Mitglieder des Zivilausschusses der Sektion sofort auf die Bühne gegangen ist, um den Verfasser verhaften zu lassen, dieser habe sich ihm aber durch die Flucht entzogen; er fügt hinzu, der Schauspieler habe ihm das Lied übergeben, das lautet:

> Wach endlich auf, du Volk von Brüdern,
> schlag deine schrecklichen Tyrannen tot;
> die Mörder kennen kein Erbarmen
> mit dir und deiner Kinder Not.
> Wach auf, laß dir's nicht zweimal sagen,
> mit Blitzen wappne deine Kraft,
> die Wetter leuchten schon am Himmel;
> bald sind sie alle hingerafft!

Die Kommission hat den Theaterdirektor zur Vernehmung geladen.

Handel. Brot. – Da die geringe Brotration je Bürger nicht erhöht wird, hört man von Tag zu Tag mehr Klagen; in einigen Sektionen sind nur zwei oder drei Unzen und etwas Reis ausgegeben worden, in der Sektion Temple allerdings ein Viertelpfund. (...)

In der Sektion Mucius-Scaevola waren die Unordnungen besonders stark; die Leute drängen sich vor den Türen der Bäkker, verweigern die bescheidene Brotration, die ihnen zugeteilt werden soll, und protestieren heftig.

Eine große Menge von Einwohnern dieser Sektion hat sich auf den Weg zum Wohlfahrtsausschuß gemacht.

Aus den Berichten von Murat geht hervor, daß die Arbeiter aus der Sektion Invalides sich anschicken, zum Faubourg Saint-Antoine zu stoßen, und erklären, irgendwann müsse einfach Schluß sein mit dem Elend. Es sei nicht mehr mit anzusehen, sagen sie, wie täglich weitere arme Bürger unter ihrem verzweifelten Elend zusammenbrechen, ins Wasser gehen oder sich sonstwie auf schreckliche Weise umbringen.

Fleisch und sonstige Lebensmittel. – Bei den meisten Metzgern sind die Rationen vorschriftsmäßig ausgegeben worden, und es war überall ruhig. Die Hallen und Märkte waren ziemlich gut beschickt; die weißen Kartoffeln kosteten 28 bis 30 Livres der Zwanzigpfundscheffel, die roten 35 Livres. Es sind sechs Wagenladungen Eier eingetroffen, dazu am 30. Prairial 185 Wagen Obst, Gemüse, Kartoffeln, Käse und Fisch; heute morgen sind 259 Wagen, davon 2 mit Fisch, angeliefert worden. (...)

Bericht vom 2. Prairial (über den 1. Prairial)

Stimmung in der Öffentlichkeit. – Die Ereignisse des gestrigen Tages sind nur allzu bekannt, sie sind in zu schmerzlicher Erinnerung, um hier noch einmal geschildert zu werden. Diejenigen, die uns heute bedrohen, sind die Auswirkungen davon und eröffnen sehr düstere Zukunftsaussichten. Nach den uns vorliegenden Berichten scheinen die Gemüter noch sehr erregt zu sein, und nach den ermittelten Einzelheiten gehen wir davon aus, daß die Lebensmittelknappheit der – leider höchst einleuchtende – Vorwand für die Agitatoren gewesen ist, um die leichtgläubigen Bürger zu verführen, daß aber die tiefere Ursache der seit langem vorbereiteten Volksbewegung bei der Partei der einstigen Wühler zu suchen ist, die das Volk dazu aufwiegeln, nicht allein nach Brot zu rufen, sondern zugleich nach der Wiedereinsetzung der alten Stadtverwaltung, der Verfassung von 1793 und der Entlassung aller Abgeordneten des Berges und aller Mitglieder der alten Wohlfahrts- und Sicherheitsausschüsse aus den Gefängnissen. (...)

Handel. Brot. – Nach wie vor heftige Proteste des Volkes vor den Bäckerläden. Hitzköpfe ergehen sich dort in Beschimpfungen und führen höchst aufrührerische Reden gegen die Behörden; vor allem die Frauen, ohnehin sehr viel weniger geduldig, scheinen jetzt noch erregter geworden zu sein. Sie provozieren die Bürger zur Unbotmäßigkeit und fordern sie auf, die geringe Brotration nicht anzunehmen, die ihnen zusteht. Allerdings finden diese böswilligen Absichten in der Besonnenheit etlicher Bürger ein Gegengewicht. In der Sektion Gravilliers fragte ein Mann, der einen Neunpfundlaib Gerstenbrot mit einer Anschrift darauf unter dem Arm trug, eine dieser Frauen nach dem Weg; als sie merkte, daß es Brot war, rief sie das den anderen zu, und sogleich wurde er seiner Last beraubt, und sie gaben ihm dafür ganze 4 Livres in Assignaten. (...)

Überwachung. – Ein Schriftstück, das gestern im Faubourg Saint-Antoine in verschiedenen Gruppen vorgelesen wurde und in großer Menge verteilt worden ist (allein in der Rue Saint-Denis über fünfhundert Stück), war das Programm des Aufstands. Es trägt den Titel: *Aufstand des Volkes, um Brot zu erhalten und seine Rechte zurückzuerobern.*

Um neun Uhr ist in mehreren Sektionen die Sturmglocke geläutet und anschließend überall der Generalmarsch geschlagen worden; eine große Menge von Frauen ist zum Konvent gezogen; die Sektionen des Faubourg Saint-Antoine sind gegen zwei Uhr dorthin aufgebrochen. Alle trugen an ihrem Hut die Aufschrift: *Brot und die Verfassung von 1793.* Das war der Refrain, den die Frauen dann auch im Konvent riefen. Das Ziel dieser Sektionen war die Unterstützung der Frauen.

Eine von den Frauen, denen es gelungen ist, mit Gewalt in den Konvent einzudringen, hat nach dem Säbel eines Gendarmen gegriffen, der sie zurückdrängen wollte, und hat sich eine schwere Verletzung an der Hand zugezogen.

Am Nachmittag sind viele Volksvertreter von Frauen und bewaffneten Bürgern festgenommen worden. Einige sind mißhandelt worden; sie sind alle zum Sicherheitsausschuß gebracht worden.

Von anderen Bürgern wurde der Volksvertreter Garilhe angehalten und zum Wohlfahrtsausschuß begleitet.

Der Volksvertreter Féraud ist ermordet und sein Kopf auf

einem Spieß herumgetragen worden; um dreiviertel acht Uhr ist der Mann, der damit herumlief, von der bewaffneten Macht der Sektion Muséum nach Aufforderung durch den Friedensrichter, den Bürger Manigot, verhaftet worden. Er ist in die Wachstube in der Maison-Egalité verbracht worden. Es handelt sich um einen gewissen Jean Tinel, Schlossergeselle aus der Sektion Popincourt. (...)

Bericht vom 3. Prairial (über den 2. Prairial)

Stimmung in der Öffentlichkeit. – Wir würden gerne ein durchaus befriedigendes Bild geben, doch da die Wahrheit allen anderen Erwägungen vorgehen muß und unsere Aufgabe in der Aufklärung der Regierung besteht, müssen wir sagen, daß nach den Berichten dieses Tages die Polizeiinspektoren neben der Schilderung der Ereignisse des gestrigen Tages, deren Ursachen und Wirkungen bekannt sind, alle darauf hinweisen, daß die Agitatoren unter dem üblichen Vorwand der Versorgungsmängel und der überhöhten Preise für alles Lebensnotwendige das Volk unermüdlich in seinem Irrtum bestärken und es zu den gewalttätigsten Ausschreitungen gegen die Vertretung der Nation zu drängen versuchen, deren Maßnahmen diese ewigen Feinde des öffentlichen Wohls, die ständig in das Feuer der Zwietracht blasen, schonungslos kritisieren; sie behaupten, der Konvent sei allein an allen Übeln schuld.

Kaffeehäuser. – Diese allgemeine Feststellung wird im Bericht von Bürger Compère, Inspektor, sehr gestützt. Er teilt mit, in den Tuilerien und in den Kaffeehäusern in der Umgebung des Konvents hielten sich viele bewaffnete Bürger auf, die höchst aufrührerische Reden gegen den Konvent führen und vor allen Dingen verlangen, er solle auf der Stelle sagen, über welche Mittel er überhaupt verfüge, um das Gemeinwesen zu retten.

Die Polizeiagenten haben gestern am späten Abend und heute früh festgestellt, daß sich in mehreren Stadtteilen Menschengruppen bildeten, in denen die Leute sehr erregt wirkten.

Andererseits scheinen die allerneuesten Berichte diese besorgniserregenden zu entkräften; es sieht so aus, als sei die Mehrheit der Bürger heute ruhig und friedlich gesonnen. (...)

293

Handel. Brot. – Zehn Inspektoren melden, daß die Aufregung vor den Bäckerläden weniger groß ist; jeder hat seine Ration, ein Viertelpfund und etwas Reis, ohne Murren entgegengenommen. In der Sektion Gravilliers allerdings sind Brandreden gegen den Konvent geführt worden, man müsse all den Gaunern, die das Volk aushungern wollen, den Hals abschneiden. Doch die vereinten Kräfte der anständigen Bürger werden das Vorhaben der Böswilligen scheitern lassen.

Fleisch und sonstige Lebensmittel. – Vor den Türen der Metzger herrschte vollständige Ruhe, und alle Bürger sind bedient worden. (...)

Überwachung: – Der Bürger Dugenne, Abgeordneter des Departement Cher, ist gestern gegen sechs Uhr nachmittags am Pont-Neuf von mehreren Bürgern der Sektionen Montreuil, Quinze-Vingts und Bagnolet angehalten worden. Sie haben ihm einen Säbel und einen Stockdegen abgenommen und haben ihn zur Sektion Montreuil gebracht, was einen Auflauf und großen Tumult hervorrief. Nach Auflösung der Menge hat der Polizeikommissar den Volksvertreter zum Sicherheitsausschuß begleitet. (...)

Bericht vom 4. Prairial (über den 3. Prairial)

Stimmung in der Öffentlichkeit. – (...) Die Lage in Paris ist weiterhin ebenso schwierig wie besorgniserregend. Tatsächlich geben die hohen Lebensmittelpreise und die Brotknappheit nach wie vor Anlaß zu böswilligen Einflüsterungen; die Agitatoren halten sich vor allem an die Frauen, und die wiederum flößen ihre ganze Erregung den Männern ein, machen ihnen den Kopf wirr mit aufrührerischen Reden und lassen so die heftigste Unruhe entstehen.

Ansammlungen. – Gestern fanden sich überall, vor allem im Laufe des Abends, sehr zahlreiche Gruppen von Arbeitern zusammen. Die Erregung war außerordentlich groß, von überall hörte man schreckliche Rufe gegen die Händler, gegen die Behörden und gegen den Konvent; man schwor Kampf auf Leben und Tod gegen die jungen Leute, die man als »Muscadins« verhöhnte und als Stützen der Volksvertretung bezeichnete.

Die Polizeiinspektoren berichten ferner, daß die arbeitende Klasse sehr befriedigt zu sein scheint, daß der Mörder des Volksvertreters Féraud vor der Hinrichtung befreit worden ist. Doch sie stellen auch fest, daß diese gesetzwidrige Gewalttat auf die Gemüter der wahren Patrioten, der einzigen Freunde des Gemeinwohls, großen Eindruck gemacht hat, und daß die meisten ihrer Meinung laut Ausdruck verliehen und gerufen haben: »Wir sind verloren, wenn wir dulden, daß die Gesetze mißachtet und der Konvent der Wut einer rasenden Menge ausgeliefert bleibt. Wir müssen«, setzten viele dieser guten Bürger hinzu, »einen Wall aus unseren Leibern um ihn bilden und ihn auf die Gefahr unseres Lebens retten, und zwar für das Wohl des Staates und unser eigenes und das unserer Familien.« (...)

Versammlungen. – Als man in der Opéra Comique bekanntgab, der Mörder des Abgeordneten Féraud sei befreit und im Triumph durch den Faubourg Saint-Antoine geführt worden, sind alle Zuschauer aufgestanden und haben *Zu den Waffen!* gerufen, wobei viele hinzusetzten: »Wir müssen siegen oder sterben, um den Konvent zu rächen.« Tatsächlich ist das Stück nicht zu Ende gegeben worden, und alle Zuschauer sind weggegangen.

Handel. Brot. – Dreiundzwanzig Inspekteure berichten, daß die Menschen weniger erregt zu sein scheinen, zumal die Brotration etwas höher war als üblich. Dennoch wurde weiterhin geklagt, und zwar über die ungleiche Brotzuteilung und über die Behörden, die nur aus Gaunern und Verbrechern beständen. Außerdem wird gesagt, die ersten zwei Tage dieses Monats seien nur ein Vorspiel gewesen, man sei ja noch ganz da.

Das Volk verlangt mindestens ein halbes Pfund Brot pro Familienmitglied, eine Preissenkung für die Lebensmittel, und daß für alle bereits geernteten zwangsmäßig der alte Preis festzusetzen sei. (...)

Die Überwachung ist im Hinblick auf die Ereignisse dieses und der vorhergehenden Tage so intensiv gewesen, daß einfache Diebstähle nicht aufgeklärt werden konnten. (...)

Bericht vom 5. Prairial (über den 4. Prairial)

Stimmung in der Öffentlichkeit. Ansammlungen. – Nach den
mündlichen und schriftlichen Berichten, die im Laufe des gestrigen Tages von Stunde zu Stunde eingingen, sind in den
Stadtteilen von Paris bis sieben Uhr abends zahlreiche Ansammlungen zu verzeichnen gewesen, jeweils mit vielen Böswilligen darunter, die unter dem Vorwand der Brotknappheit
und der Besorgnis wegen der unhaltbaren Versprechungen des
Konvents die Bürger zum äußersten treiben wollten; die
Frauen reizten die Männer wie Furien und schrien: »Wir müssen unseren Brüdern vom Faubourg Saint-Antoine helfen, wir
müssen die Abgeordneten zwingen! Keine Gnade für Schieber
und Muscadins!«

Der Anblick war wirklich erschreckend; alles schien auf eine
völlige Auflösung und auf die Ausübung von Gewalt gegen Sachen und Personen hinauszulaufen, aber nach den Berichten
von heute morgen scheint festzustehen, daß gegen sieben, acht
Uhr abends der entschlossene Mut der wahren Patrioten, die
zur Unterstützung des Konvents geeilt sind, um dem Gesetz
Achtung zu verschaffen und der Festigkeit und Energie der
Volksvertreter aufzuhelfen, das Gewitter abgewendet hat, das
über dieser großen Stadt hing. Tatsächlich haben die vorbereiteten Dekrete gegen alle Parteiungen, insbesondere gegen die
des Faubourg Saint-Antoine, zusammen mit dem unerschüt-
terlich sicheren Auftreten der Linientruppen und der Pariser
Armee, die vor den Rebellen aufgezogen sind, diese zur Kapi-
tulation gezwungen, die ohne einen Tropfen Blutvergießen
vonstatten ging.

Kaum hatte sich die gute Nachricht in allen Stadtteilen von
Paris verbreitet, sah man Fröhlichkeit auf den Gesichtern. Heiterkeit und Erleichterung sind auf den Schrecken gefolgt; alle
Bürger schienen tief befriedigt, und alle riefen wie aus einem
Munde: *Es lebe die Republik! Es lebe der Konvent! Nieder mit
den Schreckensmännern!* Der Abend bekam etwas Festliches,
mancherorts waren die Wohnungsfenster illuminiert. Die Inspektoren fügen ergänzend hinzu, daß sie in mehreren Straßen
Bürger gehört haben, die sagten: »Wenn man uns nur Brot gibt,

ist ja alles gut, dann haben die Wühler und Hetzer keinen Vorwand mehr.« (...)

Handel. Brot. – Einige Inspektoren melden, daß die Ausgabe des Brots in den von ihnen überwachten Örtlichkeiten in großer Ruhe mit einem Viertelpfund und etwas Reis je Familienmitglied durchgeführt worden ist. Die Gespräche betreffen nur die aktuellen Ereignisse; jeder hofft, daß kein Blut vergossen wird und die Schuldigen der Gerechtigkeit überantwortet werden. (...)

Ansammlungen. – Den Inspektoren ist eingeschärft worden, daß sie ihren Mitbürgern sagen, nur durch Ruhe könnte man die Bürger in den Departements dazu bringen, sie mit Lebensmitteln zu beliefern. (...)

Bericht vom 6. Prairial (über den 5. Prairial)

Stimmung in der Öffentlichkeit. Ansammlungen. – Nach den Berichten dieses Tages ist die Brotausgabe gestern in Frieden und Ordnung durchgeführt worden. Überall herrschte Ruhe, die Gespräche bei den Ansammlungen waren weder hitzig noch drohend, abgesehen von wenigen kritischen Äußerungen einiger Böswilliger und einiger unbedachter Frauen über die Ungerechtigkeit bei der Verteilung von Brot und anderen Lebensmitteln. Für die guten Bürger dagegen schien dieser Tag ein rechter Freudentag zu sein. Alle hießen sie das Durchgreifen des Konvents zum Austilgen der Rebellion bis auf den Grund gut und konnten nicht genug Worte des Lobes finden für die gerechte und strenge Festigkeit der Volksvertreter, mit der sie sich um die ganze Nation verdient gemacht haben. Die Tapferkeit der Truppen und die kluge Zurückhaltung der Offiziere sind gleichermaßen anerkannt worden, und alle aufrechten Bürger haben sich beglückwünscht, vor den Schrecken eines Bürgerkrieges davongekommen zu sein. (...)

Die Polizeiinspektoren berichten, die entschlossene Anwendung des Dekrets über die Ablieferung der Kanonen bei Androhung der Nichtbelieferung mit Brot sei allgemein gebilligt worden, und die Entwaffnung sei trotz des Klagegeschreis der

Komplizen und Anhänger der Terroristen in ziemlicher Ruhe vor sich gegangen. (...)

Kaffeehäuser. – Bürger Compère sagt, gestern hätten sich im Café de la Régence in der Rue Saint-Honoré und in anderen zum Pont-Neuf hinüber viele gute Bürger über die Entwaffnung unterhalten und gesagt, sie müsse rasch und streng durchgeführt werden, ja, es sei notwendig, die gefährlichsten Terroristen zu verhaften und alle der Regierung zur Verfügung stehenden Mittel einzusetzen, um ihnen die Möglichkeit zu nehmen, mit irgend jemandem Kontakt zu haben. (...)

Überwachung. – Gestern um halb sieben Uhr abends ist Jean Tinel, der zum Tode verurteilt worden war, weil er den Kopf des Abgeordneten Féraud auf einem Spieß herumgetragen hatte, und der vor der Hinrichtung befreit worden war, in der Rue Charonne im Faubourg Saint-Antoine in dem Haus »Passage du Bois de Boulogne« verhaftet worden. Er hatte dort bei seiner Tochter Zuflucht gesucht und sich auf dem Dachboden versteckt gehalten. Als er sah, daß man ihn festzunehmen kam, hat er versucht, sich die Kehle mit einem Glasscherben durchzuschneiden, doch er hat sich nur geritzt. Als man ihn eben ergreifen wollte, hat er sich aus dem Fenster gestürzt und ist aus dem fünften Stockwerk in den Hof eines Nachbarhauses gefallen. Er hat sich nicht ums Leben gebracht; bei dem schrecklichen Fall ist nur das Bein in Höhe des Fußgelenks gebrochen. Er ist sofort in die Conciergerie abgeführt worden, und von seiten der Bewohner des Faubourg hat es keinerlei Widerstand gegeben.

Bericht vom 7. Prairial (über den 6. Prairial)

Stimmung in der Öffentlichkeit. – Die Berichte vom Tage sprechen von einem Paris in vollkommener Ruhe; nicht nur hat es keine Verweigerungen der Brotration gegeben wie in den letzten Tagen, sondern die ganze Ausgabe hat in größter Ordnung stattgefunden. Die Hauptschuldigen sind für ihre Taten hingerichtet worden, ohne daß der geringste Widerstand zu verzeichnen war. Die Sektionen kehren allesamt wieder auf den Weg der Pflicht zurück. Die Ablieferung der Spieße erfolgt ohne

Schwierigkeiten, die Verhaftung und Abführung der Terroristen und anderer verdächtiger Individuen stößt auf keinen Protest. Niemand widerspricht, die Männer starren, die Frauen schweigen. (...)

Alle diese Maßnahmen strenger Justiz, die so notwendig waren angesichts der noch nie zuvor ähnlich großen Gefahr für das Wohl des Staates, beeindrucken die Agitatoren und viele andere, die entweder nur verführt worden waren oder einfach Freude an Plünderung und Gewalt hatten, und man erkennt auf ihren Gesichtern den Ausdruck gänzlicher Fassungslosigkeit. Die gleichen Maßnahmen erfreuen dagegen die echten Republikaner und bringen ihnen die vollständigste Seelenruhe.

Im Paris der Assignaten

Beobachtungen eines Schweizers im
Spätsommer 1795

*Seit dem Tod des Königssohns im Juni 1795 nennt sich der Graf
von der Provence, dem im Gegensatz zu seinem Bruder im Juni
1791 die Flucht ins Ausland geglückt ist, »Ludwig XVIII.«; er
verkündet, er werde die absolute Monarchie wieder einführen
und die Revolutionäre zur Rechenschaft ziehen. Damit hat er
den Fortbestand der Republik gesichert, denn zu viele haben von
ihr profitiert. Alles ist auch wieder lockerer, angenehmer geworden, finden die Besitzenden: Mit den pragmatischen »Thermido-
rianern« wie Barras, Fréron, Tallien, Cambacérès läßt sich leben, es gibt sogar wieder intrigierende Salons alten Stils wie den
der zurückgekehrten Germaine de Staël, geb. Necker. Gewiß,
die aufs Volk herabblickenden, streitsüchtigen Modegecken, die
Muscadins, die affektiert ohne »r« sprechen, sind unerfreulich,
und in der Provinz tobt sich ein blutiger »weißer Terror« gegen
die Jakobinerfreunde aus. Aber durch die Bestimmung, daß
zwei Drittel der nächsten Volksvertretung aus der bestehenden
übernommen werden, ist ja dafür gesorgt, daß die Royalisten
keine Chance haben. Von den fast wertlos gewordenen Assignaten kann man sogar profitieren... Schlecht geht es den Tagelöhnern und Rentnern, und ganz schlimm sind die Arbeitslosen
dran, zu denen jetzt sogar die verfassungstreuen Priester gehören, weil der Konvent, nachdem der Kirchenbesitz verbraucht
ist, schlankweg verkündet hat: »Die Republik anerkennt und besoldet keinen Kultus.«*

*Frankreich erlebt eine Vermögensumverteilung, wie sie Eu-
ropa bisher nur nach Pestzeiten gekannt hat. Das zeigt sich auch
einem ganz unprominenten Beobachter wie dem Schweizer
Henri Meister, der im Spätsommer 1795 nach Paris reist und
einem fiktiven Briefpartner berichtet.*

Es ist wirklich betrüblich anzusehen, wie in Frankreich heute Todfeindschaft herrscht zwischen Landbewohnern und Städtern, zwischen den selbständig wirtschaftenden Bauern und den Menschen, die dazu verurteilt sind, ihren Lebensunterhalt an jedem Tag durch Arbeit und Fleiß neu zu verdienen. (...)

Selbst auf dem Lande dürfte sich die Anzahl der Armen nicht sehr verringert haben; also kann man sich vorstellen, wie sie zugenommen haben muß in den Städten, wo so viele Zweige von Handel und Gewerbe gänzlich zerstört sind und die Kapitalrentner schon seit langem vom Staat oder von ihren privaten Schuldnern nur noch Papiergeld bekommen, dessen Wert täglich in der erschreckendsten Weise schwindet.

Ich kann Ihnen, mein Herr, die Not und Verzweiflung in den Städten gar nicht eindrucksvoll genug schildern, die da inmitten reicher Ernten Hunger leiden. Es geht ihnen, wie es uns ein verantwortlicher Beamter in Nancy sagte, wie dem durstenden Tantalus in seinem See. Seit das Gesetz des »Maximum« mit seinen schweren Strafen abgeschafft worden ist, verkauft der Landwirt sein Korn so teuer, wie er will, und weigert sich sogar, Assignaten dafür anzunehmen. Der arme Städter kann sich das wichtigste Nahrungsmittel also nur noch verschaffen, indem er es mit seinen Möbeln, seiner Kleidung, seiner Wäsche bezahlt. Bevor er seinem unglücklichen Nächsten zu essen gab, hat so mancher Bauer ihm ohne Skrupel das letzte Hemd abgenommen. Die eigentliche Aristokratie in Frankreich, über die sich nun wirklich jedermann zu Recht empört, ist die Aristokratie der selbständigen Pächter und Bauern. Ich weiß, was man zu ihrer Entschuldigung vorbringen kann: die Bedrückung, unter der sie so lange geseufzt haben, die Unbilligkeit der neuen Gesetze, deren Last sie während der Jahre der Zwangsablieferungen und der von der Revolutionsregierung festgesetzten Höchstpreise zu tragen hatten, die völlige Zerrüttung des Geldwesens mit der alarmierenden Ablehnung jeder Art von Papiergeld als der beklagenswerten Folge einer Revolution, an der die Klasse der Landwirte ganz sicherlich weniger Schuld hat als irgendeine. Trotzdem ist die Habgier dieser neuen Aristokratie nicht weniger abstoßend, ihr Verhalten nicht weniger gefühllos und widerwärtig, und das über die Maßen gewachsene

Übel sollte den Gesetzgebern die Gefahr deutlich gemacht haben, die damit verbunden ist, wenn man zuviel Macht- und Druckmittel in den Händen eines Standes läßt, von dem das nackte Überleben der ganzen Nation abhängt.

Es gibt keine schlimmere Despotie, keine unbarmherzigere Habsucht als bei einem Bauern, dem sein neuer Reichtum zu Kopfe gestiegen ist; das wird jeder bestätigen, der zu seinem Unglück von ihm abhängig ist. (...)

Auffallend und gewiß jeden Reisenden beeindruckend ist die Tatsache, daß die Unzufriedenheit in den von Paris entfernten Departements eher der neuen Ordnung an sich gilt, der man ohne nähere Begründung alles anlastet und unter der man leidet, während die Unzufriedenheit, je näher man der Hauptstadt kommt, immer mehr den Männern an der Regierung gilt und immer weniger der Regierungsform. Es gibt mehr als einen Distrikt in Frankreich, wo man noch heute eigentlich nicht an die Revolution glaubt, wo man überhaupt nicht versteht, worum es da eigentlich geht, und sie höchstens als eine Heimsuchung empfindet, deren Schrecken nicht ewig dauern können, so wie man bei einem über die Ufer getretenen Bach damit rechnet, daß er sich irgendwann ausgetobt haben wird. Man hat nicht die Kraft, vielleicht auch nicht einmal genug Willensstärke, sich der Revolution entgegenzustellen; statt dessen bemüht man sich, ihr nach Möglichkeit aus dem Weg zu gehen, und wartet untätig ab, bis die Dinge wieder leidlich in ihre Ordnung gefunden haben. (...)

In Paris ist die Allgegenwart des Geschäftemachens und Spekulierens etwas, von dem man sich aus der Ferne nicht die leiseste Vorstellung machen kann. Auf Schritt und Tritt begegnet einem auf der Straße ein mehr oder weniger bedrängender, mehr oder weniger betrüblicher Beweis dafür. Zunächst einmal sind jedenfalls in den belebten Stadtvierteln alle Häuserfronten, alle großen Alleen eine einzige Folge von Verkaufsständen für Möbel, Altkleider, Gemälde, Kupferstiche usw. geworden. So gut wie überall sehen Sie die gleichen Auslagen, wie sie früher nur auf dem Pont Saint-Michel, am Quai de la Ferraille und unter den äußeren Säulen der Markthallen anzutreffen waren.

Man hat den Eindruck, alles, was früher in den Wohnungen war, ist jetzt vollzählig auf der Straße ausgestellt. Die Hauptstadt der Welt wirkt wie ein einziger Trödelmarkt. (...) Ständig begegnet man Personen jedes Geschlechts, Alters und Standes, die irgend etwas unter dem Arm tragen, offenbar Muster von Kaffee, Zucker, Käse, Öl, Seife, was weiß ich? Oft genug ist es auch die letzte Habe, das letzte Kleidungsstück, von dem sich ein Unglücklicher trennen muß, um die benötigten Lebensmittel kaufen zu können, die er für sich oder seine beklagenswerte Familie benötigt. (...)

Die unheilvollste Auswirkung der Geldspekulation oder vielmehr der Umstände, aus denen sie notwendig entstehen mußte, ist die echte Knappheit an Grundnahrungsmitteln. Längst wäre Paris verhungert, ja, buchstäblich verhungert ohne die ungeheuren Summen, die aus der Staatskasse fließen, um die tägliche Zuteilung ans Volk zu finanzieren, die zu einem Preis erfolgt, der daraus im Grunde ein Almosen macht. Die Nation war dieses Opfer offenbar den Bewohnern einer Stadt schuldig, die so lange fast allein die Kosten der Revolution getragen hat. (...)

Als ich Ende September nach Paris kam, wurde das »Sektionsbrot« zu drei Sous in Assignaten das Pfund abgegeben, während die Regierung dafür etwa acht bis zehn Livres bezahlte, also ungefähr fünf bis sechs Sous in Münzgeld. (In seiner Botschaft vom 14. Dezember 1795 hat das Direktorium soeben zugegeben, daß die Versorgung der Stadt Paris je Dekade über 370 Millionen in Assignaten kostet. Vor der Revolution kostete die Versorgung von Paris die Regierung nicht nur nichts, sondern brachte ihr jährlich 77 bis 78 Millionen Abgaben ein). Dieses Brot, das praktisch gratis verteilt wird, ist allerdings weder besonders gesund noch besonders schmackhaft; es besteht aus grobem, dunklem Mehl und ist auffallend klumpig, weil viel Kartoffeln, Saubohnen, Mais, Buchweizen daruntergemischt sind und man sich nicht die Zeit nimmt, es wirklich auszubacken. Um es zu bekommen, muß man stundenlang warten. Fleisch, Reis, Öl, Kerzen, Kohle, Zuckermelasse und etliche andere Produkte dieser Art werden ebenfalls an die Armen der Sektion zu sehr bescheidenen Preisen abgegeben; des-

303

halb sind die Läden der Bäcker, Krämer und Metzger den halben Tag belagert von einem Trupp Männer, Frauen und Kinder mit der Zuteilungskarte ihrer Sektion in der Hand. Sie stehen eng gedrängt wie Bettler an der Spitaltür und beweisen eine Geduld, die jedenfalls in meinen Augen durchaus nicht die kleinste Wunderwirkung des Revolutionsregimes ist. Man nennt das »Schlangestehen«, und Sie können sich vorstellen, mein Herr, welche Anstrengung und welcher Verdruß damit verbunden ist, wenn man, was durchaus nicht selten vorkommt, mehrere Stunden bei jedem Wetter so ausharren muß. Die vielen Zuteilungen gehen ja nicht nur penibel und langsam vor sich, sondern auch zu ganz verschiedenen Zeiten, weil die Anlieferung oft verspätet erfolgt oder sogar ganz ausbleibt. Das Mehl, das die Bäcker am Tag zuvor bekommen sollten, wird ihnen einen Tag später gebracht, oder das für den Morgen zugesagte trifft erst am Abend ein. Bedenken Sie, mein Herr, welche Verzweiflung das lange Warten hervorrufen muß, wenn es dabei um die einzige Hilfe in schlimmster Not geht und selbst diese dann ausbleibt! Wirklich, es kann keine andere als eine Revolutionspolizei den Unruhen steuern oder vorbeugen, die unter jedem anderen Regime aus solchen Zuständen entstehen würden!

Noch mehr wird Sie die Tatsache erstaunen, mein Herr, daß diese klägliche Zuteilung ihrerseits wie alles zum Gegenstand von Geschäftemacherei und Spekulation geworden sind. Die dergestalt begünstigten Armen der Sektion, die augenblicklich pro Tag und Familienmitglied ein ganzes Pfund Brot erhalten, finden ohne weiteres Gelegenheit, jedenfalls einen Teil davon mit beträchtlichem Aufschlag zu verkaufen, und diese Verlockung ist unwiderstehlich. Was man von ihnen kleinweise kauft, wird sofort im großen weitergehandelt, wobei noch mehr Gewinn anfällt; es gibt tatsächlich Brotschieber und Brotmakler, wie es sie für andere Produkte gibt.

Die Angst, zu verhungern, hat die Menschen erfinderisch gemacht. Man erblickt durchaus nicht selten neben einer Ladentür oder einem Haustor einen Kaninchenstall oder eine angebundene Ziege, die, so schlecht ernährt sie ist, mit ihrer Milch die letzte Rettung bedeuten kann. (...)

Was mir in Paris ganz allgemein und immer wieder auffällt, ist ein seltsam unsicherer, abwesender Ausdruck auf fast allen Gesichtern, eine ängstliche, mißtrauische, gequälte Art, oft geradezu etwas Verstörtes, Verkrampftes. Ich glaube, wer Paris noch nie gesehen hätte, niemals nähere Berichte darüber gehört hätte und es heute zum erstenmal sehen würde, könnte der Stadt das bekannte scherzhafte Kompliment machen: »Monsieur, ich habe Sie noch nie gesehen, aber Sie kommen mir sehr verändert vor.«

Sie werden vielleicht meinen, ich gebe hier meine ganz persönlichen Eindrücke wieder oder übertreibe. Vergessen Sie bitte nicht, mein Herr, daß es erst ein gutes Jahr her ist, daß ganz Paris noch ein einziges Gefängnis war, das man nur durch ein Wunder oder auf dem Weg über die Guillotine verließ. Es mögen an die achtzigtausend Bewohner dieser beklagenswerten Stadt sein, die zu den verschiedensten Zeiten die Erfahrung der härtesten und furchterregendsten Haft gemacht haben. Etliche sind erst in jüngster Zeit freigekommen; die allerdings hätte man besser im Gefängnis gelassen, diese Schreckensmänner, die man in Erwartung der befürchteten Krise begnadigt hat, wie sie dann am 12. und 13. Vendemiaire wirklich ausgebrochen ist. Vergessen Sie ferner nicht, daß von dieser so zahlreichen Einwohnerschaft so viele Menschen vollständig ruiniert sind, daß sie aus größtem Wohlstand und hochfliegenden Lebensplänen in die Masse der Allerärmsten gestoßen worden sind, die da Tag für Tag von der Gnade oder vielmehr der Furcht der Regierung die Unterstützung annehmen müssen, die sie zum Überleben brauchen. (...)

Die Männer gehen im allgemeinen ziemlich schlicht und vernünftig gekleidet; immerhin sieht man noch häufig Westen und lange Kniehosen, ein Kleidungsstück, das sehr bequem sein mag, aber allzu armselig und unelegant wirkt. Oft sieht man lange, bis auf die Absätze reichende und bis zu den Knien geknöpfte Mäntel, darüber geschnallt nicht selten riesige Säbel, die an schmalen Ledergürteln befestigt sind, und Krawatten, die wie um den Hals gewickelte Bettlaken wirken; dazu Schnurrbärte, die diese vornehme Livree des Schreckensregiments noch eindrucksvoller machen.

Der Kleidung der Frauen fehlt es weder an Geschmack noch an Eleganz; die flachen Schuhe geben einen festeren, dabei durchaus nicht weniger leichtfüßigen Schritt. Die unter dem Busen gebundenen Gürtel haben etwas schlicht Antikisches: sie lassen wohlproportionierten Formen die Freiheit, die ganze Grazie von Gestalt und schmiegsamen Bewegungen zur Geltung zu bringen, sind aber zugleich hilfreich beim Verhüllen mancher verborgenen Fehler. (...)

Wie soll ich Ihnen, mein Herr, die ganze Buntheit, die ganze Gegensätzlichkeit schildern, wie sie die Bevölkerung, die heute in den Straßen der riesigen Hauptstadt unterwegs ist, dem Betrachter darbietet? Übertrieben aufgeputzte Frauen, die am Arm echter Sansculotten daherkommen; andere, ohne Begleitung, mit erheblicher Mühe gehend, weil sie ihre eleganten Kleider bis auf halbe Wadenhöhe raffen müssen, um sie nicht im Straßenkot schmutzig zu machen; viel schlichter, bisweilen geradezu ärmlich gekleidete Frauen, die aber durch die vornehmste und sittsamste Haltung auffallen; alte Abbés, die den Rest ihres Haares im Nacken hochgebunden haben; abgedankte Militärpersonen, die ergeben den Brotlaib, den sie beim Sektionsbäcker bekommen haben, in ihre Dachkammer tragen; verehrungswürdige Greise, die ihr ganzes Leben lang an allen Komfort gewöhnt waren und sich jetzt mühsam zu Fuß fortbringen müssen; ihre reich gewordenen einstigen Pächter oder Diener, die sie, zum Abschluß eines Millionengeschäfts unterwegs, mit dem Dreck ihrer Einspänner bespritzen; Schwärme einer neuen Generation von Kriegern, die mit ihren unerhörten Waffentaten die Welt zu unterwerfen drohten, kommen blaß und abgerissen daher; die unscheinbaren Gestalten, die von der Rednertribüne heute ganz Europa ihre Gesetze diktieren, treten im schmutzigsten und ungepflegtesten Gewande auf, das durch die blau-weiß-rote Schärpe mit den goldenen Fransen erst ins Auge fällt, und bemühen sich, in der Menge unauffällig mitzuziehen; trotz ihrer Zurückhaltung entgehen sie nicht immer den offenen Beleidigungen und noch weniger den leisen Verwünschungen der Passanten.

Zwar trifft man auf den Straßen auf neue Behinderungen: die Auslagen aller Art, von denen ich schon sprach, dazu die ständigen Transporte von Möbeln oder Waren, die sich durch den allgegenwärtigen Trödelhandel vervielfacht haben, die patrouillierenden Soldaten und die Militärkolonnen. Dafür sind viele Hindernisse früherer Zeiten selten geworden, zum Beispiel die Karossen und anderen privaten Wagen, andere sind ganz verschwunden, wie die Prozessionen aller Art, und dazu gehören auch die Leichenzüge, denn der ganze Aufwand beschränkt sich heute auf den mit der Trikolore bedeckten Sarg auf einer kläglichen Bahre, von ein oder zwei Mann gerollt, und dahinter einen Verwandten oder einen Polizisten. (...)

Ich bin nicht der einzige Fremde, dem aufgefallen ist, daß man noch niemals so viele schwangere Frauen in Paris gesehen hat wie heute, aber es ist mir nicht möglich, wie manche Zeitphilosophen daraus zu schließen, daß die Liebe in Frankreich moralischer geworden wäre. Wenn ich Aussehen und Auftreten der meisten dieser Damen sehe, so neige ich eher zu der Vermutung, daß sie jetzt weniger Zurückhaltung, Schamempfindung und Zartgefühl haben. Eine schwangere Frau hat, möchte ich meinen, allen Liebreiz ihres Geschlechts verloren, wenn sie in diesen Umständen die Folgen der liebenswürdigsten Schwäche nicht überspielt mit ungleich größerem Anstand und Würde. Das aber ist mir kaum begegnet bei dieser Menge fruchtbarer Schönheiten, die man in jedem Theater und auf allen Promenaden trifft. Die Freizügigkeit von Ansichten und Sitten, die neuen Scheidungsgesetze, die Auflösung der häuslichen Bande – so viele gestürzte Schranken, so viele überwundene Vorurteile konnten die Anzahl der unverbindlichen Lebensgemeinschaften, die an die Stelle der Ehe treten, nur erheblich zunehmen lassen und damit einen Bevölkerungsschub hervorrufen. Allerdings wird man abwarten müssen, wie es über die Zeit mit den langfristigen Folgen aussehen wird, ob das Los der Kinder damit glücklicher sein wird, ihre Erziehung besser, das innere Gedeihen der Familien verbreiteter und sicherer. Viele sind ohnehin überzeugt, daß die Umstände des allgemeinen Elends, der langen Schreckenszeit nicht wenig zu der neuen Fruchtbarkeit beigetragen haben: Eheleute, die vorher allen möglichen Zerstreuungen nachgegangen waren, sind einander wieder näher gekommen, viele bisher eher lokkere Verhältnisse sind enger geworden. Man hat notgedrungen häuslicher, eingezogener gelebt. Die Einsamkeit, die Angst, die langen Nächte ohne Licht scheinen die Seele noch zusätzlich zur süßen Hingabe an die Liebe zu bewegen, und Leiden und Sorgen geben allem, was uns davon ablenkt, einen ganz anderen Wert. (...)

Sie sehen, mein Herr, es gibt keine Lebenslage, so schrecklich sie sein mag, aus der die geistige Beweglichkeit der Franzosen nicht etwas zu machen versteht.

Ich neide niemandem die Freuden, die ihm helfen, sein schweres Los zu tragen, aber ich bete zum Himmel, er möchte mich vor dem Unverstand bewahren, der dazu gehört, sich mit dem Anblick von soviel Leid und Elend abzufinden. Welchem fühlenden Menschen zerrisse es nicht die Seele, wenn er alle die ausgemergelten Gesichter sieht, die nur noch von nackter Gier nach dem Weiterleben belebt sind, und auf denen man mit Entsetzen die tiefen Spuren bitterer Schmerzen sieht! Wie oft habe ich Menschen gesehen, die vor tödlicher Entkräftung sich nur noch mit Mühe an einen Eckstein lehnten oder am Boden lagen, zu schwach, sich zu erheben. Ich ging nicht mehr aus, ohne meine Taschen mit allem Brot zu füllen, das ich erübrigen konnte, und das Stück, das ein Armer früher von sich gewiesen hätte, wurde jetzt mit dem Ausdruck tiefster Dankbarkeit angenommen von Menschen, die, eine schreckliche Vorstellung, vielleicht an diesem Tage zum erstenmal bettelten.

Und inmitten so schauerlicher Szenen erblickt man nach wie vor soviel Luxus und soviel Hochmut, soviel Extravaganz und soviel Leichtsinn!

Man kann diese Nation wirklich auf alles dressieren, kann sie Haltungen annehmen lassen, die ganz und gar nicht zu ihren natürlichen Vorlieben und Neigungen passen – sie wird immer die feurige Betriebsamkeit behalten, von der sie lebt, und die glückliche Natur, die sich an allem freut und über alles hinwegkommt.

Demokratie und Gleichheit sind erst zu schaffen

Gedanken von Babeuf aus seinem »Tribun du Peuple«

Boissy d'Anglas hat aus dem Anblick des blutigen Hauptes des Abgeordneten Féraud seine Lehren gezogen. Als Mitautor der neuen Verfassung sorgt er dafür, daß das Wahlrecht auf die an Ruhe interessierten Besitzenden und ehemaligen Soldaten beschränkt wird. 30 der 48 Pariser Sektionen haben am 13. Vendemiaire IV (5. Oktober 1795) sogar gemeint, das Rad noch weiter nach rechts, zurück zur Monarchie, drehen zu können, doch sie sind von der Truppe unter Führung des als Jakobiner geltenden Generals Bonaparte zusammengeschossen worden. Alles ist wieder im Lot. Einen »Bürgerausweis« braucht niemand mehr; eine Amnestie hat allen politischen Gefangenen, außer den Emigranten, die Freiheit gegeben. Statt der Ausschüsse regiert jetzt ein fünfköpfiges Direktorium, und in einem Zweikammersystem schlägt ein »Rat der Fünfhundert« die Gesetze vor, ein »Rat der Alten« (250 Mitglieder über 40 Jahre) muß sie bestätigen.

Doch bürgerliche Regimes nach mörderischen Zeiten tun sich schwer mit dem »Bewältigen«; je angestrengter man vergessen will, um so wacher bleibt die Erinnerung. Und immer wieder stoßen sich Spielverderber an Ungerechtigkeiten, die von der Mehrheit achselzuckend hingenommen werden. Zu ihnen gehört François Noël (»Gracchus«) Babeuf, der entschlossen ist, die Macht der Arrivierten zu brechen. Die Veröffentlichung eines »Manifests der Gleichen« und ein Versuch zur »Revolutionierung des Volkes« führen im Mai 1796 zur Verhaftung der Verantwortlichen. Babeuf und ein Freund werden hingerichtet, die übrigen freigesprochen oder bald entlassen.

In seiner Zeitung Le Tribun du Peuple vertritt Babeuf seine Ideen von der Diktatur des Volkes, der Abschaffung des Privateigentums an Produktionsmitteln. Der folgende Text ist der Nummer vom 11. Dezember 1795 entnommen.

Was bleibt zu tun?

Nichts, behauptet das Direktorium (...), denn es wird ganz eindeutig erklärt, daß alles vollbracht, daß die Revolution beendet ist, und man beklagt sich bitter über *die Anarchisten und die Männer, die immer weiter revolutionieren wollen.*

Das Wort *Anarchisten*, schon unter La Fayette, schon unter Ludwig XVI., schon unter der Gironde benutzt, wird jetzt mit skandalösem Getue wieder hervorgeholt. Allen Höfen dürfte es vertraut sein, das wissen wir. Doch unsere neuen Potentaten sollten wirklich darauf bedacht sein, es mit weniger Übereilung zu verwenden. Sie sollten bedenken, daß sie alles, was sie sind, nur dem Vorzug verdanken, auch *Anarchisten* gewesen zu sein, jedenfalls im Urteil der Könige vor ihnen, und daß diese Zeit gar nicht so lange zurückliegt. Auch Herr Réal sollte nicht vergessen, daß er eine bedeutende Persönlichkeit nur geworden ist, weil er *Anarchist* war, und wir wollen ihm gerne Zeiten und Umstände nennen, da er sich dessen gerühmt hat.

Doch kommen wir zu den *Männern, die immer weiter revolutionieren wollen.*

Revolutionieren, wir haben schon mehrfach gesagt, was das bedeutet. Es bedeutet, sich gegen einen Zustand zu verschwören, der nichts taugt; es bedeutet, ihn zu desorganisieren und durch etwas Besseres zu ersetzen. Und solange alles, was nichts taugt, nicht umgestürzt ist und das, was gut ist, nicht gefestigt steht, stimme ich nicht zu, daß man genug für das Volk revolutioniert habe.

Ich verstehe, daß Männer, die bei allem an sich denken, sagen, es sei nun genug mit dem Revolutionieren, wenn die Revolution sie dahin gebracht hat, wo es ihnen besonders gut geht, dahin, wo ihnen für sich selbst nichts mehr zu wünschen übrig bleibt. Gewiß, dann ist die Revolution vollbracht, aber für sie. Die Revolution ist in der Türkei durchaus vollbracht für den Sultan. Die Revolution war für die Bourbonen durchaus vollbracht unter Ludwig XIV., unter Ludwig XV. und unter Ludwig XVI. Ich gebe sogar zu, daß sie es heute noch für alle hochgestellten Gehaltsbezieher ist, für die Mitglieder des Direktoriums ebenso wie für die jungen und alten Abgeordneten, und sie ist es auch für die Million der Reichen und Reichgewordenen. Aber ich bleibe dabei: Die Revolution ist durchaus nicht vollbracht für das Volk.

Dabei sollte sie ja angeblich nur für das Volk vollbracht werden, und es hat selber geschworen, es werde sie zu Ende führen oder sterben. Sie ist nicht zu Ende geführt, weil nichts geschehen ist, um das Glück des Volkes zu sichern, dafür aber alles, um es auszubeuten, dieses Volk, um auf alle Ewigkeit seinen Schweiß und sein Blut in die goldenen Gefäße einer Handvoll infamer Reicher zu leiten. Sie muß also fortgesetzt werden, diese Revolution, bis sie zur Revolution des Volkes geworden ist. Deshalb sind alle, die sich über die *Männer, die immer weiter revolutionieren wollen*, beklagen, mit Fug und Recht als Volksfeinde zu betrachten.

Die Hochmögenden und Mächtigen des Tages verbinden eine seltsame Vorstellung mit dem Wort *Revolution*, wenn sie behaupten, die Revolution sei bei uns vollbracht. Besser würden sie von der *Gegenrevolution* sprechen! Noch einmal: Die Revolution ist das Glück aller. Das haben wir nicht, die Revolution ist also nicht vollbracht. Die Gegenrevolution ist das Unglück der vielen. Das haben wir, demnach ist die Gegenrevolution vollbracht?

Immerhin hat es noch niemand gewagt, das Schamgefühl so zu verhöhnen, daß er zugäbe und laut verkündete, Ziel unserer Bewegungen in den nächsten sechs Jahren müsse die Gegenrevolution sein! Noch schickt es sich zu sagen, Ziel dieser Bewegungen sei ausschließlich die Revolution gewesen, und man spricht auch nicht von der Revolution der Reichen, der ehrenwerten Million. Wenn man demnach gezwungen ist, einerseits einzuräumen, daß eine echte Revolution eine der Masse sein muß und wir diese Revolution brauchen, daß wir andererseits nur die Revolution für die wenigsten erreicht haben, und daß diese Revolution unbestreitbar Gegenrevolution heißt, so folgt daraus, daß die Revolution nach der eigenen Bekundung der Gegenrevolutionäre noch zu vollbringen bleibt.

Und trotzdem behandeln sie uns als *Anarchisten*, als *Umstürzler*, als *Desorganisatoren*, weil wir sie noch vollbringen wollen. Das gehört eben zu den Widersprüchen wie dem, daß sie die Revolution Gegenrevolution nennen. Die Organisation ist für diese Herren eben auch die Desorganisation. Ich nenne Desorganisation durchaus jede Ordnung, die den wenigsten die Fülle und den meisten Not und Tod bringt, und ich nenne Desorganisierer alle, die zur Schaffung einer solchen Ordnung beigetragen haben oder zu ihrer Aufrechterhaltung beitragen. Organisation nenne ich eine ganz anders geartete Ordnung, die für das Glück der Masse sorgt, und ich nenne Organisatoren alle, die daran arbeiten, Regeln einzuführen und durchzusetzen, von denen so erfreuliche Folgen erwartet werden dürfen. Aber so sieht das Wörterbuch der Paläste, Schlösser und Stadtpalais nun einmal aus, daß die gleichen Ausdrücke dort fast immer das Gegenteil von dem bedeuten, was man in den Hütten darunter versteht. In Versailles und in den Tuilerien wurden zwischen 90 und 92 die Begriffe *Anarchisten, Umstürzler, Desorganisatoren* ständig verwendet, und die sie benutzten, waren die einzigen und eigentlichen Desorganisatoren, und die, gegen die sie benutzt wurden, waren im Gegenteil Männer, die auf den Trümmern der Desorganisation der königlichen Hampelmänner *organisieren* wollten. So ist es noch heute. Man wärmt die alten Wörter Anarchie und Desorganisation auf und holt sie aus beinahe denselben Ecken, und es ereifern sich die besonders wütend, die alles desorganisiert haben, und sie verwenden diese Wörter mit Schaum vor dem Mund gegen die neuen Organisatoren oder jedenfalls alle, die den menschenfreundlichen Wunsch an den Tag legen, es sein zu wollen.

Doch es genügt uns, diese Beinamen und Schimpfwörter durchschaut zu haben, und schon schaden sie uns nicht mehr als zwischen 90 und 92. Heute wie damals werden sich wohlgesonnene Geister, aufrechte Männer, glühende Freunde der Gerechtigkeit den Titel *Desorganisator* zur Ehre anrechnen. Dieser Titel bedeutet für sie *Organisator*, und das, wonach sie streben, *Organisation*: Es ist ausgemacht und bewiesen, daß dies nach wie vor *zu vollbringen bleibt*.

Die Finanznot des Direktoriums

Denkschrift vom 21. Dezember 1795 an den Rat der Fünfhundert

Die Politiker des Direktoriums stehen bei der Nachwelt in ebenso falschem Ruf wie die Diplomaten beim Wiener Kongreß wenige Jahre später: In beiden Fällen schließt Lebensgenuß harte Arbeit nicht aus, und zumal die Direktoren im Luxembourg-Palast leben fast kärglich. Nur ist der Unterschied zum darbenden Normalbürger groß, und wenn fremde Botschafter einigermaßen repräsentativ empfangen werden, schreibt ein verarmter Rentner wie Célestin Guittard entrüstet in sein Tagebuch: »Die Republik spielt König, und wir haben kein Brot.«

Geld kann mangels Steuereinnahmen und nach dem Ausverkauf der »Nationalgüter« nur noch von außen kommen. Die eine Quelle, die Einkünfte aus den Kolonien, ist versiegt: Dort hat man es mit England unmittelbar zu tun, nicht nur mit »Pitt's Gold«, und trotz einiger Erfolge der widerstrebend für frei erklärten Sklaven und Mulatten ist nur noch Guadeloupe geblieben. Die andere Quelle, die Einkünfte aus den eroberten reichen Ländern, rinnt nur noch spärlich, weil Krieg derzeit Kämpfe in schon geschröpften Gegenden bedeutet. Die emprunts forcés, Zwangsanleihen bei den Reichen, bringen schon deshalb so gut wie nichts, weil die Republik das Gesicht nicht verlieren mag, indem sie ihre eigenen Assignaten nicht annimmt, und sei es zu einem noch so beschämenden Kurs.

Am 21. Dezember 1795 richtet das Direktorium ein Schreiben an den Rat der Fünfhundert, das die bedenkliche Situation so nüchtern schildert, wie man es zu den Zeiten der revolutionären Illusionen nicht gewagt hätte. Schon zeichnet sich die Währungsreform ab, die Rückkehr zum Münzgeld, damit sich ehrliche Arbeit wieder lohnt und Louisdors und silberne Ecus aus den Sparstrümpfen heraus und in Umlauf kommen.

Der Schleier muß zerrissen werden. Wir brauchen Hilfe, und zwar ganz rasch und ganz massiv. Die Westarmee, die Küstenarmee, die Sambre- und Maasarmee sind ohne Sold, haben keine Verpflegung, kein Futter, keine Stiefel, keine Bekleidung, keine Zelte, kein Schanzzeug, keine Transportmittel. Die Lazarette werden nicht versorgt. Unsere Kavallerie ist fast zur Fußtruppe geworden. Für die Kanonen sind keine Pferde da.

Die Flotte ist in einem ebenso kläglichen Zustand. Unsere Schiffe liegen im Hafen fest, weil wir sie nicht ausrüsten können. In Toulon wird bald nicht mehr gearbeitet werden, weil Böswillige immer neue Unruhen auf den Werften stiften. Die Forderung nach Münzgeld ist der immer gleiche Vorwand.

Die Verbindungen zwischen den verschiedenen Teilen der Republik und den Armeen werden demnächst unterbrochen sein. Nur mit Münzgeld ist es möglich, diesen ungemein wichtigen Dienst wieder sicherzustellen. Die Versorgung mit Lebensmitteln und Futter ist so unsicher, daß die Postpferde als Pfand für ihr Futter zurückgehalten werden. Die erfolgversprechendsten Verhandlungen müssen wir aussetzen, weil, so unglaublich das klingt, wir nicht das Geld haben, um die Reisekosten unserer Gesandten zu bestreiten.

Es ist Verrat geübt worden. Wir hätten uns höchst eindrucksvoll von den Rückschlägen, die darauf entstanden sind, erholen können, wenn es nicht an Finanzmitteln gefehlt hätte. Die Chouans machen beängstigende Fortschritte. Unsere verzweifelten, vom Hunger erschöpften Soldaten laufen zu ihren Banden über, um etwas zu essen zu bekommen. Unsere Italienarmee ist mitten im Vormarsch vom Mangel an Transportmitteln aufgehalten worden. Griechische Lieferanten von Lebensmitteln sind damit wieder abgefahren, weil kein Münzgeld für sie aufzutreiben war. Die Rhein- und Moselarmee und die Sambre- und Maasarmee können den Feind nicht zurückschlagen und müssen jeden Tag in Ermangelung von Transportmitteln und Waffen zurückweichen. Die Offiziere können nicht länger ohne eine Solderhöhung in Münzgeld auskommen. Die Sanitätsoffiziere verlangen sie, die Feldbäckereien fordern sie, die anderen Militärangestellten kommen mit dem gleichen Anliegen, und zwar mit unwiderlegbaren Begründungen.

Alle Behörden melden, sie ständen demnächst hilflos da: Wir haben nicht so durchgreifen können, wie es wegen der Untreue der meisten von ihnen erforderlich zu sein scheint, weil wir nicht die Möglichkeit haben, sie durch andere zu ersetzen. Alle Kassen sind leer. Offenbar zögert man, die Maßnahmen zu ergreifen, die allein sie füllen könnten.

Die Zwangsanleihe, so wie sie beschlossen worden ist, wird uns nicht das Münzgeld bringen, das wir so notwendig brauchen, weil man sie auch ganz mit Assignaten zu einem Prozent des Nennwerts zeichnen kann. Damit hat man den Geldspekulanten erwünschte Gelegenheit verschafft, die ganze Anleihe illusorisch zu machen. Sie brauchen die Assignaten nur auf ein Viertel Prozent ihres Nennwerts fallen zu lassen. Sie würden sich dann mit einem Viertel dessen freikaufen, was sie eigentlich zu zahlen hätten. Zum ersten Termin würden sie nur mit dergestalt abgewerteten Assignaten zahlen, so daß man damit kaum bis zum zweiten Termin auskommen würde. Und dann würden sie wieder mit Assignaten zahlen, die auch bald ausgegeben wären, so daß die Anleihe weder genügend Assignaten noch genügend Münzgeld eingebracht hätte und der Staat in der gleichen Notlage bliebe. Nein, schlimmer noch: ein Teil seiner Ressourcen wäre erschöpft, und wir würden, und zwar in Metallwert, 600 Millionen mehr schulden.

Könnte man nicht beschließen, daß zu jedem Termin die eine Hälfte der fälligen Anleihezeichnung in Münzgeld oder Barrengold zu leisten ist, die andere Hälfte in Korn oder in Assignaten zum Tageskurs? Damit jeder ein Interesse daran hat, daß der Kurs der Assignaten durch die Nachfrage wieder steigt, könnte man die Regierung bevollmächtigen, sie zu dreißig Punkten über Kurs anzunehmen. Also wenn sie zum Beispiel bei 200 : 1 zum Nennwert stehen, würde man sie zu 170 : 1 hereinnehmen, und so weiter. Das sind die Maßnahmen, von denen das Direktorium gemeint hat, sie seien am ehesten geeignet, die Anleihe produktiv zu machen und der Clique aus dem Ausland einen Strich durch die Rechnung zu machen, die sich nach Kräften bemüht, alle Vorkehrungen zum Scheitern zu bringen, die von dem glühenden Wunsch nach der Rettung des Vaterlandes diktiert werden.

Die Franzosen in Mailand

Aus Stendhals »Kartause von Parma«

Der Berufsoffizier Napoleone Buonaparte aus Korsika hat erst 1793 bei der Befreiung Toulons von den Engländern die Chance ergriffen, die ihm das neue Regime bot. Kaum war er General und hatte sich zu Robespierre bekannt, kam der 9. Thermidor. Zu seinem Glück brauchte der Konvent gegen die Königstreuen einen »Linken«, der auf Bewährung brannte. Ob es bei ihm, der seinen Namen in »Napoléon Bonaparte« französisiert hat, jemals andere Antriebe als den persönlichen Ehrgeiz gegeben hat, wird ewig umstritten bleiben. Es gibt ja Äußerungen wie die zu seinem Kameraden Junot am 13. Vendemiaire beim Anblick der Royalisten: »Wenn die Kerle mich an ihre Spitze stellten, würde ich den Konvent schön auffliegen lassen.«

Im Wust der Legenden beliebt ist die seiner Verehelichung. Der Knabe Eugène de Beauharnais hat den Degen seines guillotinierten Vaters über Bonaparte zurückbekommen. Seine Mutter bedankt sich persönlich. Ein deutscher Chronist erzählt: »Man kennt ihre große Liebenswürdigkeit, ihr sanftes und einnehmendes Wesen. Die Bekanntschaft wurde bald vertraut und zärtlich, und ihre Verheiratung erfolgte kurz darauf.« In Wirklichkeit bedurfte es komplizierter Verhandlungen, bis Bonaparte die schöne Witwe Joséphine am 9. März 1796 heiraten konnte. Am 11. März reiste er als neuer Befehlshaber zur Italienarmee ab.

Die Söldner der Fürsten und ihrer österreichischen Schutzmacht waren seinem Elan nicht gewachsen. Und er verstand etwas von »Pressearbeit«. Von den Straßenkämpfen im Dorf Montenotte oder dem Sturm über die Addabrücke bei Lodi wurde nicht einfach berichtet, weil er den Redaktionen Geld zukommen ließ, sondern etwas mindestens so Willkommenes mitlieferte: dramatischen Erzählstoff und eine Identifikationsperson.

Der folgende Text ist der Anfang des Romans »Die Kartause von Parma« von Stendhal.

Am 15. Mai 1796 hielt der General Bonaparte seinen Einzug in Mailand an der Spitze jener jugendlich ungestümen Armee, die unlängst über die Brücke von Lodi vorgestürmt war und der Welt gezeigt hatte, daß nach so vielen Jahrhunderten Caesar und Alexander einen Nachfolger gefunden hatten. Die Wunder an Heldentum und genialer Führung, deren Zeuge Italien binnen weniger Monate war, rüttelten ein Volk, das bislang in tiefem Schlaf gelegen hatte, aus seinem Schlummerdasein auf. Noch acht Tage vor der Ankunft der Franzosen sahen die Mailänder in ihnen nur eine bunt zusammengewürfelte Bande von Straßenräubern, die vor den Truppen Seiner Kaiserlichen und Königlichen Majestät in einem fort Reißaus nahm. So wenigstens käute es ihnen wöchentlich dreimal ein kleines, handgroßes, auf schmutzigem Papier gedrucktes Zeitungsblatt vor.

Im Mittelalter hatten die Lombarden eine Tapferkeit an den Tag gelegt, die dem Todesmut der Franzosen in der Revolution ebenbürtig war, und so war es gekommen, daß sie mit ansehen mußten, wie die deutschen Kaiser ihre Stadt dem Erdboden gleichmachten. Seit sie aber »treue Untertanen« geworden waren, bestand ihr Hauptanliegen darin, Sonette auf kleine rosarote Seidentücher zu drucken, wenn der Hochzeitstag eines Mädchens aus vornehmem und reichem Hause herannahte. Zwei oder drei Jahre nach diesem wichtigen Ereignis in ihrem Leben erkor das junge Mädchen einen *Cavaliere servente*, und zuweilen nahm der Name des Cicisbeo, den die Familie des Gatten gewählt hatte, einen ehrenvollen Platz im Ehevertrag ein. Es war ein gewaltiger Unterschied zwischen solch weibischen Sitten und den tiefen, aufwühlenden Erregungen, die das unerwartete Erscheinen der französischen Armee hervorrief. Es währte nicht lange, so kamen ganz andere, leidenschaftliche Bräuche auf. Ein ganzes Volk ward am 15. Mai 1796 plötzlich inne, daß alles, was es bis dahin verehrt hatte, im höchsten Maße lächerlich und manchmal sogar hassenswert gewesen war. Der Abzug des letzten österreichischen Regiments kennzeichnete den Zusammenbruch der alten Anschauungen. Es wurde Mode, sein Leben aufs Spiel zu setzen. Man sah ein, daß man, um nach jahrhundertelanger Verweichlichung und widerlicher Heuchelei glücklich zu werden, sein Vaterland aufrichtig lieben und heldenmütige Taten vollbringen mußte. Die Fortdauer der Zwingherrschaft Karls V. und Philipps II., die keine andern Götter neben sich geduldet hatten, hatte das Land in finstere Nacht gehüllt. Man stürzte ihre Standbilder um, und mit einem Mal war alles von strahlendem Licht überflutet. Seit rund fünfzig Jahren, und in dem Maße, wie in Frankreich das Gedankengut der Enzyklopädie und Voltaires Wurzeln schlug, hatten die Mönche dem guten Mailänder Volk unablässig immer eindringlicher in die Ohren geschrien, lesen oder sonst irgend etwas auf Erden zu lernen, sei ein höchst unnützes Bemühen, und wenn man nur pünktlich seinem Pfarrer den Zehnten bezahlte und ihm getreulich alle seine kleinen Sünden beichte, sei man so ziemlich sicher, im Himmelreich ein schönes Plätzchen zu ergattern. Um dieses vordem so schreckliche, vorlaute und unbotmäßige Volk vollends zu verweichlichen, hatte ihm Österreich das wohlfeile Vorrecht verkauft, für seine Armee keine Rekruten liefern zu müssen.

Im Jahre 1796 bestand die mailändische Armee aus vierundzwanzig rotberockten Tagedieben, die zusammen mit vier prachtvollen ungarischen Grenadierregimentern die Stadt bewachten. Die Lockerung der Sitten war beispiellos, wahre Leidenschaft aber etwas ungemein Seltenes. Außerdem war das Mailänder Volk, ganz abgesehen von dem unangenehmen Zwang, den Pfaffen alles und jedes beichten zu müssen, wenn es nicht im Diesseits schon der Verdammnis verfallen wollte, mit mancherlei Unannehmlichkeiten belastet, mit denen die Monarchie es plagte und behelligte, und die eben doch recht lästig waren. So war zum Beispiel der Erzherzog, der in Mailand residierte und im Namen des Kaisers, seines Vetters, die Regierungsgeschäfte führte, auf den einträglichen Gedanken verfallen, einen Getreidehandel zu betreiben. Demzufolge wurde den Bauern verboten, ihr Korn anderweitig zu verkaufen, bevor Seine Hoheit die Speicher gefüllt hatte.

Im Mai 1796, drei Tage nach dem Einzug der Franzosen, saß ein junger Miniaturenmaler, ein närrischer Kerl namens Gros, der es seither zu einer gewissen Berühmtheit gebracht hat, im Kaffeehaus *dei Servi*, das damals gerade im Schwange war. Er war als Schlachtenbummler mit der Armee ins Land gekommen. Nun hörte er von den großzügigen Machenschaften des Erzherzogs, der überdies noch ungewöhnlich beleibt war, erzählen, und da nahm er die Preisliste der verschiedenen Fruchteisarten, die auf einem großen Bogen zum Aushängen im Café auf grobes gelbes Papier gedruckt war. Auf die Rückseite dieses Blattes zeichnete er den dicken Erzherzog; ein französischer Soldat rannte ihm sein Bajonett in den Bauch, und anstatt Blut strömte eine unglaubliche Menge Korn aus der klaffenden Wunde. Was man einen Witz oder eine Karikatur nennt, war in diesem Lande, in dem eine niederträchtig verschlagene Zwingherrschaft ihren Druck ausübte, etwas Unbekanntes. Die Zeichnung, die Gros auf dem Tische im Café *dei Servi* liegenließ, kam allen vor wie ein Wunder, das vom Himmel niedergestiegen war. Sie wurde noch in derselben Nacht in Kupfer gestochen, und man verkaufte zwanzigtausend Exemplare davon.

Am gleichen Tage wurde die Erhebung einer Kriegssteuer in der Höhe von sechs Millionen, die für die Bedürfnisse der französischen Armee auferlegt wurde, öffentlich bekanntgegeben. Diese hatte zwar unlängst sechs Schlachten gewonnen und zwanzig Provinzen erobert, hatte aber dafür keine Hosen, keine Kleider und keine Hüte.

Das Glück, die Freude, die in solchem Übermaß die ganze Lombardei überfluteten, als diese bettelarmen Franzosen ins Land kamen, waren so überwältigend, daß einzig die Priester und ein paar Adlige innewurden, wie drückend diese Abgabe von sechs Millionen auf ihnen lasten werde. Bald darauf folgten noch zahlreiche andere Kontributionen. Die französischen Soldaten lachten und sangen tagaus, tagein. Sie waren samt und sonders noch nicht fünfundzwanzigjährig, und ihr Oberbefehlshaber, der siebenundzwanzig Jahre alt war, galt als der älteste Mann der ganzen Armee. Diese ausgelassene Fröhlichkeit, diese Jugendlichkeit, dieses sorglose Gebaren standen in einem geradezu komischen Widerspruch zu den wutschnaubenden Predigten der Mönche, die seit einem halben Jahr von den gottgeweihten Kanzeln herab verkündeten, die Franzosen seien lauter Unmenschen, die bei Todesstrafe strengen Befehl hätten, alles niederzubrennen und aller Welt den Kopf abzuschlagen. Zu diesem Zweck werde auf dem Marsche jedem Regiment eine Guillotine vorausgefahren.

In ländlichen Gegenden sah man unter den Türen der Strohhütten die französischen Soldaten sitzen und die kleinen Kinder ihrer Quartierwirtin in den Schlaf wiegen, und fast Abend für Abend griff irgendwo ein Trommler, der auch Geige spielte, zu seinem Instrument, und ehe man's gedacht, war das schönste Tanzfest im Gange. Weil jedoch die Kontertänze viel zu kunstvoll und verwickelt waren, als daß die Soldaten sie den Frauen im Lande hätten beibringen können – zudem konnten sie selbst sie nicht recht tanzen –, lehrten nun diese die jungen Franzosen die *Monferina*, den *Saltarello* und andere italienische Volkstänze.

Die Offiziere waren, soweit dies möglich war, bei wohlhabenden Leuten einquartiert worden. Sie hatten es auch bitter nötig, sich wieder neu auszustaffieren. So erhielt beispielsweise ein Leutnant namens Robert einen Quartierschein für den Palast der Marchesa del Dongo. Dieser Offizier, ein junger, frisch aufgebotener Mann, ein rechter Bruder Leichtfuß, besaß als ganze Barhabe einen Sechsfrankentaler, als er den Palazzo betrat. Diesen Taler hatte er kurz zuvor in Piacenza bekommen. Nach dem Übergang über die Brücke von Lodi hatte er einem schmucken österreichischen Offizier, der von einer Kanonenkugel getötet worden war, eine nagelneue Nankinghose abgenommen, und nie war wohl ein Kleidungsstück gelegener gekommen als hier. Seine Achselstücke waren aus Wolle, und das Tuch seines Waffenrocks war am Ärmelfutter angenäht, damit die Fetzen zusammenhielten. Aber es war da noch ein viel betrüblicherer Umstand: Die Sohlen an seinen Schuhen waren aus Filzflecken von einem Soldatenhut zusammengestückelt, den er gleichfalls auf dem Schlachtfeld jenseits der Brücke von Lodi aufgelesen hatte. Diese behelfsmäßigen Sohlen waren mit deutlich sichtbaren Schnüren am Oberschuh festgebunden, so daß der Leutnant Robert in tödliche Verlegenheit geriet, als der Haushofmeister des Hauses del Dongo in seinem Zimmer erschien, um ihn zum Diner mit der Frau Marchesa zu bitten. Sein Bursche und er verbrachten die zwei Stunden, die sie noch von der verhängnisvollen Mittagstafel trennten, damit, daß sie

verzweifelt versuchten, den Waffenrock ein wenig schöner zu-
sammenzunähen und die unseligen Schnüre mit Tinte schwarz
zu färben. Endlich kam der gefürchtete Augenblick heran.
»Zeit meines Lebens war mir nie so unbehaglich zumute«, berichtete mir der Leutnant Robert. »Die Damen meinten, ich
wolle ihnen bange machen, und dabei war mir noch weit ängstlicher zumute als ihnen. Ich starrte auf meine Schuhe und
wußte nicht, wie ich's anstellen sollte, um mich mit leidlichem
Anstand fortzubewegen. Die Marchesa del Dongo«, fuhr er
fort, »strahlte zu jener Zeit im vollen Glanz ihrer Schönheit.
Sie haben sie ja gekannt, mit ihren wunderschönen Augen voll
engelgleicher Sanftmut, mit ihrem üppigen dunkelblonden
Haar, das so reizvoll das makellose Oval ihres bezaubernden
Gesichts umrahmte. In meinem Zimmer hing eine Herodias
von Leonardo da Vinci, die fast aussah wie ein Bildnis von ihr.
Gott fügte es, daß ich von ihrer überirdischen Schönheit dermaßen ergriffen wurde, daß ich darob meinen zerlumpten Anzug völlig vergaß. Seit zwei Jahren hatte ich in den Bergen rings
um Genua nichts als häßliche und erbärmliche Dinge zu Gesicht bekommen. Ich erkühnte mich, ein paar Worte über mein
Entzücken an sie zu richten.

Ich war allerdings klug genug, mich nicht allzulange in Kom-
plimenten zu verlieren. Denn während ich meine Worte wohl-
gedrechselt vorbrachte, sah ich in einem ganz in Marmor gehal-
tenen Speisesaal ein Dutzend Lakaien und etliche Kammerdie-
ner, deren Gewandung mir als der Inbegriff höchster Pracht
vorkam. Stellen Sie sich vor, diese Lümmel trugen nicht nur
gutes Schuhwerk, sondern sie hatten sogar noch Silberschnal-
·len daran. Ich schielte verstohlen nach ihnen hin und sah, daß
alle blöde und dumm auf meinen Rock und vielleicht auch auf
meine Schuhe starrten. Das gab mir einen Stich ins Herz. Zwar
hätte ich nur ein Wort zu sagen brauche, und alle diese Kerle
hätten vor Angst gezittert. Doch wie hätte ich sie zurechtwei-
sen können, ohne zugleich die Damen kopfscheu zu machen?«

Wirtschaftliche Zwangsmaßnahmen nach dem Einmarsch

Anweisungen des Direktoriums an die Armeen

Preußen hat einen Sonderfrieden mit Frankreich geschlossen; es verdaut jetzt in Ruhe die Beuteländer aus der dritten polnischen Teilung, die es durch Wortbruch und Bestechung erreicht hat. In Paris hat das Direktorium das Militär reorganisiert. Politkommissare bei den Stäben sollen Eigenmächtigkeiten der Generäle verhindern. Gegen das allein gelassene Österreich marschieren 1796 zwei Armeen unter Jourdan und Moreau quer durch Deutschland auf Wien, während die Italienarmee nur gegnerische Kräfte binden soll. Tatsächlich gelangt die eine Armee weit das Maintal hinauf, die andere bis München, aber sie schaffen die Vereinigung nicht und müssen im Herbst wieder über den Rhein zurück. So bleibt die Italienarmee die einzig wirklich erfolgreiche.

Die Direktoren haben sich darauf eingestellt, die Assignaten aufgeben zu müssen. Wenn dann allerdings die Zuflucht zur Notenpresse versperrt ist, muß genügend echtes Geld da sein. So werden die Kriege mehr denn je zu Raubunternehmen. Holland, hochtrabend zur »Batavischen Republik« gemacht, muß im Friedensvertrag die Zahlung der ungeheuren Summe von hundert Millionen Goldgulden versprechen, und so geht es im großen wie im kleinen. Bonaparte hat seine Italienarmee zu Feldzugsbeginn ganz einfach motiviert: »Soldaten, ihr habt nichts anzuziehen und nichts zu essen... Ich werde euch in die fruchtbarsten Ebenen der Welt führen... Dort werdet ihr Ehre, Ruhm und Beute finden.« Und die Regierung dringt direkt oder über ihre Vertreter darauf, daß Frankreich nur ja nicht zu kurz kommt.

Das Schreiben des Direktoriums an General Moreau stammt vom 16. August 1796, das an die Kommissare bei Bonaparte vom 20. August.

Die in Konstanz tätigen Seidenmanufakturen haben, Bürger
General, seit jeher dank ihrer günstigen geographischen Lage
denen von Lyon ganz erheblich Abbruch getan. Heute wirkt sich
diese Konkurrenz auf den betreffenden Geschäftszweig sehr
viel stärker aus als in früheren Zeiten. Mehrere Bürger aus Lyon
sind während der verderblichen Schreckensherrschaft nach
Konstanz geflohen. Sie haben den ihnen eigenen vollendeten
Geschmack dorthin mitgebracht und konnten ihn durch die
Ausbildung von Schülern weitergeben. Es steht zu befürchten,
daß ein längerer Aufenthalt dieser französischen Handwerker
auf einem fremden Territorium, das mit dem Herzen Deutschlands in Verbindung steht, die Ortsansässigen mit einem Gewerbe vertraut macht, zu dem sie es bis jetzt noch nicht gebracht
hatten, und die Abnehmer in den umliegenden Gebieten daran
gewöhnt, sich für den Einkauf von allen Artikeln des Luxus und
der Eleganz, die sie von uns abhängig machen, nicht mehr an die
Lyoner Manufakturen zu halten. Unter diesen Umständen, die
den Handel von Lyon spürbar mindern oder zusammenbrechen
lassen könnten, hat das Direktorium es für unerläßlich erachtet,
die Mittel einzusetzen, die ihm das Kriegsrecht gibt, um die nach
Konstanz geflohenen Lyoner Fabrikanten in ihr Vaterland zu-
rückzuholen, indem es der Stadt vorläufig die Möglichkeiten
nimmt, die sie ihnen zur Ausübung ihrer Tätigkeit bietet.

Das Direktorium befiehlt Ihnen demzufolge, Bürger General, einige mit der Kunst der Manufaktur vertraute Personen
damit zu beauftragen:

1. alle Maschinen, bei denen die Qualität des Erzeugnisses
ihre Erhaltung rechtfertigt, aus der Stadt Konstanz zu entfernen und nach Frankreich schaffen zu lassen;

2. alle anderen zerstören zu lassen:

3. alle festen Bauten oder mit Wasserkraft oder mechanisch
betriebenen Vorrichtungen, die für die Verwendung durch solche Seidenmanufakturen oder andere, der Lyoner Industrie
entsprechenden Betriebe geschaffen worden sind, ebenfalls
zerstören zu lassen.

Sobald dies geschehen ist, wird das Direktorium prüfen, ob es angebracht sein könnte, die Einwohner von Konstanz zu entschädigen, indem es ihnen einen Nachlaß auf die Kontribution gewährt, die sie als Mitglieder der gegen die Republik Frankreich gebildeten Koalition aufzubringen haben.

SCHREIBEN VOM 3. FRUCTIDOR DES JAHRES IV AN DIE KOMMISSARE BEI DER ITALIENARMEE

Hinsichtlich der Kontributionen, die aus den von der Italienarmee eroberten Länder bezogen worden sind oder noch werden, hat das Direktorium aus den von Ihnen vorgelegten Aufstellungen entnommen, daß die Hälfte des Gesamtbetrages eingegangen ist und die Entrichtung des Rests aktiv unter Einsatz der vom Kriegsrecht gedeckten Zwangsmaßnahmen betrieben wird. (...)

Das Direktorium hat Ihnen, Bürger Kommissare, bereits seine Absicht mitgeteilt, unbedingt alle Versorgungsgüter, sowohl Verpflegung als auch militärische Ausrüstung, nach Frankreich abtransportieren zu lassen, soweit sie nicht für den Dienst der Italienarmee völlig unentbehrlich sind. Seien Sie auf die Durchführung dieser Maßnahme bedacht, die keine Verzögerung duldet; die Jahreszeit schreitet fort, und man muß die Witterung nutzen, bei der die Alpen noch passierbar sind, um vor allem die Kanonen und sonstige Gegenstände, die nicht auf Saumtieren befördert werden können, wegzuschaffen.

Aus dem gleichen Grunde müssen auch die Kunstwerke, die Früchte der Siege der Republik, mit aller Dringlichkeit auf den Weg gebracht werden. Noch ist nicht ein einziges von den Gemälden, die bei den verbündeten Mächten in Italien erobert worden sind, in Frankreich eingetroffen! Beflügeln Sie den Eifer der Handwerker, die Sie einsetzen können, und sorgen Sie dafür, daß nichts von den Gegenständen auf der anderen Seite der Berge bleibt, auf die Frankreich großen Wert legt.

Bonaparte als Republikaner

Tagesbefehle und Schreiben aus dem Sommer 1797

Gut ein Jahr nach dem Einmarsch der Franzosen in Mailand ist die Karte Oberitaliens anders gefleckt. Bonaparte hat mit oder ohne vorherige Zustimmung des Direktoriums Satellitenstaaten mit eindrucksvollen Namen gegründet: die Cisalpinische Republik (Hauptstadt Mailand), die kurzlebige Cispadanische Republik (Modena), die Ligurische Republik (Genua). Er ist im März 1797 in wenigen Wochen bis Klagenfurt vorgedrungen und hat Österreich zum Frieden von Leoben gezwungen, in dem der Kaiser auf Belgien und die Lombardei verzichtet und dafür Venetien bekommen hat, das unter einem Vorwand noch schnell besetzt worden ist. Die Republik Frankreich hat ohne großes Widerstreben den Länderschacher, das Tauschen von Völkern ohne Befragung der Betroffenen gelernt und darf den eben noch verachteten Polenaufteilern Rußland, Preußen und Österreich keine Vorwürfe mehr machen.

Der Mann dieser mit druckreifen fortschrittlichen Erklärungen garnierten Realpolitik ist natürlich mit den anderen Generälen schon nicht mehr zu vergleichen. In Frankreich haben bei Nachwahlen die Royalisten gewonnen, General Pichegru verhandelt mit Ludwig XVIII. Auf der Gegenseite plant Direktor Barras gegen die neue Mehrheit einen »republikanischen Putsch« mit General Hoche, der aber kalte Füße bekommt. Bonaparte schickt daraufhin seinen Divisionsgeneral Augereau und viele »Urlauber« nach Paris und hilft den republikanisch gesonnenen Direktoren beim Fructidor-Staatsstreich (4. September 1797) gegen den »Klub von Clichy« und seine Royalisten, deren Wahl kurzerhand für ungültig erklärt wird.

Auf diese Vorgänge beziehen sich die folgenden drei Texte aus der Feder Bonapartes.

Mailand, den 26. Messidor des Jahres V
Soldaten! Heute ist der Jahrestag des Vierzehnten Juli. Vor den Augen stehen euch die Namen unserer auf dem Felde der Ehre für die Freiheit des Vaterlandes gefallenen Waffengefährten: sie haben euch ein Beispiel gegeben. Ihr schuldet euch ganz der Republik, ihr schuldet euch ganz dem Glück von dreißig Millionen Franzosen, ihr schuldet euch ganz dem Ruhme dieses Namens, der durch eure Siege seinen Glanz bekommen hat.

Soldaten! Ich weiß, daß ihr tief betroffen seid von dem Unglück, das dem Vaterlande droht, doch das Vaterland kann nicht wirklich in Gefahr kommen. Die gleichen Männer, die es über das verbündete Europa zum Siege geführt haben, sind da. Berge trennen uns von Frankreich; ihr würdet sie, wenn es nottäte, mit der Schnelligkeit des Adlers überwinden, um die Verfassung zu erhalten, die Freiheit zu verteidigen, die Regierung und die Republikaner zu schützen.

Soldaten! Die Regierung wacht über den Hort der Gesetze, der ihr anvertraut ist. Die Royalisten, sobald sie sich zeigen, haben ihr Leben verwirkt. Seid unbesorgt und laßt uns gemeinsam bei den Namen der Helden, die an unserer Seite für die Freiheit gestorben sind, auf unsere neuen Fahnen schwören:

Gnadenlosen Krieg den Feinden der Republik und der Verfassung des Jahres III!

SCHREIBEN AN DAS DIREKTORIUM VOM 18. JULI 1797

Hauptquartier, Mailand, den 30. Messidor des Jahres V
Ich schicke Ihnen hier die Abschrift von zwei Adressen der Divisionen Masséna und Joubert; sie tragen zwölftausend Unterschriften. Die Einstellung bei der Armee ist ganz ausgesprochen für die Republik und für die Verfassung des Jahres III. Der Soldat, der in großer Zahl Briefe aus der Heimat empfängt, ist äußerst unzufrieden mit der verhängnisvollen Wendung, welche die Dinge dort zu nehmen scheinen.

Es scheint ferner, daß man betroffen ist von dem Geschwätz dieses Dumolard, das auf Anordnung der Versammlung gedruckt und in großen Mengen an die Armee geschickt worden ist. Der Soldat ist entrüstet, daß man die Mordüberfälle nicht wahrhaben will, deren Opfer er gewesen ist. Das Vertrauen der Italienarmee in die Regierung ist grenzenlos. Ich glaube, daß Ruhe und Frieden bei den Armeen vom Rat der Fünfhundert abhängen. Wenn dieses höchste Gremium der Republik weiterhin den Umstürzlern des Clubs von Clichy ein geneigtes Ohr leiht, so steuert es geradenwegs in die Zersetzung der Regierung; wir werden keinen Frieden bekommen, und diese Armee hier wird so gut wie ausschließlich von dem Wunsche beseelt sein, der Freiheit und der Verfassung des Jahres III zu Hilfe zu eilen. Seien Sie ganz überzeugt, Bürger Direktoren, daß Direktorium und Vaterland keine Armee haben, die ihr unverbrüchlicher verbunden wäre.

Ich selbst verwende hier meinen ganzen Einfluß darauf, den glühenden Patriotismus zu zügeln, der alle Soldaten der Armee auszeichnet, und ihm eine für die Regierung günstige Richtung zu geben.

AUFRUF AN DIE ITALIENARMEE VOM 22. SEPTEMBER 1797

Hauptquartier, Passariano, 1. Vendemiaire des Jahres VI
Soldaten! Wir feiern den 1. Vendemiaire, den Augenblick des Jahres, der den Franzosen am teuersten ist; er wird eines Tages in den Annalen der Welt hochberühmt sein.

An diesem Tage ist die Republik gegründet worden, der Bau der Grande Nation hat begonnen, und diese Grande Nation ist vom Schicksal dazu berufen, Erstaunen und Trost der Welt zu sein.

Soldaten! Ihr wart fern der Heimat und Sieger über Europa, als man euch Ketten schmieden wollte. Ihr habt davon erfahren, ihr habt euer Wort gesprochen: Das Volk ist erwacht, hat die Verräter dingfest gemacht, und schon liegen sie in Eisen.

Aus dem Aufruf des Direktoriums werdet ihr erfahren, was sie im Schilde führten, die Feinde des Vaterlandes, die besonderen Feinde des Soldaten und vor allem der Divisionen der Italienarmee.

Dieser Vorzug ehrt uns: Der Haß der Verräter, Tyrannen und Sklaven wird vor der Geschichte unser schönster Rechtstitel auf Ruhm und Unsterblichkeit sein.

Danken wir dem Mut der höchsten Vertreter der Republik, der Sambre- und Maasarmee und der Inlandsarmee, den Patrioten und allen Abgeordneten, die dem vorgezeichneten Weg Frankreichs treu geblieben sind: Auf einen Schlag haben sie uns vergolten, was wir seit sechs Jahren für das Vaterland getan haben.

Solidarität mit den Ärmsten

Pestalozzi über sein Waisenhaus in der kriegsverheerten Schweiz 1799

Die Französische Revolution ist das Sichtbarwerden einer anderen, größeren Revolution, die mit »Aufklärung« nach wie vor am besten umschrieben wird. Die ursprüngliche Gleichheit der Menschen als ebenbürtige Glieder einer Gesellschaft, von Rousseau postuliert, erscheint den Gebildeten, die zu den Nutznießern der traditionellen Ungleichheit gehören, zunächst als ein verführerischer philosophischer Gedanke. Sie bedenken nicht, daß den Opfern der Ungleichheit hilfreiche Aufklärung gebührt – sie ist gemeint, wenn die Revolution Brüderlichkeit *neben* Gleichheit *über ihre Gesetzestafeln schreibt, als die erste* Freiheit *errungen ist.*

Aufklärung setzt Erziehung voraus; deshalb hat sich der Konvent intensiv um das Schulwesen angenommen. Andere bauen mehr auf die ursprünglich guten Anlagen des Menschen, denen es eine freie Entwicklung zu ermöglichen gilt. Heinrich Pestalozzi, der große Pädagoge jener Zeit, macht sich 1798, als die Schweiz durch die Revolutionsfeldzüge in Mitleidenschaft gezogen wird, an eine praktische Unternehmung. Doch das Kloster zu Stans in Nidwalden, in dem er Kinder versorgt, deren Eltern durch den Krieg um Leben oder Gut gekommen sind, wird im Frühjahr 1799 als Lazarett beschlagnahmt – für die eindringenden französischen Truppen, denen er als Ehrenbürger der Republik Frankreich und überzeugter Demokrat mit aller Kraft den Weg bereitet hat. Er behält jedenfalls das nackte Leben, im Gegensatz zu seinem Landsmann Lavater, der beim Einmarsch der Franzosen in Zürich, wie einst Archimedes nachdenklich vor seinem Hause sitzend, von einem Soldaten umgebracht wird.

Pestalozzi schreibt an seinen Freund Heinrich Geßler:

Freund! Ich erwache abermals aus meinem Traum, sehe abermals mein Werk zernichtet und meine schwindende Kraft unnütz verschwendet. Aber so schwach, so unglücklich mein Versuch war, so wird es doch jedem menschenfreundlichen Herzen wohltun, sich einige Augenblicke ob demselben zu verweilen und die Gründe zu überlegen, die mich überzeugen, daß eine glückliche Nachwelt den Faden meiner Wünsche sicher da wieder anknüpfen wird, wo ich ihn lassen mußte.

Die Regierung wies mir das neue Gebäude der Klosterfrauen in Stans an. Allein dieses war, als ich ankam, teils noch nicht vollendet, teils zu dem Zwecke eines Waisenhauses keineswegs eingerichtet. Es mußte daher vor allem in brauchbaren Stand gestellt werden. Bei allem Willen und aller Unterstützung jedoch erforderten diese Vorbereitungsanstalten Zeit. Aber gerade diese fand sich bei der Notwendigkeit, die Menge teils verwahrloster, teils durch die vorhergehenden blutigen Ereignisse verwaister Kinder schnell zu versorgen, am wenigsten. Das Geld ausgenommen, mangelte es an allem, und die Kinder drängten sich herzu, ehe weder Küche, noch Zimmer, noch Betten für sie in Ordnung sein konnten. Das verwirrte den Anfang der Sache unglaublich. Ich war in den ersten Wochen in ein Zimmer eingeschlossen, das keine vierundzwanzig Schuh ins Geviert hatte. Der Dunstkreis war ungesund, schlechtes Wetter schlug noch dazu, und der Mauerstaub, der alle Gänge füllte, vollendete das Unbehagliche des Anfangs.

Ich mußte die armen Kinder wegen Mangels an Betten in der ersten Zeit zum Teil für die Nacht heimschicken. Am Morgen kamen sie dann mit Ungeziefer zurück. Viele traten mit eingewurzelter Krätze ein, daß sie kaum gehen konnten, viele mit aufgebrochenen Köpfen, viele in Hudeln, die voll Ungeziefer waren, viele hager, wie ausgezehrte Gerippe, gelb, grinsend, mit Augen voll Angst und Stirnen voll Runzeln des Mißtrauens und der Sorge, einige voll Frechheit, des Bettelns und aller Falschheit gewöhnt; andere vom Elend erdrückt, duldsam, aber mißtrauisch und furchtsam. Zwischenhinein einige Zärtlinge, die zum Teil ehemals in einem gemächlichen Zustand lebten; diese waren voll Ansprüche, hielten zusammen, hatten für die Bettel- und Hausarmenkinder nur Verachtung, fanden sich in dieser neuen Gleichheit nicht wohl und die Versorgung mit ihren alten Gewohnheiten nicht übereinstimmend, folglich ihren Wünschen nicht entsprechend. Träge Untätigkeit, Mangel an Übung der Geistesanlagen und körperlichen Fertigkeiten waren allgemein. Unter zehn Kindern konnte kaum eins das ABC. Von anderm Schulunterricht oder Erziehung war noch weniger die Rede.

Außer einer Haushälterin allein, ohne Gehilfen, weder für den Unterricht der Kinder noch für ihre häusliche Besorgung, trat ich unter sie und eröffnete meine Anstalt. Ich wollte es allein, und ich mußte es schlechterdings, wenn mein Zweck erreicht werden sollte. Auf Gottes Erdboden zeigte sich niemand, der in meine Gesichtspunkte für den Unterricht und die Führung der Kinder hätte eintreten wollen. Auch kannte ich damals beinahe niemand, der es auch nur gekonnt hätte. Je gelehrter und gebildeter die meisten Menschen waren, desto weniger verstanden sie mich, und desto unfähiger zeigten sie sich, die Anfangspunkte auch nur theoretisch festzuhalten, auf die ich zurückzugehen suchte. Der ganze Gang ihrer Ansichten über die Einrichtungen, über die Bedürfnisse der Unternehmung usw. war meinen Ansichten durchaus fremd. Am meisten aber widerstrebte ihnen der Gedanke und die Möglichkeit seiner Ausführung, keine künstlichen Hilfsmittel, sondern bloß die die Kinder umgebende Natur, ihre täglichen Bedürfnisse und ihre immer rege Tätigkeit als Bildungsmittel zu benutzen.

Und doch war es eben dieser Gedanke, auf den ich die ganze Ausführung meines Unternehmens gründete. Er war auch der Mittelpunkt, an den sich eine Menge anderer Gesichtspunkte anreihte und gleichsam daraus entwickelte.

Indessen, so drückend und stoßend die Hilflosigkeit war, in der ich mich befand, so war sie doch innerlich meinen Zwecken günstig: sie nötigte mich, meinen Kindern alles in allem zu sein. Ich war von Morgen bis Abend in ihrer Mitte. Alles, was ihnen an Leib und Seele Gutes geschah, ging aus meiner Hand. Jede Hilfe, jede Handbietung in der Not, jede Lehre, die sie erhielten, ging unmittelbar von mir aus. Ich hatte nichts, ich hatte keine Haushaltung, keine Freunde, keine Dienstboten um mich, ich hatte nur sie. Waren sie gesund, ich stand in ihrer

Mitte, waren sie krank, ich war an ihrer Seite. Ich schlief in ihrer Mitte. Ich war am Abend der letzte, der ins Bett ging, und am Morgen der erste, der aufstand. Ich betete und lehrte noch im Bett mit ihnen, bis sie einschliefen, sie wollten es so. Jeden Augenblick in Gefahr einer Ansteckung, bekämpfte ich die beinahe unbesiegbare Unreinlichkeit ihrer Kleider und Körper.

Ich mußte auf den erhabenen Grundsatz Jesu Christi bauen: »Macht erst das Inwendige rein, damit auch das Äußere rein werde« – und wenn je, so hat sich dieser Grundsatz hier bewährt. Ich ging vor allem daran, die Kinder durch die ersten Gefühle ihres Beisammenseins und die Entwicklung ihrer Kräfte zu Geschwistern zu machen, das Haus in den einfachen Geist einer großen Haushaltung zusammenzuschmelzen.

Da ich mich genötigt sah, den Kindern allein und ohne alle Hilfe Unterricht zu geben, lernte ich die Kunst, viele miteinander zu lehren. Kinder lehrten Kinder. Ich setzte das fähigere Kind zwischen zwei unfähigere; es umschlang sie mit beiden Händen, sagte ihnen vor, was es konnte, und sie lernten ihm nachsprechen, was sie nicht konnten.

Es entwickelte sich in den Kindern schnell ein Bewußtsein von Kräften, die sie nicht kannten, und besonders ein allgemeines Schönheits- und Ordnungsgefühl. Sie fühlten sich selbst, und die Mühseligkeit der gewöhnlichen Schulstimmung verschwand wie ein Gespenst aus meinen Stuben; sie wollten, konnten, harrten aus, vollendeten und lachten; ihre Stimmung war nicht die Stimmung des Lernenden, es war die Stimmung aus dem Schlafe erweckter unbekannter Kräfte und ein geist- und herzerhebendes Gefühl, wohin diese Kräfte sie führen könnten und führen würden. (...)

Teurer Freund! Du hast dies alles, ihren Mut und ihre Freude gesehen. Sage selbst: Wie war Dir, als Du es sahest? – Ich sah Deine Tränen, und es wallte in meinem Busen die Wut über den Menschen, der es noch aussprechen könnte: Die Veredlung des Volks ist nur ein Traum. Nein, sie ist kein Traum!

Ich will ihre Kunst in die Hand der Mutter werfen, in die Hand des Kindes und in die Hand der Unschuld, und der Bösewicht wird schweigen und es nicht mehr aussprechen: sie ist ein

Traum. Gott, wie danke ich dir meine Not! Ohne sie spräche ich diese Worte nicht aus und brächte ihn nicht zum Schweigen... Denke Dir nun, mit welchen Gefühlen ich von Stans wegging. Wenn ein Schiffbrüchiger nach müden, rastlosen Nächten endlich Land sieht, Hoffnung des Lebens atmet und sich dann wieder von einem unglücklichen Winde in das unermeßliche Meer geschleudert sieht, in seiner zitternden Seele tausendmal sagt: Warum kann ich nicht sterben? – und dann doch die müden Augen aufzwingt und wieder umherblickt und wieder ein Ufer sucht, und wenn er es sieht, alle seine Glieder wieder bis zum Erstarren anstrengt – also war ich.

Mein Verreisen von Stans, das, ungeachtet ich dem Tode nahe war, nicht eine Folge freien Entschlusses, sondern eine Folge militärischer Maßregeln und einer einstweiligen gänzlichen Unmöglichkeit der Fortsetzung meines Planes war, erneuerte das alte Gewäsch über meine Unbrauchbarkeit und gänzliche Unfähigkeit, bei irgendeinem Geschäfte auszuharren. Man sagt mir ins Gesicht, es sei eine Torheit, um deswillen, das ein Mensch in seinen dreißiger Jahren etwas Vernünftiges geschrieben, ihm darum auch zuzutrauen, daß er in seinen fünfziger Jahren etwas Vernünftiges tun werde.

Denke Dir das alles, denke Dir mein Herz und meinen Willen, meine Arbeit und mein Scheitern – mein Unglück und das Zittern meiner zerrütteten Nerven und mein Verstummen.

Ich fand in Gurnigel Tage der Erholung. Ich vergesse diese Tage nicht, solang ich lebe; sie retteten mich, aber ich konnte nicht leben ohne mein Werk; selbst in dem Augenblicke, da ich auf des Gurnigels Höhe das schöne, unermeßliche Tal zu meinen Füßen sah, dachte ich mehr an das übel unterrichtete Volk als an die Schönheit der Aussicht. Ich konnte und wollte nicht leben ohne meinen Zweck.

Die Expedition nach Ägypten

Erfahrungen eines Feldzugteilnehmers

Talleyrand, der sich geschickt über die gefährlichen Jahre gebracht hat, ist als Außenminister des Direktoriums sehr bald vom »Stern« Bonapartes überzeugt. Er übermittelt an den immer noch angesehenen Sieyès (»Was ist der Dritte Stand?«) einen Verfassungsentwurf des Generals mit starker Exekutive und schwachem Parlament. Und er entflammt den Mann von der Mittelmeerinsel, dem in Italien nichts Spektakuläres zu tun bleibt, für einen prestigeträchtigen Feldzug nach Ägypten. Begründung: Wenn man die Engländer schon auf ihrer Insel nicht erreichen kann, soll ihnen der Weg nach Indien versperrt werden.

Das große Geschwader aus vielen Transport- und wenigen Kriegsschiffen, mit dem beschlagnahmten Berner Staatsschatz finanziert, gelangt trotz der englischen Seeüberlegenheit unbehelligt nach Alexandrien (1. Juli 1798). Bei den Pyramiden wird das Heer der Mamelucken besiegt, die Ägypten im Namen des im fernen Konstantinopel residierenden osmanischen Sultans beherrschen. Nach der Eroberung kann die Gewinnung des Landes erfolgen. Schon unterwegs hat Bonaparte seine gewagten Proklamationen entworfen: »Ich verehre mehr als die Mamelucken Gott, seinen Propheten und den Koran... Auch wir sind echte Moslems. Haben wir nicht den Papst entmachtet?«

Bonaparte ist aufrichtig begeistert von der zivilisatorischen Aufgabe, in die er sich stürzt wie eben noch in Italien in den Kampf. Daheim in Paris findet zum 4. Jahrestag des 9. Thermidor ein Festzug statt mit »den Gegenständen von Wissenschaft und Kunst, die in Italien gesammelt worden sind«, während er längst von neuem Ruhm träumt. Seine Armee ist allerdings schon desillusioniert. Ein Beamter der Militärintendantur schreibt am 12. Thermidor (30. Juli 1798) an einen Freund, dem er seinen Posten verdankt.

Mein lieber Miot,
Nach einem sehr beschwerlichen Marsch ohne Brot zum Essen, ohne Wasser zum Trinken, ist die Armee hier angelangt; in mehreren Gefechten ist sie stets siegreich geblieben. Ich habe schon oft bedauert, daß Deine Freundschaft zu mir Dich veranlaßt hat, mich auf dieses Unternehmen mitnehmen zu lassen. Ich war dabei, wie meine Kameraden umgekommen sind, und daß ich inmitten so ungeheuerlicher Ereignisse überhaupt noch lebe, ist mir ein Rätsel. (...)

Savary hat ein falsches Bild von Ägypten gegeben. Dies ist nicht das schöne Land, von dem er so schwärmt, und es ist nichts mit dem balsamischen Tau, den man in der Morgenfrühe atmet. Dies ist ein elendes Land. Die Bewohner sind Wilde, die in jeder Hinsicht von der Natur stiefmütterlich behandelt worden sind. Es läßt sich absolut nichts zu ihren Gunsten sagen, man meint immer, man sei unter die Räuber geraten, wenn man sich in irgendwelchen unterägyptischen Dörfern aufhält.

Die Armee kam am ersten Tag bis Damanhur und zog von dort weiter nach Rachmina. Der General nahm einen Umweg in Kauf, um früher an den Nil zu gelangen. Ich habe unterwegs von Alexandria nach Damanhur einen Louisdor für ein Glas Wasser geboten. Ich hatte meines schon getrunken und meinen Freunden davon abgegeben.

Im Bericht über unsere Expedition werde ich die Leiden, die wir durchgemacht haben, im einzelnen schildern; sie wollten kein Ende nehmen, und die ganze Armee ist mit Abscheu im Herzen hier angekommen. Sie hatte ihre ganze Hoffnung in diese Stadt gesetzt. Wie sehr ist sie enttäuscht worden! Obwohl man uns versichert hatte, es würde uns in Kairo gut gehen, träumen die Generäle und sogar die einfachen Soldaten nur noch vom Abrücken.

Im Grunde, lieber Freund, ist es ein höchst staunenswertes Wunder, daß ich weder tot noch krank bin. Anders sieht es mit unserm Milord aus, von dem ich nicht glaube, daß er es in diesem Lande noch lange aushält. Es gibt weder Heu noch Hafer, und die Pferde müssen sich von Futterbohnen und etwas Heu ernähren. (...)

Von Gizeh aus, wo sich das Hauptquartier befand, habe ich die schönen Pyramiden gesehen. Wenn wir sie aus der Nähe betrachten wollen, müssen wir drei- oder vierhundert Mann zusammenbringen. Es ist unmöglich, die Stadt zu verlassen, und Boza ist kürzlich von fünfzehn Arabern verfolgt worden, als er so unvorsichtig war, sich auf eine Flintenschußweite hinauszuwagen.

Du erinnerst Dich sicher, wie der Anblick oder die bloße Vorstellung eines zur Hinrichtung geführten oder toten Verbrechers mich bedrückt hat. Diese Schwäche treibt einem der Krieg leicht aus. Ich habe Tote, Verwundete, abgeschlagene Köpfe und Arme gesehen, und das Herz entsank mir nicht. Ich bin durch dreitausend tot daliegende Mamelucken gegangen, meine Augen ruhten auf diesen Opfern unseres eitlen Ehrgeizes, und ich sagte mir: »Wir überqueren die Meere, wir trotzen einer englischen Flotte, wir fallen in ein Land ein, das überhaupt nicht an uns gedacht hat, wir plündern die Dörfer, wir bringen die Bewohner an den Bettelstab und schänden ihre Weiber, wir sind in Gefahr, zu verhungern und zu verdursten, wir sind drauf und dran, alle umgebracht zu werden, und warum das alles? Wir wissen es nicht.«

Es herrscht Verdrossenheit in der ganzen Armee. Bei der Verwaltung klappt überhaupt nichts. Unter uns sind Egoismus und schlechte Laune so allgemein, daß wir es nicht miteinander aushalten. Also – vergiß mich nicht und sei darauf bedacht, mich wieder zu Dir zu holen, je eher je besser.

Das Amt, in dem ich gegenwärtig stecke, ist völlig verkannt, und wir haben uns täglich mit den Generälen in den Haaren. Nur der Kommandierende General hört uns überhaupt zu, aber es bleibt ihm nichts übrig, als den Militärs recht zu geben, die er bei Laune halten muß. Er fürchtet, daß die Armee, die schon ein bißchen murrt, ernsthaft unwillig werden könnte.

Vor dem Staatsstreich des 18. Brumaire VIII

Zitate aus der Pariser Presse

Die französischen Schiffe sind vor Abukir vernichtet worden. Der abgeschnittene Bonaparte muß bis Syrien hinauf gegen aus der Türkei anrückende osmanische Heere kämpfen. Er sieht ein, daß die Ägyptenexpedition gescheitert ist, und verläßt mit einer Handvoll Offiziere und Wissenschaftler seine Armee. Bei einer Zwischenlandung daheim in Ajaccio erfährt er, daß in Frankreich angesichts der Bedrohung durch eine neue Koalition das Vertrauen in die Politiker vollends verlorengegangen ist. Die Armee wirkt überzeugender als die zivile Autorität.

Nur wenige unverbesserliche Jakobiner haben die rührende Vorstellung, General Bonaparte müßte wegen unerlaubter Entfernung von der Truppe erschossen werden. Er kommt ja als der erprobte Republikaner, der Retter vor den Royalisten im Vendemiaire und Fructidor, ist als Schlachtenheld und Friedensstifter in den Mittelpunkt aller Erwartungen gestellt. Sieyès, der »einen Degen sucht« für seine Pläne, verabredet mit ihm den Staatsstreich. Bruder Lucien Bonaparte hat als Präsident das Parlament wegen angeblich drohender Verschwörungen vor die Stadt nach Saint-Cloud verlegt. General Bonaparte wird das Kommando im Raum Paris übertragen. Doch die Abgeordneten weigern sich, wie von Sieyès beantragt, die Verfassung aufzuheben, und Lucien muß die Sitzung schließen, damit Bonaparte nicht verhaftet wird. Dieser läßt den Saal dann mit Waffengewalt räumen. Bonaparte, Sieyès und dessen Freund Ducos werden von wenigen dagebliebenen Volksvertretern zu »Konsuln« gewählt.

Nicht einmal ein Monat liegt zwischen Bonapartes Eintreffen in Paris am 16. Oktober 1799 und dem Staatsstreich am 18. / 19. Brumaire (9. / 10. November). Hier folgen, ohne Angabe der einzelnen Quellen, absatzweise Zitate aus dem Blätterwald in diesen Tagen.

Gestern um fünf Uhr, als sich das Direktorium zu Tisch begeben wollte, wurde bekannt, General Bonaparte sei an der Kü-
ste des Departements Var nach einer langen Reise von 46 Tagen gelandet; ein Schreiben aus Fréjus traf schon ein. Diese
Nachricht, mit der nur ein kleiner Kreis von Eingeweihten
rechnen konnte, hat sich sogleich in der ganzen Stadt verbreitet
und größtes Aufsehen erregt. –

Bonaparte kommt nach Paris. Ob man dort mit ihm gerechnet hat? Wir könnten uns vorstellen, daß etliche, die ihm jetzt
schmeicheln lassen, ihn viel lieber in Kairo wüßten. Nein, die
Männer, die über die Zerstörung der Flotte vor Abukir nicht
traurig waren, die zunächst die Verfassung abschafften, die Bonaparte der Cisalpinischen Republik gegeben hatte, und dann
das von ihm für die Freiheit eroberte Italien ausplünderten und
verschacherten, die haben nicht mit ihm gerechnet. Es ist sogar
wahrscheinlich, daß etliche Politiker nicht mit seinem Eintreffen rechneten, die nur Geringschätzung aufgebracht haben für
den Willen des Volkes, für seine unzähligen Opfer jeder Art,
für das seit acht Jahren für die Sache der Republik vergossene
Blut, für das Leben von einer Million schweizerischer, belgi-
scher, holländischer, italienischer Patrioten, die wir erst zur Erhebung aufgerufen hatten. Sie wollten ja Italien, die Schweiz,
Holland und Belgien schon ihren alten Tyrannen wieder überlassen und die Republik in die alten Grenzen der Monarchie
sperren. –

Die Landung Bonapartes in Frankreich gehört zu den Ereignissen, die einem mehrmals berichtet werden und die man doch
nicht glauben kann. Das Gerücht hat sich in Windeseile in den
Theatern, in allen privaten Gesellschaften herumgesprochen.
Es läßt sich denken, daß eine solche ungeheuerliche Nachricht
in einer langen Nacht sogleich Meldungen hervorbringen
mußte, die jedermann als Träume abgetan hätte, wenn dieser
erstaunliche Mensch die Welt nicht bei anderen Gelegenheiten
schon daran gewöhnt hätte. So wurde heute morgen als sicher
behauptet, und zwar auch bei einer der höchsten Stellen des
Staates, er bringe einen Friedensvertrag mit, in dem die Türkei

ganz Ägypten der Republik als Kolonie abtritt und sich verpflichtet, ihr vierzigtausend Mann zur Eroberung der Krim zur
Verfügung zu stellen. –

Alle warten mit Ungeduld auf Bonaparte, weil er allen wieder Hoffnung gibt. Man meint, sein Eintreffen könne etwas an
dem Willkürsystem ändern, das seit einiger Zeit eingerissen ist,
und die Kombinationen der neuen Diplomaten durchkreuzen,
die alles gegen den Frieden tun, den sie ständig im Munde führen. Bonaparte hat bewiesen, daß man Sieg mit Mäßigung, Patriotismus mit Menschlichkeit verbinden kann. Allgemein
glaubt man, daß mit ihm Ruhm, Frieden und Glück wieder einziehen, und das ist nicht das übliche Gefolge unserer besesse-
nen Politiker. Aber sie könnten von ihm lernen, daß man mit
Gerechtigkeit und Großmut die Republik allen Parteien lieb
und wert machen kann! –

Heute früh ist Napoleon in Paris eingetroffen. Er hat beim
Verlassen Ägyptens den Oberbefehl an Kléber übergeben. Desaix führt weiterhin das Kommando in Oberägypten. Die Armee war in bestem Stand, und seit der Vernichtung der türki-
schen Armee ist die französische Herrschaft in diesem Lande
gesichert.

25.-30. VENDEMIAIRE VIII (17.–22. OKTOBER 1799)

Bonaparte hat sich heute ins Direktorium begeben, wo er in
Sonderaudienz empfangen wurde. Kaum war er eingetroffen,
hatten sich Höfe und Säle mit Bürgern gefüllt. Jeder wollte ihn
sehen und in die Arme schließen. –

Innenstadt und Faubourgs sind völlig ruhig. Nichts kommt
der Freude über die Rückkehr Napoleons gleich. –

Abgesehen von unseren letzten Siegen ist dies seit langem
das erste Ereignis, das beim Volk echte Begeisterung hervorgerufen hat. In allen Schenken wird auf diese Rückkehr angesto-
ßen, in den Straßen hört man singen, überall nähren die Menschen die schönsten Hoffnungen. –

Da die Rückkehr Bonapartes nach Frankreich ein Ereignis
ist, das unsere ganze Zukunft beeinflussen kann, werden auch

die kleinsten Einzelheiten begierig aufgenommen: seine Frisur, seine Kleidung, seine Gänge und seine Gespräche werden beobachtet, kommentiert, zusammengestellt, und noch der kleinste Zeitungsschreiber würde seinen Ruf verlieren, wenn er nicht haarklein das Bulletin über seine Gesundheit, seine Äußerungen und seine Visiten geben könnte. Bis auf weiteres muß ein Journalist also seinen Abonnenten den Tribut seiner Nachforschungen und Neuigkeiten leisten. Hier sind einige von uns und unseren Kollegen: Da die Boten, die dem Wagen Bonapartes vorauseilten, die Nachricht von seinem Nahen schon verbreiteten, war bei jedem Pferdewechsel das ganze Dorf auf den Beinen, und die Masse der Neugierigen, die sich um ihn drängte, hat seine Fahrt sehr verlangsamt; einige Gemeinden waren sogar festlich beleuchtet. In Lyon hat man ein kleines Gelegenheitsstück, »Die Heimkehr des Helden«, geschrieben und mit den Rollen in der Hand sogleich aufgeführt; man hat ihn ins Theater geschleppt, wo eine große Menge versammelt war, und er wurde mit einhelligem Beifall empfangen. Hier in Paris scheint das Volk nicht weniger begierig, ihn zu sehen, doch er geht nur inkognito aus. Gestern begab er sich zum Direktorium in zivilem Überrock mit rundem Hut und ungepuderten Haaren, die kurz, fast »à la Titus«, geschnitten waren. Sein Gesicht verriet eine bessere Gesundheit als bei seinem Aufbruch nach Ägypten. Die erste Wache hielt ihn an, aber sein Name ließ ihn sogleich passieren. Er blieb zweieinhalb Stunden beim versammelten Direktorium, und es fiel auf, wie heiter er herauskam. Als er ging, wurde die Wache herausgetrommelt, die ihm die höchsten militärischen Ehren erwies, trotz seiner bürgerlichen Kleidung, in der er am selben Tage auch seine Besuche bei den Ministern machte. –

Man kann seinen Ägyptenfeldzug als mißlungen betrachten, aber für ihn scheint es zu genügen, daß er ihn überhaupt unternommen hat; wir haben teuer dafür bezahlt, zu erfahren, wie weit seine Kühnheit geht, aber es scheint, daß alles, was er gewagt hat, uns irgendwie beruhigt. –

In Paris wird versichert, Bonaparte habe Ägypten so überstürzt und heimlich verlassen, weil er einer allgemeinen Rebellion seiner Armee entkommen wollte. –

Seit der Ankunft von Bonaparte in Paris bilden sich Tag für Tag Ansammlungen vor dem Haus des Generals in der Rue de la Victoire. Handwerker, Invaliden, Rentner, Bürger jeden Standes, die Zufall oder Bewunderung hergeführt haben, unterhalten sich über den Helden, der nur durch eine Wand und eine Treppe von ihnen getrennt ist. Welch ein Unterschied zwischen dieser friedlichen Menge und den erschreckenden Volksaufläufen vor einem Monat an den Toren zum Rat der Fünfhundert, wo die Männer, die nur durch Verbrechen und Zerstörung ans Ruder gekommen sind, immer neue Stürme herbeiriefen und brüllten, das Vaterland sei in Gefahr!

1.–12. BRUMAIRE VIII
(23. OKTOBER–3. NOVEMBER 1799)

Gestern haben Bonaparte und Moreau einander beim Direktoriumsmitglied Gohier kennengelernt; sie waren einander niemals begegnet. –

Wir respektieren Bonaparte zu sehr, als daß wir ständig von ihm in unseren Spalten berichten würden, und wir werden gewiß nicht dem Beispiel der Journalisten folgen, die bald mitteilen werden, ob er gut oder schlecht geschlafen hat. Doch wir können nicht verschweigen, daß er gestern im Théâtre de la République, so sehr er sich zu verbergen trachtete, erkannt wurde und soviel Beifall erhielt, daß er die Bewunderung, die er erweckt, spüren mußte. –

Bonaparte hat Volney ausdrücklich zu seinem Werk »Reise nach Ägypten und Syrien« beglückwünscht und gesagt, er sei so ziemlich der einzige Reisende, der nicht gelogen habe und zu dieser getreuen Beschreibung durch eine gute Beobachtungsgabe befähigt worden sei. –

Am 5. des Monats hat sich Bonaparte zum zweiten Male zu einer Sondersitzung des Institut de France begeben und Einzelheiten über den gegenwärtigen Zustand Ägyptens und seine alten Baudenkmäler vorgetragen. Er hat versichert, der Suezkanal zwischen den zwei Meeren habe wirklich existiert; es sei sogar ohne weiteres möglich, ihn nach den erhaltenen Spuren zu rekonstruieren, und er habe die für ein solches gewaltiges Vorhaben erforderlichen Pläne und Höhenmessungen vornehmen lassen. Diese Unterlagen und Kostenberechnungen würden von einem Ingenieur, den er damit beauftragt habe, demnächst nach Paris gebracht. –

Die Wolken, die man zwischen Bonaparte und Sieyès im Zusammenhang mit einer banalen Etikettefrage hat aufziehen sehen, sind gänzlich verflogen. Beiden ist an einer aufrichtigen Annäherung gelegen, um einverständlich zu handeln und durch ihre Zusammenarbeit den inneren und äußeren Frieden rascher herbeizuführen. Auch Bonaparte und Barras vertragen sich ausgezeichnet. Auffallend ist ferner das gute Einvernehmen zwischen Bonaparte und Moreau.

13.–17. BRUMAIRE VIII (4.–8. NOVEMBER 1799)

In Paris ist ein Soldat der Ägyptenarmee eingetroffen. Er hat das Land nach Bonaparte verlassen und berichtet, die Armee, die zunächst nicht gewußt habe, was aus ihrem Oberbefehlshaber geworden sei, habe sich sehr unwillig gezeigt, als sie erfuhr, daß er sie verlassen hatte. Jetzt sei sie jedoch beruhigt wegen des hohen Ansehens, in dem Kléber und Desaix wegen ihrer Fähigkeiten bei ihr stehen. Sie befinde sich in einer Lage, die keinen Angriffsversuch des Feindes befürchten lasse, und unsere Landsleute begännen sich schon an das gegenüber daheim so andere Klima zu gewöhnen. »Ich habe Bonaparte heute morgen getroffen«, hat er hinzugefügt, »und habe ihm Vorwürfe gemacht, daß er uns im Stich gelassen hat. Ich habe ihm erzählt, wie wir alle verblüfft waren, als er nicht mehr da war, und wie jeder sagte: hierhin ist er, dorthin ist er. Er hat gelacht, als ich ihm das erzählte.« –

Das Bankett, das für Bonaparte und Moreau von den Volksvertretern gegeben wurde, ist sehr glänzend gewesen. Der Tempel des Sieges (die vormalige Kirche Saint-Sulpice), in dem es stattfand, war prächtig geschmückt, mit schönen Teppichen und einer großen Anzahl von Fahnen behängt, die den verschiedenen Feinden der Republik abgenommen worden sind.

Es waren keine Frauen und keine Zuschauer zugegen. Die Zahl der Gedecke betrug ungefähr siebenhundertfünfzig. Der Präsident des Rates der Alten saß am Kopfende des Tisches. In der Mitte rechts der Präsident des Direktoriums, links General Moreau, dann der Präsident des Rates der Fünfhundert, dann General Bonaparte. Es wurden folgende Toasts ausgebracht: Der Präsident der Alten: *Auf die Republik Frankreich.* Der Präsident der Fünfhundert: *Auf unsere Armeen zu Lande und auf dem Meer.* Das Direktorium: *Auf den Frieden.* Bonaparte: *Auf die Einigkeit aller Franzosen.* Moreau: *Auf alle treuen Bundesgenossen der Republik.* Das Bankett begann gegen sechs Uhr, und es ging sehr ordentlich zu. Im Hintergrund des Tempels über dem vormaligen Hauptaltar konnte man, von Trophäen umrahmt, lesen: *Seid einig, und ihr werdet siegreich sein.* Es wurde eine wunderbare Musik gespielt; an der Orgel, die im Tempel geblieben ist, hat schon Couperin gesessen. –

Beobachtern ist aufgefallen, daß die Generäle Jourdan und Augereau sowie verschiedene Volksvertreter nicht gekommen waren. Uns fiel dagegen auf, daß man im Tempel des Sieges nicht gut republikanische *Trinksprüche* ausgebracht hat, sondern *Toasts*, was bei den Engländern wörtlich etwas Gegrilltes bedeutet. Bei den Bürgerfesten einer großen Nation sollte man doch nicht *Toasts* ausbringen! –

Das Bankett war kurz, still und durchaus nicht heiter. Bonaparte ist nach den Toasts wie der Blitz verschwunden. Die Musik mußte die Konversation ersetzen. Außerdem heißt es, daß die meisten Gäste schon gespeist hatten. Man setzte sich aus Anstand zu Tisch, und es herrschte allgemein bei diesem Mahl eine diplomatische Zurückhaltung, ein steifer Benimm, die beweisen, daß man aus freien Stücken zu demselben Bankett gehen und miteinander das Brot brechen kann, ohne deshalb die gleiche politische Überzeugung zu haben, so daß man beieinander sitzt und doch nicht miteinander warm wird. –

Der Festesrausch ist vom Tempel des Sieges auch auf Menschen übergesprungen, die davon allenfalls den Rauch gesehen haben. Heute morgen riefen mehrere Frauen in der Rue de Verneuil und in der Rue du Bac lauthals: *Ein großes Fest für Bonaparte! Es lebe Bonaparte!*

20. Brumaire VIII (11. November 1799)

Als die Grenadiere, die Befehl hatten, den Saal zu räumen, in der Mitte angelangt waren, blieben sie einen Augenblick stehen, um den *Ex-Députés* Zeit zum Verlassen des Raumes zu geben. Einer der Abgeordneten namens Blin trat ihnen entgegen: »Soldaten! Wer seid ihr und was habt ihr hier zu suchen? Ihr seid die Wächter der Vertretung der Nation, und ihr wagt es, ihre Sicherheit und Unabhängigkeit zu zerstören? Bedenkt, daß ihr die Lorbeeren schändet, die ihr euch auf dem Felde der Ehre durch eure Siege geholt habt!« Der Offizier, der die Grenadiere führte, erwiderte dem Redner: »Ihr versteht nichts vom Frieden und nichts vom Krieg. Ihr habt hier nichts mehr verloren.« Die Truppe, die diesen Wortwechsel ungerührt angehört hatte, ging mit Trommelschlag weiter in den Saal hinein, bis auch die Mitglieder, die sich am Präsidiumstisch und beim Rednerpult befanden, gezwungen waren, vor dem Militär ihren Platz zu räumen. Während dieses im Saal vorrückte, gingen die Mitglieder an der entgegengesetzten Seite hinaus; am Ende war der Saal in fünf Minuten vollständig geräumt. Es war fünf Uhr. Es wird behauptet, etliche Abgeordnete seien aus den Fenstern gesprungen. –

Die meisten Abgeordneten sind gestern abend noch relativ unbehelligt nach Paris zurückgekehrt; sie sind nur an den Stadtschranken sorgfältig visitiert worden. Es sieht ganz so aus, als würden diejenigen, die nicht die Schwierigkeiten ihres Vaterlandes noch vergrößern wollen, jetzt, da sie wieder einfache Bürger geworden sind, in ihre Heimat zurückkehren. –

Gestern abend hatten die Direktoren Gohier und Moulin ihren Rücktritt noch nicht erklärt. Sie stehen weiterhin im Anbau des Palais du Luxembourg unter Hausarrest. –

Die Grenadiere der Gesetzgebenden Kammern sind aus Saint-Cloud nach Paris zurückgekehrt und haben auf dem Marsch das patriotische Lied gesungen: *Ça ira! Ça ira!*

Nach zehn Jahren Revolution: Erster Konsul Bonaparte

Aus »Resultate meiner Sendung nach Paris« von Joseph Görres

Die Soldaten, die Bonapartes Widersacher aus dem Weg gescho-
ben haben, singen das Cą ira – les aristocrates à la lanterne. *Ja,*
»auf geht's«, auch wenn es keine Aristokraten mehr aufzuknüp-
fen gilt. Jetzt wird die Republik gerettet, unter le Général, *den*
Namen braucht man nicht mehr zu nennen, und bald genügt
ohnehin der Vorname. Kein König wird von ängstlichen oder
nostalgischen Gemütern ins Land gerufen werden, die neuen In-
stitutionen, dank derer es demokratischer zugeht als irgendwo in
Europa, bleiben. Und trotzdem wird Ordnung herrschen, ein
bißchen anstrengend, aber beruhigend.

Den Gegnern läßt Bonaparte keine Zeit zum Reagieren, den
eigenen Leuten nicht zum Nachdenken. Er streicht den Verfas-
sungsentwurf von Sieyès, der sich daraufhin in den Schmoll-
winkel zurückzieht, auf wenige Seiten zusammen: Ein Grund-
rechtekatalog ist überflüssig. Das Parlament wird in einander
blockierende Organe mit antikisierenden Titeln wie Senat und
Tribunat unterteilt. Von den drei auf zehn Jahre gewählten Kon-
suln hat allein der Erste Konsul Bonaparte das Sagen, die beiden
anderen sind dekorative Stabsmitarbeiter. Sie rufen zum Plebis-
zit auf, auch eine Neuigkeit, wobei die Alternative im Grunde
lautet: Der General oder das Chaos. 3 011 077 Franzosen stim-
men für die Verfassung, 1562 dagegen. Nur ein halbes Promill
also ist nicht einverstanden mit der Proklamation zum Volksent-
scheid: »Bürger, die Revolution ist auf die Grundsätze, von de-*
nen sie ihren Ausgang nahm, zurückgeführt; sie ist beendet.«

Ein junger deutscher Journalist, Joseph Görres, ist in Ge-
schäften seiner besetzten Vaterstadt Koblenz in Frankreich. Er
charakterisiert die Wendung der Dinge für seine Mitbürger (»Re-
sultate meiner Sendung nach Paris«).

Es ist was Kleines um Menschengröße, wenn wir bloß auf ihre innere Überlegenheit reflektieren; aber im äußeren Werte steigt sie wie der Diamant mit dem Quadrat ihrer Größe, und wenn einmal der große Haufe sich selbst nicht zu beherrschen vermag, dann ist sie es, und sie allein, die Ansprüche auf diese Herrschaft machen kann. In dieser Klasse allein also erzeugt die Natur Konsuln, Diktatoren und Selbstherrscher.

Bonaparte war auf den Flügeln seines Glückes aus Ägypten zurückgeschwebt; er vereinigte alles, was ihn bei dieser Stimmung zum Retter aus der bedrängten Krise qualifizierte. Ein seltenes Genie hatte er in seinen Feldzügen entwickelt; Charakterstärke hatte er mehr als einmal in seinen öffentlichen Verhältnissen in einem seiner Nation fremden Grade gezeigt; der Glanz, den seine Taten um ihn gegossen hatten, und die Tiefe, die Verschlossenheit seines exotischen Charakters, den man nicht begriff, imponierte und schreckte; die Größe der zweiten Ordnung, die sich neben ihn hinstellen und mit ihm messen wollte, mußte weggezischt werden von der anbetenden Menge. Dann war freilich Ruhe zu erwarten. Auf ihn also fiel der Blick derjenigen, die helfen wollten, und auf ihn war der achtzehnte Brumaire berechnet. Zermalmende Größe, mit zermalmender Macht gepaart, sollte den Schismen [Entzweiungen] auf immer ein Ende machen; alle Parteien sollten entwaffnet und aus ihnen allen die seinige zusammengesetzt werden; keine Divergenz [Auseinanderlaufen] der Staatsgewalten mehr, kein künstliches Gleichgewicht durch entgegengesetzte Kräfte, alles Widerstreben gebändigt durch die Übermacht der Einheit, alle Opposition erdrückt unter dem Schimmer der Größe.

Es gehörte Mut dazu, unter den Verhältnissen, wie sie in Frankreich bestanden, an die Spitze dieses Staates zu treten. Innere Zerrüttung, Vendéekrieg, Andrang der Koalition, Schwierigkeit aller Parteien, allgemeines Mißtrauen, zerstörte Finanzen, desorganisierte Armeen, das waren die Legate, die das abtretende Direktorium ihm überließ. Er faßte ohne Verzug die Zügel, achtete nicht das Bäumen gegen die ungewohnte Hand, und wir sahen, bis wohin er es in dem engen Termine schon brachte, der bis jetzt verlaufen ist. Frankreich steht wieder von außen auf dem nämlichen Gipfel des Glanzes, wie zu den schönsten Zeiten des Direktoriums; von neuem herrscht allgemeine Ruhe und allgemeine Überzeugung von dem baldigen Eintritte eines besseren Zustandes der Dinge.

So war denn nun die Revolution geendigt. (...) Frankreich hatte seine Lehrjahre bestanden, es war ausgegangen aus dem Zustande einer kindlichen Sorglosigkeit, hatte sich hindurchgewunden durch alle die tausend gefährlichen Situationen, durch die brausende Lebensgeister den Jüngling durchpeitschen; hatte alles erfahren, was Schicksal, Leidenschaft und Geisteskräfte im gemeinsamen Bunde je Mannigfaltiges, Großes, Schreckliches, Abscheuliches in das menschliche Leben hineinzubringen vermögen, hatte Jahre hindurch sich abgekämpft an Schwierigkeiten und Hindernissen, die das Mißgeschick ihm in den Weg warf, und war nie gekommen zur innern Harmonie seiner Natur, zum scharf abgewogenen Gleichgewicht seiner Kräfte. Erschöpft sank es nieder auf der Hälfte der Laufbahn und beteuerte, das Unternehmen sei zu groß für Menschennatur, zu groß für seine Natur. (...)

Es ist nicht den Ereignissen irgendeines Tages oder den Kalküls irgendeines Sterblichen zuzurechnen, daß dies Resultat aus diesen Ereignissen hervorging. So natürlich, wie, wenn der Zustand und die innere Mischung der Atmosphäre auf eine gewisse Weise modifiziert ist, Wolken die Bläue bedecken, Blitze die Luft durchkreuzen, Donner in unser Ohr hallen, Platzregen stürzen, Stürme brausen und dann wieder, wenn die tobenden Kräfte beschwichtigt sind, die Decke zerreißt, die Bläue zurückkehrt, die Fragmente der schwarzen Hülle am Horizont in einem leichten Strichregen verschwimmen und in diesem der Regenbogen sich malt: ebenso natürlich mußte bei diesen gegebenen Kräften, bei diesen Kombinationen, bei diesem Maße von Nationalenergie, die ins Spiel gesetzt war, der achtzehnte Brumaire erfolgen. Eine schreckliche Konvergenz auf diesen Punkt hin ist in allen Direktionslinien der Revolution durch ihren ganzen Verlauf hin zu bemerken; zerrissen ward alles, was sie durchkreuzten, nur das rettete sich, was mit ihnen parallel lief. Am Fuße der Säule, in die die Weltgeschichte ihre Annalen gräbt, steht der Weltbürger und liest die Worte:

Am Ende des achtzehnten Jahrhunderts erhob sich das Fran-

kenvolk in die Region einer höhern Bestimmung, es tat Großes, leistete, was es vermochte, aber gewaltsam herabgerissen von Zeit und seiner innern Natur, erreichte es nicht das Ziel, dem es entgegenstrebte. Generationen der Folgezeit, studiert seine Fehler und seine Irrtümer, und vollendet, was es zuerst zu denken wagte!

Nachwort des Herausgebers

So wie ein gutes Spiel spannende Situationen nach einfachen Regeln bietet, soll das erste Buch einer Folge »Lust an der Geschichte« aufregende oder bedenkenswerte Texte ohne bedeutungsschwere Erklärungen bringen. Es gibt ja unendlich viele gelehrte Darstellungen und wissenschaftlich kommentierte Dokumentensammlungen zu den Jahren 1789–1799.

Zeitgenössische Texte als Illustration zum Gang der Revolution und ausführliche Einleitungen mit ergänzenden Informationen, das ist dagegen eine eher ungewöhnliche Mischung. Sie paßt aber sicherlich zum 18. Jahrhundert, einer Zeit, da so viele Erzählungen eine Rahmenhandlung hatten, die den Leser erst in den eigentlichen Text einführten. Jedenfalls möchte dieses Buch damit seinem verlockenden Titel gerecht werden, ohne einfach nur »Geschichten statt Geschichte« zu bringen. Die Beiträge sind verschieden lang, aber ausführlich genug, daß man damit warm werden und – eine weitere altmodische Erwägung – sie vorlesen kann. Jede und jeder dieser Reden, Briefe, Artikel, Erinnerungen, Protokolle, Verlautbarungen enthält genügend Anregungen fürs Weiterdenken, ja, für einen ganzen Schulaufsatz, doch da sei das Höchste Wesen vor... Und: Damit sich der Leser in den Ablauf der Ereignisse hineingestellt empfindet, ist die Reihenfolge ganz chronologisch; der Mitwelt wurden die Begebenheiten ja auch nicht nach Themen sortiert.

Eine Sammlung wie diese kann keine neuen Dokumente aus den längst durchforsteten Archiven bringen, sie stützt sich nur auf bereits edierte Quellen. Allerdings gab es auch so Neues zu entdecken: Viele Texte liegen hier erstmals auf deutsch vor, andere sind neu übersetzt.

Bei aller Lust am Unbekannten und Überraschenden hat der Herausgeber dabei – so hofft er jedenfalls – der Versuchung widerstanden, in Auswahl wie Darstellung um jeden Preis originell sein zu wollen; Ziel war eine möglichst repräsentative Auswahl, die dem Leser ein eigenes Urteil ermöglicht.

Ein hübscher Prüfstein für die eigene Einstellung, an dem sich jeder versuchen mag, ist die Überlegung: An welchem Punkt wäre mir die erreichte Situation erstrebenswert, befestigungswürdig erschienen? Mit anderen Worten: Wann hätte ich die Revolution angehalten? Das haben ja die Akteure immer wieder versucht, viele Abgeordnete der Generalstände schon, nach ihnen die »Monarchiens«, Mirabeau, die »Feuillants« zur Zeit des konstitutionellen Königtums, dann die Girondisten, Danton, Robespierre und schließlich die Thermidorianer. Und die französischen Geschichtswissenschaftler unterteilen fast ohne Schmunzeln ihre Kollegen in gemäßigte, auf den Konsens, die bürgerlichen Freiheitschancen setzende *quatre-vingt-neuvistes*, »89er« also, und *quatre-vingt-treizistes*, die in der Gleichheitsperspektive, der Vorwegnahme zukünftiger Entwicklungen in der Verfassung von 1793 die eigentliche Errungenschaft sehen.

Scharf wird die Auseinandersetzung im Grunde nur, wo die fast zwanghafte Wiederholung von Ideen und Formen dieser Revolution bei der Pariser »Commune« 1871 und in Rußland ab 1917 die eigene politische Überzeugung heutiger Historiker ins Spiel bringt. Milde klingt es noch, wenn einem Professor vorgeworfen wird, er habe eine »Sicht von oben« statt der allein angemessenen »Sicht von unten«; denn auch ein angesehener Gelehrter darf pauschal erklären, ein berühmtes Standardwerk über diese Zeit vor zweihundert Jahren sei »antikommunistisch, antisowjetisch und sogar antinational«. Die Oktoberrevolution als die Vollendung der eigenen Revolution in einem anderen Land zu betrachten, ist für Franzosen durchaus nicht ungewöhnlich. Hat Lenin nicht Trotzki als »Girondisten« bezeichnet und 1918 gemeint, man sei jetzt ungefähr 1793 angelangt; werden nicht Babeufs Handschriften in Moskau wie Reliquien aufbewahrt? Das wiederum gibt als »liberal«, »konterrevolutionär« oder gar als *crépusculaire*, »endzeitnostalgisch« verrufenen Autoren Gelegenheit, die durchaus bürgerlichen Interessen der Jakobiner gegen die Anliegen der Masse auszuspielen und für die eigene These in Anspruch zu nehmen, als gelte es, für die Männer von einst im Lichte der Gegenwart Recht zu behalten.

Für uns, die Ur-ur-ur-ur-Enkel der nach Hölderlin damals so »tatenarmen und gedankenvollen« und kaum beteiligten Deutschen, wäre das Führen solcher postumen Stellvertreterkriege besonders töricht. Deshalb ist es die Absicht dieses Buches, den Akteuren möglichst nahe zu bleiben, um dem Leser die Chance zu geben, wie die Beteiligten mitzuhassen und mitzulieben, hin- und hergerissen zu sein zwischen Wunsch und Notwendigkeit, zwischen Utopie und Realität. Von einem solchen aufregenden Ausflug in die Vergangenheit zurückgekehrt, ist man hellhöriger, merkt auf, wenn ein Redner mit besonderem Anspruch von »dieser Republik« spricht, wenn »rechts« von »links« geschieden wird wie die Böcke von den Schafen, wenn *nationalisation* für die einen Ver*staat*lichung, für andere Ver*gesellschaft*ung, für wieder andere »Überführung in *Volks*eigentum« sein kann; ja, bei dem Parteilied, das zwölf Jahre lang an der deutschen Nationalhymne hing, fallen einem zu der Zeile von den »Kameraden, die Rotfront und Reaktion erschossen«, überhaupt erst als Ursprünge die rote Fahne des Ausnahmezustands von 1789 und die Thermidor-Reaktion von 1794 ein.

Vieles vom Atmosphärischen, vom Alltag, die so völlig anders waren als die unseren zwei Jahrhunderte später, läßt sich in einer Sammlung wie dieser nicht einfangen, obwohl es zum Verständnis so notwendig wäre: Die Überzeugung, daß doch ein »göttlicher Uhrmacher« für das Universum zuständig sein muß (Robespierre zitiert vor dem Jakobinerklub Voltaire: »Wenn es Gott nicht gäbe, müßte man ihn erfinden«). Die fehlende Scheu vor Gerüchen (Bonaparte schreibt ganz beiläufig an Joséphine, er komme bald, sie solle sich nur ja nicht mehr waschen). Die Lieder, die so selbstverständlich bei Arm und Reich zum Leben gehören (der Katalog der »Hymnes et Chansons de la Révolution« umfaßt 2250 Titel). Das Theater als fast ohne Distanz konsumiertes Medium (Beaumarchais' Stück »Figaros Hochzeit« wird erst eine Zeitlang als subversiv bei Hofe verboten, dann von der Jakobinerregierung in Marseille, weil es »der Aufmerksamkeit republikanischer Zuschauer unwürdig« ist). Die Selbstsicherheit gegenüber dem barbarischen Aberglauben und Geschmack der unaufgeklärten Vorväter (es werden fast so viele herrliche Kunstwerke zerstört wie zuvor bei der Barockisierung der Kirchen). Vor allem aber das jugendliche Lebensgefühl: Der Girondist Roland mit knapp 60 Jahren gilt geradezu als Greis, der Hofzeremonienmeister, dem der schon höchst würdige 40jährige Mirabeau entgegentritt, ist ein Flaumbart von 23 Jahren, Robespierre stirbt als 36jähriger. Das Durchschnittsalter des Bonner Bundestages mit ungefähr 50 Jahren hätte in den Volksvertretungen der Revolution Erstaunen hervorgerufen.

Zehn Jahre hielt der Schwung der Revolutionäre vor, bis beinahe allen Franzosen ein pragmatischer »Robespierre zu Pferde«, wie Metternich seinen Gegenspieler Napoleon Bonaparte genannt hat, lieber war als weitere ideologische Auseinandersetzungen. Zehn Jahre, das ist ein Körnchen in der Sanduhr der Geschichte, aber eine lange Zeit für die Aktiven, und es ist wohl so, wie es ein desillusionierter Alternativer unserer Tage formuliert hat: »Permanent gesellschaftspolitisch tätig zu sein, das halten die Leute identitätsmäßig nur eine Zeitlang aus.« Mit dem 18. Brumaire enden denn auch fast alle Darstellungen, weil sonst bis Waterloo und zum Wiener Kongreß auf der schiefen Ebene kein Aufhören wäre. Man könnte gegen alle Üblichkeit schon mit dem Sieg der liberalen Bürger über die egalitäre Pariser Plebs im Prairial 1795 abschließen, weil dieser Sieg auf lange Frist wichtiger war als der über die Monarchie, aber offenbar ist der Einschnitt von den Zeitgenossen nicht so stark empfunden worden – und nur auf sie soll es in diesem Buch ankommen.

Ulrich Friedrich Müller

Einige wichtige Daten 1789–1799

1789

24. Januar	Einberufung der Generalstände
Februar bis Mai	Wahlen, Abfassung der Beschwerdehefte
5. Mai	Eröffnung der Generalstände in Versailles
17. Juni	Der Dritte Stand erklärt sich zur Nationalversammlung
20. Juni	Schwur im Ballspielhaus
9. Juli	Proklamation der »Verfassunggebenden Nationalversammlung«
11. Juli	Entlassung Neckers
12.–14. Juli	Unruhen in Paris; Eroberung der Bastille
4. August	Nachtsitzung der Nationalversammlung: Abschaffung der Privilegien
26. August	Erklärung der Menschen- und Bürgerrechte
5./6. Oktober	Marsch nach Versailles; König und Nationalversammlung in Paris
2. November	Verstaatlichung des Kirchenbesitzes

1790

12. Juli	Zivilverfassung des Klerus
4. September	Rücktritt Neckers
31. Oktober	Abschaffung der Binnenzölle

1791

14. Juni	Le-Chapelier-Gesetz gegen Gewerbezusammenschlüsse
20. Juni	Fluchtversuch Ludwigs XVI.
16. Juli	Austritt der »Feuillants« aus dem Jakobinerklub
27. August	Kaiser Leopold II. und König Friedrich Wilhelm II.: Deklaration von Pillnitz
3. September	Verkündung der Verfassung

1. Oktober	Erste Sitzung der Gesetzgebenden Versammlung

1792

20. April	Kriegserklärung an Österreich
27. Mai	Dekret über die Deportation der eidweigernden Priester
25. Juli	Manifest des Herzogs von Braunschweig
10. August	Erstürmung des Tuilerienschlosses, Sturz der Monarchie
11. August	Beschluß über einen Nationalkonvent; allgemeines Wahlrecht ohne Zensus
2.–6. September	Morde an den politischen Häftlingen
20. September	Kanonade von Valmy
21. September	Erste Sitzung des Nationalkonvents
22. September	Beginn des »Jahres I der Republik«
6. November	Sieg bei Jemappes
11. Dezember	Verfahren gegen Ludwig XVI. im Nationalkonvent

1793

18./21. Januar	Verurteilung und Hinrichtung des Königs
1. Februar	Kriegserklärung an England und Holland
10. März	Errichtung des Revolutionsgerichtshofs
11. März	Beginn des Aufstandes in der Vendée
28. März	Dekret über die Ächtung und Verbannung der Emigranten
6. April	Bildung des Wohlfahrtsausschusses
4. Mai	Höchstpreise für Getreide (»Kleines Maximum«)
20. Mai	Zwangsanleihe von einer Milliarde Livres
2. Juni	Ausschluß der Girondisten aus dem Nationalkonvent
24. Juni	Annahme der »Verfassung des Jahres I«
13. Juli	Ermordung Marats
23. August	Allgemeine Wehrpflicht (»levée en masse«)
17. September	Gesetz über die Verdächtigen

29. September	Höchstpreise für Grundnahrungsmittel und Bedarfsartikel (»Großes Maximum«)
5. Oktober	Einführung des republikanischen Kalenders
10. Oktober	Errichtung einer Revolutionsregierung; Suspendierung der Verfassung
16. Oktober	Hinrichtung Marie Antoinettes
31. Oktober/ 8. November	Hinrichtung der Girondisten
19. Dezember	Zerschlagung des letzten Widerstands in Südfrankreich (Toulon)
23. Dezember	Sieg über die Armee der Vendée (Savenay)

1794

14./24. März	Verhaftung und Hinrichtung der Hébertisten
30. März/5. April	Verhaftung und Hinrichtung der Dantonisten
26. Juni	Sieg bei Fleurus
23. Juli	Lohnstopp (»Maximum der Löhne«) für Paris
27./28.–30. Juli	9./10.–12. Thermidor: Verhaftung und Hinrichtung der Robespierristen
11. November	Schließung des Pariser Jakobinerklubs
8. Dezember	Aufhebung der Höchstpreise und des Lohnstopps

1795

8. März	Wiederaufnahme der überlebenden Girondisten in den Nationalkonvent
20.–23. Mai	Prairialaufstand und Entwaffnung der Sansculotten
22. August	Verkündung der Direktorialverfassung
5. Oktober	Niederwerfung des royalistischen Vendemiaire-Aufstands
31. Oktober	Erstes Direktorium

1796
30. März   Beginn des Italienfeldzugs unter Bonaparte

1797
4. September   Fructidor-Staatsstreich im Direktorium

1798
19. Mai   Auslaufen der Ägyptenarmee

1799
8. Oktober   Rückkehr Bonapartes
9. November   18. Brumaire: Staatsstreich für Bonaparte;
                  Auflösung der Direktorialregierung
13. Dezember   Proklamation der Konsulatsverfassung; Er-
                  ster Konsul Bonaparte

Quellenverzeichnis

(Alle Übersetzungen, soweit nicht anders angegeben, stammen von Ulrich Friedrich Müller)

Einführung eines Edelmanns am Hof von Versailles:
François-René de Chateaubriand: Mémoires d'Outre-Tombe, Bd. 1. Paris 1948. Zitiert nach U. F. Müller (Hrsg.): Die Französische Revolution. Lesewerk zur Geschichte 1789–1815. Ebenhausen bei München 1961. S. 8ff.

Bauernleben im Ancien régime:
Georges Bordonove: La Guerre de Vendée. Paris 1964. S. 20ff.

Drakonische Strafen im alten Steuersystem:
Arthur Young: Voyages en France de 1787, 1788 et 1789, Bd. 3. Paris 1931. S. 1032ff.

Die Bauern stellen sich arm:
Jean-Jacques Rousseau: Œuvres Complètes, Bd. 1. Paris 1967. S. 183

Anliegen des Dritten Standes:
Text 1: J. M. Roberts (Hrsg.): French Revolution Documents, Bd. 1. Oxford 1966. S. 78ff.
Text 2: Jean Savina und Daniel Bernard (Hrsg.): Cahiers de Doléances des Sénéchaussées de Quimper et de Concarneau, Bd. 1. Rennes 1927. S. 18ff.

Alter Standesdünkel und neuer Kaufmannsstolz:
Michel Peronnet: La France au temps de Louis XVI. Paris 1967. S. 243ff.

Die Julitage 1789 in Paris:
Gustav Landauer (Hrsg.): Die Französische Revolution in Briefen. Hamburg 1961. S. 98ff. Übersetzung: G. Landauer

Die »große Furcht« auf dem Lande:
Georges Lefebvre: Documents sur la Grande Peur. In: Annales historiques de la Révolution française, Bd. 10. Paris 1933. S. 167 ff.

Die Abschaffung der Privilegien am 4. August 1789:
M. Chaulanges, A.-G. Manry, R. Sève: Textes Historiques 1789-1799. L'Epoque de la Révolution. Paris 1959. S. 28 ff.

Die Errungenschaften der Revolution sichern!:
Gérard Walter: La Révolution française vue par ses journaux. Paris 1948. S. 44 ff.

Die Oktoberereignisse 1789:
Gouverneur Morris: A Diary of the French Revolution, Bd. 1. Boston 1939. S. 242 ff.

Gesetz vom 21. Oktober 1789 über den Ausnahmezustand:
Albert Soboul: 1789. L'an un de la liberté. Paris 1973. S. 303 ff.

Kampf dem neuen Gesetz!:
Gérard Walter; op. cit. S. 76 ff.

Gegen das Zensuswahlrecht:
Albert Soboul; op. cit. S. 306 ff.

Verstaatlichung der Kirchengüter:
Albert Soboul; op. cit. S. 319 ff.

Frühe Jakobiner:
Arthur Young; op. cit. S. 464 ff.

Frankreich ist revolutionskrank:
Edmund Burke: Reflections on the French Revolution. London 1923. S. 2 ff.

Freiheit auch für die Sklaven?:
Text 1: Jacques Godechot: La Pensée révolutionnaire en France et en Europe. Paris 1964. S. 148 ff.

Text 2: Deux Amis de la Liberté: Histoire de la Révolution de 1789 et de l'établissement d'une constitution en France, Bd. 5. Paris 1791. S. 65 ff.

Streit um die Ehrenbank in der Kirche:
Georges Castellan: Une Cité provençale dans la Révolution. Chronique de la ville de Vence en 1790. Paris 1978. S. 133 ff.

Notwendigkeit einer konstitutionellen Monarchie:
Gustav Landauer; op. cit. S. 65 ff. Übersetzung: G. Landauer

Das Le-Chapelier-Gesetz beschneidet die Koalitionsfreiheit:
J. M. Roberts; op. cit. S. 242 ff.

Lippenbekenntnis des Königs:
Deux Amis de la Liberté; op. cit. S. 44 ff.

Rückkehr Ludwigs nach dem Fluchtversuch im Juni 1791:
Albert Mousset (Hrsg.): Un témoin ignoré de la Révolution, le Comte de Fernan Nunez, Ambassadeur d'Espagne à Paris (1787–1791). Paris 1924. Zitiert nach U. F. Müller; op. cit. S. 44 ff.

Die fremden Monarchen als letzte Hoffnung:
Alfred Ritter von Arneth (Hrsg.): Marie Antoinette, Joseph II. und Leopold II. Ihr Briefwechsel. Leipzig, Paris, Wien 1866. S. 183 ff.

Debatten in der Gesetzgebenden Versammlung:
Johann Friedrich Reichardt: Vertraute Briefe aus Paris 1792. Berlin 1980. S. 109 ff.

Nach der Kriegserklärung:
Geschichte der vier ersten Feldzüge des französischen Revolutions-Krieges, von einem deutschen Offizier, Bd. 1. Deutschland 1805. Zitiert nach U. F. Müller ; op. cit. S. 50 ff.

August 1792: Tuileriensturm und Absetzung des Königs:
Gaston Maugras (Hrsg.): Journal d'un étudiant (Edmond Géraud) pendant la Révolution 1789–1793. Paris o. J. Zitiert
nach U. F. Müller; op. cit. S. 57 ff.

Die Frauen der Revolutionäre in der Sturmnacht:
Gustav Landauer; op. cit. S. 82 ff. Übersetzung: G. Landauer

Einmarsch der Koalitionsarmeen:
M. Mortimer-Ternaux: Histoire de la Terreur 1792–1794,
Bd. 4. Paris 1862. S. 519 ff.

Die Septembermorde 1792:
Rudolf Malsch (Hrsg.): Aus den Schreckenstagen der französi-
schen Revolution. Voigtländers Quellenbücher, Bd. 96.
Leipzig o. J. S. 120 ff. Übersetzung: R. Malsch

Nach der Kanonade von Valmy:
Magister Laukhard. Sein Leben und seine Schicksale, von ihm
selbst beschrieben. München 1912. S. 299 ff.

Das Schicksal der Emigranten:
Gustav Landauer; op. cit. S. 248 ff. Übersetzung: G. Landauer

Der Tod des Königs als nationale Notwendigkeit:
Maximilien Robespierre: Discours et Rapports à la Convention. Collection 10/18, Bd. 237/238. Paris 1965. S. 65 ff.

Revolutionspropaganda in den eroberten Ländern:
Jacques Godechot; op. cit. S. 161 ff.

Deutsche Republikaner:
Günter Jäckel (Hrsg.): Der Freiheitsbaum. Die Französische
Revolution in Schilderungen Goethes und Forsters 1792/93.
Berlin 1983. S. 263 ff.

Gefahren des französischen Messianismus:
Alfred Cobban (Hrsg.): The Debate on the French Revolution
1789–1800. London 1950. S. 453 ff.

Die Revolution will Recht und Würde des Menschen:
Johann Gottlieb Fichte: Beitrag zur Berichtigung der Urteile
  des Publikums über die Französische Revolution. Leipzig
  1922. Zitiert nach U. F. Müller; op. cit. S. 84 ff.

Die Bauern denken nicht um:
M. Chaulanges u. a.; op. cit. S. 71 ff.

Revolutionärer Krieg – revolutionäre Justiz:
Alfred Bougeart (Hrsg.): Danton. Documents authentiques
  pour servir à l'histoire de la Révolution française. Bruxelles
  1861. S. 192 ff.

Was ist ein Sansculotte, was ein Aristokrat?
Walter Markov, Albert Soboul (Hrsg.): Die Sansculotten von
  Paris. Dokumente zur Geschichte der Volksbewegung
  1793–1794. Berlin 1957. S. 3 ff. Übersetzung: W. Markov.
  Abdruck mit freundlicher Genehmigung des Akademie-Ver-
  lages, Berlin.

Unsicherheit der Patrioten:
Alain de Dieuleveult: La Flèche sous la Révolution
  (1789–1805). Mémoires inédits du chirurgien Charles Bou-
  cher. S. 54 ff. La Flèche 1982.

Bürgerausweise zur Bescheinigung der Unverdächtigkeit:
Walter Markov u. a.; op. cit. S. 91 f. Übersetzung: W. Markov.
  Abdruck mit freundlicher Genehmigung des Akademie-Ver-
  lages, Berlin.

Die Guillotine als Allheilmittel:
Gérard Walter; op. cit. S. 306 ff.

Terror in der Provinz:
Marc Seguin: Jonzac pendant la Révolution. Jonzac 1986.
  S. 174 f.

Konservative Haltung gegenüber den Frauen:
André Rossel (Hrsg.): 121 affiches placardées sur les murs de
  France pendant la période révolutionnaire 1789–1795. Paris
  1967. O. S. (Faksimile Blatt 79).

Der Kult des Höchsten Wesens:
Raymond Aubert (Hrsg.): Journal de Célestin Guittard de Floriban, Bourgeois de Paris sous la Révolution 1791–1796. Paris 1974. S. 296 ff.

Das Schreckensregiment muß gemäßigt werden!:
Gérard Walter; op. cit. S. 335 ff.

Die Beseitigung Dantons und seiner Freunde:
Walter Markov (Hrsg.): Revolution im Zeugenstand. Frankreich 1789–1799. Bd. 2: Gesprochenes und Geschriebenes. Leipzig 1982. S. 593 ff.

Das Ende Robespierres am 9. Thermidor II (27. Juli 1794):
Texte 1 und 2: A. Aulard: Paris pendant la Réaction thermidorienne et sous le Directoire, Bd. 1. Paris 1898. S. 2 ff.
Text 3: Gérard Walter; op. cit. S. 361 ff.

Verbrannte Erde in der Vendée:
A. Aulard (Hrsg.): Recueil des Actes du Comité de Salut public, Bd. 16. Paris 1904. S. 158 ff.

Patriotisch gesonnene Soldaten:
Ernest Picard (Hrsg.): Au service de la Nation. Lettres de volontaires (1792–1798). Paris 1914. Zitiert nach U. F. Müller; op. cit. S. 108 ff.

Volksaufstand im Prairial III (Mai 1795):
Text 1: Walter Markov; op. cit. S. 662 ff. Übersetzung: H. Kühn. Abdruck mit freundlicher Genehmigung des Akademie-Verlages, Berlin.
Text 2: A. Aulard: Paris pendant la Réaction thermidorienne; op. cit. S. 730 ff.

Im Paris der Assignaten:
Henri Meister: Souvenirs de mon dernier voyage à Paris (1795). Paris 1910. S. 61 ff.

Demokratie und Gleichheit sind erst zu schaffen:
Maurice Dommanget (Hrsg.): Babeuf. Pages choisies. Paris 1935. S. 265 ff.

Die Finanznot des Direktoriums:
A. Debidour (Hrsg.): Recueil des Actes du Directoire exécutif, Bd. 1. Paris 1910. S. 296 ff.

Die Franzosen in Mailand:
Stendhal: Die Kartause von Parma. München 1952. S. 11 ff. Übersetzung: Walter Widmer. Abdruck mit freundlicher Genehmigung des Winkler Verlages, München.

Wirtschaftliche Zwangsmaßnahmen nach dem Einmarsch:
A. Debidour; op. cit. S. 379 ff.

Bonaparte als Republikaner:
Jacques Godechot; op. cit. S. 278 ff.

Solidarität mit den Ärmsten:
Ernst Ludwig Werther (Hrsg.): Die Stunde der Bewährung. Deutsche Lebenszeugnisse von der Tapferkeit des Herzens und der Freiheit des Geistes. Ebenhausen bei München 1937. S. 45 ff.

Die Expedition nach Ägypten:
Loredan Larchey: Correspondance intime de l'Armée d'Egypte. Paris 1866. S. 135 ff.

Vor dem Staatsstreich des 18. Brumaire VIII:
A. Aulard: Paris pendant la Réaction thermidorienne; op. cit. S. 758 ff.

Nach zehn Jahren Revolution: Erster Konsul Bonaparte:
Max Tau (Hrsg.): Joseph Görres. Eine Auswahl aus seinen Schriften. Berlin o. J. Zitiert nach U. F. Müller; op. cit. S. 132 ff.

Pipers Handbuch der politischen Ideen
Herausgegeben von Iring Fetscher und Herfried Münkler

»Pipers Handbuch der Politischen Ideen« bietet in 5 Bänden einen umfassenden Überblick über die Geschichte politischen Denkens von den frühen Hochkulturen bis zu den neuen sozialen Bewegungen unserer Zeit. In der Darstellung des Wechselspiels von Denken und Gesellschaft entsteht zugleich ein lebendiges Bild der Zeiten. Ein unentbehrliches Werk für Forschung und Lehre, aber auch für alle politisch, historisch und philosophisch Interessierten.

Pipers Wörterbuch zur Politik
Herausgegeben von Dieter Nohlen

Band 1:

Politikwissenschaft
Theorien – Methoden – Begriffe
Herausgegeben von Dieter Nohlen und Rainer-Olaf Schultze
Halbband 1: Abhängigkeit – Multiple Regression.
Halbband 2: Nation-building – Zweiparteiensystem.
1183 Seiten mit 9 Tabellen und 15 Abbildungen. Kt.

Band 2:

Westliche Industriegesellschaften
Wirtschaft – Gesellschaft – Politik
Herausgegeben von Manfred G. Schmid
558 Seiten mit 69 Tabellen und 14 Abbildungen. Kt.

Band 3:

Europäische Gemeinschaft
Problemfelder – Institutionen – Politik
Herausgegeben von Richard Woyke
471 Seiten. Kt.

Band 4:

Sozialistische Systeme
Politik – Wirtschaft – Gesellschaft
Herausgegeben von Klaus Ziemer
590 Seiten. Kt.

Piper 61/1 a

PIPER

Pipers Wörterbuch zur Politik

Herausgegeben von Dieter Nohlen

Band 5:

Internationale Beziehungen

Theorien – Organisationen – Konflikte
Herausgegeben von Andreas Boeckh
583 Seiten. Kt.

Band 6:

Dritte Welt

Gesellschaft – Kultur – Entwicklung
Herausgegeben von Dieter Nohlen und Peter Waldmann
753 Seiten. Kt.

»Pipers Wörterbuch zur Politik verspricht ein unentbehrliches
Nachschlagewerk zu werden.« Prof. Dr. Kurt Sontheimer

»Wenn die übrigen fünf Bände des Gesamtwörterbuches den Standard
halten, den der erste Band gesetzt hat, dürfte das Gesamtwerk
eine lohnende, kenntnisreiche und gut lesbare Enzyklopädie zur
Politik abgeben.
Mit sachlicher Knappheit und Präzision, unterschiedliche
Auffassungen und Lehrmeinungen gleichermaßen darstellend, bieten
die drei- bis fünfseitigen Kapitel je Stichwort den Benutzern
Informationen und Denkanstöße zugleich. Statistisches Material
reichert die Informtionen an, je Stichwort gibt eine Literatur-
sammlung Hinweise für jene, die sich mit einem Thema intensiver
befassen wollen. Von Agrarpolitik über Bankpolitik, politische
Eliten bis zu Wohlfahrtsstaat und Wohnungspolitik reichen
die Stichworte.« Capital

Piper